나만의 앱 만들기

앱인벤터 & 아두이노

예제를 통해 프로그래밍 언어를 배우는 시간은 줄이고,
앱을 개발하는 과정 중에 생기는 문제들을
논리적으로 해결하는 과정을 겪으면서
자신만의 아이디어로 다양한 앱을 만들수 있다.

피수영 · 손현숙 · 이정아

도서출판 청람

머리말

현대사회는 소프트웨어를 중심으로 융합기술사회로 변화해가고 있으며 다양한 분야의 전문지식을 갖춘 융복합 인재에 대한 수요가 날로 증가하고 있다. 최근 우리나라의 글로벌 경쟁력 중에서 가장 앞선 분야는 IT이며 전 세계 IT산업 중 소프트웨어산업은 지식집약산업으로 부가가치가 높고 취업유발효과도 매우 크다. IT융합교육의 핵심은 소프트웨어교육을 통해서 이루어지고 소프트웨어교육의 목적은 컴퓨팅 사고력(Computational Thinking)을 향상하는 데 초점이 맞추어지고 있다. 소프트웨어교육의 필요성은 변화되는 요구역량, 사고력 향상, 직업세계의 재편으로 분류할 수 있다. 새로운 디지털시대가 도래하고 학문과 산업에서 융복합적 성격을 띠는 분야가 많아지면서 컴퓨팅 사고력의 중요성이 강조되고 있다. 컴퓨팅 사고력을 개발함으로써 IT를 통한 혁신 아이템을 찾을 수 있는 능력과 혁신적인 아이디어를 구현할 수 있는 능력, IT 전문가와 소통할 수 있는 능력 등을 향상시킬 수 있다. 이러한 컴퓨팅 사고력은 컴퓨터 프로그래밍 언어 교육을 통해서 개발하고 훈련할 수 있다.

프로그래밍을 하는 과정에서 자신의 인지과정, 즉 문제이해와 적절한 문제해결전략의 사용 여부, 자신의 이해와 산물에 대한 모니터링 등의 작업을 하는 가운데 자신의 사고과정을 인지하게 된다. 프로그래밍교육, 즉 코딩교육은 소프트웨어를 개발하기 위해서만 필요한 것이 아니다. 코딩을 작성하기 위해서는 문제를 분석하고 유형화하는 분석작업과 이를 창의적 방법으로 해결하는 알고리즘을 작성하는 과정을 통해 논리적 사고, 문제해결역량, 창의력을 키울 수 있다.

본 교재는 컴퓨터에 사전 지식이 없는 독자들을 대상으로 블록형 언어인 앱인벤터(AppInventor) 프로그래밍 언어 교육을 통해 일상생활 속에서 나타나는 문제들 혹은 자신의 전공분야에서 나타나는 문제들을 컴퓨팅 사고력 기반의 코딩교육을 통해 문제를 해결하는 능력을 기르는 데 중점을 두고 작성되었다. 앱인벤터는 전문적인 프로그래밍 지식이 없는 비전공자나 컴퓨터 초보자도 웹브라우저를 통해 안드로이드폰 앱을 손쉽게 만들 수 있도록 도와주는 일종의 앱 개발도구이다. 현재는 미국 MIT대학에서 교육용 프로젝트로 운영하고 있는 오픈소스 프로그램이며 프로그래밍 언어를 배우는 시간을 줄이고, 앱을 개발하는 과정 중에 생기는 문제들을 논리적으로 해결하는 과정을 겪으면서 창의력과 문제해결력을 키울 수 있다. 기존 프로그래밍 언어와 달리, 직관적으로 눈으로 보면서 조립하여 프로그램을 완성해가는 방식이므로 쉽게 프로그래밍의 개념을 익히고 활용할 수 있는 환경을 제공한다.

본 교재의 후반부에는 초보자도 쉽게 접근할 수 있도록 아두이노, 블루투스 통신, 와이파이를 이용한 사물인터넷(IoT) 기기 제작 등을 직접 구현하고 활용할 수 있도록 구성하였다. 전체 흐름을 쉽게 이해하면서 사물인터넷을 위한 아이디어를 구체화할 수 있게 될 것이다. 누구나 쉽게 작성할 수 있도록 실습 예제 중심으로 구성하였으며 대부분의 예제가 실생활과 관련된 문제로 구성하여 실생활의 문제를 코딩을 통해 해결함으로써 코딩의 필요성을 직접 느낄 수 있도록 하였다.

본 교재가 출판될 수 있도록 끝까지 함께 해주신 도서출판 청람의 관계자분들께 감사드린다.

2022년 2월

저자 일동

차 례

Chapter 06 제어 블록

Chapter 07 비만도 검사와 스마트폰 중독 자가진단 앱 작성

Chapter 08 사칙연산 앱과 Clock 컴포넌트 활용

Chapter 09 리스트

Chapter 10 캔버스

Chapter 11 GPS를 이용한 위치추적 앱 작성

Chapter 15 데이터베이스

Chapter 16 소셜 팔레트

Chapter 17 아두이노

Chapter 18 블루투스

Chapter 19 블루투스를 이용한 LED 제어

Chapter 20 블루투스를 이용한 온도 · 습도센서

Chapter 21 블루투스를 이용한 수분감지센서

Chapter 22 블루투스를 이용한 인체감지센서

Chapter 23 블루투스를 이용한 초음파센서

CHAPTER 01

소프트웨어

1. 소프트웨어의 개념
2. 컴퓨터 프로그램

CHAPTER 01

소프트웨어

1 소프트웨어의 개념

소프트웨어라고 하면 한글이나 엑셀, 파워포인트 등의 오피스 프로그램이나 컴퓨터 게임, 인터넷을 떠올리는 사람들이 대부분이지만 소프트웨어의 세계는 우리 눈에 보이는 것이 전부가 아니다. 현재 우리 생활주변에서 사용하고 있는 청소기, 세탁기, 드론, 전기 밥솥, 냉장고, 엘리베이터 등에는 소프트웨어가 숨어 있다. 소프트웨어는 컴퓨터 속에만 존재하는 것이 아니라 생활주변의 모든 곳에 존재하고 있다. 일반적으로 소프트웨어를 컴퓨터 프로그램이라고도 부른다. 생활 속의 작은 전자기기뿐만 아니라 첨단영역에서도 소프트웨어의 중요성은 더욱 커지고 있다. 구글(Google)은 운전자가 필요 없는 무인자동차를 개발하고 있으며, 전자상거래 기업인 아마존은 무인항공기를 사용해 고객에게 물건을 배달하는 서비스를 실시하고 있다. 사람 없이 운전을 하고, 물건을 배달하고, 우주를 탐험하는 일을 할 수 있는 것은 소프트웨어가 중요한 역할을 하고 있기 때문이다.

2 컴퓨터 프로그램

2.1 컴퓨터 언어

소프트웨어는 일반적으로 컴퓨터 프로그램이라고도 부른다. 소프트웨어를 통해 우리는 컴퓨터 기계장치를 통제할 수 있으므로 소프트웨어는 인간의 언어가 아니라 컴퓨터가 알아들을 수 있는 컴퓨터 언어로 만들어야 한다. 컴퓨터의 언어를 이용하여 소프트웨어, 즉 프로그램을 만드는 사람을 프로그래머라고 하며 프로그래머가 컴퓨터 언어로 소프트웨어를 만드는 작업을 프로그래밍 또는 코딩이라고 부른다. 프로그래밍에 사용되는 컴퓨터 언어를 프로그래밍 언어라고 하는데 수많은 종류의 프로그래밍 언어가 존재한다. C, C++, JAVA, Visual Basic, Python 등과 같은 것이 모두 프로그래밍 언어이다. 프로그래밍 언어들은 대부분 어려운 용어와 기호들로 이루어져 있어서 전문적인 지식 없이는 사용하기가 어렵다. 어려운 프로그래밍 언어를 비전공자들도 쉽게 학습하고 배울 수 있도록 만든 것을 교육용 프로그래밍 언어(EPL: Educational Programming Language)라고 한다. 교육용 프로그래밍 언어 중에서 블록형 언어는 문제를 해결하기 위해 블록의 명령어를 결합하여 쉽고, 자유롭게 원하는 프로그램을 만들어 문제를 해결할 수 있다. 스크래치(Scratch), 앱인벤터(App Inventor) 등이 블록형 언어에 속한다.

2.2 코딩교육의 필요성

코딩(Coding)이란 컴퓨터 프로그래밍을 의미하는 것으로 특정한 프로그래밍 언어를 이용하여 컴퓨터 프로그램으로 구현하는 기술을 말한다. 현재 21세기는 아침부터 잠자리에 들기까지 스마트폰을 지니고 지낼 정도로 우리의 일상은 소프트웨어 없이 살 수 없는 세상이 되었다. 이와 같은 흐름에 따라 현재 미국 · 영국 · 프랑스 등의 선진국은 소프트웨어 개발에 필요한 교육인 코딩교육을 초등학교부터 필수화하고 있다. 특히 미국은 일주일에 1시간은 코딩교육을 배우자는 'Hour of code' 캠페인을 실시할 정도로 관심이 높다. 세계에서 가장 잘 나가는 기업 중 하나인 애플(Apple)은 스마트폰을 만드는 하드웨어 회사이지만 iOS(iPhone OS)란 소프트웨어를 만들 수 있는 기술 때문에 세계 최고의 스마트폰 회사가 될 수 있었던 것이다. 미국 기업인 구글도 회사에서 필요한 소프트웨어는 특별한 것이 아닌 이상 대부분 자체적으로 만들어서 사용하고 있다. 즉 구글에서는 회계팀에서 필요로 하는 소프트웨어를 회계팀 직원이 자체적으로 개발하여 사용하고 있다. 1969년 인터넷이 이끈 컴퓨터 정보화 및 자동화 생산시스템이 주도한 3차 산업혁명에 이어 로봇이나 인공지능(AI)을 통해 실재와 가상이 통합되어 사물을 자동적, 지능적으로 제어할 수 있는 4차 산업혁명 시대에서는 모든 직원이 코딩을 배워서 필요한 소프트웨어를 만들어서 사용할 날도 멀지 않았다고 본다.

코딩교육은 소프트웨어를 개발하기 위해서만 필요한 것이 아니다. 컴퓨팅 사고역량을 키우기 위해서 우리나라도 2018년부터 초등학교 · 중학교에서 코딩교육이 의무화되었다. 논리적 사고, 문제해결력, 창의력 등을 키우기 위해서이다. 코딩을 작성하기 위해서는 문제를 분석하고 유형화하는 분석 작업과 이를 창의적 방법으로 해결하는 알고리즘을 작성하는 과정을 거치면서 논리적 사고, 문제해결력, 창의력을 키울 수 있다. 이는 기업에서 많이 운영하는 프로그램으로 이러한 교육과정을 이수하여도 실제업무에서 활용하기는 쉽지 않다. 그러나 코딩교육은 교육과정 중에도 실습이 가능하기 때문에 교육받은 내용을 기업현장에서 즉시 사용할 수 있다. 이때 코딩실습을 어려운 C++이나 Java 같은 프로그래밍 언어로 학습한다면 비전공자 학생들이나 직장인이 배우기가 쉽지 않다.

비전공자도 쉽게 코딩을 배울 수 있도록 미국 MIT대학교에서 만든 앱인벤터2라는 컴퓨터 언어를 사용하면 누구나 현장에서 즉시 활용할 수 있다. 레고 블록처럼 명령어 블록을 컴퓨터 화면에서 마우스로 끌어다 놓은 후 디자인하고 블록코딩을 하면 된다. 조금 더 효과적으로 코딩교육을 하고자 한다면 로봇을 이용하면 더욱 쉽게 코딩교육을 배울 수 있다. 구성원이 가지고 있는 스마트폰을 이용해서 코딩을 하면 로봇이 움직이므로 직관적이고 몰입해서 코딩교육을 배울 수도 있다. 현재 몇몇 기업 연수원에서 구성원의 문제해결력, 논리력, 창의력과정에서 로봇을 활용한 코딩교육을 도입하고자 준비하고 있다. 기존의 과정보다 훨씬 훌륭한 성과를 창출할 수 있을 것이다.

뱁슨대학(Babson College) 특임교수인 톰 데이븐포트(Tom Davenport)는 최근 '월스트리트저널(WSJ)' 기고를 통해 대다수 직장인들에게 있어 가장 중요한 기술은 코딩이라며 "코딩을 배우라"고 충고했다. 그것이 곧 21세기를 사는 법이라는 것이 그의 지론이다.* 사전적인 의미의 코딩은 부호화하는 것을 말한다. 즉 컴퓨터 안에서 자신이 원하는 일을 하기 위해 자판을 두드리면서 부호들을 찍어내는 것을 말한다. 기초적인 코딩들이 있지만 최근 거론되고 있는 코딩은 프로그래밍을 말한다. 다양하게 나와 있는 프로그래밍 도구들을 활용해 사용자가 원하는 새로운 유형의 소프트웨어를 만들어낼 수 있다. 이전에 볼 수 없었던 게임을 만들어내고, 로봇댄싱 등 다양한 인공지능을 개발해내는 일이 가능해졌다. 최근 소프트웨어 중심사회로 변화하고 있는 상황에서 코딩을 배우는 일이 영어를 배우는 것처럼 매우 중요하다고 말했다. 특히 산업현장에서 코딩의 필요성을 강조했으며 지금 미국 산업현장에서는 유능한 소프트웨어 전문가들이 매우 부족한 상황이라고 언급하였다.

* TheScienceTimes, 21세기를 사는 법 … 코딩을 배워라, 2014년 10월 29일

CHAPTER 02

앱인벤터2 설치와 프로젝트 작성방법

1. 앱인벤터2
2. 앱인벤터2 설치 및 환경설정
3. 앱인벤터 화면 구성

CHAPTER 02 앱인벤터2 설치와 프로젝트 작성방법

1 앱인벤터2

1.1 앱인벤터2의 개념

앱인벤터(App Inventor)는 MIT 공대와 구글이 함께 지원하는 앱 개발도구로 블록으로 구성된 컴포넌트들을 조합하여 앱을 개발하는 프로그래밍 언어이다. 비전공자들도 다양한 앱을 만들 수 있는 앱인벤터2는 구글에서 제작한 것으로서 전문적인 프로그래밍 지식이 없는 컴퓨터 초보자도 웹브라우저를 통해 앱을 만들 수 있다. 초창기에는 안드로이드폰에서만 실행이 가능하였지만 현재는 아이폰에서도 센서 관련 앱을 제외한 일부 앱은 실행이 가능하다. 아이폰에서도 모든 앱들이 실행이 되도록 개발 중에 있으며 교육용 프로젝트로 운영하고 있는 오픈소스 프로그램이다. 앱(App)은 애플리케이션(Application)의 약자로 익스플로러에서는 실행되지 않고 크롬 웹브라우저를 통해 앱인벤터 사이트에 접속한 후 스마트폰 앱을 블록 쌓기 방식의 비주얼코딩을 통해 누구나 쉽게 앱을 개발할 수 있도록 해준다.

일반적으로 스마트폰 앱을 개발하려면 Java나 C언어 같은 고급 프로그래밍 언어를 이용하여 작성해야 하는 데 많은 시간과 노력을 투자해야 한다. 비전공자가 작성하기에는 매우 힘이 들지만 앱인벤터는 프로그래밍 언어를 배우는 시간을 줄이고, 앱을 개발하는 과정 중에 생기는 문제점들을 논리적으로 해결하는 과정을 겪으면서 창의력과 문제해결력을 키울 수 있도록 한다. 예를 들어 GPS를 활용하여 현재 위치나 자동차의 위치를 알려주는 앱을 만들거나 관광 관련 앱, 문자메시지를 보내거나 음성으로 전화를 거는 등의 다양한 앱을 만들 수 있다. 앱인벤터의 기능을 요약해보면 다음과 같다.

① 디자이너(Designer)를 이용하여 앱의 화면을 자신이 디자인하여 스마트폰으로 확인할 수 있다.

② 블록(Blocks) 에디터를 이용하여 코드를 작성한다. 코드 작성 시 손으로 코드를 직접 입력하지 않고 이미 만들어져 있는 블록들을 가져와서 블록 쌓기 방식으로 작성하면 된다.

③ 안드로이드 에뮬레이터를 이용하여 스마트폰에서 앱의 실행동작을 테스트하고 확인할 수 있다.

④ 컴퓨터와 안드로이드폰이 연결되어 있다면 작성한 앱을 안드로이드폰에서 직접 실행하는 것도 볼 수 있으며 안드로이드폰에 설치할 수도 있다.

⑤ 녹스(NOX) 앱 플레이어를 이용하여 실행결과를 PC 화면에서 확인할 수 있다. 다만 스마트폰의 센서 기능들은 PC를 통해서 확인할 수 없다.

⑥ 자신이 작성한 앱을 친구나 앱을 필요로 하는 사람들의 폰에 설치하여 공유할 수 있다.

1.2 앱인벤터2의 특징

① 크롬에서만 실행되는 클라우드 기반의 서비스로 비전공자들도 쉽게 배울 수 있다.

② 디자이너 화면과 블록 에디터 화면으로 구성되어 있다.

- **디자이너 화면:** 스마트폰 하면처럼 바로 보고 수정할 수 있도록 디자인
- **블록 에디터 하면:** 명령어 블록을 조립하여 자신이 원하는 대로 앱을 동작

③ 스마트폰에 있는 방향센서, 음성인식, GPS, 비디오, 음악 재생, 문자보내기 등을 이용하여 간단하게 앱을 만들 수 있다.

2 앱인벤터2 설치 및 환경설정

앱인벤터2를 컴퓨터에 설치하고 실행하기 위해서는 첫째, 앱인벤터 홈페이지에 접속하여 사용해야 한다. 홈페이지 주소는 http://appinventor.mit.edu로 앱인벤터2에 대한 간단한 소개, 설치 및 사용방법 등 다양한 정보가 정리되어 있다. 앱인벤터 사이트에 접속한 후 구글 아이디로 가입을 한 후 사용하면 된다. [Get Started] 메뉴는 앱인벤터 설치에 관한 기본적인 내용이 포함되어 있으므로 설치할 때 참조하면 된다. 둘째, 안드로이

드폰의 장치 드라이버 파일을 설치해야 한다. 실제 안드로이드폰에서 앱인벤터2 실행결과를 확인하기 위해서 사용자의 안드로이드폰과 컴퓨터를 USB 케이블로 연결했을 때, 컴퓨터에는 사용자의 안드로이드폰을 인식할 수 있는 장치 드라이버 파일 혹은 USB 드라이버 파일이 미리 설치되어 있어야 한다. 안드로이드폰의 장치 드라이버 파일은 각 제조사, 즉 삼성 등의 홈페이지를 참조하여 다운로드한 후 설치하면 된다. 셋째, 자신의 안드로이드폰에 애플리케이션 'MIT AI2 Companion'을 구글 플레이스토어에서 찾아서 스마트폰에 설치한다. 제작한 앱은 안드로이드 기반의 스마트폰이나 태블릿 등의 장치에 설치하여 사용할 수 있다.

2.1 컴퓨터시스템 요구환경

(1) 컴퓨터 및 운영체제

- MicrosoftWindows: Windows XP, Window Vista, Windows 7, Window 10 권장
- Macintosh(with Intel Processor): Mac OS X 10.5 이상
- GNU/Linux: Ubuntu 8, Debian 5 이상

(2) 웹브라우저

- Google Chrome 4.0 이상으로 권장
- Mozilla Firefox 3.6 이상
- Apple Safari 5.0 이상
- Microsoft Internet Explorer는 지원되지 않음에 주의

(3) 휴대폰 또는 태블릿

- Android Operating System 2.1 이상
- iPhone, iPad, iPod Touch의 iOS 9.0 이상
- Apple M1 Silicon이 설치된 macOS 11 이상

2.2 앱인벤터2 정보

http://appinventor.mit.edu 사이트에서는 앱인벤터2에 대한 간단한 소개, 설치 및 사용방법 등 다양한 정보와 다양한 예제 등이 수록되어 있으므로 참조하면 앱을 작성하는데 필요한 여러 정보들을 얻을 수 있다. [Tutorials]는 앱인벤터2에 대한 간단한 소개, 설치방법, 예제프로그램, 참조문서, 문제해결방법 등이 자세히 설명되어 있다. [Forum]은 전 세계 앱인벤터2 사용자들의 질문, 답변, 토론 등이 정리된 페이지이며, [Get Started]는 설치에 관한 기본적인 내용으로 앱인벤터2를 자신의 컴퓨터에 설치한 후 실행결과를 확인할 수 있는 다양한 방법에 대한 내용이 정리되어 있다. 즉 앱인벤터2 사용방법이 자세히 소개된 페이지이다.

[Create Apps]는 앱인벤터2를 실행하여 앱을 개발하는 페이지로 사용자가 새로운 앱을 작성할 수도 있고 이전에 작성한 앱을 수정, 삭제 혹은 재실행할 수도 있다. 앱인벤터2를 실행하고 이용하기 위해서는 로그인이 필요하다. 로그인하기 위해서는 구글 가입이 반드시 필요하므로 가입해 두어야 한다. 구글에 가입되어 있다면 로그인한 후 앱인벤터2의 [Create Apps]에 최초 1회 접속 시 '액세스 권한'을 요청받게 되는 허용 버튼을 클릭하여 사용하면 된다.

2.3 실행방법

앱인벤터2로 만든 프로젝트를 실행하는 방법은 아래와 같이 다섯 가지 방법이 있다.

(1) 컴퓨터와 스마트폰을 동일한 와이파이에 연결하여 실시간으로 실행

가장 빠르게 앱을 실행시키는 방법으로 앱인벤터로 작업하는 컴퓨터와 스마트폰이 동일한 와이파이에 연결되어 있어야 한다. 특별한 프로그램을 설치할 필요도 없으며, 자신의 스마트폰에 'MIT AI2 Companion'을 설치하면 된다. 안드로이드폰이 없다면 주변에서 공기계를 구해서 와이파이만 연결해서 사용해도 된다. MIT AI2 Companion은 구글 플레이스토어에서 검색해서 설치하면 된다.

작성한 앱 코드를 실행하려면 [Connect] 메뉴의 [AI Companion] 메뉴를 실행하면 아래의 화면처럼 QR코드와 6자리 코드가 나타난다. 스마트폰에서 MIT AI2 Companion을 실행해서 scan QR code 버튼을 선택해서 QR코드를 스캔하거나 직접 코드 6자리, 아래의 예에서는 'tbabcf'를 입력해서 connect with code를 선택하면 된다.

(2) 에뮬레이터로 실행

안드로이드폰과 무선AP(Wireless Access Point)를 구할 수 없는 경우 사용하면 된다. 컴퓨터에도 프로그램을 설치해야 하고, 실행결과를 보기 위해서도 시간이 조금 길어지는 점과 가속도센서, 위치정보 등 스마트폰의 센서를 활용해야 하는 앱은 테스트하기가 어렵다는 단점이 있다. 즉 컴퓨터를 스마트폰처럼 사용하는 것으로 컴퓨터에는 센서가 없으므로 자신이 작성한 앱에 센서를 활용하는 것이 있으면 센서 관련 내용은 실행할 수 없는 단점이 있다. 에뮬레이터로 실행하기 위해서는 http://appinventor.mit.edu/explore/ai2/windows.html 사이트에 접속하여 [aiStarter]라는 프로그램을 설치해야 한다. 설치하면 [aiStarter]라는 바로가기가 설치된 것을 볼 수 있다. [aiStarter]를 실행하면 아래와 같은 화면이 나타난다. 이제 에뮬레이터가 실행될 준비가 되었다는 화면이다.

[그림 2-1] aiStarter 실행 화면

작성한 코딩(블록) 앱을 실행하기 위해서 아래와 같이 [Connect] 메뉴의 [Emulator]를 선택한다. 아래의 오른쪽 화면과 같은 가상 안드로이드폰 회면이 나타난다. 여기서 사용자가 만든 앱이 제대로 실행되고 있는지 테스트할 수 있다. 스마트폰의 가종 센서를 이용한 앱은 실행할 수 없으며 실행 속도가 매우 느린 단점이 있다.

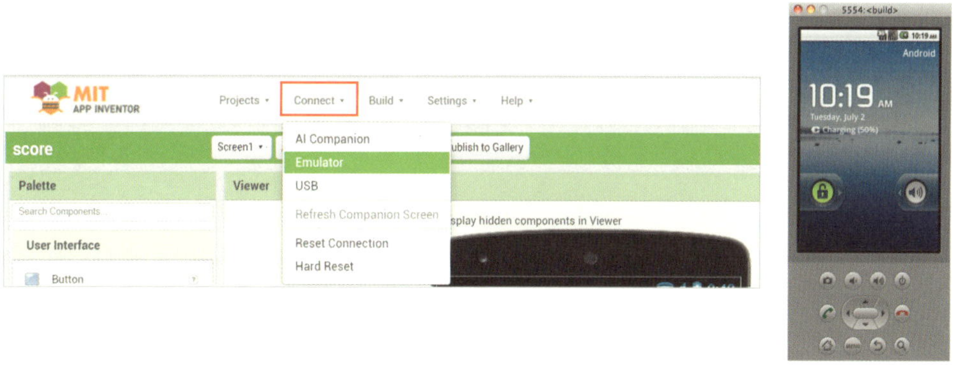

[그림 2-2] 에뮬레이터 실행 화면

(3) USB로 안드로이드폰 연결해서 실행

안드로이드폰은 있는데 무선AP가 없을 때 사용하는 방법으로 스마트폰에 있는 센서를 활용한 앱을 실행할 수는 있지만, 실행 속도가 느린 단점이 있다.

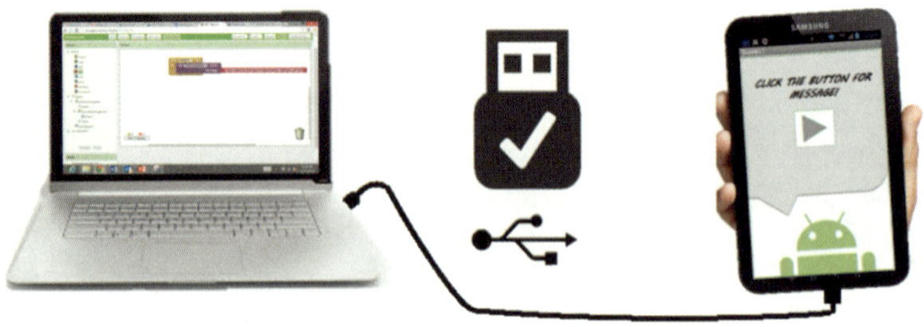

[그림 2-3] USB 커넥터로 실행하는 화면

설치방법은 먼저 [MIT AI2 Companion]을 자신의 스마트폰에 설치한 후 [aiStarter] 프로그램을 컴퓨터에 설치한다. 스마트폰을 USB에 연결해야 하는데, 만약 해당 스마트폰의 USB드라이버가 설치되어 있지 않다면 각 스마트폰 제조회사 홈페이지에서 다운받아 설치하면 된다. 앱을 실행하기 전에 자신의 스마트폰의 [개발자 옵션]에 있는 [USB 디버깅]을 ON으로 켜주어야 한다. 보통 안드로이드폰의 [설정] → [개발자 옵션] → [USB 디버깅] 메뉴에 있다. 작성한 프로그램을 실행하기 위해서는 [aiStarter]를 먼저 실행한 후 [Connect] 메뉴의 [USB]를 선택하면 실행이 된다.

(4) 와이파이만 연결되어 있으면 [Build] 메뉴 이용하여 자신의 안드로이드폰에 앱을 설치한 후 실행

위의 (1), (2), (3) 이외의 방법으로 시간은 조금 걸리지만 QR코드를 이용하여 자신의 스마트폰에 앱을 설치한 후 앱을 실행하는 방법도 있다. 자신의 스마트폰에 QR코드 인식기만 있으면 된다. [Build] 메뉴의 [APP(Android APP(.apk)]를 선택하면 다음과 같이 자신의 폰에 앱을 설치할 수 있도록 해주는 QR코드가 나타난다. QR코드 Reader나 MIT AI2 Companion을 이용하여 QR코드를 읽어주면 자신의 스마트폰에 앱을 설치할 것인지 묻는 메시지가 나타난다. 설치하겠다고 선택을 하면 스마트폰에 앱이 설치가 된다. 설치된 앱을 클릭하여 실행 가능 여부를 확인할 수 있다.

GooglePlay에 새로운 앱을 업로드하게 되면 .apk 파일뿐만 아니라 .aab 파일이 필요하다. .aab(Andoriod App Bundle)는 앱이 실행되는 기기의 환경인 해상도 또는 언어 등의 리소스에 맞게 .apk로 추출 가능한 원본 파일이다.

[Build] 메뉴 선택 화면	앱 실행이 되도록 번역해주는 화면	완성된 QR코드
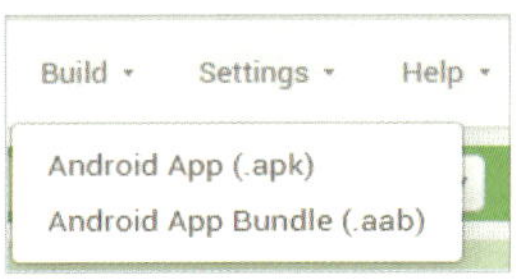	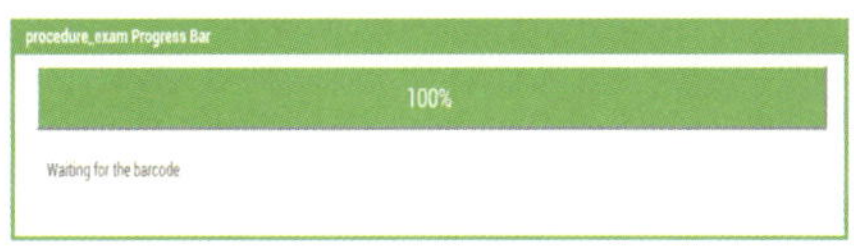	

(5) 내 컴퓨터에 앱을 다운한 후 녹스(NOX) 혹은 스마트폰에 복사한 후 실행

[Build] 메뉴의 [APP(save .apk to my computer)]를 이용하여 자신의 컴퓨터에 작성한 앱을 저장한 후 스마트폰에 복사하여 앱을 클릭하여 실행할 수 있다. 녹스를 다운받아 설치한 후 실행을 하면 아래의 그림과 같이 나타난다. 설정 버튼(⚙)을 눌러 [고급설정]에서 모드설정을 '스마트폰'으로 변경한 후 사용하면 된다. 앱인벤터2에서 컴퓨터에 .apk 파일 형식으로 저장을 한 후 녹스에 업로드하여 실행결과를 확인할 수 있다.

녹스 실행 화면	고급설정 화면
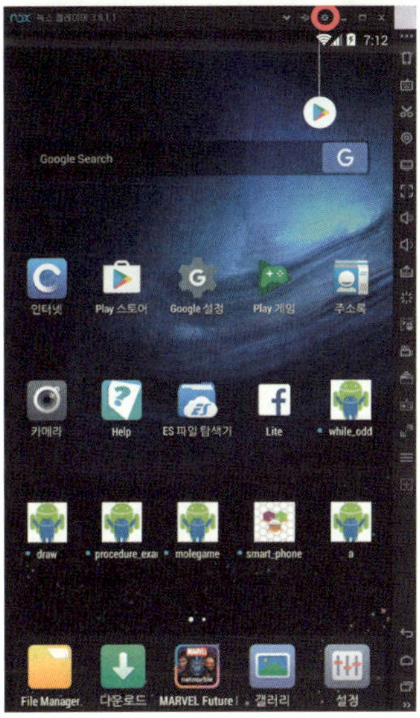	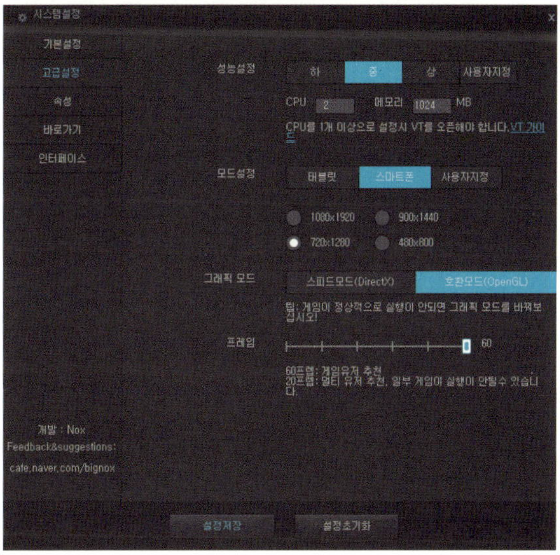

3 앱인벤터 화면 구성

앱인벤터는 크게 디자이너(Designer)와 블록(Blocks) 에디터 화면으로 구성되어 있다. 디자이너는 스마트폰에 표시될 화면을 디자인하는 영역이며, 블록 에디터에서는 디자이너에서 만든 화면의 기능을 실행이 되도록 코딩하는 역할을 한다. 앱인벤터에서 작성한 앱의 확장자는 .apk로 앱 실행 파일이며, .aia는 작성한 앱의 소스코드 파일을 의미한다.

3.1 디자이너 화면 구성

디자이너(Designer)는 실제 스마트폰에 표시될 화면을 디자인하는 곳으로 왼쪽 팔레트(Palette)에서 필요한 기능이 있는 컴포넌트(Component)를 가운데 있는 뷰어(Viewer)로 끌어와서 적절한 위치에 배치하여 디자인한다. 레이블(Label)이나 텍스트상자(TextBox), 버튼(Button) 같은 컴포넌트들은 스마트폰 화면에 보이므로 뷰어 화면에 배치되지만, 센서(Sensor)와 관련된 기능들은 스마트폰 화면에 표시되지 않는 기능이므로 뷰어 화면으로 끌어다 놓아도 뷰어 아래쪽 화면 밖으로 배치된다.

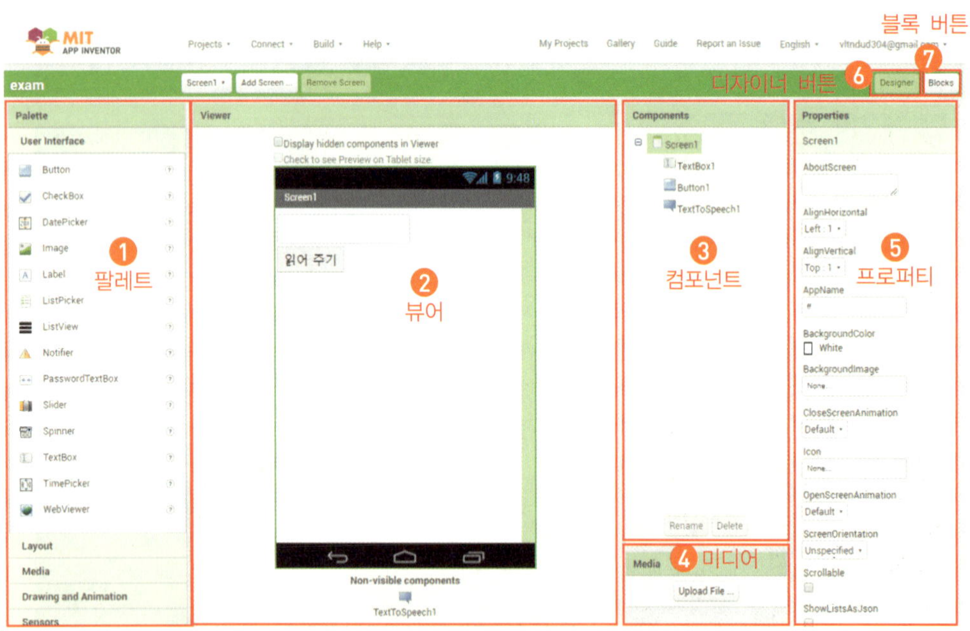

[그림 2-4] 디자이너 화면 구성

각 컴포넌트를 선택하면 화면의 가장 오른쪽에 있는 프로퍼티(Properties)에서 각 컴포넌트의 속성을 지정할 수 있다. 만약 컴포넌트가 버튼(Button)이라면 버튼의 색상, 버튼의 크기, 버튼에 표시될 글자의 종류, 글자 크기 등을 바꿀 수 있다. [그림 2-4]에 디자이너 화면의 구성을 나타내었다. 이들의 기능을 요약하면 아래와 같다.

❶ 팔레트(Palette): 앱을 개발할 때 필요한 모든 컴포넌트를 모아놓은 곳으로, 컴포넌트를 뷰어 화면으로 적당한 위치에 끌어다 배치하여 다양한 기능들을 추가하여 앱을 개발할 수 있도록 해준다.

❷ 뷰어(Viewer): 작성한 앱이 실행되었을 때 스마트폰에 표시될 화면으로 팔레트에서 끌어온 컴포넌트들을 뷰어의 적당한 위치에 배치한다.

❸ 컴포넌트(Components): 앱을 작성하기 위해서 팔레트에서 가져온 컴포넌트를 차례대로 표시해 놓은 곳으로 컴포넌트를 선택하면 컴포넌트의 속성을 변경할 수 있다. 컴포넌트의 이름을 변경하거나 지울 수 있는 영역으로 컴포넌트의 이름은 한글이 가능하므로 자신이 작성할 기능과 관련된 한글이름으로 변경하면 코드블록을 작성할 때 쉽게 작성할 수 있다.

❹ 미디어(Media): 앱을 만들기 위해 필요한 이미지, 음악, 동영상 등을 업로드하기 위한 영역으로 앱 작성에 사용된 그림이나 동영상, 음악파일들은 반드시 업로드한 후 속성이나 코드블록에서 지정하여 사용할 수 있다. 업로드하지 않은 파일은 코드블록에서 사용할 수 없다.

❺ 프로퍼티(Properties): 컴포넌트에서 선택한 컴포넌트의 속성을 변경할 수 있는 영역으로 컴포넌트의 크기, 색상, 표시될 글자 내용, 글자크기 등을 변경할 수 있다.

❻ 디자이너(Designer) 버튼: 블록코딩을 하다가 디자인을 변경하고 싶을 때 혹은 컴포넌트를 추가, 삭제, 변경할 때 디자이너 버튼을 눌러 디자이너 화면으로 이동한다.

❼ 블록(Blocks) 버튼: 각 컴포넌트들을 배치한 후 이들 컴포넌트를 실행시키기 위한 코드블록을 작성하는 화면으로 이동하기 위한 버튼으로, 즉 코딩을 하는 화면이다.

(2) Layout

화면배치 관련 컴포넌트인 Layout을 클릭하면 Layout에 있는 기능들이 다음과 같이 표시된다. 레이아웃을 추가하지 않을 때 하나의 컴포넌트는 한 줄에 하나만 배치할 수 있다. 한 줄에 여러 개의 컴포넌트들을 폰에 정렬하여 배치시킬 때는 [HorizontalArrangement] Layout 컴포넌트를 사용하면 된다. 여러 개의 컴포넌트들을 적당한 간격으로 배치시킬 때에는 [TableArrangement] 컴포넌트를 사용하면 된다.

컴포넌트	기능
HorizontalArrangement	컴포넌트들을 가로방향으로 배치하는 것으로 하나의 줄에 여러 컴포넌트들을 정렬하여 배치할 때 사용한다.
TableArrangement	표의 의미로 행과 열의 개수만큼 컴포넌트들을 배치할 때 사용하는 것으로 Rows에는 줄의 개수, Columns에는 열의 개수를 지정한다.
VerticalArrangement	세로방향으로 정렬하여 배치하는 것으로 여러 줄을 한 칸 안에 넣어 만들 때 사용한다.
HorizontalScrollArrangement	스마트폰의 한 화면에 모든 내용을 표시할 수 없을 경우 수평방향으로 스크롤이 생겨서 화면을 표시할 때 사용한다.
VerticalScrollArrangement	스마트폰의 한 화면에 모든 내용을 표시할 수 없을 경우 수직방향으로 스크롤이 생겨서 여러 화면을 표시할 때 사용한다.

(3) Media

미디어 관련 기능을 제공한다. 미디어 관련 파일들은 반드시 업로드한 후 속성에서나 블록에서 지정하여 사용할 수 있다.

컴포넌트	기능
Camcorder	동영상을 촬영할 수 있는 기능을 만들 때 사용한다.
Camera	카메라 기능을 사용할 수 있는 기능을 만들 때 사용한다.

ImagePicker	스마트폰에 저장되어 있는 이미지를 선택할 수 있는 기능을 만들 때 사용한다.
Player	스마트폰에 있는 소리(음악) 파일을 재생하는 기능을 만들 때 사용한다.
Sound	스마트폰에 특정 기능이 수행될 때 삽입되는 소리를 넣을 수 있는 기능으로 용량이 적은 음향 파일을 재생할 때도 사용한다.
SoundRecorder	녹음기 기능을 만들 때 사용한다.
SpeechRecognizer	음성을 인식하는 기능으로 음성으로 메모를 작성하거나 전화를 거는 앱을 작성할 때 사용한다.
TextToSpeech	글자를 음성으로 바꾸어주는 기능으로 구글 보이스로 실행된다.
VideoPlayer	스마트폰에 있는 비디오를 재생하는 기능을 만들 때 사용한다.
YandexTranslate	러시아 얀덱스 포털의 번역기를 사용하여 번역을 해주는 기능을 만들 때 사용한다.

(4) Drawing and Animation

드로잉과 애니메이션 기능은 화면 안에서 이미지를 터치하면, 애니메이션효과를 보여준다. 뷰어에 캔버스(Canvas)를 먼저 드래그한 후 캔버스 안에 볼(Ball)과 이미지스프라이트(Imagesprite)를 캔버스 영역 안에 드래그하여 기능을 사용할 수 있다.

컴포넌트	기능
Ball	공으로 된 스프라이트가 움직이는 기능을 만들 때 사용한다.
ImageSprite	움직이는 이미지 기능을 만들 때 사용한다. 주로 게임에 많이 이용된다.
Canvas	Ball이나 ImageSprite가 애니메이션효과를 사용할 수 있게 하는 영역이다.

(5) Maps

지도를 표시할 때 사용할 수 있는 컴포넌트로 지도 위에 원이나 형상모음, 선연결, 마커, 다각형, 사각형 등을 표시할 수 있다

컴포넌트	기능
Circle	지도 위에 원을 그릴 때 사용한다.
FeatuterCollection	GeoJson 파일을 이용해서 지도 위에 특정 경로를 긋거나 할 때 사용한다.
LineString	지도 위에 선을 그을 때 사용한다.
Map	지도를 표시할 때 사용한다.
Marker	지도 위에 특정 지점을 표시할 때 사용한다.
Navigation	OpenRouteService로 두 지점의 길을 찾을 때 사용한다.
Ploygon	지도 위에 다각형을 그릴 때 사용한다.
Rectangle	지도 위에 사각형을 그릴 때 사용한다.

(6) Sensors

센서는 앱을 만들 때 사용할 수 있는 다양한 센서들을 제공한다. 방향센서, 가속도센서, 위치추적센서, 시간 관련 센서 등 다양한 센서들을 활용하여 앱을 작성할 수 있다.

컴포넌트	기능
AccelerometerSensor	가속도센서로 스마트폰을 흔들 때 발생하는 가속을 활용할 수 있는 센서이다.
BarcodeScanner	바코드나 QR코드를 읽을 수 있는 센서 기능을 만들 때 사용한다.
Barometer	기압을 측정할 때 사용한다. 기압은 소수점 다섯 번째까지 측정할 수 있다.
Clock	스마트폰의 시계 기능을 활용할 수 있는 기능으로 시간과 관련된 앱을 만들 때 사용한다.
GyroscopeSensor	3차원 각속도를 측정할 때 사용한다.
Hygrometer	주변 습도를 측정할 때 사용한다.
LightSensor	빛의 세기를 측정할 때 사용한다. 주변의 밝기를 측정해서 럭스(lx)단위로 반환한다.
LocationSensor	스마트폰의 위치센서를 활용할 수 있는 기능을 만들 때 사용한다.

MagneticFieldSensor	자기장센서로 스마트폰에 내장된 자기장센서의 물리적인 세 가지 x, y, z축에 대한 주변 자기장을 측정할 수 있다.
NearField	NFC(Near Field Communication, 근거리 무선통신) 기능을 활용할 수 있는 기능을 만들 때 사용한다. NFC는 가까운 거리에서 무선 데이터를 주고받는 통신기술이다.
OrientationSensor	방향센서로 자이로센서를 이용하여 스마트폰을 가로와 세로로 기울이는 것에 특정한 효과를 발생하도록 하는 기능을 만들 때 사용한다.
Pedometer	만보기, 걸음수를 측정할 때 사용한다.
ProximitySensor	휴대폰의 근접센서를 이용해 화면 근처에 물체가 있는지 확인할 때 사용한다.
Thermometer	주변 온도를 측정할 때 사용한다.

(7) Social

소셜은 스마트폰의 다른 사람과 함께하는 SNS(Social Network Service) 기능을 제공한다. 전화 걸기나 이메일 사용, 트위터 기능들을 이용할 수 있는 기능들이 모여 있는 곳이다.

컴포넌트	기능
ContactPicker	스마트폰에 있는 주소록을 불러오는 기능을 만들 때 사용한다.
EmailPicker	이메일을 사용할 수 있는 기능을 만들 때 사용한다.
PhoneCall	전화를 사용할 수 있는 기능을 만들 때 사용한다.
PhoneNumberPicker	스마트폰에 있는 전화번호부를 불러오는 기능을 만들 때 사용한다.
Sharing	다른 앱과 공유할 수 있는 기능을 만들 때 사용한다.
Texting	문자(SMS)를 사용할 수 있는 기능을 만들 때 사용한다.
Twitter	트위터를 사용할 수 있는 기능을 만들 때 사용한다.

(8) Storage

데이터베이스 관련 기능으로 스마트폰 안의 저장공간과 데이터베이스를 사용하는 기능이 있다.

컴포넌트	기능
CloudDB	인터넷에 연결된 데이터베이스 서버에 데이터를 저장하는 기능이다.
File	스마트폰에 저장되어 있는 파일을 읽거나 파일로 저장하는 기능을 만들 때 사용한다.
TinyDB	스마트폰에 데이터를 저장하여 사용하는 기능을 만들 때 사용한다.
TinyWebDB	웹에 데이터를 저장하여 사용하는 기능을 만들 때 사용한다.

(9) Connectivity

통신 기능을 사용할 수 있는 기능들로 이미 작성한 앱들을 연결하여 호출하거나 블루투스 기능을 이용하여 사물인터넷 구현 앱 작성도 가능하다.

컴포넌트	기능
ActivityStarter	앱, 웹서비스, 시스템 기능의 외부 기능을 활용하여 앱과 웹을 제어하고 기존의 앱을 연결할 때도 사용한다.
BluetoothClient	BluetoothClient, BluetoothServer는 블루투스 기능을 클라이언트와 서버로 활용할 때 사용한다.
BluetoothServer	
Serial	아두이노(Arduino) 같은 기기와 연결해 시리얼 통신을 할 때 사용한다.
Web	웹브라우저 기능을 추가할 때 사용한다.

CHAPTER 03

가속도센서를 이용한 간단한 앱 작성

1. 프로젝트(Project) 작성방법
2. 가속도센서를 이용한 간단한 앱 작성
3. 폰을 흔들면 음악이 재생되는 앱 작성
4. 음성인식: SpeechRecognizer 컴포넌트의 기능과 활용
5. 간단한 계산 앱 작성
6. 관광명소 설명을 영어로 번역하는 앱

CHAPTER 03 가속도센서를 이용한 간단한 앱 작성

1 프로젝트(Project) 작성방법

먼저 구글 크롬(http://www.google.co.kr/chrome/)에 접속하여 크롬을 다운로드받아 설치한 후 구글 회원가입을 한 후 앱인벤터2 사이트(http://appinventor.mit.edu)에 접속한다. 앱인베터2 사이트 왼쪽 상단에 있는 Create Apps! 버튼을 클릭한 후 화면을 디자인한 후 코드를 작성한다. 앱인벤터에서 만든 앱을 테스트한 후 스마트폰에 저장하고 싶다면 .apk로 변환해주어야 한다. 앱인벤터 상단의 [Build] 메뉴에서 [그림 3-1]과 같이 GooglePlay에 새로운 앱을 업로드하게 되면 .apk 파일뿐만 아니라 .aab 파일이 필요하다. .aab(Androiod App Bundle)는 앱이 실행되는 기기의 환경인 해상도 또는 언어 등의 리소스에 맞게 .apk로 추출 가능한 원본 파일이다.

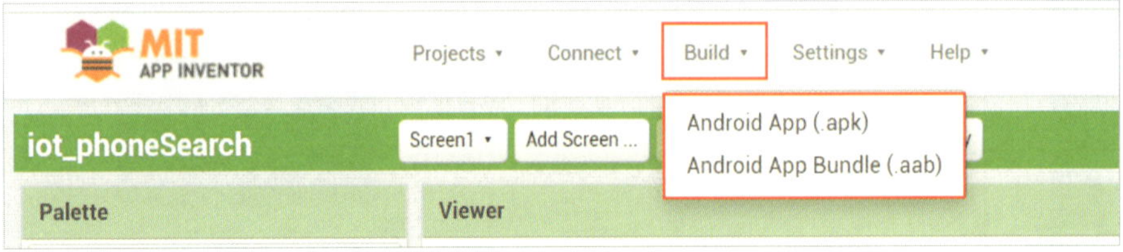

[그림 3-1] Build 메뉴

QR코드에 대해 알아보면 QR코드는 흑백격자 무늬 패턴으로 정보를 나타내는 매트릭스 형식의 이차원 바코드이다. Quick Response의 약자로 1994년 일본 덴소웨이브사가 개발하였으며, 덴소웨이브사가 특허권을 행사하지 않겠다고 선언하여 다양한 분야에서 널리 활용되고 있다. QR코드는 스마트폰이 보급되면서 활용도가 높아졌다. 종래에 많이 쓰이던 바코드의 용량 제한을 극복하고 그 형식과 내용을 확장한 2차원의 바코드로 종횡의 정보를 가져서 숫자 외에 문자 데이터를 저장할 수 있다. 버전 1부터 버전 40까지 다양한 버전을 지원하며, 각 버전마다 최대로 포함할 수 있는 정보와 크기가 다르다. 스마트폰 앱 중 QR코드를 사용할 수 있도록 제작된 앱이 있다. QR코드를 인식하는 스마트폰 앱으로는 쿠루쿠루(QRooQRoo) 혹은 스캐니(Scany), 바코드 스캐너, 에그몬(EggMon), 큐알드로이드(QR Droid) 등이 많이 사용되며, 네이버 등의 포털사이트 애플리케이션이나 11번가, G마켓 등의 쇼핑몰 앱도 QR코드 인식이 가능하다.

앱인벤터에서 작성한 QR코드를 다른 사용자들에게 보내면 앱이 다운로드되지 않는다. 앱인벤터에 접속이 되어 있는 상황에서 QR코드를 인식해야 다운로드가 실행되며 그 이후에는 QR코드는 실행과 관련된 정보를 갖지 못하므로 실행할 수가 없다. 컴퓨터나 스마트폰에 저장된 .apk 파일을 이용하여 다른 사용자들과 공유하면 된다.

[Adroid App(.apk)]를 선택하면 .apk를 다운로드할 수 있는 버튼과 QR코드가 나타난다. 왼쪽의 [Download .apk now]를 선택하면 본인의 컴퓨터에 앱 파일(.apk)이 다운로드 된다.

앱 인벤터에서 작성한 앱을 다른 사용자가 코드를 수정한 후 활용하려면 .aia 확장자를 가진 소스코드로 저장해야 한다. 소스코드 .aia 확장자는 프로그램 소스에 해당하는 모든 블록들이 그대로 저장되어 다른 사용자가 원하는 기능들을 추가하여 또 다른 앱을 만들 수 있다. 프로젝트의 소스코드블록은 [File] 메뉴 → [Export projects] 메뉴를 이용하면 자신의 컴퓨터에 .aia 파일이 다운로드된다. 다운로드된 .aia 파일을 다른 사용자에게 메일로 보내면 이 파일을 받은 사용자는 [File] 메뉴 → [Import project] 메뉴를 이용하여 파일을 열어볼 수 있다.

2 가속도센서를 이용한 간단한 앱 작성

가속도센서는 스마트폰을 흔들 때 발생하는 가속을 활용할 수 있는 센서이다. 음성으로 말하고 싶은 내용을 입력한 후 폰을 흔들면 입력한 글자를 읽어주는 간단한 앱을 작성해본다.

2.1 필요한 컴포넌트

① 앱의 제목이나 앱을 설명해주는 글자를 표시할 [User Interface] 팔레트의 [Label] 컴포넌트

② 글자를 입력할 수 있는 [User Interface] 팔레트의 [TextBox] 컴포넌트

③ 폰을 흔들었는지 인식하는 [Sensors] 팔레트의 [AccelerometerSensor] 컴포넌트

④ 입력한 글자를 음성으로 읽어주는 [Media] 팔레트의 [TextToSpeech] 컴포넌트

⑤ 컴포넌트들을 수평으로 여러 개 배치하기 위해 [Layout] 팔레트의 [HorizontalArrangement] 컴포넌트

2.2 화면 상단에 있는 메뉴에서 [Projects] → [Start new project]를 선택

우선 새로운 프로젝트를 생성해야 한다.

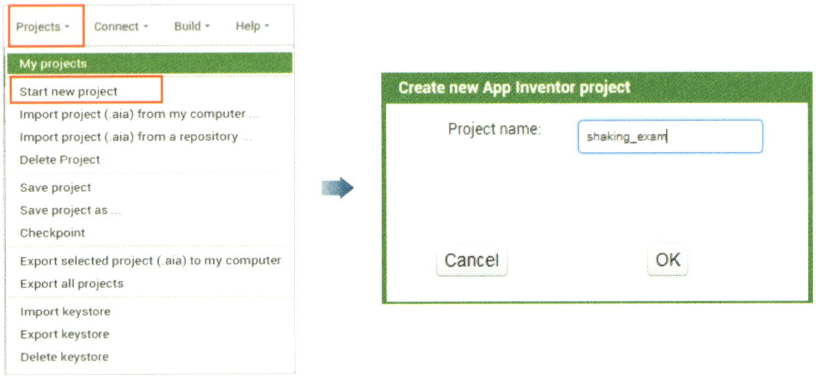

프로젝트 이름(Project name)에 'shaking_exam'이라고 입력하고 'OK' 버튼을 클릭한다. 프로젝트 이름은 반드시 영문으로 기입해야 한다. 'shaking_exam'이라는 이름으로

프로젝트가 생성되고 다음 그림처럼 작업할 수 있는 화면이 나타난다. 가장 왼쪽에 있는 팔레트에서 앱을 작성하는 데 필요한 여러 컴포넌트를 화면(Viewer)으로 끌어다 놓으면서 디자인, 즉 화면 구성을 한다.

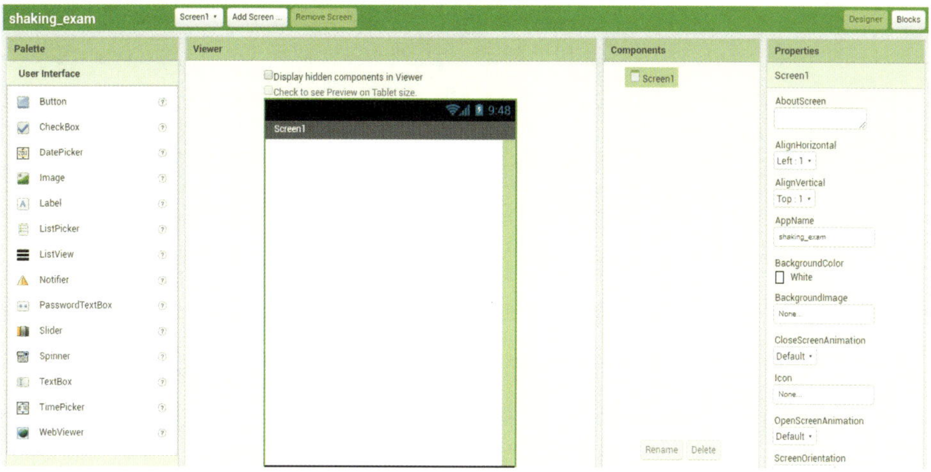

2.3 디자인 화면과 컴포넌트 구성요소, 속성 화면

디자인 화면과 각 컴포넌트의 배치, 속성에 관한 내용은 아래의 그림과 같다.

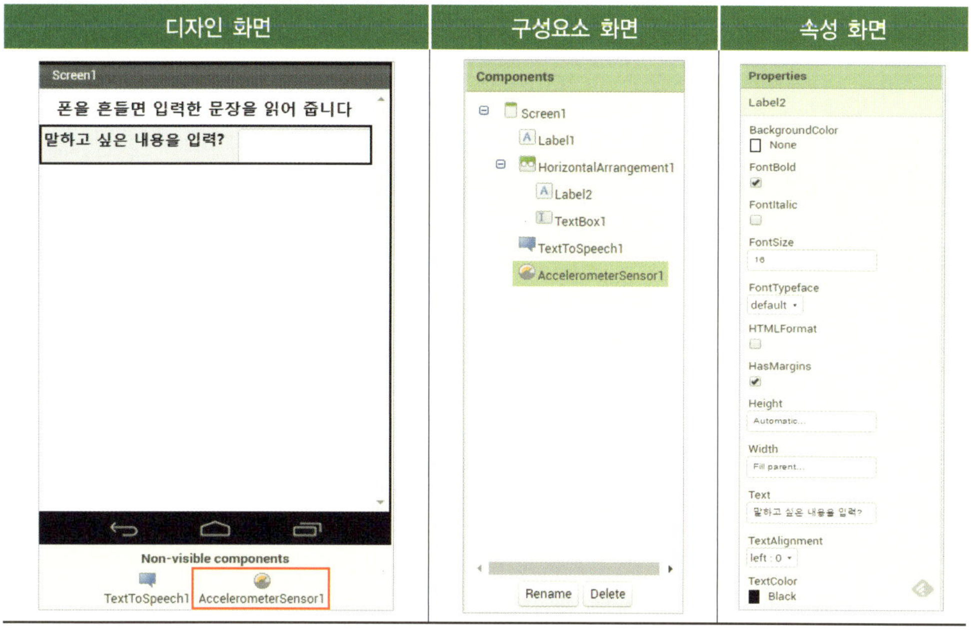

(1) 화면 디자인 방법

① '폰을 흔들면 입력한 문장을 읽어줍니다'라는 내용을 표시하기 위해 [Label] 컴포넌트를 드래그하여 작성한다. 뷰어에서 컴포넌트를 하나 클릭하면 컴포넌트와 관련된 속성이 맨 오른쪽에 표시된다. 화면(Screen)의 제목이나 배경이미지, 배경색 등 각 요소나 기능들의 속성을 변경할 수 있도록 해준다. [Label] 컴포넌트의 속성창의 [Text] 속성에 표시할 내용 '폰을 흔들면 입력한 문장을 읽어줍니다'를 입력한다.

② 구성요소들을 Viewer(뷰어)에 배치하면 기본적으로 수직으로 배열된다. [Designer] 화면 좌측 팔레트의 [Layout]에서 필요한 [HorizontalArrangement] 컴포넌트를 드래그하여 화면에 배치시킨 후 [Label], [TextBox] 컴포넌트들을 [HorizontalArrangement] 컴포넌트 안에 배치시킨다.

③ [Textbox] 컴포넌트는 스마트폰으로 숫자나 문자를 입력하고 싶을 때 사용하는 컴포넌트다. [Designer] → [Palette] → [User Interface] → [TextBox]를 끌어다 [Viewer]에 드래그한 후 사용한다. [Textbox] 컴포넌트는 입력받는 문자나 숫자를 그대로 읽어들이는 데 주로 사용된다. 텍스트상자에 수치나 문자를 입력하면 [Text] 속성에 입력한 값이 저장된다. 숫자만을 입력받고 싶다면 Properties에서 [NumbersOnly]에 체크를 해주면 된다.

④ 좌측 탭의 [Palette] 아래쪽의 [Sensors]를 선택하면 스마트폰에 들어있는 여러 개의 센서가 나타난다. 가속도센서인 [AccelerometerSensor]를 선택하여 뷰어로 끌어 놓는다. 뷰어로 끌어 놓으면 화면의 아래 부분 [Non-visible components] 아래 추가된다. 화면에 표시되는 요소가 아니라 기능적인 부분만 담당하기 때문에 화면에 표시되지 않는다. 화면에 표시되지 않는다고 해서 화면 바깥으로 끌어 놓는 것이 아니라 반드시 화면 안쪽으로 끌어다 놓아야 한다. 즉 화면에 표시되지 않는다고 해서 화면 아래쪽에 끌어다 놓으면 실행이 되지 않는다. 반드시 뷰어 화면 안쪽으로 끌어다 놓아야 하며 끌어 놓으면 뷰어 아래쪽에 표시가 된다.

⑤ [Media] 영역에 있는 [TextToSpeech] 컴포넌트를 뷰어로 드래그하여 배치하면 화면의 아래 부분 [Non-visible components] 아래 추가된다. 이처럼 스마트폰 화면에 표시되지 않는 컴포넌트들은 뷰어에 배치하면 자동으로 [Non-visible components] 아래 추가된다. [TextToSpeech] 컴포넌트는 텍스트를 음성으로 읽어주는 컴포넌트이다.

⑥ 각 컴포넌트의 속성 중 많이 사용하는 속성은 아래와 같다.

글자크기 지정	글자색 지정	컴포넌트의 가로크기 지정	컴포넌트의 세로크기 지정
	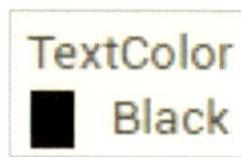	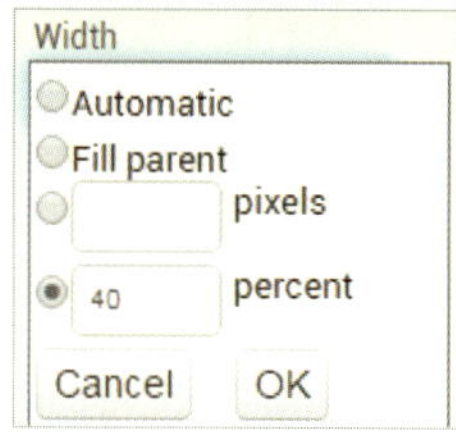	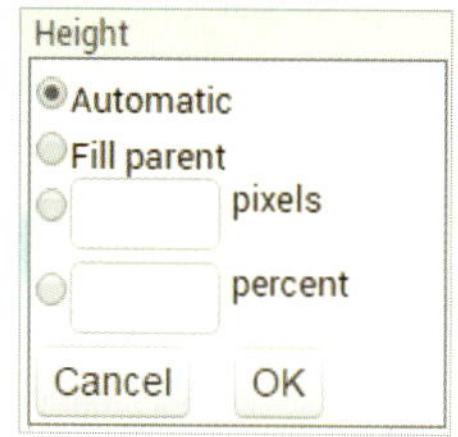

2.4 코드블록 작성

앱인벤터는 디자인을 했던 디자이너 화면과 코딩을 하는 블록 화면으로 구성되어 있다. 블록코딩을 위해서 화면을 전환해야 한다. 화면 오른쪽 상단의 Blocks 버튼을 클릭하면 블록코딩 화면으로 전환된다. 앱을 스마트폰에서 실행한 후 음성으로 읽고 싶은 문자를 폰으로 입력한 후 폰을 흔들면 입력한 문자가 음성으로 읽어지도록 블록을 작성한다. 예를 들어 "사랑합니다"를 입력한 후 스마트폰을 흔들면 지정한 문자인 "사랑합니다"를 소리 내어 읽는다.

(1) 가속도센서([AcclerometerSensor])로 흔들림을 감지

왼쪽 [Blocks]에서 [Screen1] 아래의 [AccelerometerSensor1]을 선택하면 [Accelerometer Sensor1]과 관련된 블록이 표시된다. [When AccelerometerSensor1. Shaking]을 마우스로 누른 채 코드블록 뷰어로 이동한다. 이 블록은 폰의 흔들림을 감지하면 실행이 될 명령들을 기입하면 된다. 음악재생이나 음성인식 등 다양한 명령들로 구성하여 실행할 수 있다.

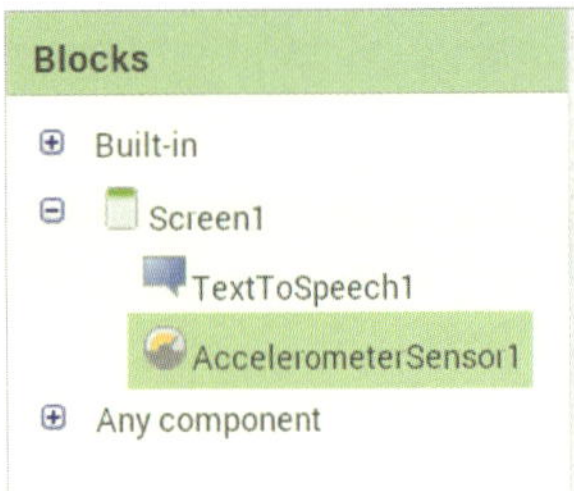

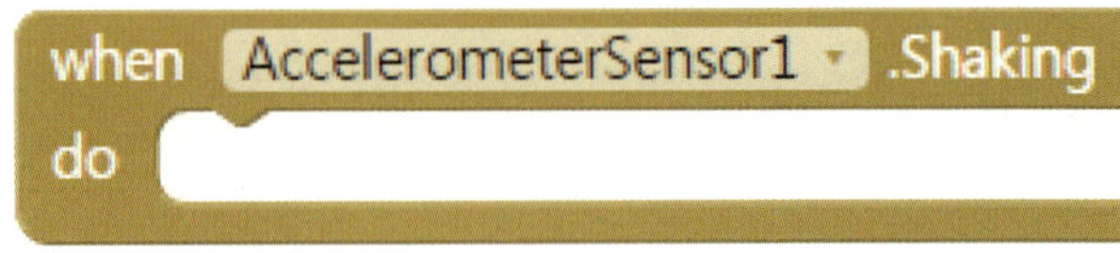

이벤트 핸들러(Event Handler)

이벤트(Event)는 스마트폰이 흔들리거나([When AccelerometerSensor1.Shaking]), 버튼을 누르거나([when Button1.Click]), 특정 시간이 지났을 때([Clock1.Timer]) 등 프로그램이 인식할 수 있는 것을 의미한다. 이러한 이벤트가 발생했을 때 프로그램이 어떤 반응을 보여야 할지 알려주는 블록이 이벤트 핸들러이다.

이벤트 핸들러에는 when이 적혀있다. when 다음에 오는 문장은 이벤트에 대해서 설명해주는 내용이며, do 이후에는 이벤트에 대한 반응을 설명해주어야 한다. 위 블록은 스마트폰을 흔들었을 때 "사랑합니다"라는 문장을 음성으로 읽어주겠다는 의미이다. 스마트폰을 흔들었는지의 여부는 [AccelerometerSensor1] 센서가 감지한다.

(2) 말하기([TextToSpeech])

폰을 흔들면 "사랑합니다"라고 말하도록 작성하기 위해 왼쪽 [Blocks]에서 [Text ToSpeech1]을 선택하고, [Call TextToSpeech1.Speak]를 끌어다가 Shaking 블록 사이에 끼워 넣는다. 즉 흔들면 음성으로 읽어주도록 작성하기 위해 흔드는 블록 안에 텍스트를 음성으로 읽어주는 컴포넌트를 넣으면 된다.

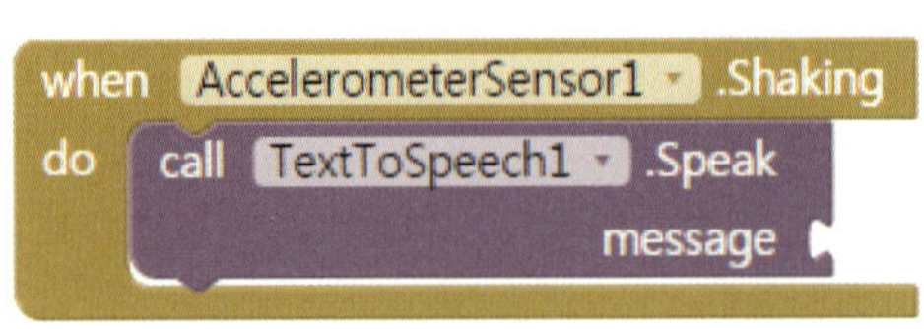

어떤 내용을 말할지 입력해야 하므로 [Blocks]의 [Text]를 선택하고 빈 문자열 [" "]을

끌어서 message 옆에 끼워 넣는다. 코드에서 글자를 추가할 수도 있지만 속성에서도 지정하여 사용할 수 있다. 속성에서 지정하기보다는 코드에서 지정하는 것이 오류 수정 시 도움이 된다.

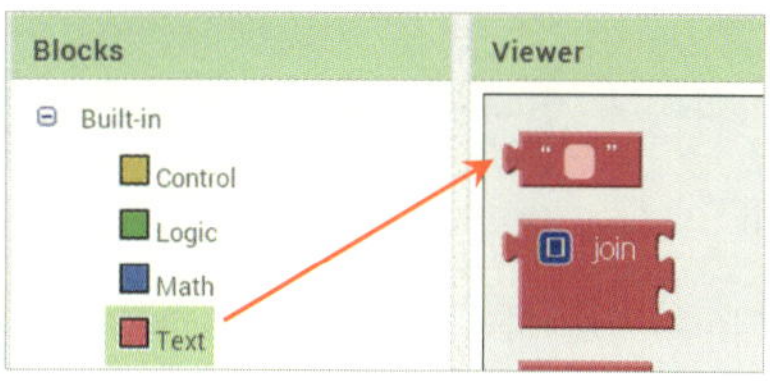

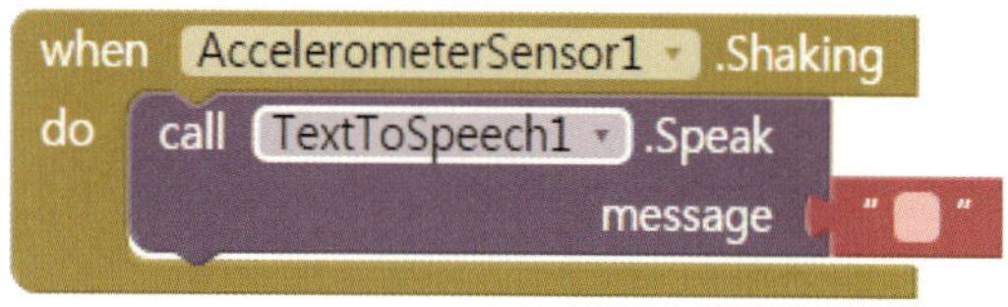

빈 문자열 " " 사이의 빈 공간을 마우스로 클릭하고 "사랑합니다"를 입력하고 [엔터] 키를 누른다. 아래에 완성된 블록을 표시하였다. 스마트폰을 흔들면 음성으로 메시지에 들어있는 "사랑합니다"를 음성으로 읽어준다.

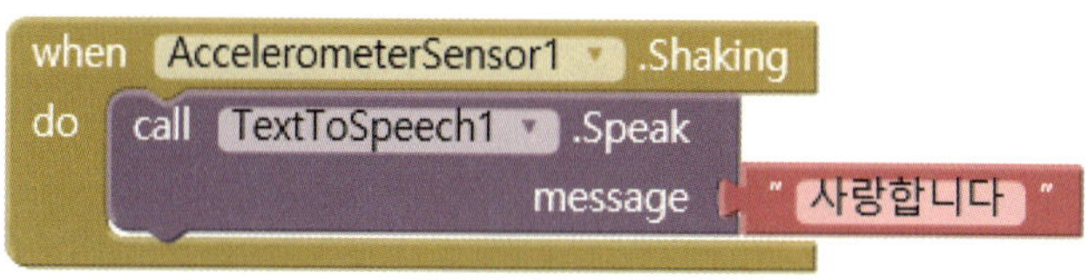

직접 문구를 입력해도 되지만 별도로 [Label]이나 [TextBox]에 음성으로 읽어들일 내용을 입력한 후 입력한 내용을 message와 연결시키면 된다. 위에서처럼 "사랑합니다"로 음성으로 읽을 내용을 지정해 놓으면 "사랑합니다" 이외의 문자를 읽을 수가 없으므로 다른 내용을 읽기 위해서는 블록을 다시 수정해야 하는 번거로움이 있다. 이러한 번거로움을 줄이기 위해서는 음성으로 읽을 내용을 [TextBox]를 통해 입력받은 후 폰을 흔들면 음성으로 읽어주는 코드블록을 아래와 같이 작성하면 효율적일 것이다. 이때에는 message와 TextBox1.Text를 연결해야 한다.

"사랑합니다"라는 문장만 음성으로 읽음	폰으로 입력([TextBox])한 내용에 따라 음성으로 읽음
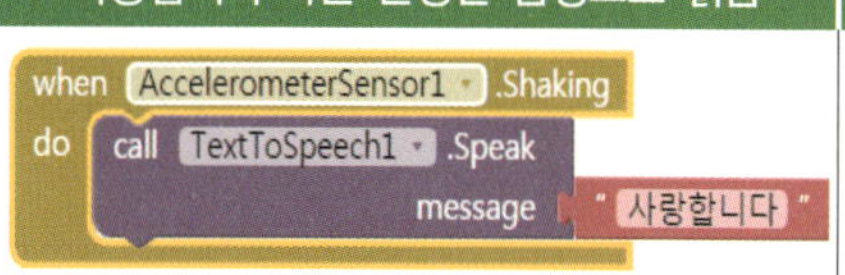	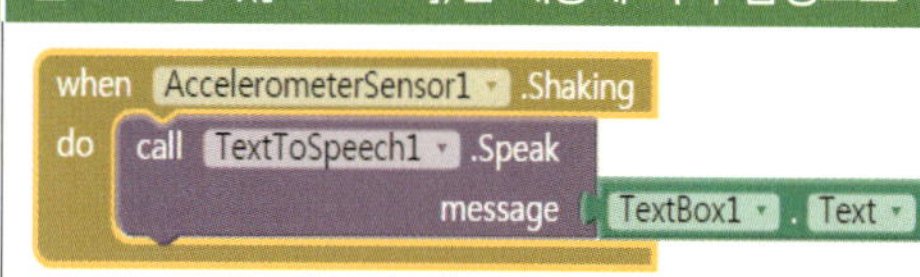

2.5 실행

앱을 실행하는 방법은 다섯 가지가 있지만 안드로이드 스마트폰을 갖고 있고, 스마트폰과 컴퓨터가 모두 동일한 와이파이에 연결되어 있다면 아래와 같은 방법으로 실행하면 된다.

① 작업 중인 컴퓨터와 스마트폰이 동일한 와이파이에 연결되어 있어야 한다.

② 스마트폰 구글 플레이스토어에 접속하여 'MIT AI2 Companion' 앱을 설치한다.

③ 앱 인벤터 [Connect] 메뉴에 있는 [AI Companion]을 클릭한다.

④ 스마트폰에서 방금 설치한 MIT AI2 Companion 앱을 실행하고, 'scan QR code' 버튼을 눌러 화면에 나타난 QR코드를 스캔하면 간단하게 앱을 실행시킬 수 있다. 혹은 모니터에 나타난 6자리 코드를 입력하고 'connect with code' 버튼을 눌러도 된다. 즉 스마트폰 MIT AI2 Companion 앱으로 QR코드를 스캔하거나 6자리 코드를 직접 입력해서 실행할 수 있다.

⑤ 이제 앱이 실행된 화면을 볼 수 있다. 텍스트상자에 "사랑합니다"라고 입력하고 폰을 흔들면 "사랑합니다"라고 읽어주는 구글 보이스(여자의 음성)를 들을 수 있다.

3 폰을 흔들면 음악이 재생되는 앱 작성

폰을 흔들면 음악이 재생되는 앱을 작성해보자.

3.1 필요한 컴포넌트

① 앱의 제목이나 앱을 설명해주는 글자를 표시할 [User Interface] 팔레트의 [Label] 컴포넌트

② 폰을 흔들었는지 인식하는 [Sensors] 팔레트의 [AccelerometerSensor] 컴포넌트

③ 음악을 재생할 [Media] 팔레트의 [Player] 컴포넌트

3.2 디자인 화면과 컴포넌트 구성요소, 속성 화면

디자인 화면과 각 컴포넌트의 배치, 속성에 관한 내용은 아래 그림과 같다.

[그림 3-2] 음악재생 관련 요소

(1) 화면 디자인 방법

① "폰을 흔들면 음악이 재생됩니다"라는 내용을 표시하기 위해 [Label] 컴포넌트를 드래그하여 작성한다. [Label] 컴포넌트의 속성창의 [Text] 속성에 표시할 내용을 입력한다.

② 좌측 탭의 [Palette] 아래쪽의 [Sensors]를 선택한 후 [AccelerometerSensor]를 선택하여 뷰어로 끌어 놓는다. 뷰어로 끌어 놓으면 화면의 아래 부분 [Non-visible components] 밑에 추가된다.

③ [Media] 팔레트의 [Player]를 배치한다. [Player]의 속성 중에서 [Source] 속성에서 재생할 음악 파일을 지정하거나 블록에서 재생할 음악 파일을 지정하면 된다. 어떤 방법으로 재생하든지 앱에서 사용할 파일들은 반드시 [Upload File]을 이용하여 파일들을 불러와야 실행이 됨에 주의해야 한다. [Components] 메뉴 아래의 'Upload File' 버튼을 누르면 위의 그림과 같이 '파일 선택' 버튼을 눌러 재생할 음악 파일을 선택한 후 'OK' 버튼을 누르면 된다. [Player] 컴포넌트의 속성창의 [Source]에서 재생할 음악 파일을 지정하면 된다. 방금 업로드된 파일이름이 나타난다. 파일을 선택한 후 'OK' 버튼을 누르면 된다.

3.3 코드블록 작성

① 가속도센서로 흔들림을 감지한다. 스마트폰을 흔들면 음악이 재생되도록 블록을 작성하기 위해 왼쪽 [Blocks]에서 [Screen1] 아래의 [AccelerometerSensor1]을 선택하면 [AccelerometerSensor1]과 관련된 블록이 표시된다. [When Accelerometer Sensor1.Shaking]을 마우스로 누른 채 코드블록 뷰어로 이동한다.

② 음악을 재생하기 위해 [Player]와 관련된 블록 중 [call Player1.Start] 블록을 [When Accelerometer Sensor1.Shaking] 블록 사이에 끼워 넣는다. [Player1]의 [Source]에서 지정한 파일을 실행시켜준다.

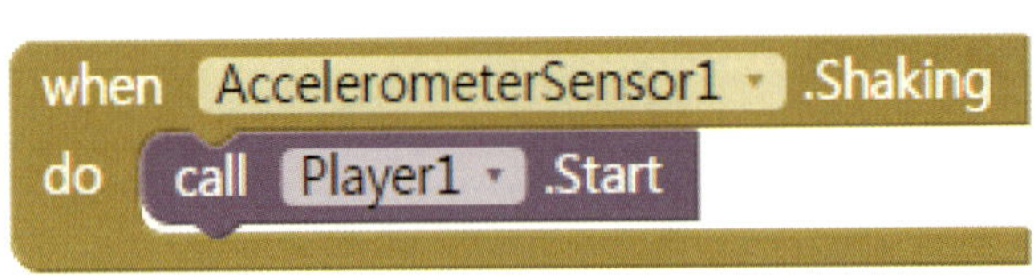

③ 음악 파일 재생방법(모두 UploadFile을 통해 업로드해야 한다.)

- 속성창에서 재생할 파일을 지정한다.
- 코드블록 작성에서 재생할 파일을 지정한다.

속성창의 Source에서 지정한 경우 코드에서 지정하지 않으면 되고 속성에서 지정하지 않은 경우는 블록 화면에서 재생할 파일명(beautifullady.mp4)을 지정한 후 재생되도록 아래의 그림과 같이 코드블록에서 지정해야 한다.

속성에서 재생할 파일을 지정한 경우	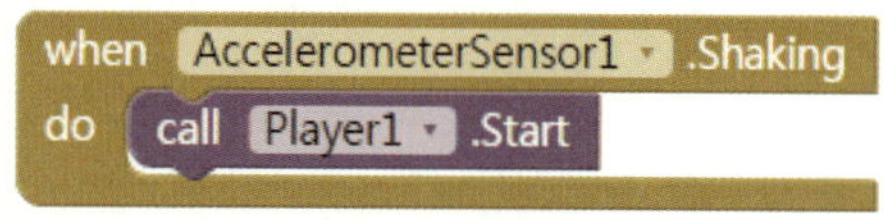
속성에서 재생할 파일을 지정하지 않은 경우	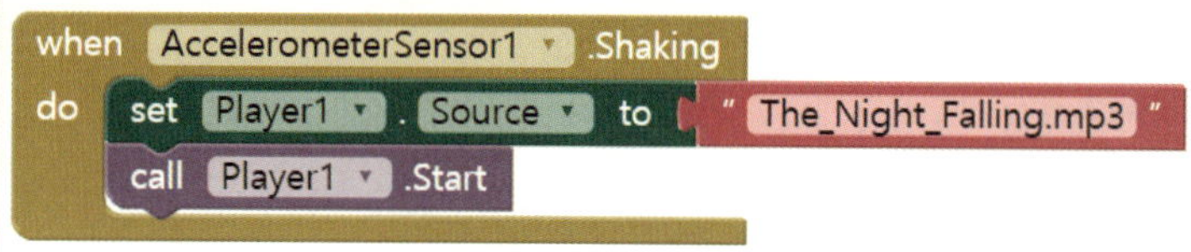

안드로이드용 앱인벤터는 1MB 미만의 비디오 파일만 허용하고 미디어(비디오, 오디오 및 사운드) 파일 모두에 사용할 수 있는 것은 아니지만 응용 프로그램의 전체 크기를 10MB로 제한하고 있다. 파일이 너무 크면 응용 프로그램을 패키징하거나 설치할 때 오류가 발생할 수 있으므로 미디어 파일의 수 또는 파일 크기를 줄여야 한다. Windows Movie Maker 및 Apple iMovie와 같은 대부분의 비디오 편집 소프트웨어를 사용하면 비디오를 축소하거나 비디오를 보다 압축된 형식으로 다시 인코딩하여 비디오 크기를 줄일 수 있다.

4 음성인식: [SpeechRecognizer] 컴포넌트의 기능과 활용

스마트폰에 말을 하면 자신이 말한 내용을 감지하여 글자로 표시해주는 컴포넌트 [SpeechRecognizer]에 대해 알아본다. 스마트폰에 글자를 입력하기 귀찮을 때나 음성으로 스마트폰에 명령을 내릴 때 사용하면 효율적이다. 사물인터넷과 연결을 시켜 작성할 때는 예를 들면, 형광등을 끄거나 켤 때 스마트폰에 "불을 끄시오" 혹은 "불을 켜시오"라고 음성으로 명령을 내리면 실행이 되는 앱을 만들 때 활용하면 효율적이다.

4.1 필요한 컴포넌트

① 앱의 제목이나 앱을 설명해주는 글자를 표시할 [User Interface] 팔레트의 [Label] 컴포넌트

② 버튼을 클릭하면 실행이 되도록 하기 위해 [User Interface] 팔레트의 [Button] 컴포넌트

③ 여러 버튼들을 같은 줄(행)에 배치하기 위해 [Layout] 팔레트의 [HorizontalArrangement] 컴포넌트

④ 글자를 입력할 수 있는 [User Interface] 팔레트의 [TextBox] 컴포넌트

⑤ 글자를 음성으로 읽어주는 [Media] 팔레트의 [TextToSpeech] 컴포넌트

⑥ 스마트폰 마이크에 대고 말하면 음성을 인식하는 [Media] 팔레트의 [SpeechRecognizer] 컴포넌트

4.2 디자인 화면과 컴포넌트 구성요소, 속성 화면

디자인 화면	구성요소 화면	속성 화면

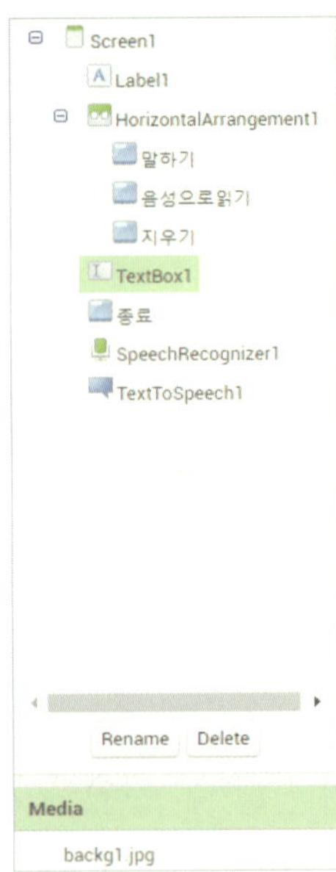

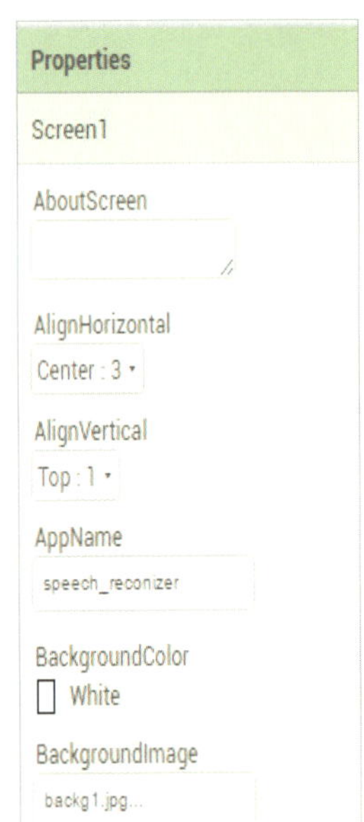

① 먼저 디자인 화면에서 Screen1 컴포넌트의 스크린(Screen1)의 배경이미지를 변경

한다. 배경이미지는 위 그림처럼 'backg1.jpg'를 업로드한 후 [BackgroundImage] 속성에서 지정한다. 화면에 나타나는 모든 컴포넌트들을 가운데 나타나게 하려면 [AlignHorizontal] 속성을 'center'로 지정한다. Screen1의 Title을 변경하고 앱으로 작성한 후에 나타날 아이콘 모양을 [Icon] 속성에서 자신이 원하는 모양의 아이콘으로 지정한다. 포토샵이나 그림판에서 원하는 아이콘 모양을 직접 작성하거나 기존의 아이콘을 편집하여 작성하여 활용하면 된다.

② [Label] 컴포넌트를 뷰어에 끌어 놓은 후 [Text] 속성에서 '음성인식을 하려면 음성인식 버튼 클릭'을 입력한다.

③ 세 개의 버튼을 같은 줄에 배치하기 위해 [Layout] 팔레트에서 [HorizontalArrangement] 컴포넌트를 배치시킨다.

④ [Button] 컴포넌트를 [HorizontalArrangement] 컴포넌트 안에 배치시킨다. 같은 방법으로 세 개의 버튼을 [HorizontalArrangement] 컴포넌트 안에 배치시킨다. 버튼이 세 개이므로 블록을 쉽게 작성하기 위해 버튼의 이름들을 한글로 모두 변경한다. [Components] 화면에서 버튼을 선택한 후 'Rename' 버튼을 클릭하여 차례대로 '말하기', '음성으로 읽기', '지우기'라는 이름으로 변경을 한다. 블록을 작성할 때 컴포넌트의 기능을 쉽게 파악할 수 있으므로 컴포넌트의 이름은 앱 작성 기능에 맞는 이름으로 변경하면 코드를 자성할 때 쉽게 작성할 수 있다.

- [Shape]: rounded(버튼의 무양을 사각형이 아닌 둥근 모양으로 지정한다.)
- [Text]: 음성으로 말하기(버튼에 표시할 글자를 지정한다.)
- [BackgroundColor]: 하얀색으로 지정(버튼의 배경색을 변경한다.)

세 개의 버튼을 모두 위와 같이 속성을 변경한다.

⑤ [TextBox]를 배치한 후 아래의 속성을 변경한다.

- [Height]: 70 percent(텍스트상자의 높이를 70percent로 지정한다.)
- [width]: Fill parent(폭을 스마트폰 화면의 가로 폭과 같게 하려면 [Width] 속성의 값을 'Fill parent'로 지정한다.)
- [Multiline]: 체크상자에 체크(여러 줄이 표시된다.)
- [FontSize]: 15(글자의 크기를 15로 변경한다.)

⑥ 종료 버튼을 작성하기 위해 [Button] 컴포넌트를 제일 아래에 배치한 후 [Shape], [Text], [BackgroundColor]를 변경한다.

4.3 코드블록 작성

버튼을 누르면 음성인식이 시작되고 인식된 결과를 화면에 글씨로 출력하는 기능들을 설정해보자.

① 버튼을 누르면 음성인식기를 작동하기 위해 [Call SpeechRecognizer.GetText] 블록을 이용한다. 이 블록은 폰에 녹음하도록 마이크 모양이 나타난다. 마이크를 향하여 말하는 동안은 녹음이 되고 일정기간 쉬면 녹음을 정지한다.

② 녹음된 음성, 즉 인식한 문장을 이용하기 위해 [When SpeechRecognizer1.After GettingText] 블록을 이용한다. 이 블록은 음성인식이 끝나면 자동으로 실행이 된다.

③ 인식한 문장을 폰에 출력하기 위해 [TextBox] 블록을 사용한다. 음성인식이 끝난 후 녹음된 음성은 result 변수에 저장이 된다. 저장되어 있는 내용(result)을 텍스트 상자에 표시하기 위해 [TextBox]의 [Text] 속성에 저장을 해야 한다. 결과 블록은 아래에 표시하였다.

음성으로 말하기 버튼을 눌렀을 때의 블록	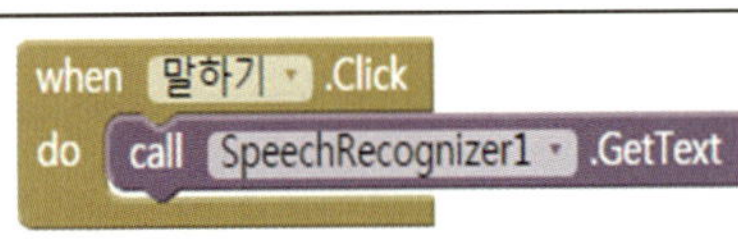
음성인식 후의 블록	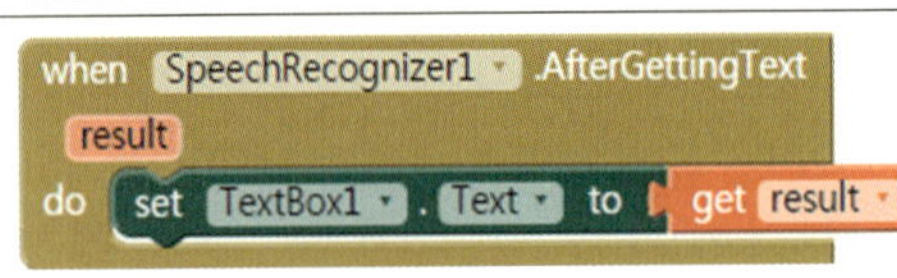
음성으로 읽기 버튼을 눌렀을 때의 블록	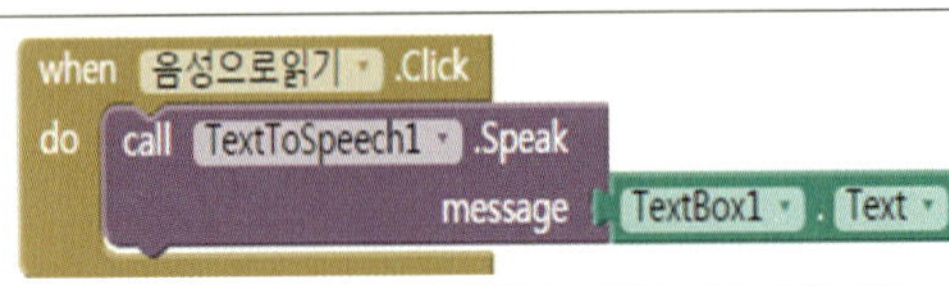
지우기 버튼을 눌렀을 때의 블록	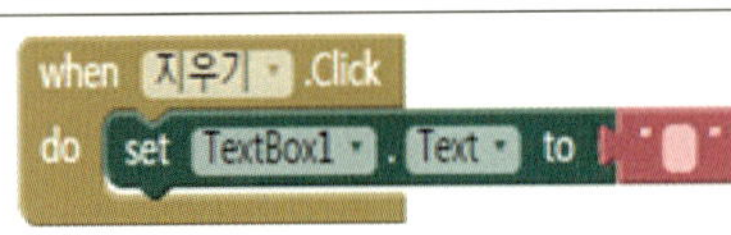
종료 버튼 블록	

4.4 실행

'음성으로 말하기' 버튼을 누른 후 스마트폰의 마이크를 향하여 말을 한 후 한동안 쉬면 음성인식이 종료된다. 음성인식이 종료되면 텍스트상자에 음성인식한 내용이 표시된다. 텍스트상자에 사용자가 임의로 글자를 입력하든지 음성인식한 글자를 음성으로 읽고 싶으면 '음성으로 읽기' 버튼을 누른다. 텍스트상자에 표시된 글자를 구글 보이스로 읽어준다. '지우기' 버튼을 누르면 텍스트상자에 표시된 내용이 모두 사라지고 '종료' 버튼을 누르면 앱이 종료된다.

5 간단한 계산 앱 작성

숫자를 입력받아 사칙연산을 구하는 간단한 앱을 작성해보자. 계산기 앱은 변수를 배운 후 작성을 하고 이 장에서는 변수를 사용하지 않고 더하기, 빼기, 곱하기, 나누기 버튼을 누르면 계산결과가 보이면서 음성으로 결과를 읽어주는 앱을 작성해본다.

5.1 필요한 컴포넌트

① 제목을 표시할 [User Interface] 팔레트의 [Label] 컴포넌트
② 수치를 입력할 [User Interface] 팔레트의 [TextBox] 컴포넌트
③ 결과를 표시할 [User Interface] 팔레트의 [TextBox] 컴포넌트
④ 더하기, 빼기, 곱하기, 나누기, 다시 시작에 사용할 [User Interface] 팔레트의 [Button] 컴포넌트
⑤ 결과를 음성으로 읽어줄 [Media] 팔레트의 [TextToSpeeech] 컴포넌트
⑥ 한 줄에 여러 컴포넌트를 넣기 위해 [Layout] 팔레트의 [HorizontalArrangement] 컴포넌트

5.2 디자인 화면과 컴포넌트 구성요소, 속성 화면

① Screen의 배경색(BackgroundColor)을 변경한 후 앱으로 작성한 후 폰에 실행 앱 아이콘으로 표시될 작은 이미지를 [Icon] 속성에서 지정한다. 모든 컴포넌트들이 가운데에 표시되기 위해 [AlignHorizontal] 속성을 'Center : 3'으로 변경한다.

② 한 줄에 여러 컴포넌트를 넣기 위해 [HorizontalArrangement] 레이아웃 컴포넌트 안에 문장을 표시하기 위해 [Label]을 드래그한 후 [Text] 속성에 가서 '계산할 수치를 입력'을 입력한다. 그리고 수치를 입력할 [TextBox] 두 개를 드래그하여 배치한다. [TextBox] 속성 중 [Hint] 속성의 값을 깨끗하게 지운다. [HorizontalArrangement] 레이아웃 컴포넌트 안에 여러 개의 컴포넌트를 배치시킬 때에는 각 컴포넌트의 [Width] 속성을 변경해서 적당하게 표시되도록 퍼센트(%)값으로 지정한다.

③ 두 번째 줄에는 [HorizontalArrangement] 레이아웃 컴포넌트 안에 '계산결과는?' 제목이 나타날 [Label]을 드래그한 후, [Text] 속성에서 '계산결과는?'을 입력한다. 결과가 표시될 [TextBox] 컴포넌트를 배치시킨다. 결과를 표시할 때에는 [Label], [TextBox] 중 어느 것을 사용해도 상관이 없다.

④ 세 번째 줄에는 [HorizontalArrangement] 레이아웃 컴포넌트 안에 [Button] 다섯 개를 드래그하여 배치시킨 후 각 버튼의 [Text] 속성을 '+', '−', '*', '/', 'CLS'로 변경한다.

5.3 코드블록 작성

입력한 두 개의 값에 대해 계산한 후 계산한 결과가 표시될 결과표시 [TextBox]의 [Text] 속성에 결과를 저장한 후 결과를 음성으로 읽어주기 위해 [TextToSpeech] 컴포넌트의 message에 음성으로 읽어줄 결과상자를 지정해준다. 'CLS' 버튼을 누르면 두 수치를 입력하는 상자에 공백을 저장하여 상자에 아무런 값도 표시되지 않도록 한다.

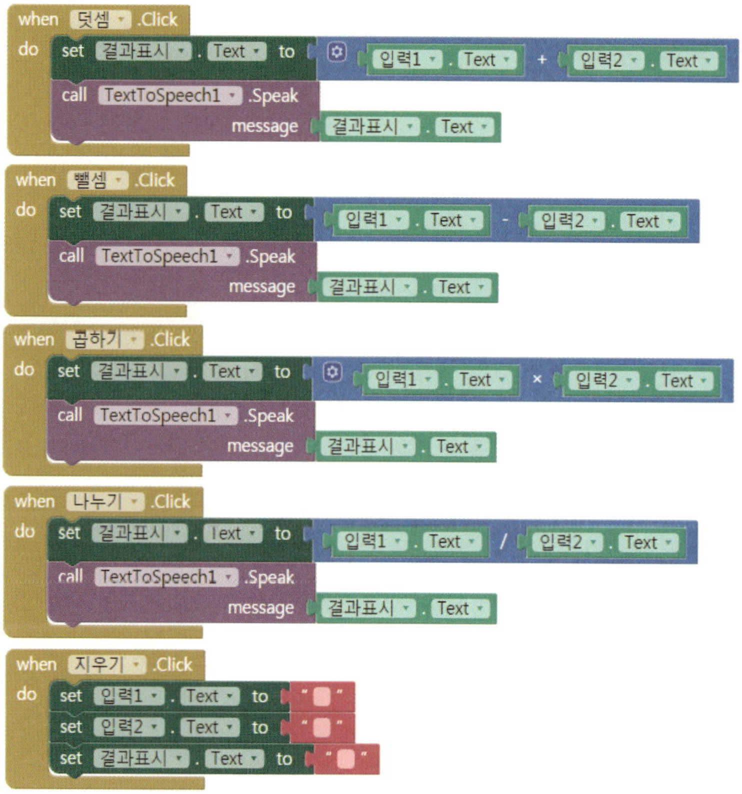

5.4 실행

계산할 두 수치를 입력한 후 +, -, *, / 버튼 중 하나를 선택하면 계산결과를 결과상자에 표시하고 음성으로 결과값을 읽어준다. 'CLS' 버튼을 누르면 두 개의 수치 입력상자와 결과표시상자에 아무런 내용이 표시되지 않아 다시 자료를 입력하여 실행할 수 있도록 한다.

6 관광명소 설명을 영어로 번역하는 앱

앱이 실행되면 관광지의 그림과 관광지에 대한 설명이 표시된다. '음성읽기' 버튼을 누르면 관광지에 대한 설명을 음성으로 읽어주고 '번역' 버튼을 누르면 관광지 설명을 영어로 번역을 해준다. '다음' 버튼을 누르면 두 번째 관광지에 대한 설명을 표시하고 이전 버튼을 누르면 첫 번째 관광지 소개 화면을 표시해주도록 작성해본다. 관광지 명소를 여러 개 작성하려면 배열로 작성해야 하므로 여기에서는 두 개의 장소에 대해서만 설명하는 앱을 작성해본다.

6.1 필요한 컴포넌트

① '대구관광 명소' 제목을 표시할 [User Interface] 팔레트의 [Image] 컴포넌트
② 음성 읽기, 번역, 이전, 다음, 종료에 사용할 다섯 개의 [User Interface] 팔레트의 [Button] 컴포넌트
③ 관광지 그림을 표시할 관광지 그림 [User Interface] 팔레트의 [Image] 컴포넌트
④ 관광지 설명을 표시할 관광지 설명 [User Interface] 팔레트의 [Label] 컴포넌트
⑤ 관광지 설명을 영어로 번역한 결과를 표시할 [User Interface] 팔레트의 번역문자표시 [Label] 컴포넌트
⑥ 관광지 설명을 음성으로 읽어줄 [Media] 팔레트의 [TextToSpeech] 컴포넌트
⑦ 영어로 번역해줄 [Media] 팔레트의 [YandexTranslate] 컴포넌트

6.2 디자인 화면과 컴포넌트 구성요소, 속성 화면

① Screen의 모든 컴포넌트들이 가운데에 표시되기 위해 [AlignHorizontal] 속성을 'Center : 3'으로 변경한다.
② '대구관광 명소' 글자를 파워포인트에서 작성한 후 이미지로 저장하여 [image1] 컴포넌트의 [picture] 속성에서 지정을 해준다. 반드시 그림을 업로드한 후 사용해야 한다.
③ 다섯 개의 버튼이 [Text] 속성을 음성 읽기, 번역, 이전, 다음, 종료로 각각 지정한

후 각 버튼의 이름을 '음성읽기', '영어로', '이전', '다음', '종료'로 변경을 한다.

④ 관광지 그림을 표시하기 위해 [image2] 컴포넌트의 [picture] 속성을 첫 번째 관광지 그림으로 지정을 하고 컴포넌트의 이름을 '관광지그림'으로 변경한다.

⑤ 관광지 설명이 들어갈 레이블과 번역결과가 들어갈 레이블의 [Text] 속성을 비워놓고 각 컴포넌트의 이름을 '관광지설명', '번역문자표시' 레이블로 변경한다. [TextToSpeech] 컴포넌트와 [YandexTranslate] 컴포넌트의 속성은 변경 없이 그대로 사용하면 된다.

6.3 코드블록 작성

앱이 실행되면 첫 번째 관광지의 설명이 표시되도록 초기화 이벤트에 아래와 같이 코드를 작성한다. 초기화(Initialize) 이벤트는 앱이 실행되면 자동으로 실행되어야 할 명령들을 작성하는 이벤트이다. 앱이 실행되면 '관광지설명' 레이블상자에 관광지에 대한 설명이 자동으로 표시되어 있어야 하므로 초기화 이벤트에서 작성한다. '₩n'은 레이블상자에서 줄을 바꿀 때 사용한다.

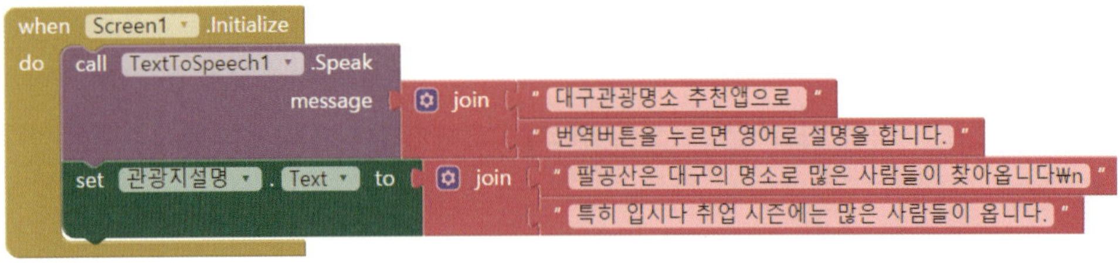

(1) 음성 읽기 버튼 클릭 시 코드블록

'음성읽기' 버튼을 클릭하면 관광지에 대한 소개가 저장되어 있는 '관광지설명' 레이블상자를 [TextToSpeech] 컴포넌트의 [message] 속성에 연결한다. 즉 음성으로 읽을 메시지는 '관광지설명' 레이블의 내용으로 지정한다.

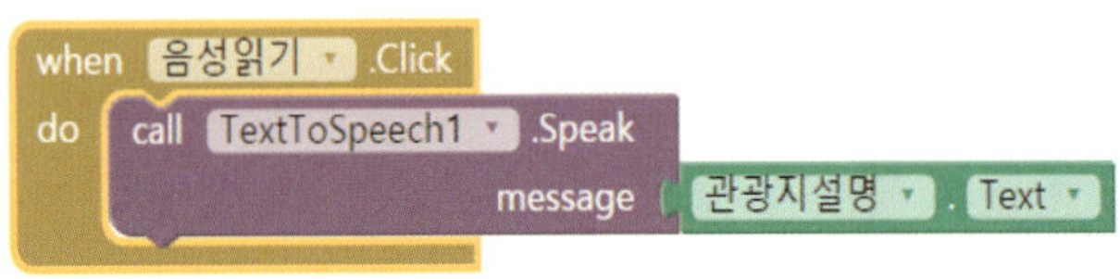

(2) 번역 버튼 클릭 시 코드블록

영어로 관광지 설명을 번역하기 위해서는 [languageToTranslateTo]의 속성을 'en'으로 변경을 한다. 번역할 내용을 지정하는 [textToTranslate] 속성에 '관광지설명' 레이블을 연결하면 관광지에 대한 설명을 영어로 번역을 한다. [languageToTranslateTo]에서는 두 나라의 언어코드를 사용할 수 있다. 'source-target' 형식으로 원본 및 대상 언어를 'en-es' 형식으로 지정한다. 즉 영어에서 스페인어로 번역한다는 의미이다. 아래와 같이 원본 언어를 생략하여 'en'으로 지정하면 스스로 원본 언어를 감지하여 영어로 번역해준다. 번역할 내용이 한글이므로 한국어를 영어로 번역해준다. 'es-ru'는 스페인어에서 러시아어로 번역이 된다.

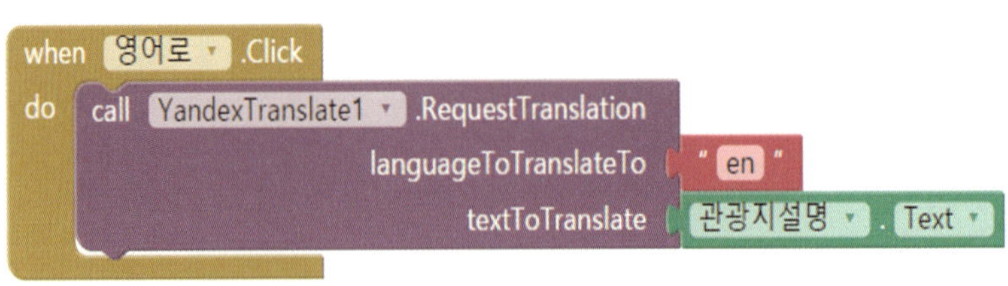

번역한 결과를 가져오기 위해 [YandexTranslate]의 [GotTranslate] 이벤트를 사용한다. 영어로 번역한 결과는 [translation] 속성에 저장되어 있으므로 번역한 결과를 표시하기 위해 '번역문자표시' 레이블상자에 [translation]을 연결한다.

(3) 다음 버튼 클릭 시 코드블록

'다음' 버튼을 클릭하면 두 번째 관광지로 변경해야 하므로 '관광지그림'의 [Picture] 속성에 두 번째 관광지 그림 이름을 연결한다. 관광지 설명도 두 번째 관광지에 대한 내용으로 변경을 해야 하므로 '관광지설명' 레이블상자의 내용을 아래 코드와 같이 변경을 한다. 첫 번째 관광지 소개를 영어로 번역을 하여 표시한 경우 '번역문자표시' 레이블상자의 값을 비워두어야 하므로 공백을 지정한다.

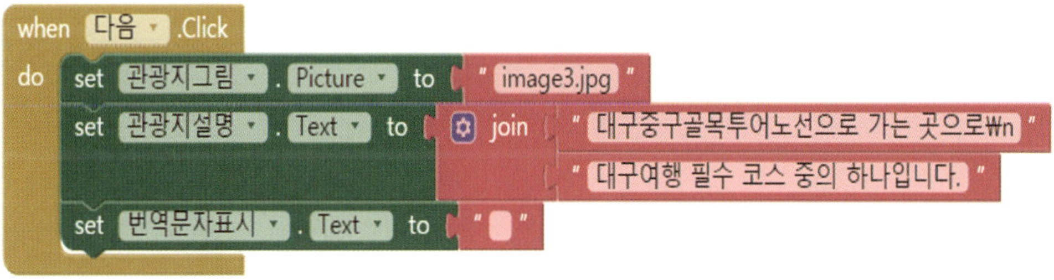

(4) 이전 버튼 클릭 시 코드블록

'이전' 버튼을 클릭하면 첫 번째 관광지로 변경해야 하므로 '관광지그림'의 [Picture] 속성에 첫 번째 관광지 그림 이름을 연결한다. 관광지 설명도 첫 번째 관광지에 대한 내용으로 변경을 해야 하므로 '관광지설명' 레이블상자의 내용을 다음 코드와 같이 변경을 한다. 두 번째 관광지 소개를 영어로 번역을 하여 표시한 경우 '번역문자표시' 레이블상자의 값을 비워두어야 하므로 공백을 지정한다.

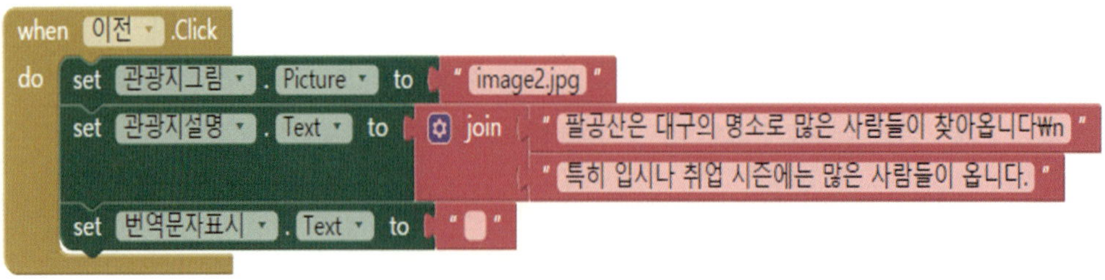

(5) 종료 버튼 클릭 시 코드블록

'종료' 버튼을 클릭하면 앱이 종료되도록 아래와 같이 코드를 작성한다.

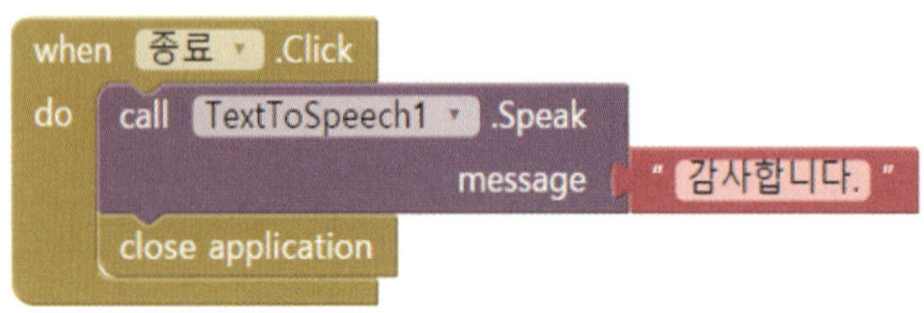

CHAPTER 04

포털사이트 앱

1. 포털사이트관리

CHAPTER

04 포털사이트 앱

1 포털사이트관리

우리는 매일 웹을 통해 필요한 정보를 검색하기 위해 검색 포털사이트를 서핑(surfing) 한다. 필요한 자료를 찾기 위해 검색 포털사이트 중 많이 이용하는 사이트가 네이버, 구글, 다음 등이다. 이들 포털사이트는 검색방법이 모두 달라서 검색결과가 다른 결과를 제시하므로 우리는 좀 더 다양한 정보를 검색하기 위해 매번 각각의 검색 포털사이트에 접속하여 검색을 한다. 매번 다른 사이트에 접속하기가 불편하므로 자주 사용하는 네이버, 구글, 다음 검색 포털사이트와 유튜브를 한 화면에서 표시하게 한다. 원하는 검색어를 직접 키패드를 통해 입력하든지 혹은 음성으로 입력한 후 한 검색 포털사이트 버튼을 누르면 화면에서 다양한 결과를 얻을 수 있는 앱을 작성해본다.

1.1 필요한 컴포넌트

① '검색어 :' 제목을 표시할 [User Interface] 팔레트의 [Label] 컴포넌트
② 검색어를 입력할 [User Interface] 팔레트의 [TextBox] 컴포넌트
③ 명령을 실행시킬 [User Interface] 팔레트의 [Button] 컴포넌트 여섯 개
④ 웹페이지를 표시할 때 사용하는 [User Interface] 팔레트의 [WebViewer] 컴포넌트
⑤ 음성인식에 사용할 [Media] 팔레트의 [SpeechRecognizer] 컴포넌트

1.2 디자인 화면과 컴포넌트 구성요소, 속성 화면

디자인 화면	구성요소 화면	속성 화면
	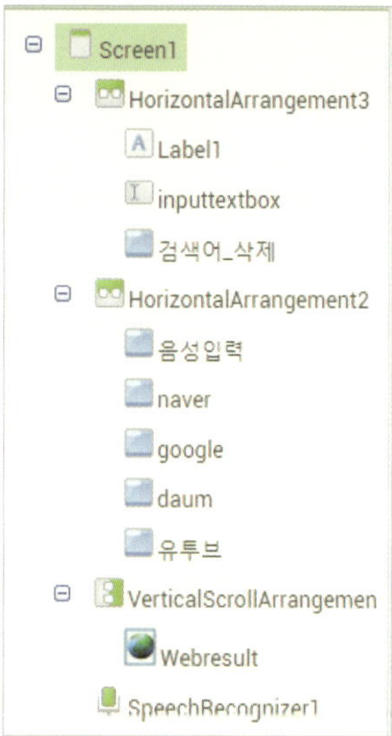	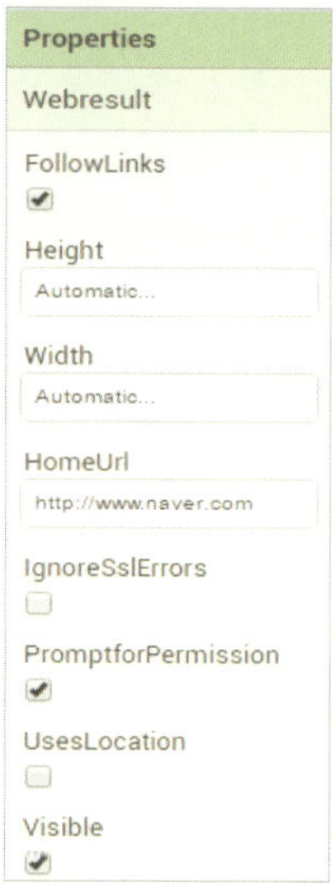

① Screen1의 [Scrollable]의 체크를 해제하고 [Icon] 속성에서는 아이콘에 사용할 이미지 'icon.png'를 지정하고 [Title]은 '검색사이트'로 지정한다.

② [HorizontalArrangement] 레이아웃 컴포넌트 안에 '검색어 :' 제목을 표시할 [Label] 컴포넌트와 검색어를 입력할 [TextBox] 컴포넌트, 검색어를 지울 '검색어_삭제' [Button]을 적당한 위치에 배치한 후 코드를 쉽게 작성하기 위해 이름을 변경한다. [TextBox] 구성요소를 클릭하여 [Properties] 영역에서 [Hint] 항목에 "검색어를 입력하시오."를 입력한다. 버튼의 모서리 모양을 둥글게 지정하기 위해 [Shape] 속성을 'Rounded'로 변경한다.

③ [HorizontalArrangement] 레이아웃 컴포넌트 안에 버튼 다섯 개를 드래그하여 배치한 후 각각 크기를 지정한다. 각 버튼을 글자로 표시하지 않고 이미지로 표시하기 위해 이미지를 다운로드받은 후 각 버튼의 [Image] 속성에서 지정해준 후 [Text] 속성의 값을 지운다. 버튼이나 화면을 디자인할 때 이미지를 많이 사용한다. 이미지는 자신이 직접 만들어 사용하려면 시간이 많이 걸리므로 이미 존재하는 이미지를 포토샵이나 그림판, 파워포인트에서 편집하여 이용하면 효율적이다. 파워포인트에서도 도형이나 클립아트, 그림편집 기능과 그림효과 등이 있으므로 다양한 효과를

주어 이미지를 편집할 수 있다. 다섯 개 버튼의 [Image] 속성을 모두 각각 버튼에 맞는 이미지를 다운받아 이미지를 업로드한 후 지정한다.

④ 웹페이지를 표시하는 [WebViewer]를 화면뷰어로 드래그하여 놓는다. [WebViewer] 컴포넌트의 속성 중 [HomeUrl] 속성의 값을 'https://www.naver.com'으로 지정한 후 앱을 실행시키면 버튼을 누르지 않은 상태이지만 웹뷰어의 시작주소를 네이버로 지정하였으므로 네이버 사이트를 표시한다.

1.3 코드블록 작성

(1) 검색 기능

검색 기능을 만들기 전에 웹페이지에서 검색 명령을 어떻게 내리는지 검색 규칙을 살펴보면 아래와 같다. 혹시 스스로 검색하여 검색 규칙을 확인했을 때 아래의 표와 다른 결과가 나올 수도 있다. 검색 요청 시 사용한 브라우저나 브라우저 시기 등에 따라 규칙이 바뀔 수도 있기 때문이다.

포털사이트	검색 규칙
네이버	① https://search.naver.com/search.naver?where=nexearch&query=② 검색어 ③ &sm=top_hty&fbm=1&ie=utf8
구글	① https://www.google.co.kr/?gws_rd=ssl#newwindow=1&q=② 검색어
다음	① https://search.daum.net/search?w=tot&DA=YZR&t__nil_searchbox=btn&sug=&sugo=&sq=&o=&q=② 검색어
유튜브	① https://www.youtube.com/results?search_query=② 검색어

네이버의 경우 빈 텍스트를 가져와서 세 개의 검색 규칙 중 첫 번째 검색 규칙 'https://search.naver.com/search.naver?where=nexearch&query='을 빈칸 안에 써 넣는다. 두 번째에는 검색어와 결합시켜야 하므로 검색어를 입력한 입력상자 [inputtextbox]와 결합시키고 나머지 세 번째는 빈 텍스트에 세 번째 검색 규칙을 '&sm=top_hty&fbm=1&ie=utf8'을 입력한다. 같은 방법으로 나머지 구글, 다음, 유튜브도 작성한다. 작성한 블록은 다음과 같다. 검색어를 입력한 후 스마트폰의 키보드가 나타나지 않도록 작성하기 위해 키보드

를 모두 사용한 직후의 행동인 검색 명령 버튼을 클릭했을 때 키보드를 사라지게 작성한다. [call inputtextbox.HideKeyboard] 블록을 [when naver.Click] 블록 안에 넣는다.

(2) 네이버를 클릭했을 때 코드블록

먼저 네이버 버튼을 눌렀을 때 실행이 되도록 하기 위해서는 [when naver.Click] 블록 안에 [call Webresult.GoToUrl] 블록을 배치한다. 검색 규칙에서 세 개의 영역으로 나누어진 네이버 검색 규칙을 하나로 결합하여 검색이 가능하기 위해 [join] 블록의 네모 상자를 클릭하여 조합할 수 있는 블록을 세 개로 확장한다.

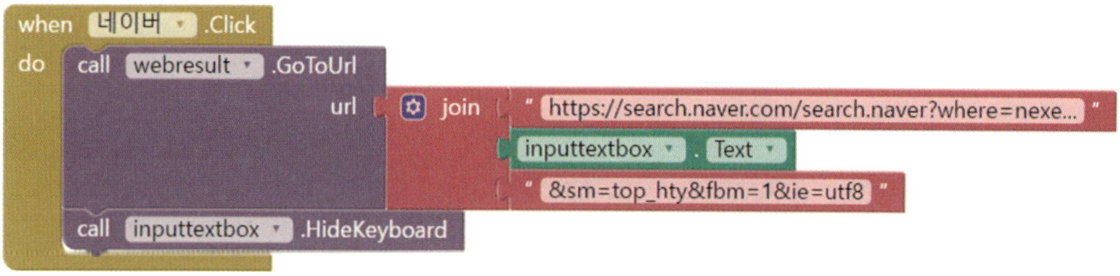

(3) 구글을 클릭했을 때 코드블록

네이버와는 달리 구글은 두 개의 부분으로 나누어 검색할 수 있다. 검색사이트 주소 마지막에 입력한 검색어를 연결만 해주면 된다.

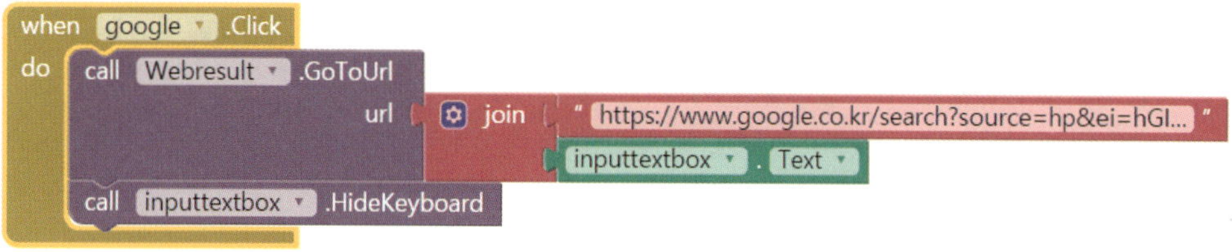

(4) 다음을 클릭했을 때 코드블록

구글과 같이 다음도 두 개의 부분으로 나누어 검색할 수 있다. 검색사이트 주소 마지막에 검색어를 연결만 해주면 된다.

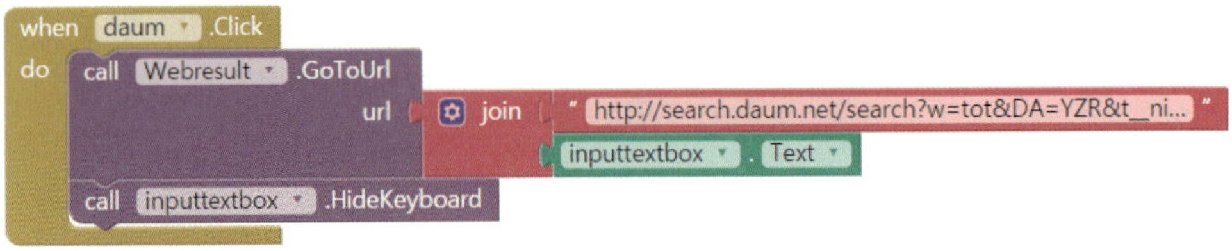

(5) 유튜브를 클릭했을 때 코드블록

구글과 같이 유튜브도 두 개의 부분으로 나누어 검색할 수 있다. 검색사이트 주소 마지막에 검색어를 연결만 해주면 된다

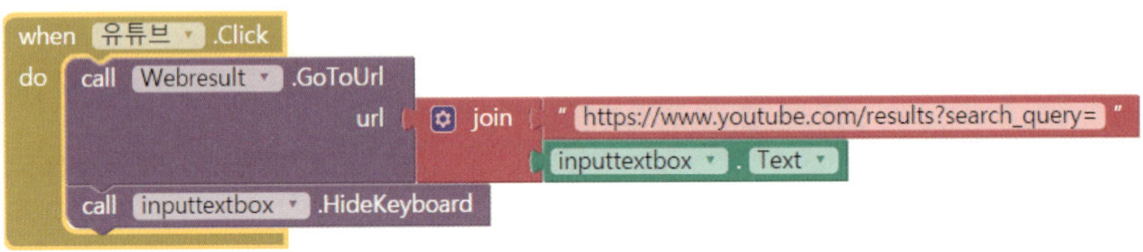

(6) 음성입력을 클릭했을 때 코드블록

검색어를 키보드로 입력하지 않고 음성으로 읽어주도록 작성한다.

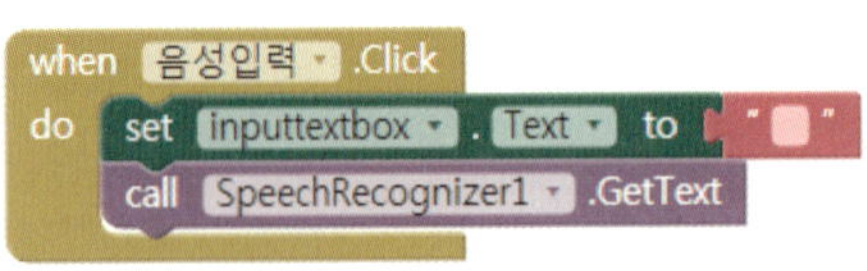

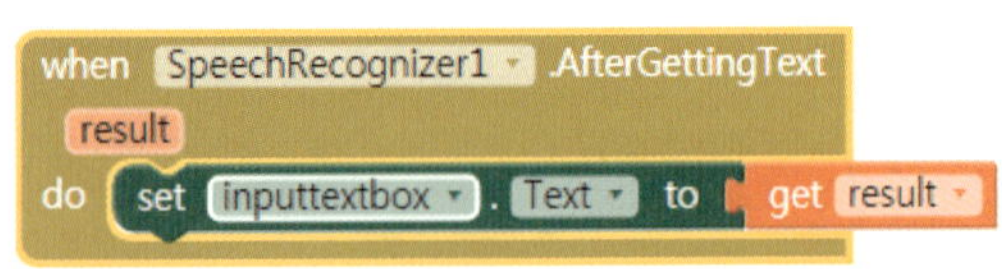

(7) 검색어 삭제 버튼을 클릭했을 때 코드블록

검색어 삭제 버튼을 클릭하면 검색어를 지우도록 작성하면 되므로 검색어를 입력하는 [inputtextBox]의 [Text] 속성값에 빈 문자열 값을 지정하면 된다.

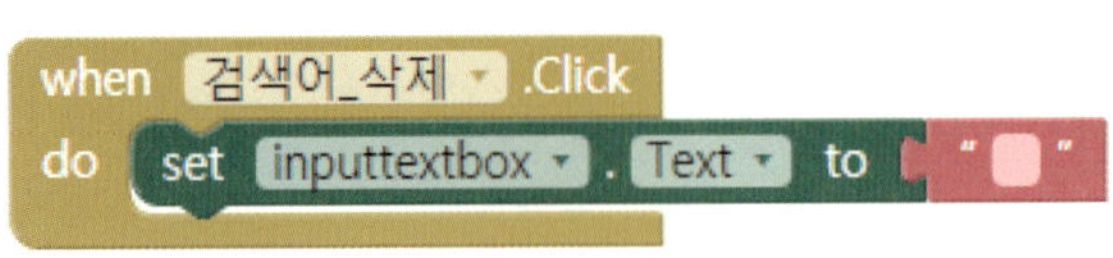

CHAPTER 05

지역변수와 전역변수

1. 지역변수와 전역변수 사용법
2. 1부터 N까지의 합 구하는 앱 작성: 전역변수 사용
3. 1부터 N까지의 합 구하는 앱 작성: 지역변수 사용
4. 1부터 N까지의 합 구하는 앱 작성: while 루프 이용

CHAPTER

05 지역변수와 전역변수

1 지역변수와 전역변수 사용법

앱에서는 사용하는 메모리(기억장소)에 고유한 이름을 붙여서 사용하는데 이를 변수라 한다. 변수는 사용자에게는 보이지 않는 기억장소라고 생각하면 된다. 일반적인 프로그래밍 언어와 마찬가지로 변수를 사용하기 전에 변수를 선언한 후 사용해야 한다. 프로그램이 실행될 때 특정한 데이터를 임시로 저장하는 기억공간을 의미하는 것으로 아래의 예는 A라는 변수에 값 1을 저장하라는 의미이다.

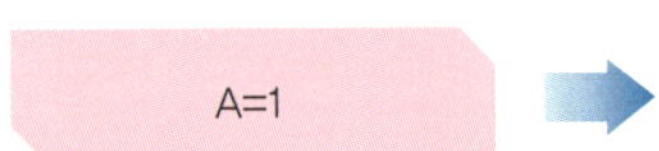

- 값: 1
- 변수이름: A
- 자료형: 숫자

변수는 글로벌변수(전역변수)와 지역변수로 나누어진다. [initialize global to]에서 'global'이라는 단어는 변수를 전역변수로 선언할 때 사용하는 것으로 동일 스크린 안에서 모든 이벤트 처리기 블록과 프로시저에서 전역변수를 사용할 수 있다.

지역변수는 [initialize local to] 블록으로 변수를 선언하는데 지정한 변수는 지정한 프로시저 또는 이벤트 처리기에서 접근할 수 있는 지역변수가 된다. 변수를 선언하면 자동으로 [get]과 [set]이라는 두 개의 블록이 생긴다. 변수이름 위에 마우스를 올려놓으면 get 변수이름과 set 변수이름이 표시된다. 변수에 값을 저장할 때에는 set을 이용하고 저장되어 있는 변수에 있는 값을 가져올 때에는 get을 이용한다. 변수와 관련된 set, get 명령은 Variables에서 가져와도 되고 변수 관련 이벤트에서 표시되는 set, get을 이용해도 된다. 변수를 사용하기 위해 [Variables] 블록을 선택하면 아래와 같이 지역변수와 전역변수를 선언할 수 있는 블록들이 나타난다. 변수의 이름은 한글도 사용이 가능하다.

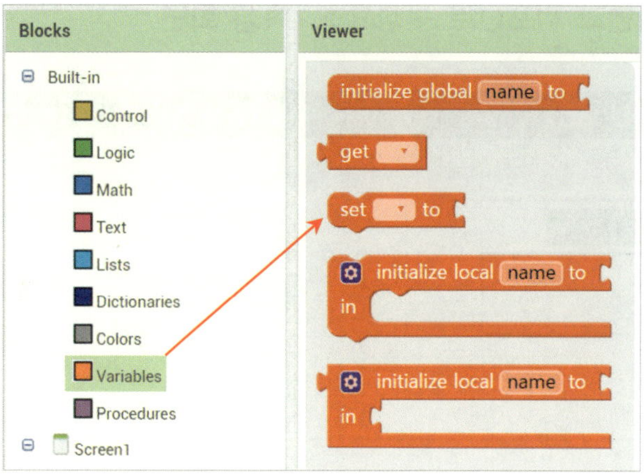

2 1부터 N까지의 합 구하는 앱 작성: 전역변수 사용

1부터 입력한 N까지의 합을 구하는 앱을 작성해본다. N의 값을 입력한 후 '합계 구하기' 버튼을 클릭하면 결과값이 표시되도록 작성을 한다. 100을 입력하면 1부터 100까지의 합이 표시된다. 1부터 N까지의 합이 저장될 변수와 1부터 차례대로 1씩 증가할 값이 저장될 변수가 필요하다. 합을 구하는 일반적인 방법으로는 두 개의 변수가 필요하지만 For 컴포넌트를 사용하면 합이 저장될 변수 하나만 전역변수로 선언하면 된다.

2.1 필요한 컴포넌트

① '1부터 n까지의 합' 제목을 표시할 [User Interface] 팔레트의 [Label] 컴포넌트
② 2행 2열의 [Layout] 팔레트의 [TableArrangement] 컴포넌트
③ 'n의 값 입력?' 제목을 표시할 [User Interface] 팔레트의 [Label] 컴포넌트
④ n의 값 입력할 [User Interface] 팔레트의 [TextBox] 컴포넌트
⑤ [User Interface] 팔레트의 '합계 구하기' [Button] 컴포넌트
⑥ 합계 결과값이 표시될 [User Interface] 팔레트의 [TextBox] 컴포넌트

2.2 디자인 화면과 컴포넌트 구성요소, 속성 화면

<table>
<tr><th>디자인 화면</th><th>구성요소 화면</th><th>속성 화면</th></tr>
<tr>
<td>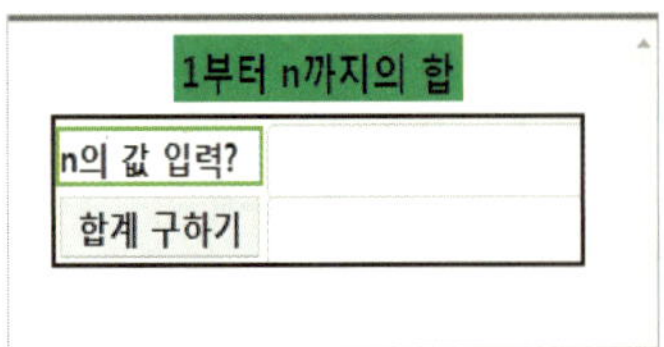
</td>
<td>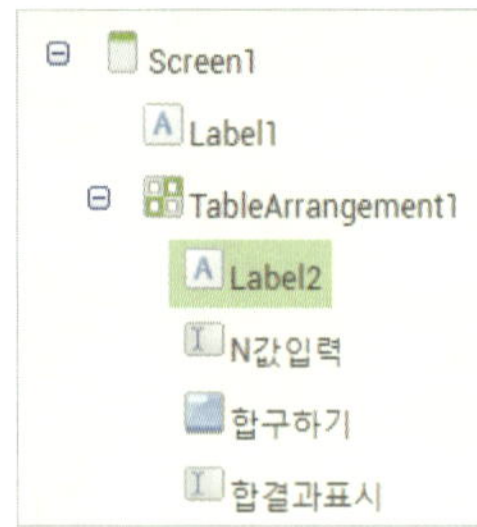
</td>
<td>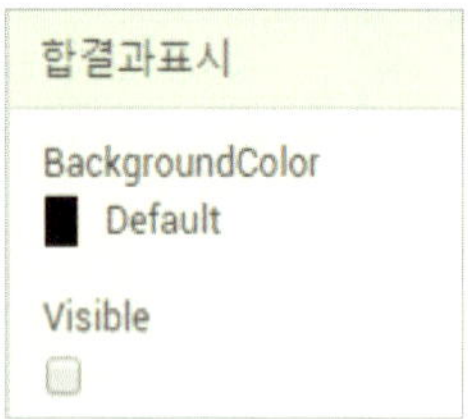
</td>
</tr>
</table>

2.3 코드블록 작성

① 합계가 표시될 '합결과표시' [TextBox] 컴포넌트는 앱을 실행시키면 나타나지 않도록 작성한 후 '합계 구하기' 버튼을 클릭하면 '합결과표시'상자가 나타나면서 값이 표시되도록 작성을 하기 위해 '합결과표시' [TextBox] 컴포넌트의 [Visible] 속성의 체크를 해제한 후 코드를 작성한다.

② 전역변수를 선언하기 위해 [Variables] 블록에서 아래와 같이 변수선언 블록을 가져온 후 name 대신에 '합계'로 변수이름을 변경한다. 합계라는 변수이름 위에 마우스를 갖다 놓으면 아래와 같이 get 변수이름과 set 변수이름이 표시된다. 변수에 값을 저장할 때에는 set을 이용하고 저장되어 있는 변수에 있는 값을 가져올 때에는 get을 이용한다.

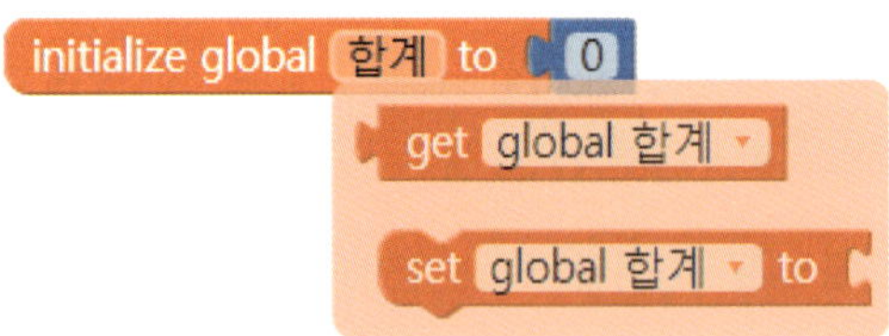

합을 구하는 코드블록은 아래와 같다.

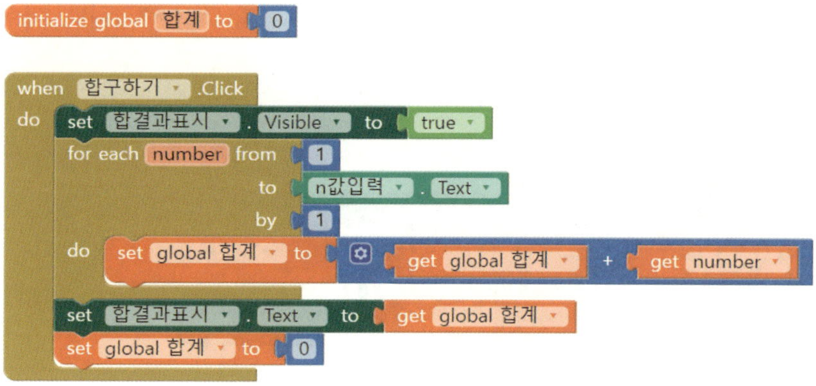

'합결과표시'상자는 속성에서 나타나지 않도록 지정을 했으므로 '합구하기' 버튼을 누르면 '합결과표시'상자가 나타나도록 [Visible] 속성에 true를 지정한다. 만일 [Visible] 속성에 false를 지정하면 '합결과표시' [TextBox] 컴포넌트는 나타나지 않는다. 먼저 합이 저장될 변수 합계=합계+number로 구해진다. =의 오른쪽을 먼저 계산하여 왼쪽에 저장한다. 즉 =의 오른쪽 값을 =의 왼쪽에 저장을 한다. 처음에 합계변수는 전역변수로 선언한 후 0으로 초기화시켜 놓았으므로 합계=0+1, 즉 number의 첫 번째 값이 1이므로 합계=0+1로 1이 저장된다. 다시 루프로 돌아가서 by에 의해 1이 증가되어 number 값이 2가 되고 합계=1+2가 저장이 된다. 다시 루프로 돌아가서 number값이 1이 증가되어 3이 된다. 입력상자를 통해 3을 입력받았다면 number값 3까지 합을 구하는 루프를 반복하면 되므로 합계=1+2+3이 저장되고 루프는 끝나게 된다. 루프를 빠져나와 결과를 '합결과표시' 텍스트상자에 표시되도록 설정한다. N의 값을 입력받고, 1에서부터 입력받은 N의 값까지 반복하여 1씩 증가하면서 값을 합계라는 변수에 계속하여 누적하여 더하다가 N의 값보다 크면 For 루프를 빠져나와 합계결과를 표시한 후 프로그램을 종료한다.

3 1부터 N까지의 합 구하는 앱 작성: 지역변수 사용

디자인과 속성 지정은 위의 전역변수와 같다. 코드블록만 다르므로 아래와 같이 코드블록만 제시한다. 지역변수는 선언한 지역 내에서만 사용이 가능한 변수로 local로 선언한다. '합구하기' 버튼을 처음에 누르면 1부터 10까지의 합 55가 출력된다. 다시 버튼을 눌러도 55가 출력된다.

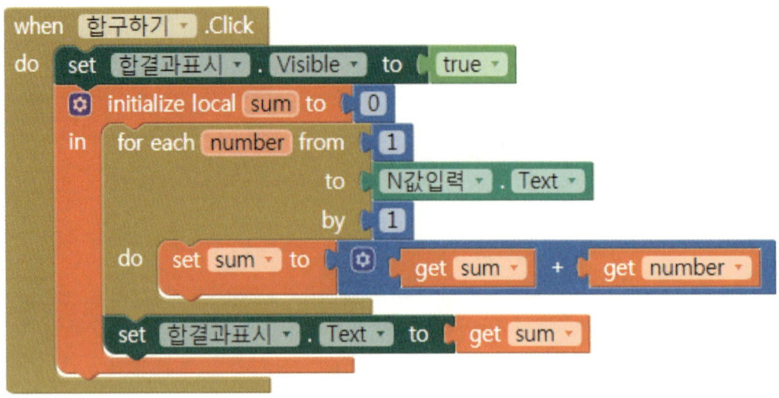

텍스트상자를 통해 입력받은 값이 3이라면 3번 루프를 반복한다. 즉 sum=0+1+2+3이 된다. '합결과표시' 텍스트상자에 계산결과값을 표시한다. sum에 저장되어 있는 값은 다른 이벤트에서 활용할 수 없다. sum은 지역변수로 선언을 하였기 때문에 다른 이벤트에서도 활용하려면 전역변수, 즉 글로벌변수로 지정을 해야 한다. 아래의 표에 나타난 것처럼 sum변수를 지역변수로 선언한 후 전역변수 클릭 이벤트 안에서 sum변수에 저장되어 있는 값을 읽어들이려면 에러가 발생하는 것을 확인할 수 있다. 반대로 합계변수는 전역변수로 선언을 하였으므로 전역변수, 합구하기 클릭 이벤트에서도 사용이 가능함을 알 수 있다.

지역변수를 다른 이벤트에서 사용	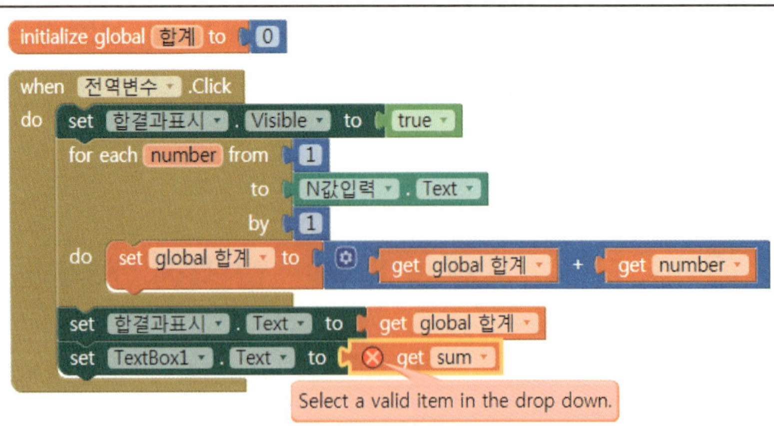

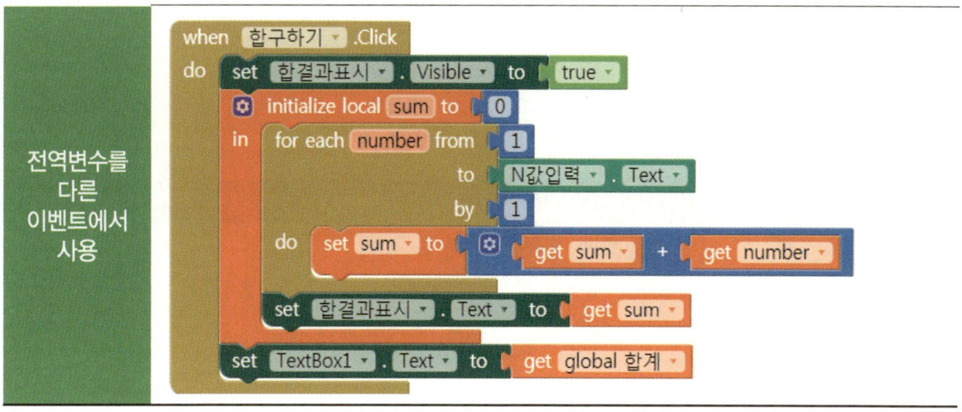

4 1부터 N까지의 합 구하는 앱 작성: while 루프 이용

1부터 N까지의 합을 While 루프를 이용하여 작성해보자. 쉽게 이해를 돕기 위해서 1부터 10까지 합을 구하는 것과 같이 설명하고자 한다. 디자인은 배열을 이용하여 작성하고 코드 작성 시에는 변수가 두 개 필요하다. 합이 저장될 변수와 값을 1씩 증가시키는 변수가 필요하다.

4.1 필요한 컴포넌트

① 'While 루프 사용' 제목을 표시할 [User Interface] 팔레트의 [Label] 컴포넌트
② 4행 2열의 [Layout] 팔레트의 [TableArrangement] 컴포넌트
③ '구할 N 입력' 제목을 표시할 [User Interface] 팔레트의 [Label] 컴포넌트
④ N값을 입력할 [User Interface] 팔레트의 [TextBox] 컴포넌트
⑤ '1부터 N까지의 합?' 제목을 표시할 [User Interface] 팔레트의 [Label] 컴포넌트
⑥ 합계 결과값이 표시될 [User Interface] 팔레트의 합계표시상자 [TextBox] 컴포넌트
⑦ [User Interface] 팔레트의 1부터 10까지의 합, 1부터 N까지의 합, 지우기, 종료에 사용할 [Button] 4개

4.2 디자인 화면과 컴포넌트 구성요소, 속성 화면

모든 컴포넌트의 [Text] 속성을 디자인 화면과 같이 변경한다.

<table>
<tr><th>디자인 화면</th><th>구성요소 화면</th><th>속성 화면</th></tr>
<tr><td>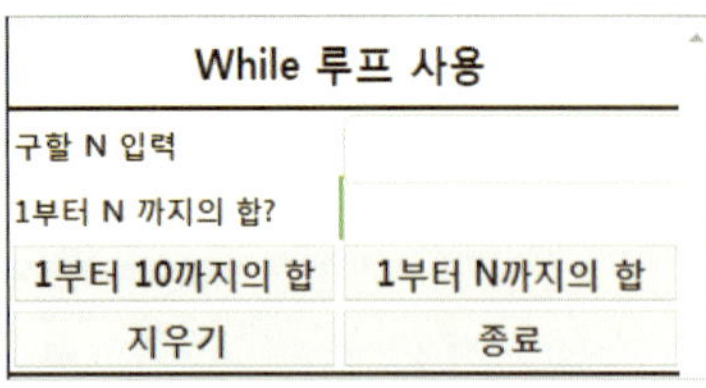
</td><td>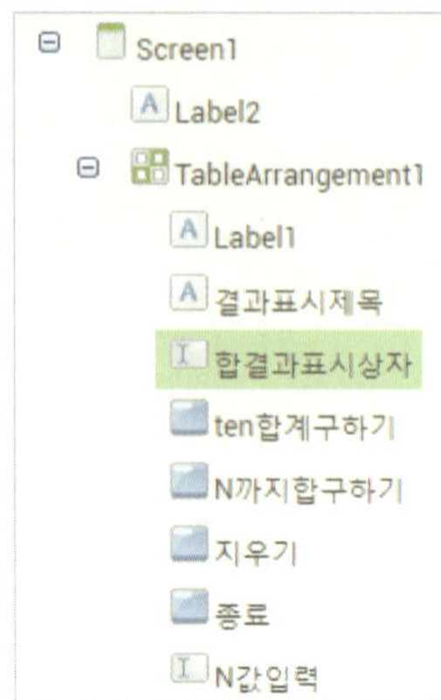
</td><td>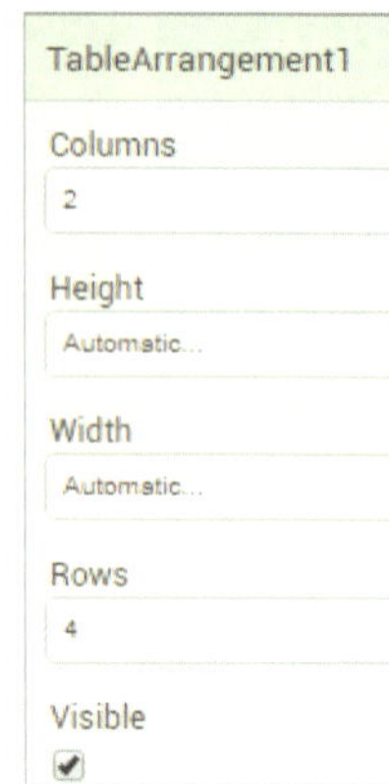
</td></tr>
</table>

4.3 코드블록 작성

(1) 변수 선언

Variables에서 변수를 선언한다. 변수의 이름은 사용자가 임의로 지정하면 된다. 전역변수 number, tot를 선언하고 number에는 초기값으로 1을 저장시키고 합이 저장될 tot에는 0으로 초기화시킨다.

(2) 블록 작성

1부터 10까지의 합을 구하기 위해 'ten합계구하기' 버튼 클릭 이벤트에 아래와 같이 코드를 작성한다. 10까지의 합을 구하면 되므로 먼저 number에 값을 1로 초기화시켜 놓았으므로 조건식 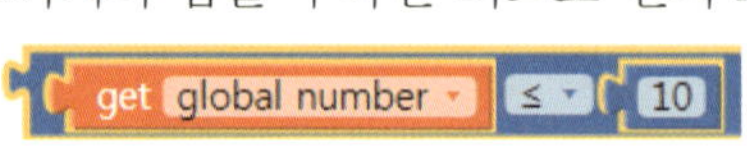

을 만족하면 do 명령을 실행하고 그렇지 않으면, 즉 10보다 크면 while do를 빠져나와서 합계결과를 '합결과표시상자'에 표시하고 종료한다.

1+2+3+4+…+10까지의 합을 구해야 하므로 합의 누적결과가 저장될 tot에 더할 값(1부터 10) number값을 1씩 증가시키면서 number에 저장되어 있는 값을 누적하여

더하면 된다.

- 1단계: number=1, tot=0, 조건식을 만족하므로 while의 do 안의 코드를 실행한다.
  tot=tot(0)+number(1), 즉 tot에는 0+1값 1이 저장되고,
  number=number(1)+1, 즉 number에는 1+1값 2가 저장된다.
  다시 while test로 돌아가서 조건식을 판단한다.
- 2단계: number=2, tot=1, 조건식을 만족하므로 while의 do 안의 코드를 실행한다.
  tot=tot(1)+number(2), 즉 tot에는 1+2값 3이 저장되고,
  number=number(2)+1, 즉 number에는 2+1값 3이 저장된다.
  다시 while test로 돌아가서 조건식을 판단한다.

위와 같은 단계를 거쳐서 number의 값이 10보다 크면 조건식(number<=10)을 만족하지 않으므로 while 루프를 빠져나와 합이 표시될 '합결과표시상자'에 결과값을 표시한 후 끝나게 된다. 1부터 10까지의 합을 구해야 하므로 number의 값을 1씩 증가시킨 값을 tot에 누적하면서 더하다가 number의 값이 11이 되면 루프를 빠져나와서 종료하게 된다.

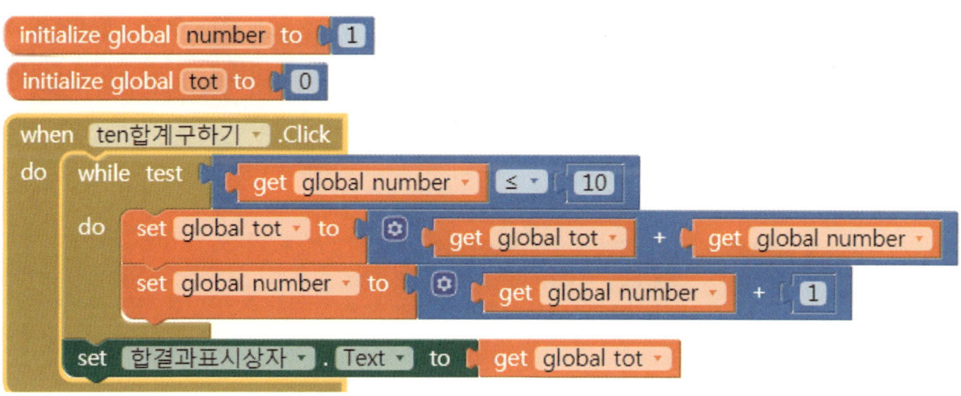

앞에서 작성한 1부터 10까지의 합을 구하는 앱에 추가하여 1부터 입력받은 값 N까지의 합을 구해보자. 입력받은 값이 100이 되면 1부터 100까지의 합을 구하면 되고 만일 500을 입력받으면 1부터 500까지의 합을 구하면 된다. 앞에서 작성한 10 대신에 입력받은 N값을 지정하면 된다. 코드는 다음과 같다.

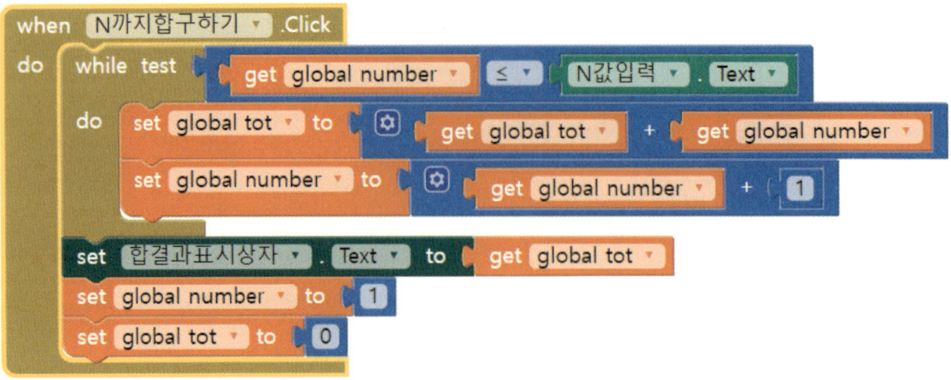

'지우기' 버튼을 클릭하면 N값을 입력받은 'N값입력'상자와 합계결과가 표시되는 '합결과표시상자'의 값을 공백으로 지정하여 다시 새로운 값을 입력하여 합계결과를 표시할 수 있도록 한다. '종료' 버튼을 클릭하면 앱이 종료되도록 작성하기 위해서 [Control] 블록에 있는 [close application]을 사용한다.

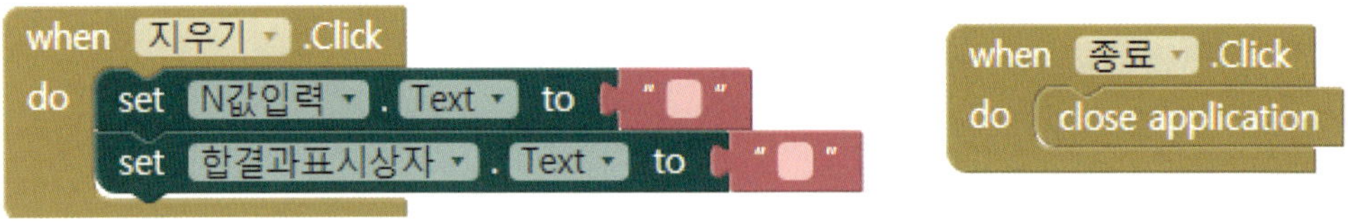

CHAPTER 06

제어 블록

1. 조건문
2. 반복문

CHAPTER 06 제어 블록

제어 블록(Control Block)들 중에서 많이 사용하는 구조는 아래의 표에 나타내었다.

<table>
<tr><th>IF 블록</th><th>반복 루프(For 블록)</th><th>반복 루프(While 블록)</th></tr>
<tr>
<td>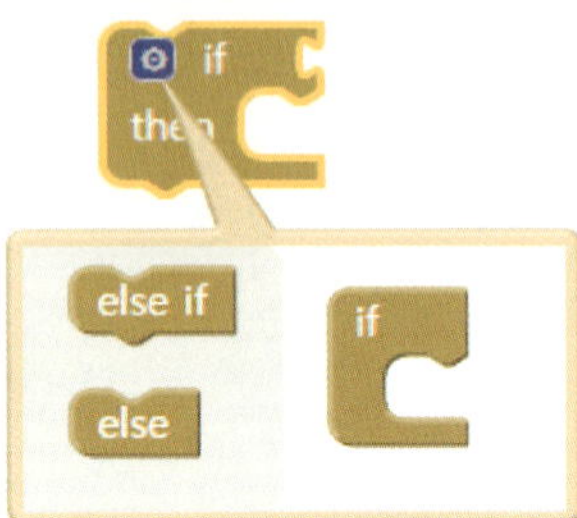
</td>
<td>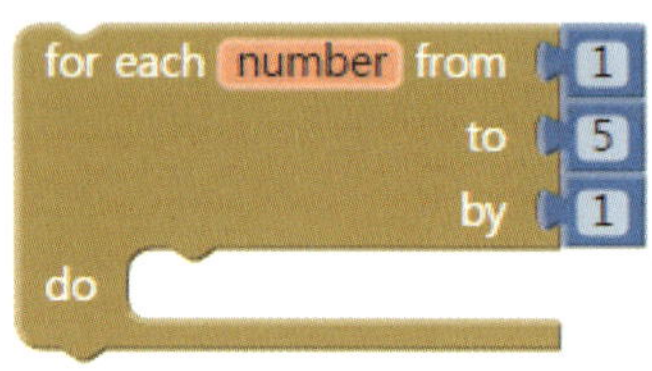
</td>
<td>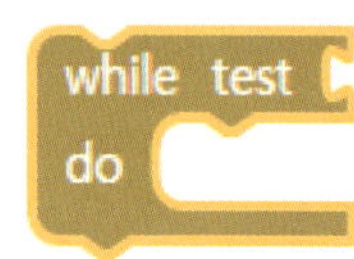
</td>
</tr>
</table>

1 조건문

조건문이란 조건에 따라 서로 다른 실행들 중 하나를 선택하여 처리하는 논리구조이다. 비교 또는 판단을 해야 하는 경우 사용하며 조건의 만족 여부에 따라 실행순서가 달라지는 구조이다. 조건이 참일 때 수행되는 일련의 명령문과 조건이 거짓일 때 수행되는 일련의 명령문이 서로 다른 제어구조인데, 이 제어구조를 나타내는 명령문을 if-then-else문이라 하며, if 다음에 조건을, then 다음에 조건이 참인 경우 실행할 명령들을 기입하고, else 다음에는 조건이 거짓인 경우 실행할 명령들을 기입한다. 즉 조건문은 조건이 참이냐 거짓이냐에 따라 선택하는 양자 택일문과 여러 경로 중 하나를 선택하는 다자 택일문으로 분류할 수 있다.

양자 택일문 구조	다자 택일문 구조

if (조건식) then
    문장1
else
    문장2
	if (조건식1)
	    문장1;
	else if (조건식2)
	    문장2;
	else
	    문장3;

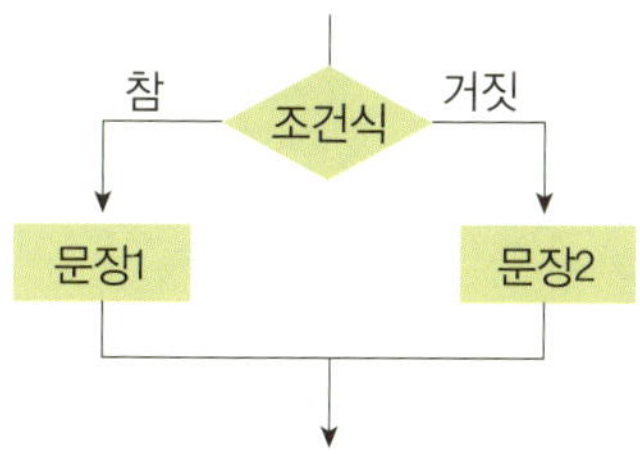	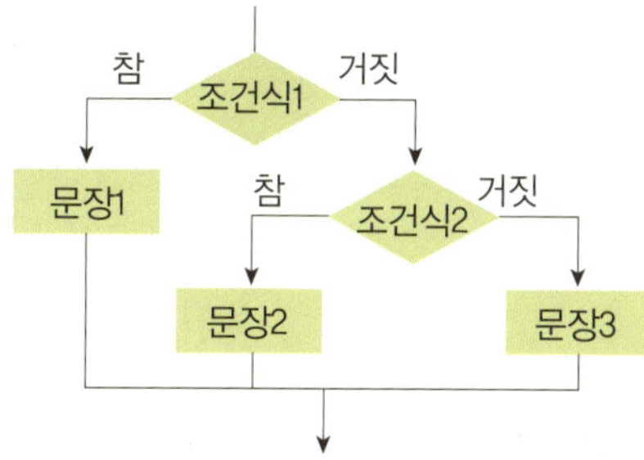

1.1 IF 블록 사용 앱

성적을 텍스트상자로 입력받아 값에 따라 평점을 구하는 앱을 작성해보자. 평점을 구할 성적을 입력한 후 '평점구하기' 버튼을 누르면 평점표시상자에 평점이 표시되면서 음성으로 "당신의 평점은 A+입니다"라고 음성으로 읽어주도록 작성을 해보자.

95~100: A+, 90~94: A0, …, 0~59: F로 표시

1.2 필요한 컴포넌트

① '성적평점 구하는 앱' 제목을 표시할 [User Interface] 팔레트의 제목 [Label] 컴포넌트
② 세 개의 행과 두 개의 열로 구성된 [Layout] 팔레트의 [TableArrangement] 컴포넌트
③ '성적?' 제목을 표시할 [User Interface] 팔레트의 성적제목 [Label] 컴포넌트
④ '평점 :' 제목을 표시할 [User Interface] 팔레트의 평점제목 [Label] 컴포넌트
⑤ 성적을 입력할 [User Interface] 팔레트의 성적입력 [TextBox] 컴포넌트
⑥ 평점을 출력할 [User Interface] 팔레트의 평점출력 [TextBox] 컴포넌트
⑦ [User Interface] 팔레트의 '평점구하기' [Button]과 '다시시작' [Button] 컴포넌트
⑧ 평점결과를 음성으로 읽어줄 [Media] 팔레트의 [TextToSpeech] 컴포넌트

1.3 디자인 화면과 컴포넌트 구성요소, 속성 화면

① '성적평점 구하는 앱' 제목을 표시할 제목 [Label] 컴포넌트의 [Text] 속성값을 변경한다.

② 먼저 3행과 2열로 구성된 테이블을 사용하기 위해 [TableArrangement] 컴포넌트의 [Columns], 즉 열의 개수 2를 입력하고 행의 개수를 지정하기 위해 [Rows]값으로 3을 지정한다.

③ 테이블의 첫째 줄에 나타날 성적제목 [Label] 컴포넌트의 [Text] 속성값을 '성적?'로 지정하고 성적입력 [TextBox] 컴포넌트의 [Hint] 속성값을 지운다.

④ 테이블의 둘째 줄에 나타날 평점제목 [Label] 컴포넌트의 [Text] 속성값을 '평점 :'로 지정하고 평점출력 [TextBox] 컴포넌트의 [Hint] 속성값을 지운다.

⑤ 테이블의 셋째 줄에 나타날 평점구하기 [Button]의 [Text] 속성값을 '평점구하기'로 지정한 후 '다시시작' [Button]의 [Text] 속성값을 '다시시작'으로 지정한다. 성적입력 텍스트상자를 통해 성적을 입력한 후 '평점구하기' [Button]을 클릭하면 평점출력상자에 평점이 출력되면서 동시에 음성으로 "당신의 성적은 B+입니다"라고 읽어주도록 작성한다. 이때 음성으로 읽어주기 위해 [TextToSpeech] 컴포넌트를 사용한다. 평점을 출력하기 위해 [TextBox] 컴포넌트 혹은 [Label] 컴포넌트 중 어떤 컴포넌트를 사용해도 상관이 없다.

1.4 코드블록 작성

입력받은 성적이 95점 이상이면 if 블록의 첫 번째 조건 

에 맞는 조건이므로 then의 블록 

, 즉 'A+'를 '평점출력'상자에 표시한 후 "당신의 학점은 A+입니다"라고 음성으로 읽어준다. 만일 입력한 성적이 80점이면 첫 번째 조건에 맞지 않으므로 두 번째 조건 elseif 블록 90 이상을 체크한다. 두 번째 조건도 만족하지 않으므로 세 번째 조건 elseif 블록 85점 이상을 체크한다. 세 번째 조건도 만족하지 않으므로 네 번째 조건 elseif 블록 80점 이상을 체크한다. 네 번째 조건을 만족하므로 네 번째 then의 블록을 실행한다. 즉 B0을 '평점출력'상자에 표시한 후 "당신의 학점은 B0입니다"라고 음성으로 읽어준다.

If Control 블록 사용방법	'평점구하기' 버튼 클릭한 경우
	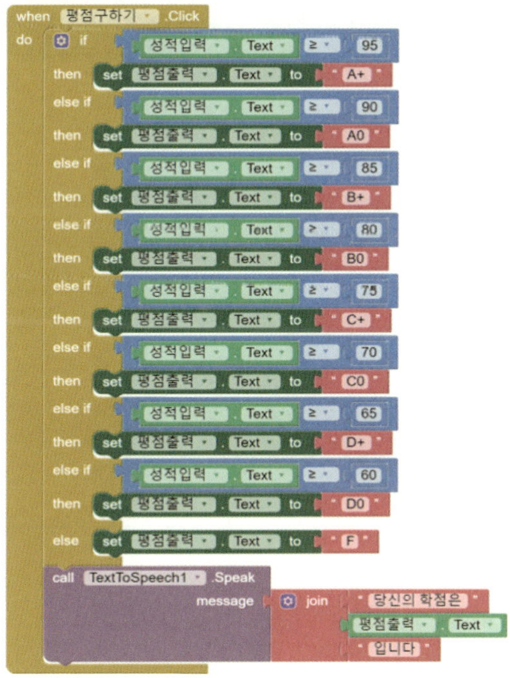

'다시시작' 버튼 클릭한 경우
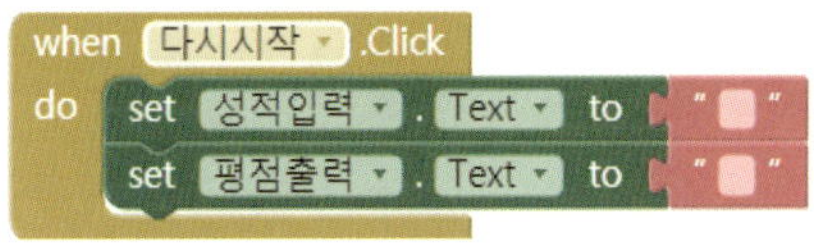

2 반복문

반복문이란 특정 부분을 반복해서 실행하는 구조로 For문과 While문이 있다. For문을 만나면 초기식을 먼저 계산한다. 조건식이 참이면 문장을 실행하여 변환식을 계산하고 다시 조건식을 검사하는 반면, 조건식이 거짓이면 문장을 실행하지 않고 For문을 종료한다. 조건식이 참인 동안 문장을 반복해서 실행한다.

While문은 먼저 조건식을 검사하는데, 만약 조건식이 거짓이면 문장을 실행하지 않고 While문을 빠져나온다. 그러나 조건식이 참이면 문장을 한 번 실행하고 다시 조건식을 검사하는데, 또다시 조건식이 참이면 문장을 다시 한 번 실행한 후 다시 조건식을 검사한다. 이런 동작은 조건식이 거짓이 될 때까지 반복하는데 조건식이 거짓이면 While문을 빠져나온다

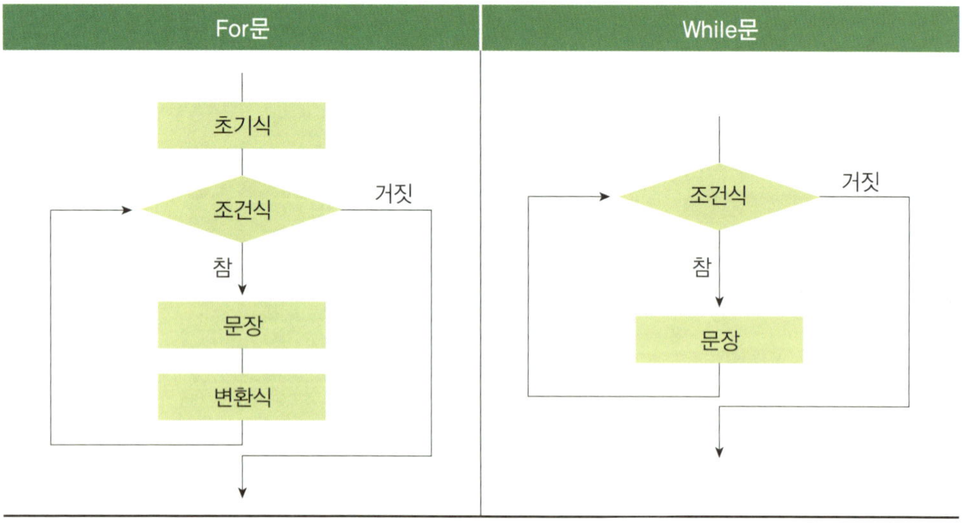

2.1 For 컴포넌트 블록을 사용한 예

Control 블록에서 For 블록을 드래그하여 뷰어에 드래그한다. number는 변수로 임의의 이름을 사용하면 된다. from 옆의 1은 시작값을 의미한다. 즉 number의 값에 1을 기억시키고, to 옆의 5는 최종값을 의미하는 것으로 number에 5를 기억시키는 의미이다. by 옆의 1은 증가치를 의미하는 것으로 number에는 1부터 1씩 증가하여 1, 2, 3, 4, 5의

값이 저장되는 것이다.

<table>
<tr><th>For 컴포넌트</th><th>number 값 이용</th></tr>
<tr><td>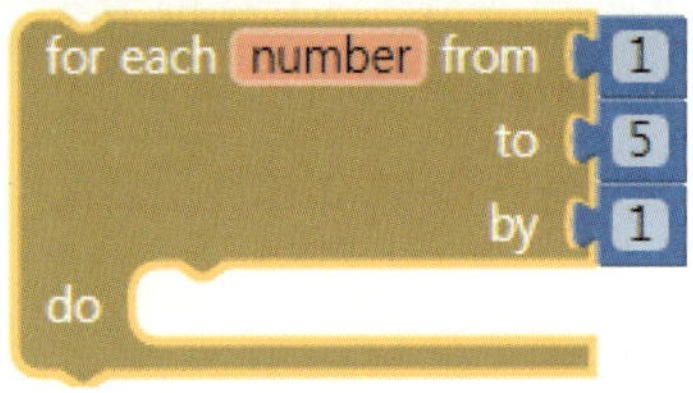</td><td>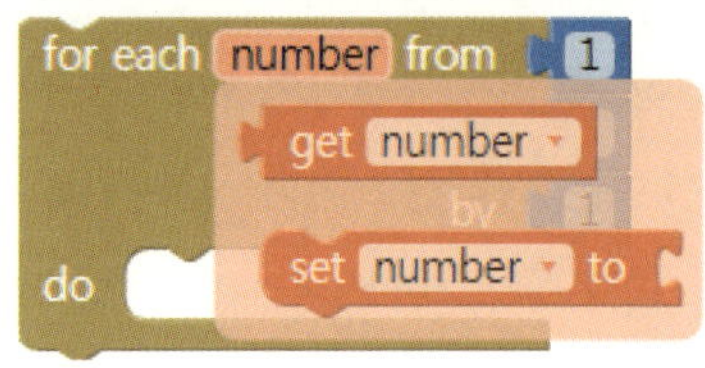</td></tr>
</table>

스마트폰을 흔들면 10번 “사랑합니다”를 음성으로 읽어주는 간단한 앱을 작성해보자. 화면 디자인은 필요 없고, [Sensors]의 [AccelerometerSensor]와 [Media]의 [TextToSpeech] 컴포넌트를 화면에 배치한다. 구성요소와 속성에서는 변경할 내용이 없으므로 코드블록을 바로 작성하면 된다. 폰을 흔들면 For 블록을 드래그한 후 number 대신에 ‘반복횟수’로 이름을 변경한다. 10번 반복해야 하므로 최종값 to 옆의 값을 10으로 변경한다.

처음에는 반복횟수의 값이 1이므로 “사랑합니다”를 음성으로 읽어주고 다시 For 루프로 돌아간다. For 루프의 do를 빠져나오려면 반복횟수의 값이 11이 되어야 빠져나온다. 반복횟수의 값은 1, 2, 3, 4, 5, 6, 7, 8, 9, 10까지이므로 10번 반복한 후 1을 증가시켜 반복횟수가 11이 되면 최종값 10을 초과하게 되므로 For 루프를 종료하게 된다.

<table>
<tr><th>디자인 화면</th><th>구성요소 화면</th><th>코드블록</th></tr>
<tr><td></td><td>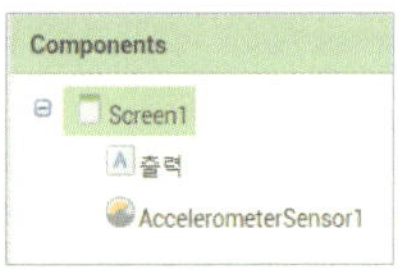</td><td>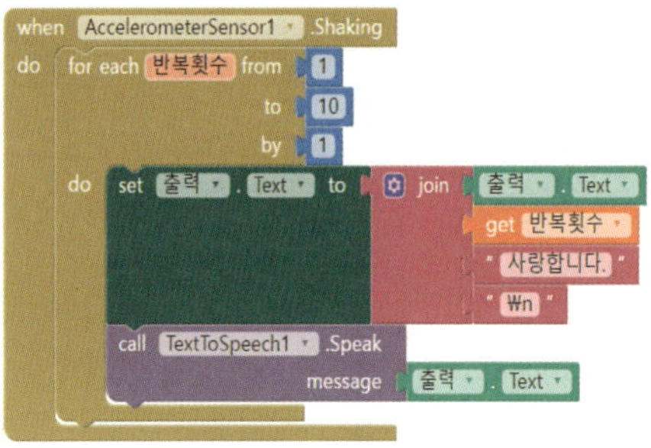</td></tr>
</table>

2.2 While 컴포넌트 블록을 사용한 예

버튼을 클릭하면 10번 "사랑합니다"를 음성으로 읽어주는 간단한 앱을 작성해보자. For 컴포넌트 블록과는 달리 While 블록을 사용하려면 10번 반복하도록 변수를 하나 선언해야 한다. 변수는 5장에서 상세하게 다루었으므로 여기서는 간단하게 언급만 하도록 한다. 변수는 기억장소이다. 1부터 10까지 반복하도록 1씩 반복하여 증가시킬 임시 기억장소가 필요하다. 반복횟수라는 변수를 [Variables] 블록에서 [initialize global name to] 블록을 드래그하여 작성한다. name 대신에 '반복횟수'라는 이름으로 변경한다. 반복횟수 변수에는 1의 값을 기억시킨다.

while test의 조건식에는 반복횟수의 값이 10보다 작거나 같을 동안 do의 블록을 실행한다. 처음에는 반복횟수의 값이 1이므로 조건식을 만족하여 "사랑합니다"를 음성으로 읽는다. 반복횟수의 값을 1만큼 증가시키기 위해 반복횟수+1을 하여 1만큼 증가시킨 후 다시 반복횟수 기억장소에 1만큼 증가시킨 2의 값을 저장한다. 1만큼 증가시키지 않으면 반복횟수의 값은 변함없이 1이 되므로 무한루프 실행이 되어 종료를 할 수 없게 된다. 언제 루프를 빠져나올 것인지 조건식(10보다 큰 경우)에서 지정하였으므로 반복횟수의 값을 1씩 증가시켜 조건식에서 체크를 한 후 10보다 큰 11이 되면 루프를 빠져나오게 된다. 여기서 get과 set의 의미를 살펴보면 get은 변수에 저장된 값을 읽어오는 것이고 set은 변수에 값을 할당, 즉 저장시키는 의미이다. get과 set 블록은 [Variables] 블록에서 드래그하여 사용할 수도 있고 [initialize global 반복횟수 to 1] 변수 선언에서 반복횟수 글자에 마우스를 갖다 놓으면 set과 get이 나타나면 선택하여 사용해도 된다.

디자인 화면	구성요소 화면	코드블록
	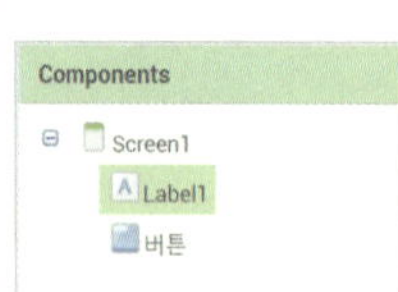	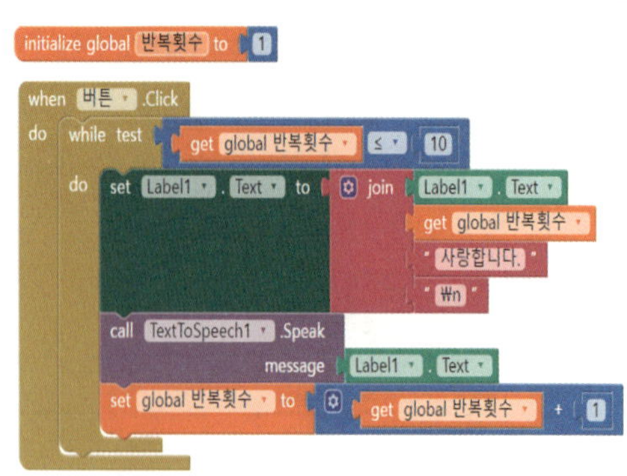

CHAPTER 07

비만도 검사와 스마트폰 중독 자가진단 앱 작성

1. 비만도 검사 앱 작성
2. 스마트폰 중독 자가진단 앱 작성: 두 개의 스크린을 이용
3. 스크린 복사 및 순서 변경방법
4. 여행경비 계산

CHAPTER 07

비만도 검사와 스마트폰 중독 자가진단 앱 작성

이 장에서는 실생활에서 많이 활용할 수 있는 비만도 검사와 스마트폰 중독 자가진단 앱을 작성해본다.

1 비만도 검사 앱 작성

자신의 비만도는 아래와 같은 계산방법에 따라 구할 수 있다.

① [표준체중 계산]

- 남자 : 키(m)×키(m)×22
- 여자 : 키(m)×키(m)×21

② [비만도 계산]

- 비만도(%)=(현재 체중÷표준체중)×100×100

③ [비만도 확인] 100%가 수치 1, 85%는 0.85

- 85% 이하 : 저체중
- 86~105% : 정상체중
- 106~115% : 과체중
- 116~135% : 약한 비만
- 136% 이상 : 심한 비만

1.1 필요한 컴포넌트

① '나의 비만도는?' 파워포인트에서 작성한 후 이미지로 저장하여 사용하므로 [User Interface] 팔레트의 [Image] 컴포넌트

② 4행 3열의 [Layout] 팔레트의 [TableArrangement] 컴포넌트

③ '당신의 성별?', '당신의 키?', '당신의 체중은?', '당신의 비만도?', 'cm', 'kg' 제목을 표시할 [User Interface] 팔레트의 [Label] 컴포넌트
④ 비만도 결과값을 표시할 [User Interface] 팔레트의 [Label] 컴포넌트
⑤ 남, 여 중 하나를 체크할 [User Interface] 팔레트의 [CheckBox] 컴포넌트
⑥ 키와 몸무게를 입력할 [User Interface] 팔레트의 [TextBox] 컴포넌트
⑦ '비만도는?'과 '새로하기'에 사용할 [User Interface] 팔레트의 [Button] 두 개
⑧ 두 개의 버튼을 같은 줄에 넣기 위해 [Layout] 팔레트의 [HorizontalArrangement] 컴포넌트
⑨ 비만도 결과를 음성으로 읽어줄 [Media] 팔레트의 [TextToSpeech] 컴포넌트

1.2 디자인 화면과 컴포넌트 구성요소, 속성 화면

[Image]의 [Picture] 속성에서 가져올 이미지 파일을 지정하고 소제목이 표시될 [Label] 컴포넌트의 [Text] 속성값을 변경한다. 비만도 결과값이 표시될 [Label] 컴포넌트의 [Text] 속성값은 공백으로 지정한다. '비만도 보기'와 '새로 하기' 명령 버튼도 파워포인트에서 버튼을 이용하여 작성한 후 이미지로 저장한 후 버튼의 [Image] 속성에서 그림을 지정한다. 파워포인트에서 글자나 버튼 등에 간단한 서식을 지정한 후 이미지 형식으로 저장하여 앱인벤터에서 사용하면 다양하게 디자인할 수 있다.

디자인 화면	구성요소 화면	속성 화면
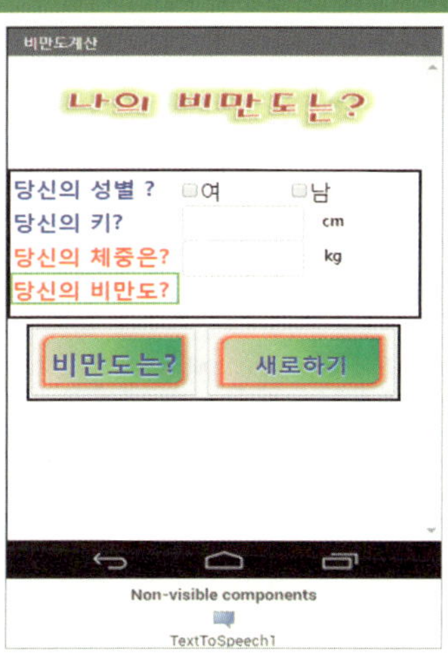		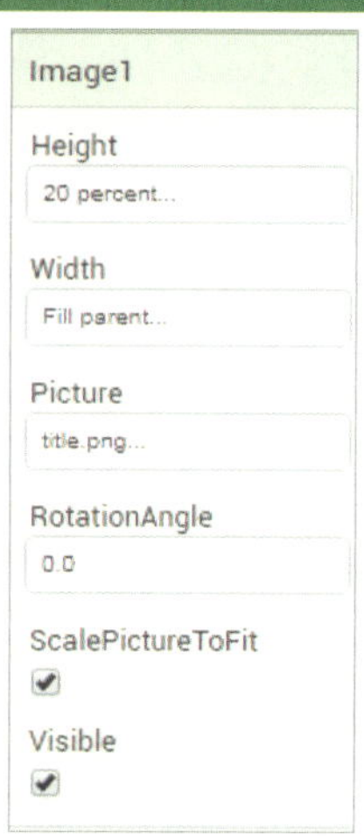

1.3 코드블록 작성

① 비만도 계산에 필요한 변수를 아래와 같이 선언한 후 초기값으로 각각 0을 저장한다.

② 남과 여에 따라 표준체중 계산방법이 다르므로 [if ~ else] 컴포넌트를 이용하여 아래와 같이 작성한다. 만약에 성별을 체크하는 두 개의 체크박스 중 남을 체크하면 표준체중에는 입력한 키값에 22를 곱한 값을 저장하고 그렇지 않으면, 즉 여를 체크했으면 입력한 키값에 21을 곱한 값을 표준체중에 저장한다. 표준체중값을 구한 후 비만도 공식에 따라 비만도를 계산한다. [CheckBox] 컴포넌트의 체크 여부는 [Checked] 속성에서 지정한다. [Checked] 속성값이 true이면 체크를 한 것이고 false이면 체크를 하지 않은 것으로 간주한다.  와 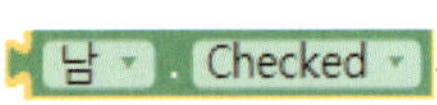 는 같은 의미이다.

③ 계산한 비만도값에 따른 비만도 여부를 구하기 위해 [if ~ else if] 블록을 사용하여 구한다. 코드는 아래와 같다. 현재체중과 표준체중을 이용하여 계산한 비만도값이 0.85보다 작거나 같으면 비만도출력 [Label] 컴포넌트에 "저체중입니다"를 표시한 후 음성으로 "저체중입니다. 많이 먹으세요"를 읽어주도록 한다. 만약에 0.85보다 크고 1.05보다 작거나 같으면 "정상체중입니다"를 비만도출력 [Label] 컴포넌트에 표시한 후 음성으로 "정상체중입니다. 계속 유지하세요"를 읽어주도록 한다. 나머지 비만도출력도 같은 방법으로 작성하면 된다.

④ '새로하기' 버튼을 누르면 모든 내용이 처음과 같이 초기화가 되어야 하므로 아래와 같이 작성한다. 먼저 남, 여 체크가 되지 않도록 [Checked] 속성에 false를 지정한다. '키입력'상자와 '현재체중입력'상자, '비만도출력'상자의 값을 모두 공백으로 초기화한다.

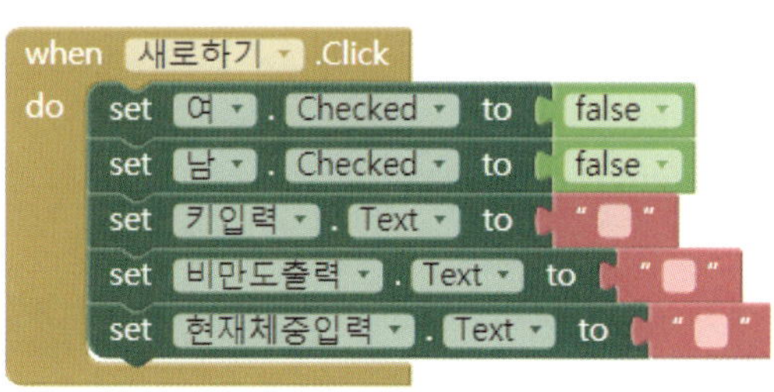

2 스마트폰 중독 자가진단 앱 작성: 두 개의 스크린을 이용

두 개의 스크린을 이용하여 스마트폰 중독 자가진단 앱을 작성해본다. 기본적으로 제공하는 Screen1 이외의 다른 스크린을 추가하기 위해서는 상단 메뉴에 있는 [Add Screen] 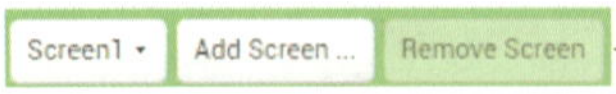 을 선택한 후 추가할 스크린의 이름을 입력하면 된다. 스크린의 이름은 영문자와 숫자, 밑줄로 구성하되 첫 글자는 반드시 영문자이어야 한다. 스크린을 삭제하기 위해서는 'Remove Screen' 버튼을 클릭하면 된다. 추가한 스크린으로 이동하기 위해서는 Screen1 옆의 내림 목록 버튼(▼)을 누르면 나타나는 스크린 목록 중에서 Screen2를 선택하면 된다. 첫 번째 스크린(Screen1)에서 암호를 입력하여 암호가 맞으면 두 번째 스크린 스마트폰 중독 자가진단 화면(Screen2)으로 이동이 되도록 작성을 한다.

첫 번째 화면

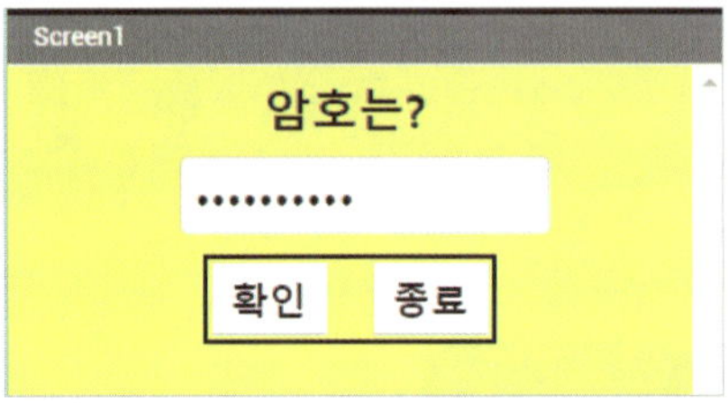

두 번째 화면

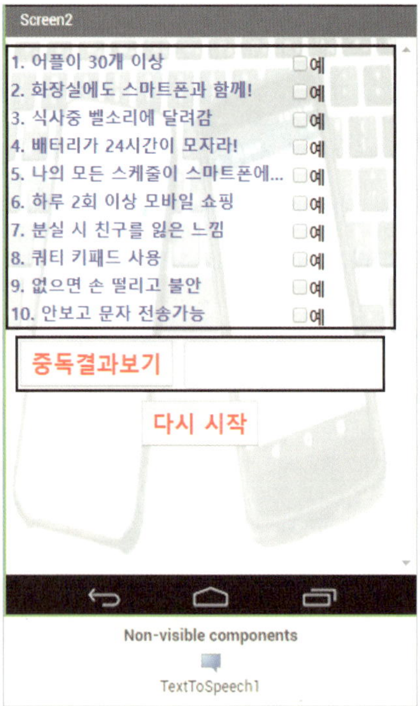

2.1 첫 번째 스크린에 필요한 컴포넌트

① '암호는?' 제목을 표시할 [User Interface] 팔레트의 [Label] 컴포넌트

② 암호를 입력할 [User Interface] 팔레트의 [PasswordTextBox] 컴포넌트

③ '확인'과 '종료' 버튼이 배치될 [Layout] 팔레트의 [HorizontalArrangement] 컴포넌트

④ '확인'과 '종료'에 사용할 [User Interface] 팔레트의 [Button] 두 개

⑤ 암호가 틀리면 경고 대화상자창을 표시할 [User Interface] 팔레트의 [Notifier] 컴포넌트

2.2 Screen1 디자인 화면과 컴포넌트 구성요소, 속성 화면

디자인 화면	구성요소 화면	속성 화면
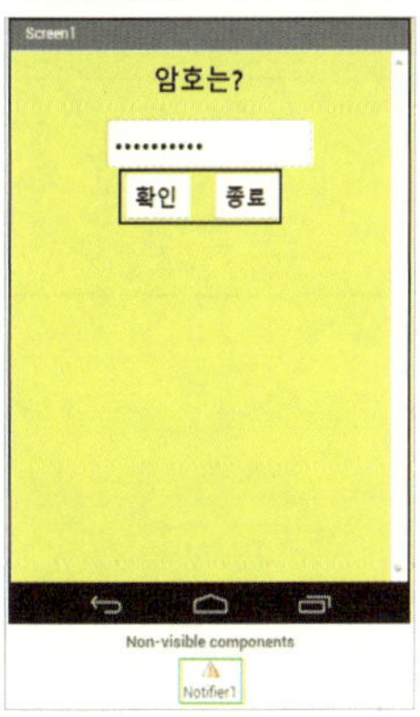	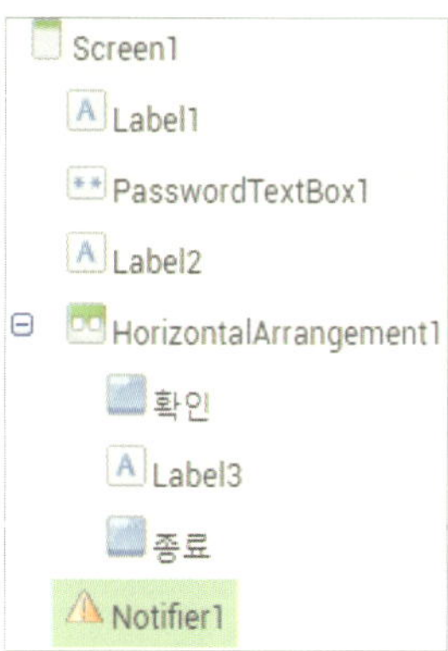	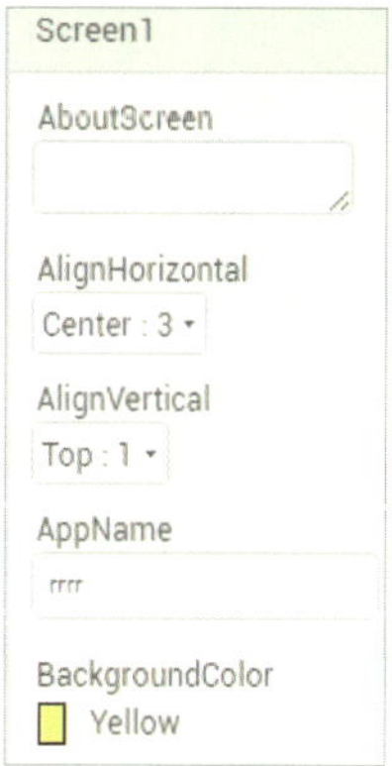

① 스크린에 표시될 내용이 가운데에 맞추어 표시되기 위해 Screen1의 속성 중 가로정렬 [AlignHorizontal]의 속성값을 'Center : 3'로 변경한다.

② 각각의 컴포넌트의 [Text] 속성값과 [BackgroundColor]의 색을 노랑색, 빨강색으로 지정하고 줄과 줄 사이를 띄우기 위해 [Label] 컴포넌트를 배치한 후 [Text] 속성값을 공백으로 지정하면 공백이 들어간다. 버튼과 버튼 사이를 띄우기 위해서도 마찬가지로 [Label] 컴포넌트를 배치한 후 [Text] 속성값을 공백으로 지정한다.

③ 암호를 입력한 후 '확인' 버튼을 눌렀는데 암호가 틀린 경우 "암호가 틀렸으니 다시 입력하세요"라는 경고 메시지 대화상자를 표시하기 위해 [Notifier] 컴포넌트를 사용한다.

2.3 코드블록 작성

입력한 패스워드가 'alth'와 같으면 Screen2로 이동을 하고 'alth'와 같지 않으면 경고 메시지 "비밀번호가 틀렸네요. 다시 입력하세요"라는 경고 대화상자가 표시되도록 블록을 작성한다. [Control] 블록의 open another screen screenName 을 이용하여 이동할 스크린 이름을 기입하면 된다.

확인 버튼 코드블록	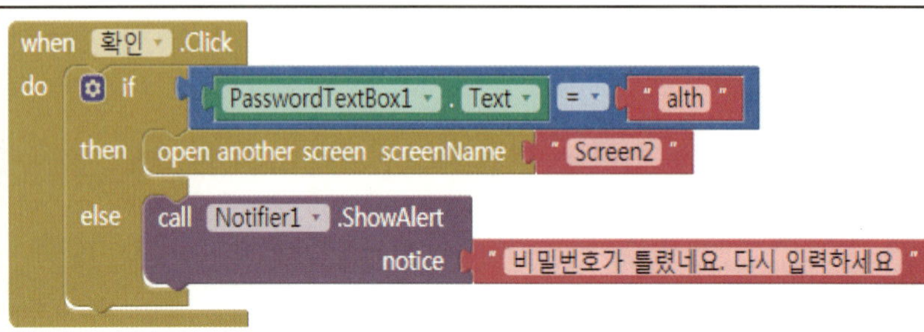
종료 버튼 코드블록	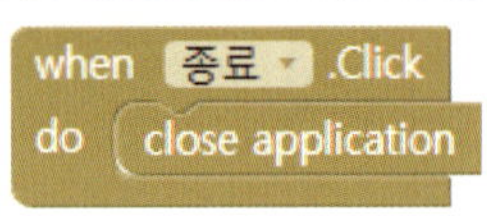

2.4 두 번째 스크린에 필요한 컴포넌트

① 컴포넌트가 많으므로 중독항목, 체크박스 컴포넌트를 10행 2열 [Layout] 팔레트의 [TableArrangement] 컴포넌트 사용

② 중독체크에 사용할 항목을 표시할 [User Interface] 팔레트의 [Label] 컴포넌트 열 개

③ 중독체크 여부를 체크할 [User Interface] 팔레트의 [CheckBox] 컴포넌트 열 개

④ '중독결과 보기'와 '다시 시작' 버튼이 배치될 [Layout] 팔레트의 [HorizontalArrangement] 컴포넌트

⑤ '중독결과 보기', '다시 시작'에 사용할 [User Interface] 팔레트의 [Button] 컴포넌트 두 개

⑥ 중독 여부 결과를 나타낼 [User Interface] 팔레트의 [TextBox] 컴포넌트

⑦ 중독 여부 결과를 음성으로 읽어줄 [Media] 팔레트의 [TextToSpeech] 컴포넌트

⑧ 두 번째 스크린을 추가하기 위해서는 다음과 같이 'Add Screen...' 버튼을 클릭하면 된다.

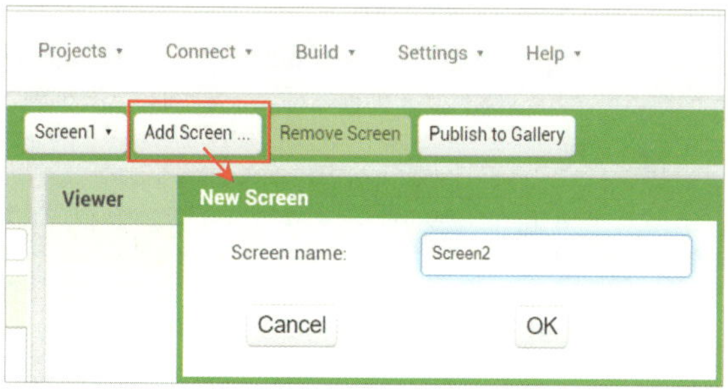

2.5 Screen2 디자인 화면과 컴포넌트 구성요소, 속성 화면

[Label] 컴포넌트의 [Text] 속성값을 중독항목으로 모두 변경하고 [CheckBox] 컴포넌트의 [Text] 속성값을 '예'로 변경한다. 중독 여부 결과를 표시할 [TextBox] 컴포넌트의 [Text] 속성값을 공백으로 비워둔다.

2.6 코드블록 작성

(1) 중독 여부 판정방법

중독 여부 판정은 아래와 같이 선택항목의 수에 따라 정해진다. 선택항목수가 1~3개: 정상, 4~7개: 중독, 8~10개: 심각한 중독으로 판정된다.

① 앱이 실행되면 Screen2의 초기 스크린의 세로 높이를 5등분한 후 4/5 크기의 높이를 중독체크항목이 들어있는 10행 2열의 배열의 높이로 지정한다.

② 10개의 항목 중 어떤 항목들을 체크했는지 선택한 항목의 수를 저장할 변수 count를 선언한 후 초기값으로 0을 지정한다.

첫 번째~열 번째 체크박스 선택한 경우

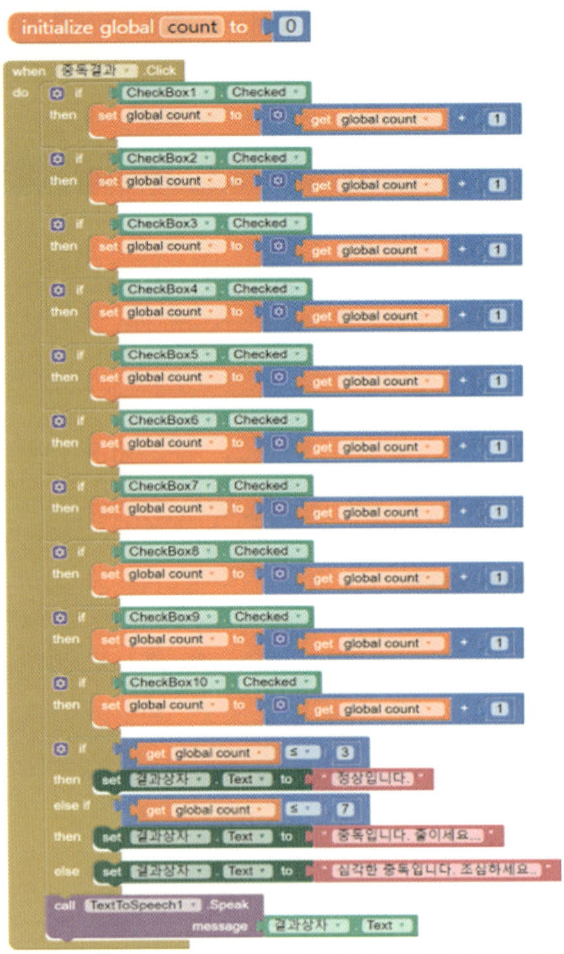

10개의 항목 중 해당하는 항목에 체크를 하면 count 변수에 1을 더하여 더한 값을 count 변수에 저장한다. 10개의 항목 중 어느 항목에 체크를 했는지 10번 비교를 해야 하므로 if 블록을 10번 사용하여 체크했으면 1을 더하고 체크를 하지 않았으면 다음 항목 체크 여부를 한다. 체크한 항목의 수가 0~3개 사이이면 정상이고 4~7개 사이이면 중독, 8개 이상이면 심각한 중독임을 결과상자에 표시한 후 음성으로 중독 여부를 읽어준다. '다시시작' 버튼을 클릭하면 모든 체크박스의 체크 여부에 false를 지정하여 체크가 되어 있지 않도록 지정하고 결과상자에는 공백을 지정, 항목수 계산하는 변수 count에는 0을 저장한다.

체크한 항목수에 따른 중독 여부 결정

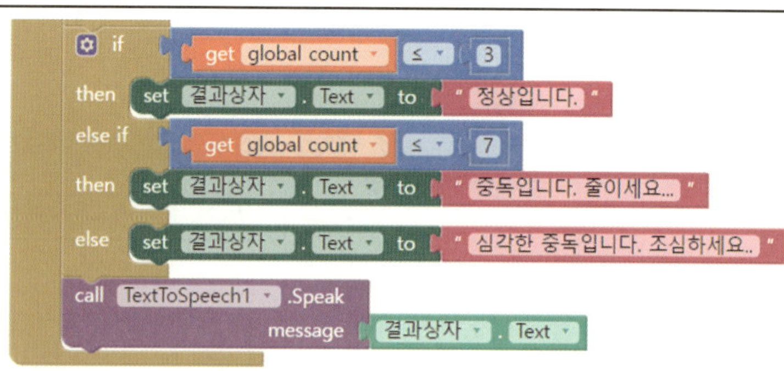

'다시시작' 버튼 클릭한 경우

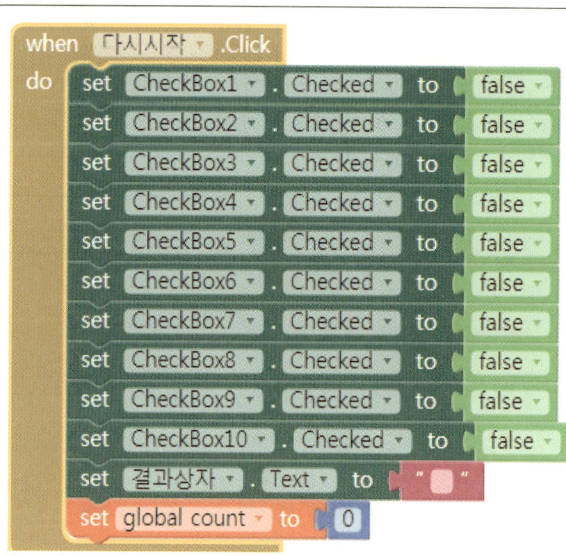

3 스크린 복사 및 순서 변경방법

3.1 스크린 순서 변경

앱을 작성하면 여러 개의 스크린이 필요하다. 이미 만든 여러 개의 스크린 순서를 변경하고 싶을 때가 종종 있다. 앱인벤터2에서는 이미 작성한 스크린의 순서를 변경할 수 없으므로 압축프로그램을 이용하여 순서를 변경하는 방법에 대해 알아본다. 압축프로그램이 여러 종류가 있는데 무료 압축프로그램이면서 빠르게 압축하는 반디집 압축프로그램을 이용하여 앞에서 작성한 스마트폰 중독 자가진단 앱을 이용하여 순서를 변경해보자.

첫 번째 화면	두 번째 화면
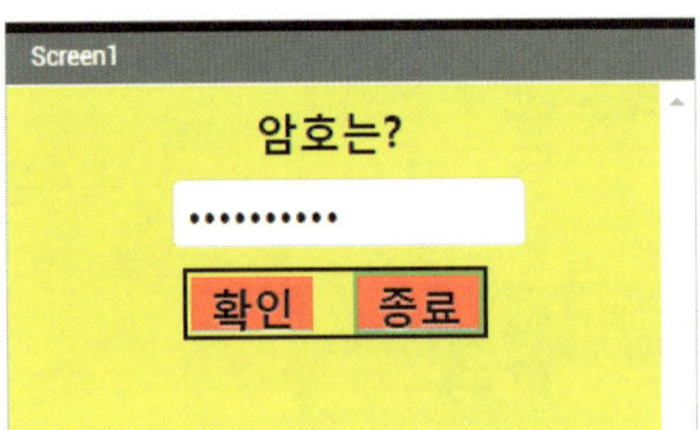	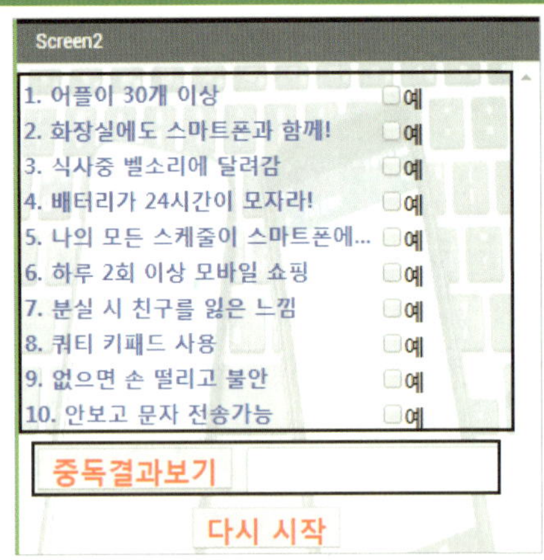

① 스크린 순서를 변경하고 싶은 프로젝트를 연 후 [Project] 메뉴의 [Export selected project (.aia) to my computer]을 눌러 .aia 파일로 프로젝트를 저장한다.

② 반디집을 실행한 후 [파일] 메뉴의 [압축 파일 열기]를 눌러 앞에서 저장한 .aia 파일을 불러온다. 이때 파일형식을 [모든 파일]로 바꾼 후 .aia 파일을 불러온다.

③ 'src' 폴더를 선택한 후 'appinventor' → 'ai_사용자아이디' → '저장한 앱 이름' 순서대로 이동하면 스크린별로 다음과 같이 나타난다. 디자인 화면은 확장자가 .scm 이고 코드블록의 확장자는 .bky이다.

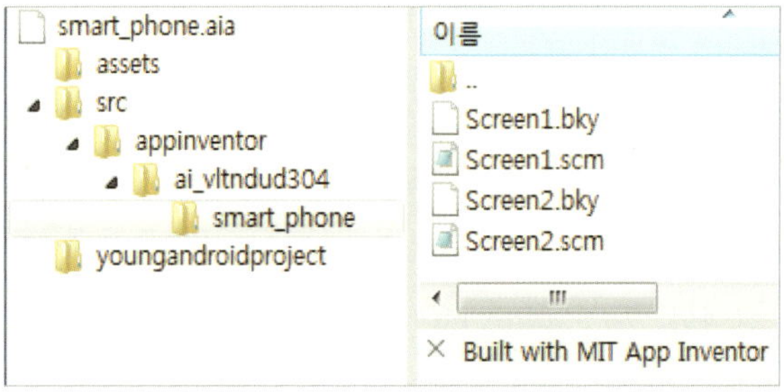

④ 순서를 변경하고 싶은 스크린의 파일이름을 서로 맞바꿈을 한다. 먼저 Screen2.scm과 Screen2.bky를 Screen3.scm, Screen3.bky로 변경한 후 Screen1.scm, Screen1.bky를 Screen2.scm, Screen2.bky로 변경한 후 Screen3.scm, Screen3.bky를 Screen1.scm과 Screen1.bky로 변경한다. 파일이름을 변경할 경우 변경할 파일을 선택한 후 바로가기 메뉴에서 [이름 바꾸기]를 선택하여 변경하면 된다.

⑤ Screen1.scm 파일을 선택한 후 바로가기 메뉴에서 [편집] 메뉴를 선택한 후 나타난 메모장의 내용 중에서 {"Title": "Screen2"…} 부분을 찾아 {"Title": "Screen1"…}로 변경한다. 즉 Screen2를 Screen1로 변경하면 된다. Screen2.scm도 같은 방법으로 {"Title": "Screen1"…} 부분을 찾아 {"Title": "Screen2"…}로 변경한다. 변경을 하면 변경된 내용을 저장할 것인지 묻는 대화상자가 나타난다. 예를 선택하면 "변경된 파일을 압축파일에 적용하시겠습니까?"라고 묻는 대화상자가 나타난다. '예' 버튼을 누르면 변경된 내용이 압축 파일에 저장된다.

⑥ 앱인벤터에서 [Project] 메뉴의 [Import project (.aia) from my compute]을 눌러 .aia 파일을 불러온다. 스크린 순서가 변경됨을 확인할 수 있다.

3.2 스크린 복사

스크린을 작성한 후 몇 개의 컴포넌트를 제외한 나머지가 모두 같은 경우 다시 디자인과 코딩할 필요 없이 스크린을 복사해야 하는 경우가 있다. 앱인벤터2 자체에서는 스크린을 복사하는 기능이 없으므로 반디집 압축프로그램을 이용하여 스크린을 복사하는 방법에 대해 알아보자. 앞에서 작성한 스크린 두 개로 구성된 스마트폰 중독 자가진단 앱에서 두 번째 스크린을 하나 더 복사해보도록 한다. 중독체크항목이 있는 스크린을 복사해본다.

① 복사하고 싶은 스크린이 있는 프로젝트를 연 후 [Project] 메뉴의 [Export selected project (.aia) to my computer]을 눌러 .aia파일로 프로젝트를 저장한다.

② 반디집을 실행한 후 [파일] 메뉴의 [압축 파일 열기]를 눌러 앞에서 저장한 .aia 파일을 불러온다. 이때 파일형식을 [모든 파일]로 바꾼 후 .aia 파일을 불러온다.

③ 'src' 폴더를 선택한 후 'appinventor' → 'ai_사용자아이디' → '저장한 앱 이름' 순서대로 이동하면 스크린별로 아래와 같이 나타난다.

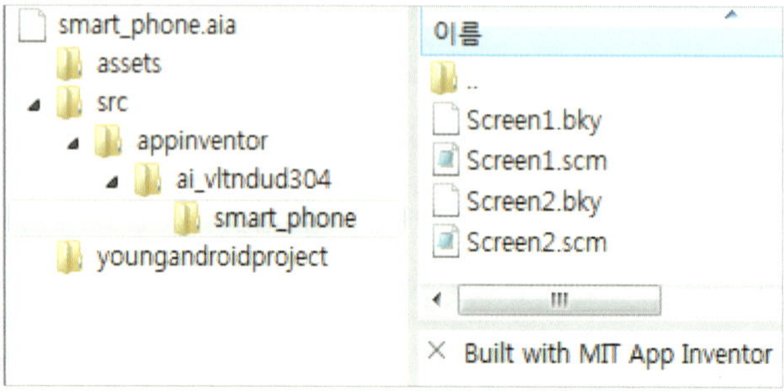

④ 복사할 Screen2.scm 파일과 Screen2.bky 파일 두 개를 shift 키를 이용하여 선택한 후 [편집] 메뉴의 '클립보드로 파일 복사하기' 버튼을 클릭한 후 [편집] 메뉴의 [클립보드에서 파일 붙여넣기]를 선택한다. 파일 추가 대화상자가 나타나면 '압축시작' 버튼을 클릭한다.

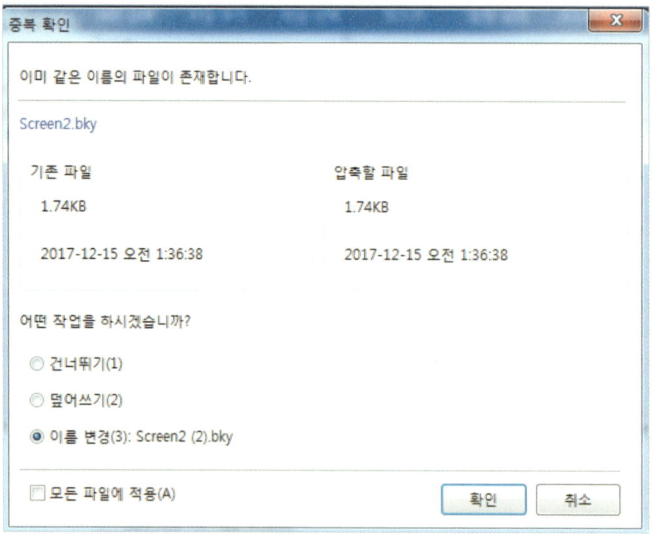

"이미 같은 이름의 파일이 존재합니다"라는 대화상자에서 [이름 변경(3): Screen2 (2).scm]을 선택한 후 '확인' 버튼을 누른 후 한 번 더 [이름 변경(3): Screen2 (2).bky]을 선택한다.

⑤ 복사한 Screen2 (2).scm과 Screen2 (2).bky 파일의 이름을 Screen3.scm, Screen3 .bky로 변경한 후 Scree3.scm 파일을 선택한 후 바로가기 메뉴에서 [편집] 메뉴를 선택한다. 메모장의 내용 중에서 {"$Name": "Screen2"…} 부분을 찾아 {"$Name": "Screen3"…}으로 변경하고 {"Title": "Screen2"…} 부분을 찾아 {"Title": "Screen3"…}으로 변경하면 Screen3이 만들어진다. Screen3은 작성한 스크린이 아니고 Screen2를 복사한 것이므로 Name과 Title 모두 Screen3으로 변경해주어야 한다.

⑥ 앱인벤터에서 [Project] 메뉴의 [Import project (.aia) from my compute]을 눌러 .aia 파일을 불러온다. Screen3이 하나 더 만들어진 것을 확인할 수 있다.

4 여행경비 계산

앞에서 배운 내용을 정리하는 의미에서 여행경비를 계산하는 간단한 앱을 작성해보도록 하자. 해외여행경비는 Screen1에서 계산하고 관련된 여행지를 네이버로 검색을 한 결과는 Screen2에 표시되도록 한다. 검색할 여행지는 직접 입력하든지 스마트폰을 흔들면 마이크가 나타나서 음성으로 입력하여 여행지를 검색할 수 있도록 한다. 여행지할인비용은 신용카드, 체크카드, 현금결제방법에 따라 할인율을 다르게 적용하여 계산한 후 음성으로 읽어주도록 작성한다.

4.1 첫 번째 스크린에 필요한 컴포넌트

① 가로로 정렬에 사용될 [Layout] 팔레트의 [HorizontalArrangement] 컴포넌트

② '여행지검색' 제목을 표시할 [User Interface] 팔레트의 [Label] 컴포넌트

③ 검색할 여행지를 입력할 수 있도록 [User Interface] 팔레트의 [TextBox] 컴포넌트

④ 내용이 한 화면에 모두 표시되지 않는 경우 스크롤이 되도록 [Layout] 팔레트의 [VerticalScrollArrangement]컴포넌트

⑤ '검색어삭제', '네이버', '여행경비', '다시계산'에 사용할 [User Interface] 팔레트의 [Button] 컴포넌트
⑥ 여행지 선택과 계산 관련 컴포넌트들을 정렬할 [Layout] 팔레트의 7행 3열의 [TableArrangement] 컴포넌트
⑦ '신용카드결제', '체크카드', '현금'을 체크할 [User Interface] 팔레트의 [CheckBox] 컴포넌트
⑧ 여행지 '대만', '홍콩', '중국', '베트남'을 체크할 [User Interface] 팔레트의 [CheckBox] 컴포넌트
⑨ 각 여행지의 인원수를 입력할 수 있도록 [User Interface] 팔레트의 [TextBox] 컴포넌트 네 개
⑩ 인원수 단위 '명'을 표시할 [User Interface] 팔레트의 [Label] 컴포넌트 네 개
⑪ '선택한 여행경비는?'과 '할인 후 여행경비는?' 제목이 입력되는 [User Interface] 팔레트의 [Label] 컴포넌트 두 개
⑫ 여행경비계산 결과값과 할인여행경비 결과값이 나타날 [User Interface] 팔레트의 [Label] 컴포넌트 두 개
⑬ 여행지에 대한 총경비와 할인경비를 음성으로 읽어줄 [Media] 팔레트의 [TextToSpeech] 컴포넌트
⑭ 검색할 여행지를 음성으로 입력하도록 [Media] 팔레트의 [SpeechRecognizer] 컴포넌트
⑮ 스마트폰을 흔들면 음성으로 입력할 수 있도록 [Sensors] 팔레트의 [AccelerometerSensor] 컴포넌트

4.2 Screen1의 디자인 화면과 컴포넌트 구성요소 화면

다음과 같이 디자인 화면과 구성요소 화면만 표시하였다. 속성 화면은 기본적인 [Text] 속성과 크기 관련 속성만 변경하였다.

Screen1 디자인 화면	Screen1 구성요소 화면	Screen1 구성요소 화면

① [HorizontalArrangement]에 '여행지검색' [Label], 여행지를 입력하거나 음성으로 말한 여행지가 표시될 [TextBox], '검색어삭제' [Button] 컴포넌트를 배치한다. 각 컴포넌트들의 [Text] 속성을 디자인 화면을 참조하여 변경한 후 컴포넌트의 이름도 변경한다.

② [HorizontalArrangement]에 세 개의 [Button] 컴포넌트를 배치한 후 [Text] 속성을 변경한 후 컴포넌트의 이름도 구성요소 화면을 참조하여 변경한다.

③ 7행 3열의 [TableArrangement] 컴포넌트에 '신용카드', '체크카드', '현금' [CheckBox] 컴포넌트와 각 여행지 [CheckBox]를 배치한 후 [Text] 속성을 모두 변경한 후 컴포넌트의 이름도 변경한다. 체크박스가 선택된 상태로 표시를 하고 싶으면 [checked] 속성을 체크하면 된다.

④ 여행지 인원을 입력할 네 개의 [TextBox] 컴포넌트의 [Text] 속성을 모두 변경한 후 컴포넌트의 이름도 구성요소 화면과 같이 변경한다.

⑤ 인원을 입력할 [TextBox] 컴포넌트 뒤에 단위 '명'을 표시하기 위해 [Label] 컴포넌트의 [Text] 속성을 변경한다.

4.3 코드블록 작성

① 스마트폰을 흔들면 검색할 여행지를 음성으로 입력할 수 있도록 다음과 같이 작성한다.

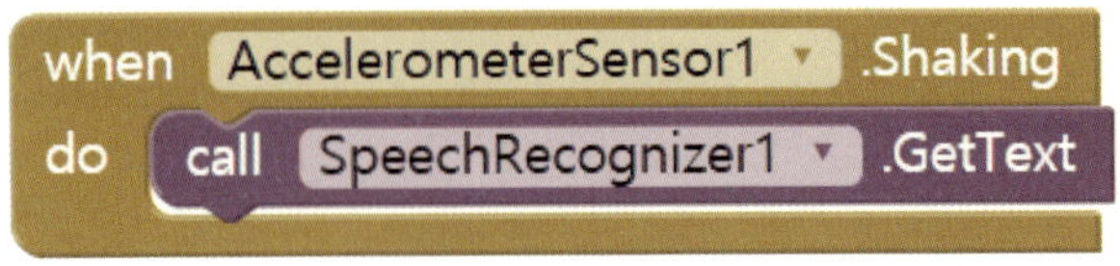

스마트폰에 내장된 마이크를 향해 검색할 여행지를 말하면 음성인식기는 말한 내용을 result 변수에 저장을 한다. 저장된 값을 '여행지입력상자'에 표시하기 위해 다음과 같이 [Text] 속성과 연결한다.
음성으로 말하지 않고 직접 입력하여 사용해도 된다.

② 검색할 여행지를 '여행지입력상자'에 표시해준 후 '네이버' 버튼을 누르면 Screen2로 이동이 되면서 '여행지입력상자'의 값을 Screen2로 전달한다. [startValue]는 Screen수가 많을 경우 유용하게 사용할 수 있다. Screen1에서는 검색할 여행지이름만 표시하고 검색결과는 Screen2에서 표시하기 위해 Screen1에서 검색할 여행지이름을 Screen2로 전달하면 된다.

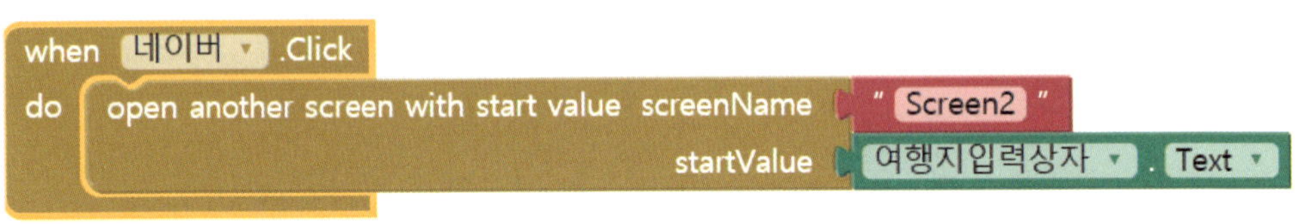

Screen2에서는 전달받은 값을 가져오기 위해 다음과 같이 [get start value]를 이용한다. Screen2 화면이 표시됨과 동시에 검색결과를 표시해주어야 하므로 [Screen2.Initialize]에서 코드를 작성한다. 앱이 실행되면 자동으로 가장 먼저 실행하는 영역이 초기화 영역 [Initialize]이다. 검색결과를 표시하기 위해 [WebViewer] 컴포넌트의 [GoToUrl]의 [url]에 검색할 사이트 주소를 연결시키면 된다.

검색어 삭제 버튼인 삭제 [Button]을 클릭하면 여행지입력상자의 내용이 공백이 되도록 다음과 같이 작성한다.

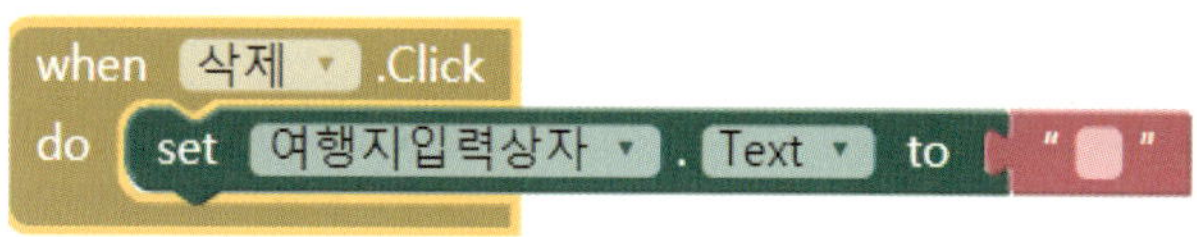

③ 총경비를 계산하기 위해 '총경비' 전역변수를 선언한 후 0으로 초기화를 시킨다. 만약 여행지를 베트남으로 선택(베트남.Checked)하고 인원수를 2명으로 입력하였으면 베트남인원수가 저장되어 있는 '[베트남인원].[Text]×베트남 여행경비 585000'을 계산하면 총경비가 계산된다. 여행지를 여러 개 선택할 수 있으므로 총경비변수에 계속 누적하여 계산을 해야 한다. 다음과 같이 각각의 여행지를 선택한 결과에 따른 총여행경비를 계산한 후 총여행경비를 표시하기 위해 총경비 [Label] 컴포넌트와 연결을 한다.

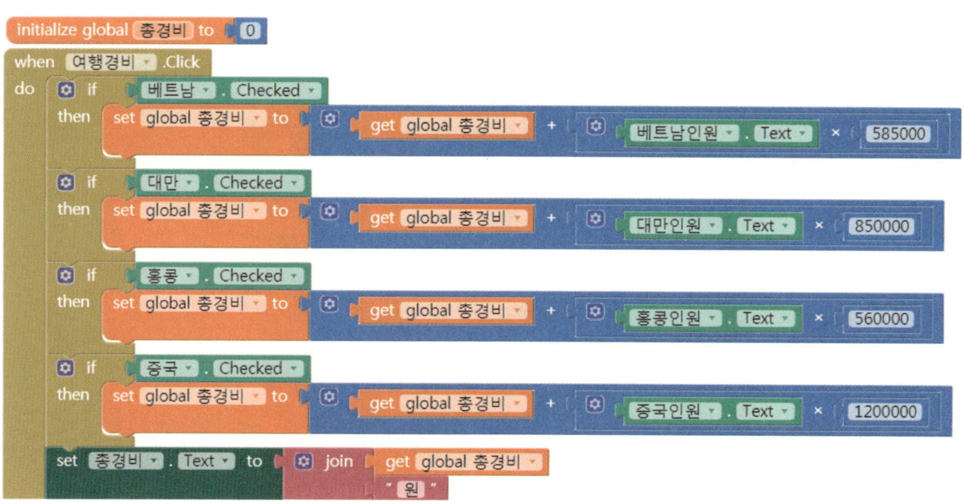

총여행경비를 모두 계산한 후 지불방법에 따른 할인율을 적용하여 할인경비를 다음과 같이 계산한다. 만약 신용카드이면 총경비의 1%를 할인한 값을 총경비에서 빼주면 할인경비가 계산이 된다. 할인경비를 계산해준 후 "선택하신 여행지의 총경비는 얼마이고 할인한 경비는 얼마입니다. 즐거운 여행되세요"라고 음성으로 읽어준다.

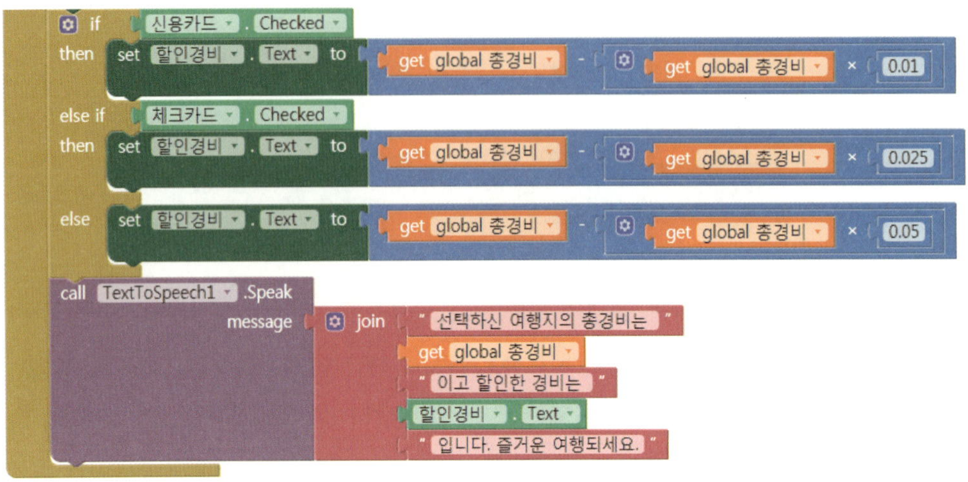

④ '다시계산' 버튼을 누르면 모두 초기화가 되도록 다음과 같이 작성한다.

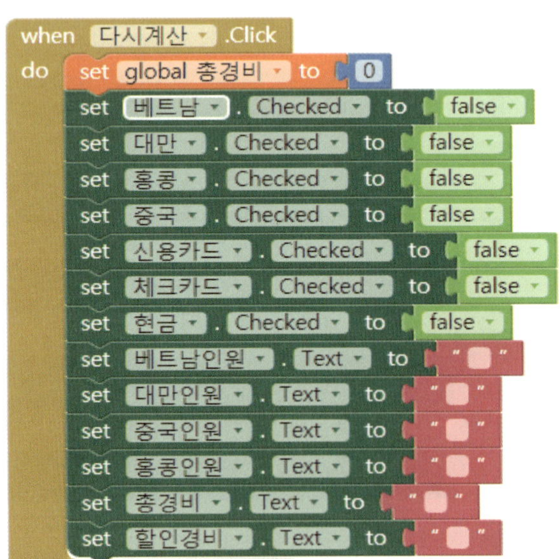

4.4 두 번째 스크린에 필요한 컴포넌트

'Add Screen' 버튼을 클릭하여 Screen2를 추가한 후 다음과 같이 디자인한다. Screen2에서는 검색결과만 표시해주면 되므로 [WebViewer] 컴포넌트만 배치시키면 된다.

Screen2 디자인 화면	Screen2 구성요소 화면	Screen2 속성 화면
	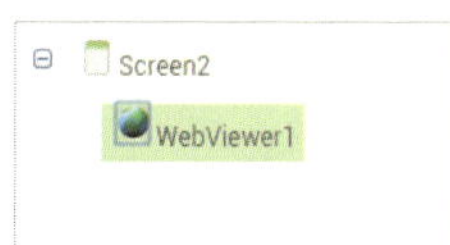	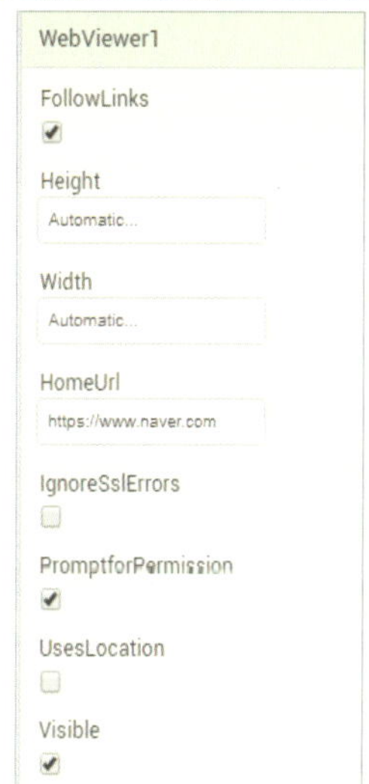

4.5 코드블록 작성

Screen2의 초기화 이벤트에 [WebViewer] 컴포넌트를 이용하여 여행지 사이트와 연결만 시켜 주면 된다. Screen1에서 넘겨받은 여행지명에 대한 검색을 해야 하므로 다음과 같이 작성한다.

여행지에 대한 검색결과를 확인한 후 스마트폰의 [Back] 키를 누르면 Screen1로 이동이 되도록 다음과 같이 작성한다.

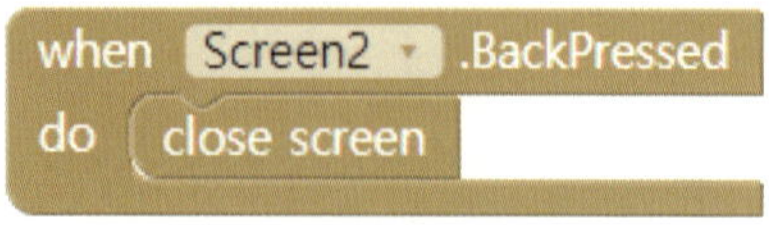

CHAPTER 08

사칙연산 앱과 Clock 컴포넌트 활용

1. 사칙연산 앱
2. Clock 컴포넌트
3. 지정한 시간이 되면 음성으로 알려주는 앱
4. 지정한 시간이 지나면 폭탄이 터지는 앱

CHAPTER 08 사칙연산 앱과 Clock 컴포넌트 활용

1 사칙연산 앱

지금까지 배운 내용을 토대로 사칙연산이 가능한 앱을 작성해본다. 먼저 어떠한 컴포넌트가 필요한지 생각해보고 화면을 어떻게 설계할 것인지 구성한 후 화면 디자인부터 한다. 계산을 한 후 계산결과는 화면에 표시해준 후 음성으로 읽어주도록 작성한다.

1.1 필요한 컴포넌트

① 결과가 표시될 [User Interface] 팔레트의 [TextBox] 컴포넌트와 위, 아래에 공백 줄을 삽입하기 위해 [User Interface] 팔레트의 [Label] 컴포넌트

② 16개의 버튼이 들어갈 [Layout] 팔레트의 [TableArrangement] 컴포넌트

③ [User Interface] 팔레트의 [Button] 16개를 적당한 위치에 배치한다(0, 1, 2, 3, 4, 5, 6, 7, 8, 9, . , +, −, *, /, =).

④ 결과를 음성으로 말하도록 설정하기 위해 [Media] 팔레트의 [TexttoSpeech] 컴포넌트

⑤ 결과상자를 지우기 위한 [User Interface] 팔레트의 'cls' [Button] 컴포넌트

1.2 디자인 화면과 컴포넌트 구성요소, 속성 화면

디자인 화면	구성요소 화면	속성 화면
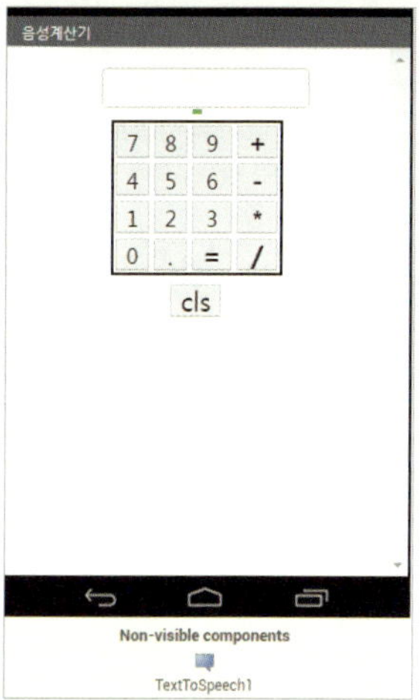		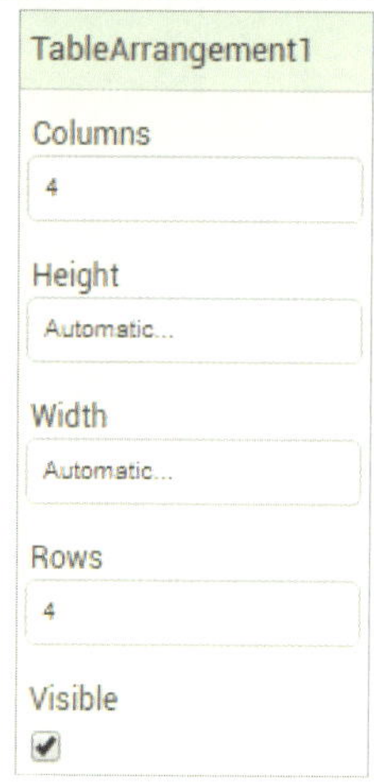

1.3 코드블록 작성

입력한 수치가 저장될 변수 num1, num2를 선언한 후 0으로 초기화를 하고 연산자 종류가 저장될 연산사변수를 신인헌 후 공백으로 초기화한다.

계산할 수치(0부터 9)를 클릭하면 클릭한 값을 결과표시상자에 임시로 저장시켜 놓는다. 실행되는 과정을 간단하게 도식화하여 설명을 하면 먼저 숫자 버튼 '8'을 클릭하면 숫자 8은 결과표시상자변수에 저장이 된다.

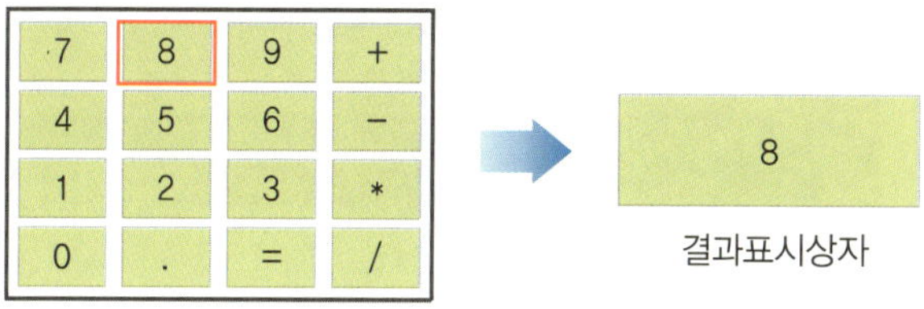

\+ 기호를 누르면 결과표시상자에 저장되어 있는 값 8을 num1에 저장시키고 + 기호를 연산자변수에 저장시킨 후 결과표시상자에 공백을 저장한다.

두 번째 입력값 수치 5를 입력하면 두 번째 값은 결과표시상자에 저장한다. 두 개의 수치를 입력한 후 계산결과를 보기 위해 '=' 버튼을 클릭하면 결과표시상자에 저장된 값을 num2에 저장을 시킨 후 연산자변수에 저장되어 있는 연산자 종류(덧셈)에 따라 연산을 한 후 결과표시상자에 결과를 표시한 후 음성으로 결과를 읽어준다.

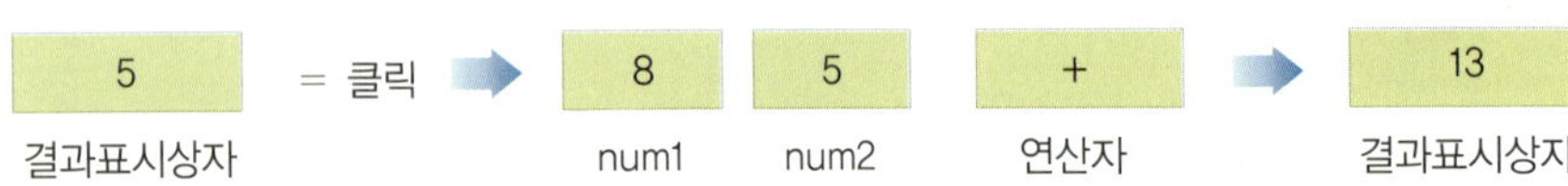

수치 1부터 9, 0을 눌렀을 때 실행시킬 코드블록은 아래와 같다. '1' 버튼을 눌렀을 때와 모두 동일하다. 한 자리 수치가 아닌 두 자리 수치를 입력할 수도 있으므로 입력한 수치를 결과표시상자에 결합(join)시켜 저장한다.

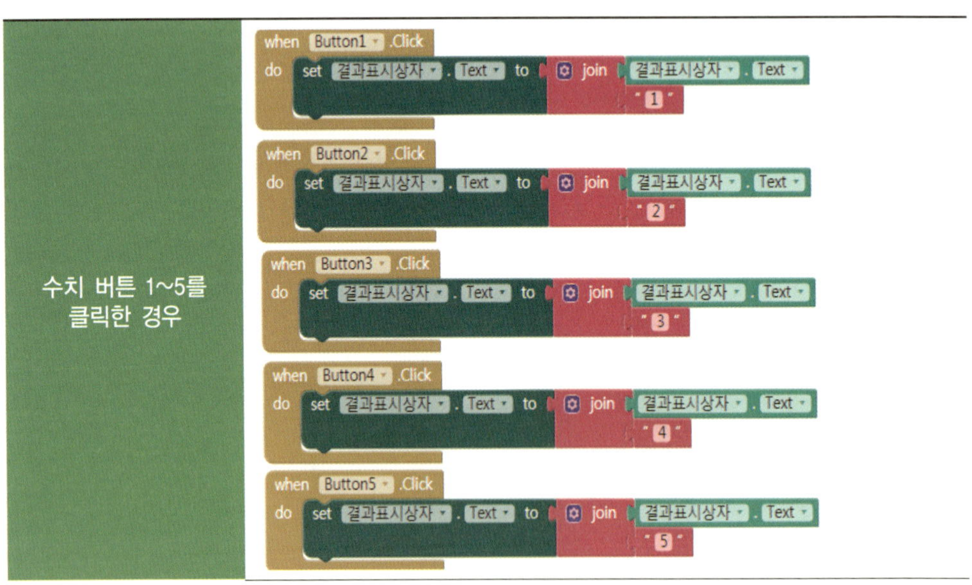

수치 버튼 6~9, 0을 클릭한 경우	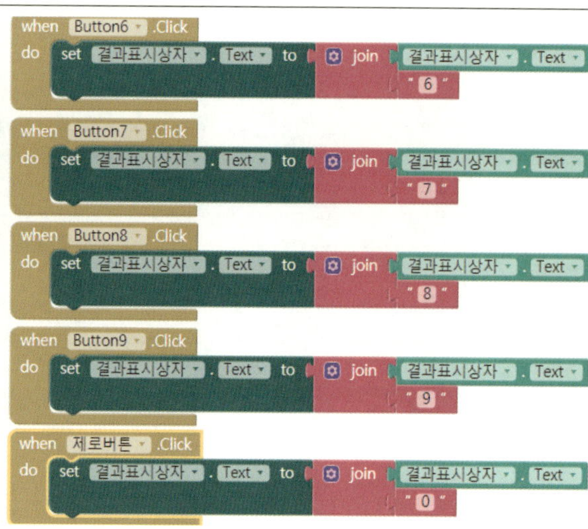
도트 버튼	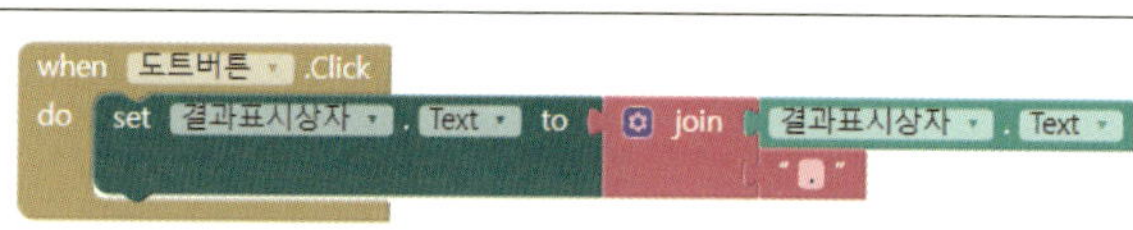

+, −, *, / 버튼을 눌렀을 때 실행시킬 명령들을 아래와 같이 작성한다. 연산자를 클릭하면 첫 번째 입력한 값이 저장되어 있는 결과표시상자의 값을 num1에 저장시키고 연산자기호를 연산자변수에 저장시킨 후 두 번째 입력한 값을 표시하기 위해 결과표시상자에 공백을 저장한다.

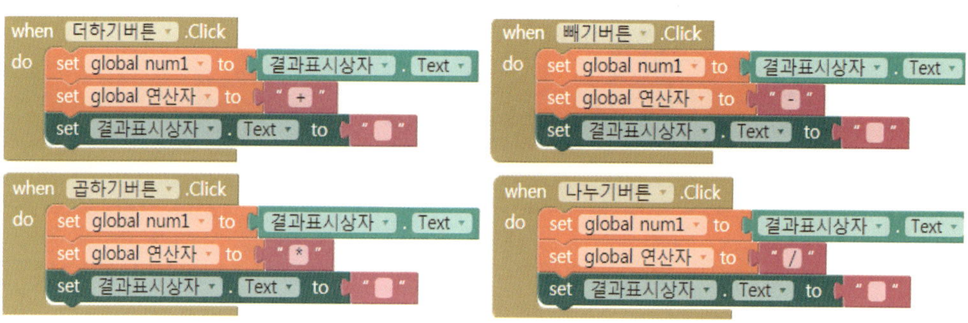

'=' 버튼을 눌렀을 때 실행시킬 명령들을 아래와 같이 작성한다. =을 클릭하면 계산된 결과를 표시해주어야 하므로 결과표시상자에 저장된 값을 num2에 저장을 시킨 후 연산자변수에 저장되어 있는 연산자 종류에 따라 연산을 한 후 연산결과를 결과표시상자에 표시한 후 음성으로 결과를 읽어준다.

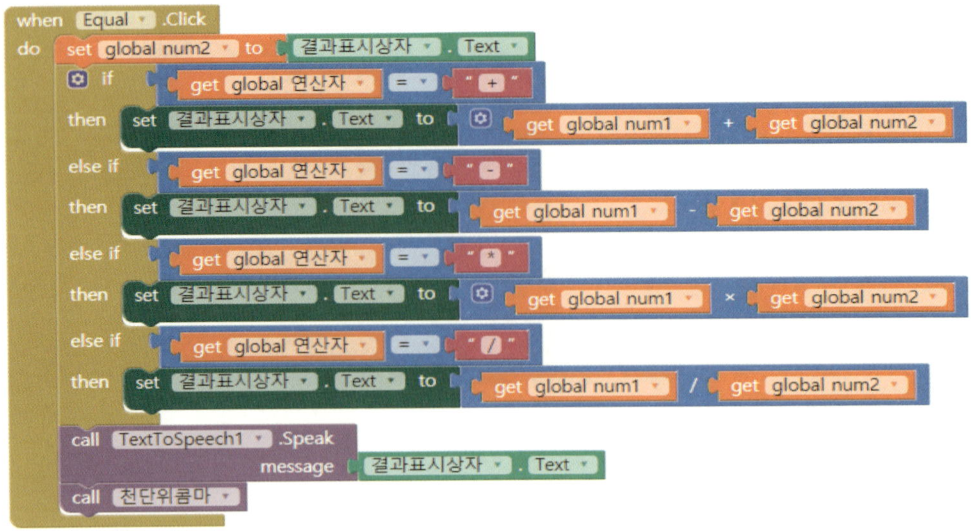

계산결과가 천 단위 콤마 표시 없이 출력이 되므로 큰 수치는 읽기가 어려우므로 아래와 같이 천 단위마다 콤마를 표시하기 위한 코드를 작성한다.

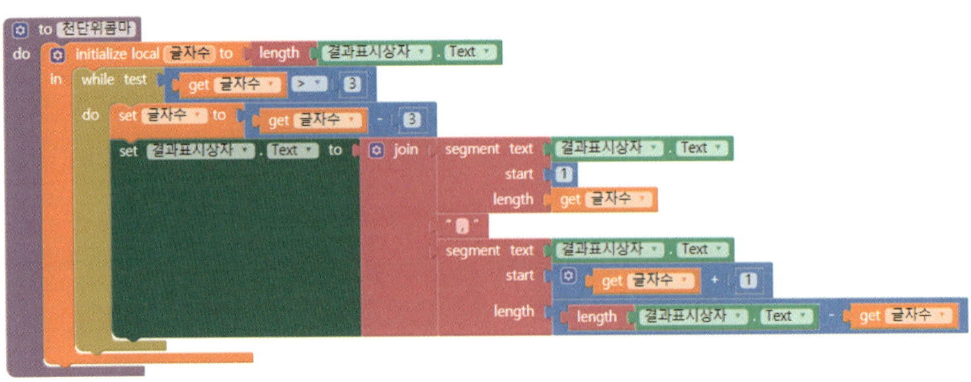

결과표시상자에 표시된 수치의 길이를 구한다. 만약 결과값이 55000이면 총길이는 6이 된다. 백 단위가 넘으면 천 단위 콤마를 표시해야 하므로 i값이 3보다 클 경우 반복해서 세 자리마다 쉼표를 넣어야 하기 때문에 글자수를 세 글자씩 줄여가며 값을 바꿔준다. 'segment text'를 이용하여 글자수 −3만큼씩 잘라내어 쉼표를 사이에 넣는다. 가령 72000000라는 결과가 있을 때의 처리과정은 아래와 같다.

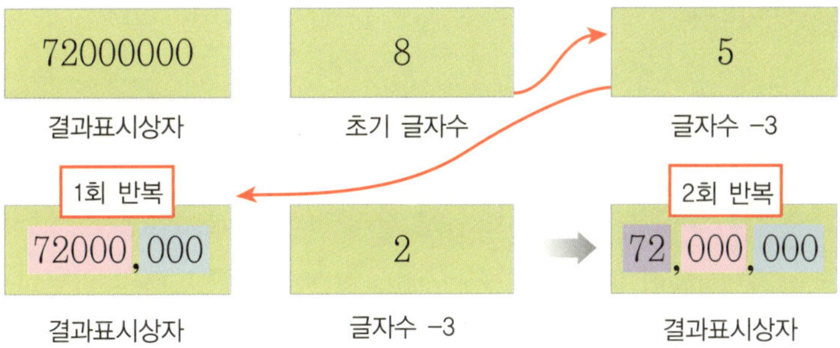

'cls' 버튼을 눌렀을 때 실행시킬 명령들을 아래와 같이 작성한다. 새로 계산을 해야 해서 변수에 저장되어 있는 모든 값을 깨끗하게 지워야 하므로 0과 공백으로 초기화한다.

2 Clock 컴포넌트

[Clock] 컴포넌트는 시간이 지남에 따라 발생하는 이벤트를 작성할 때 이용한다. 게임에서 시간이 지남에 따라 이미지가 움직이도록 하거나 지정한 시간이 되면 알람이 발생하는 앱 등에서 활용하면 된다. [Sensors] 팔레트에 있는 [Clock] 컴포넌트를 뷰어에 끌어 놓으면 뷰어 아래 화면에 표시된다. [Clock] 컴포넌트 속성 중 [Timer] 블록은 타이머가 실행 시 do에 적용된 특정 기능이 실행이 되도록 할 때 사용한다. [Clock]의 [TimerEnabled] 속성으로 타이머를 활성화 또는 비활성화시킬 수 있으며 [TimerAlwaysFires] 속성을 사용하면 앱이 백그라운드에서 동작 중일 때에도 타이머를 계속 실행할 수 있다. 사용자가 다른 앱을 실행 중이거나 스마트폰이 대기모드 상태일 때에도 특정 시간에 맞춰 이벤트를 발생시켜 실행할 수 있다. [TimerInterval] 속성에서 1000을 지정하면 1초마다 [Timer] 블록을 실행한다. 오늘날짜와 시간을 표시하고 날짜와 시간을 선택할 수 있는 간단한 앱을 작성해보자.

2.1 필요한 컴포넌트

① '현재날짜와 시간' 제목이 표시될 [User Interface] 팔레트의 [Label] 컴포넌트와 오늘 날짜가 표시될 [TextBox] 컴포넌트

② 선택한 시간과 날짜가 표시될 [Layout] 팔레트의 [TableArrangement] 컴포넌트

③ '선택한 시간' 제목이 표시될 [User Interface] 팔레트의 [Label] 컴포넌트와 선택한 시간이 표시될 [TextBox] 컴포넌트

④ '선택한 날짜' 제목이 표시될 [User Interface] 팔레트의 [Label] 컴포넌트와 선택한 날짜가 표시될 [TextBox] 컴포넌트

⑤ 세 개의 날짜선택, 시간선택, 종료 컴포넌트가 정렬될 [Layout] 팔레트의 [Horizontal Arrangement] 컴포넌트

⑥ 날짜를 선택할 수 있는 [User Interface] 팔레트의 [DatePicker] 컴포넌트와 시간을 선택할 수 있는 [User Interface] 팔레트의 [TimePicker] 컴포넌트

⑦ [User Interface] 팔레트의 종료 [Button] 컴포넌트

⑧ 타이머를 작동시키는 [Sensors] 팔레트의 [Clock] 컴포넌트

2.2 디자인 화면과 컴포넌트 구성요소, 속성 화면

모든 컴포넌트의 이름과 [Text] 속성을 아래와 같이 표시되도록 변경한다. [Clock] 컴포넌트의 [TimerInterval] 속성값을 1000으로 변경한다. 1초가 지나면 타이머가 작동이 되도록 하기 위해서이다.

디자인 화면	구성요소 화면	속성 화면
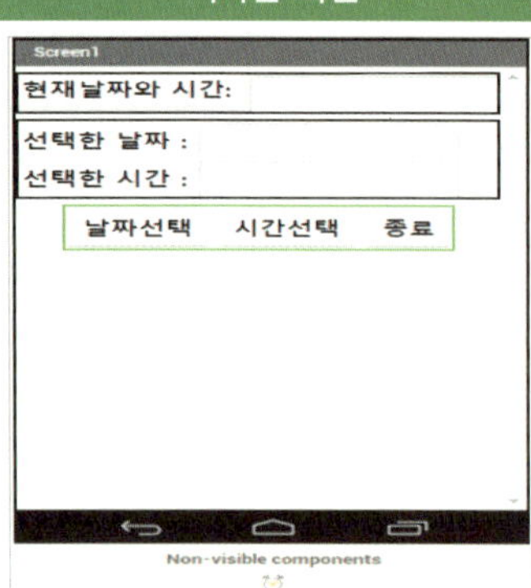	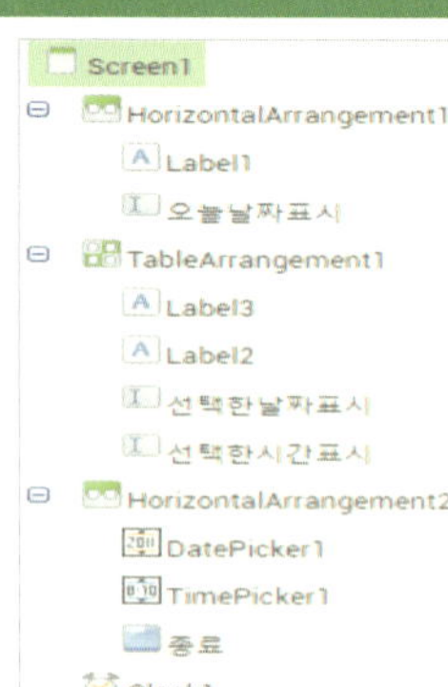	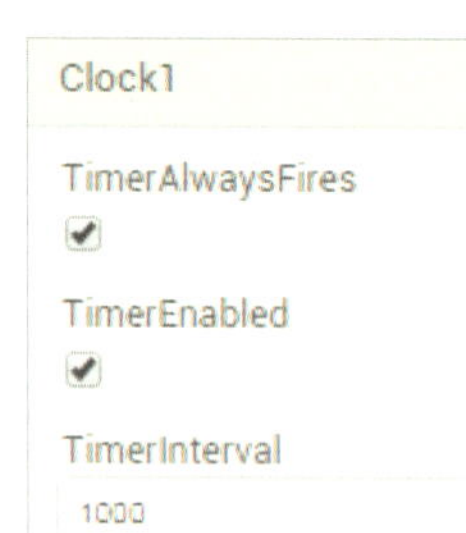

2.3 코드블록 작성

(1) 초기 화면과 오늘날짜표시 코드블록

앱이 실행되면 스크린의 배경색을 노랑으로 변경하고 1초가 지나면 '오늘날짜표시'상자에 오늘 날짜가 2022년 5월 15일이면 시스템 날짜를 2022년 05월 15일 형식으로 표시한다. 시간이 흐를 때마다 [Clock1.FormatDate] 블록의 instant를 통해 오늘 날짜와 시간값을 가져와서 pattern에서 지정한 형식으로 표시한다. 즉 연도는 네 자리, 월과 일, 시, 분, 초 모두 두 자리로 표시한다. 클럭의 Now는 시스템의 날짜와 시간을 구해주는데 표시형식을 pattern에서 지정해주면 된다. [Timer] 블록은 타이머가 실행 시 do에 적용된 특정 기능을 실행한다.

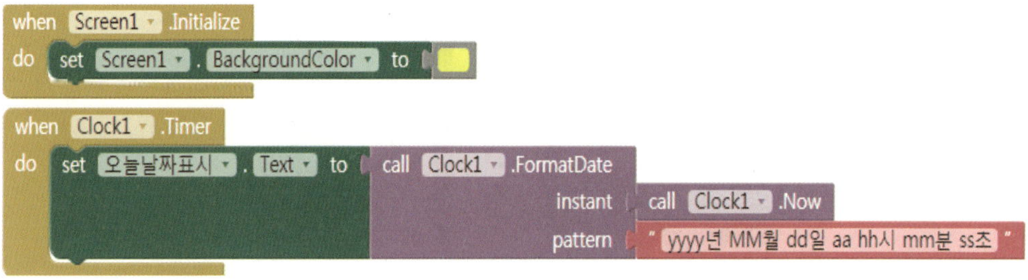

(2) 날짜선택([DatePicker] 컴포넌트) 클릭 시 코드블록

[DatePicker] 컴포넌트를 클릭하면 날짜를 선택할 수 있는 창이 나타난다. 연도와 월, 일을 선택하면 선택한 날짜가 '선택한날짜표시'상자에 2022년 5월 15일 형식으로 표시된다.

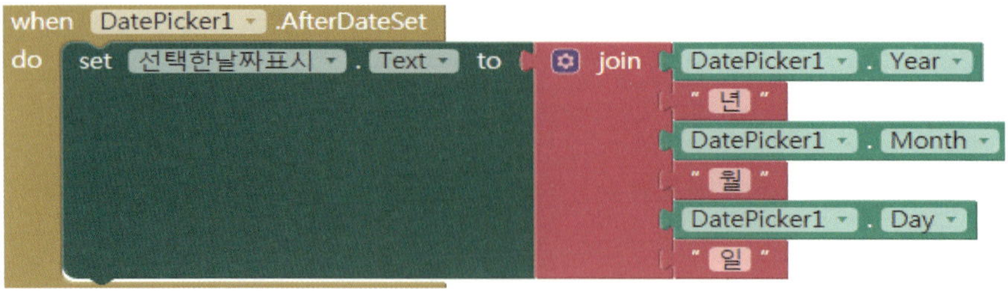

(3) 시간선택([TimePicker] 컴포넌트) 클릭 시 코드블록

[TimePicker] 컴포넌트를 클릭하면 시간과 분, 초 등을 설정 및 선택할 수 있는 창이 나타난다. 시간과 분을 선택하면 '선택한시간표시'상자에 선택한 시간과 분이 17시 30분 형식으로 표시된다.

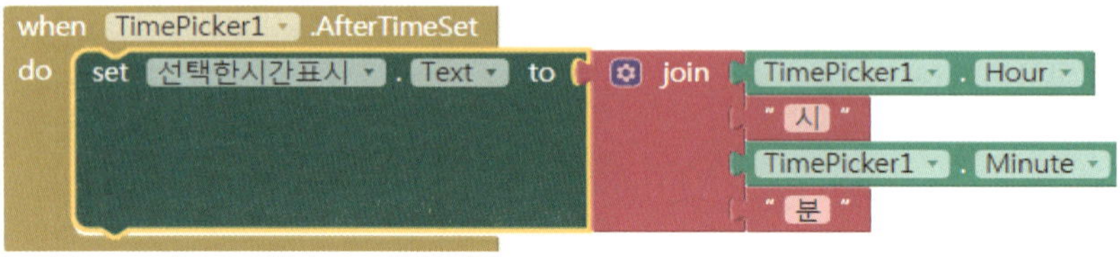

3 지정한 시간이 되면 음성으로 알려주는 앱

현재의 시간(NOW)을 구하여 시와 분을 별도로 구해 '현재시간표시'상자에 표시한다. 알람을 설정하기 위해 알람설정([Timepicker])을 클릭하여 알람시간을 설정한다. 설정 후 '현재시간표시'상자에는 현재의 시간을 표시하고, '설정시간표시'상자에는 [TimePicker] 컴포넌트에서 선택한 시간을 표시한다. 예를 들어 알람문구는 "도서관에 갈 시간입니다"를 입력한 후 '시작' 버튼을 누른 후 자신의 일을 하고 있으면 "도서관에 갈 시간입니다"를 음성으로 알람지정시간에 읽어주는 앱을 작성해본다.

3.1 필요한 컴포넌트

① '현재의 시간 :' 제목이 표시될 [User Interface] 팔레트의 [Label] 컴포넌트와 시간이 표시될 현재시간표시 [Label] 컴포넌트

② 알람문구를 입력할 [User Interface] 팔레트의 알람문구표시상자 [TextBox] 컴포넌트

③ '지정한 알람시간 :' 제목이 표시될 [User Interface] 팔레트의 [Label] 컴포넌트와 지정한 알람시간이 표시될 설정시간표시 [Label] 컴포넌트

④ 알람시간을 설정할 [User Interface] 팔레트의 알람설정 [TimePicker] 컴포넌트

⑤ [Layout] 팔레트의 [HorizontalArrangement] 컴포넌트와 음성으로 읽어줄 [Media] 팔레트의 [TextTo Speech] 컴포넌트

⑥ 타이머를 작동시키는 [Sensors] 팔레트의 [Clock] 컴포넌트

⑦ [User Interface] 팔레트의 알람설정 [Button] 컴포넌트와 다른 문구 [Button] 컴포넌트

⑧ 말하기 속도와 음색값을 설정할 [User Interface] 팔레트의 [Slider] 컴포넌트

3.2 디자인 화면과 컴포넌트 구성요소, 속성 화면

모든 컴포넌트의 [Text] 속성을 디자인 화면과 같이 변경한다.

디자인 화면	구성요소 화면	속성 화면
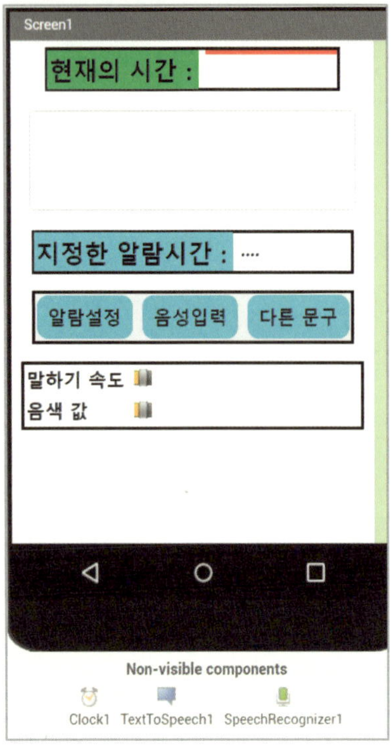	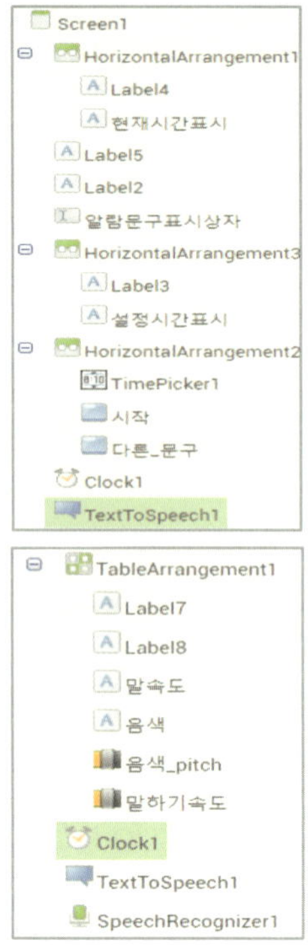	

3.3 코드블록 작성

(1) 현재시간표시 코드블록

앱이 실행되면 현재의 시간이 '현재시간표시'상자에 '11:20' 형식으로 현재의 시와 분이 콜론(:)으로 구분되어 표시된다. Clock의 Now는 현재시간을 구하는 명령으로 Hour와 Minute를 이용하여 시와 분만을 표시하도록 한다.

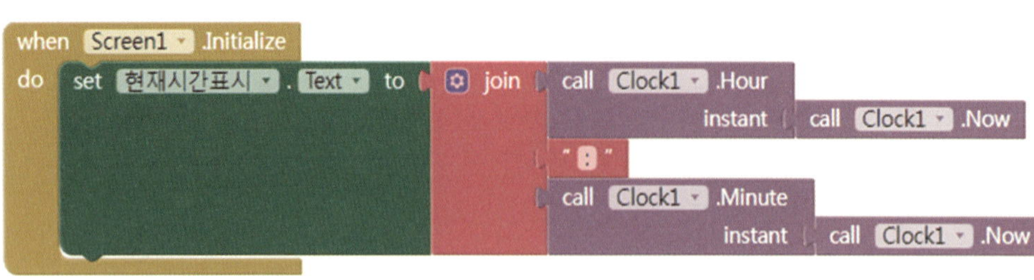

(2) 알람설정(TimePicker) 클릭하여 알람시간을 설정하는 코드블록

시간을 설정 후 발생해야 할 명령들을 [AfterTimeSet ~ do] 블록 안에 코드로 작성한다.

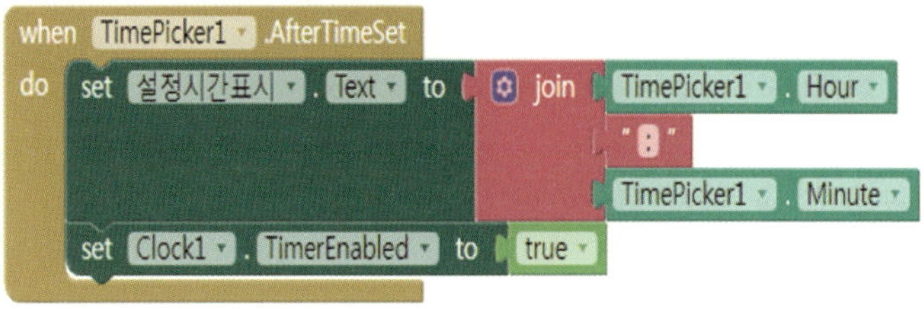

(3) 알람시간 설정하고 알람문구를 입력 후 설정한 시간이 되면 알람문구를 읽어주는 코드블록

[TimePicker] 컴포넌트를 이용하여 알람시간을 설정하면 Clock1을 활성화하여 현재 시간과 설정한 시간을 if문으로 비교하여 같아지면 음성으로 알람문구를 읽어준다.

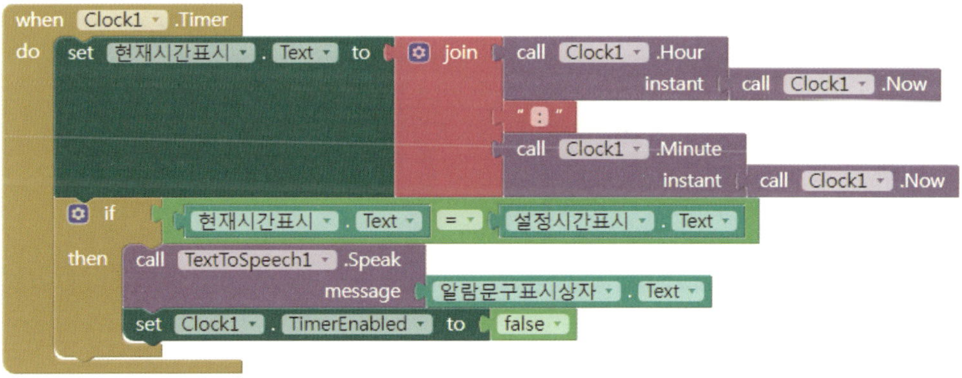

(4) 음성입력 버튼 코드블록

알람문구 표시상자에 있는 내용을 읽어준다.

(5) 말하기 속도와 음색 설정 코드블록

말하기 속도와 음색 속도를 조절하기 위해 [Slider] 컴포넌트를 사용한다. [PositionChanged] 블록의 [thumbPosition]은 손가락으로 움직여서 조정해 최소값과 최대값 사이의 값을 나타낸다. 주로 볼륨 조절이나 크기 조절 등 사용자가 어떤 값을 조절할 때 많이 활용된다. 슬라이더의 [thumbPosition]의 위치가 변경되었을 때 실행되는 명령코드를 추가한다.

(6) 입력한 문구 대신에 다른 문구를 입력할 경우의 코드블록

다른 문구를 클릭했을 때 알람문구표시상자의 내용을 지운다.

4 지정한 시간이 지나면 폭탄이 터지는 앱

폭발 이미지와 폭발 후 이미지, 폭발음 파일을 이용하여 지정한 시간이 되면 폭발음과 함께 폭발 이미지가 폭발 후 이미지로 변경하는 [Clock] 컴포넌트를 활용하는 간단한 앱을 작성해본다. 지정한 시간을 입력한 후 '시작' 버튼을 누르면 입력한 시간에 폭탄이 터지도록 하며 '시작' 버튼을 누르면 '시작' 버튼의 글자는 '중지'로 변경이 되도록 토글(Toggle) 버튼을 작성해본다.

4.1 필요한 컴포넌트

① '몇초후에 폭발시킬까요?' 제목을 표시할 [User Interface] 팔레트의 [Label] 컴포넌트
② 초를 입력할 [User Interface] 팔레트의 초입력 [TextBox] 컴포넌트
③ 1초부터 1초씩 입력한 초까지 1씩 증가하는 초가 표시될 [User Interface] 팔레트의 초표시 [Label] 컴포넌트
④ 폭발 이미지를 표시할 [User Interface] 팔레트의 [Image] 컴포넌트
⑤ 초를 입력 후 앱을 실행하도록 [User Interface] 팔레트의 시작 [Button] 컴포넌트
⑥ 폭발 후 다시 실행할 [User Interface] 팔레트의 다시 시작 [Button] 컴포넌트
⑦ 시간을 감지할 [Sensors] 팔레트의 [Clock] 컴포넌트
⑧ '입력한 초 후에 폭발이 됩니다. 피하세요'를 음성으로 읽어줄 [Media] 팔레트의 [TextToSpeech] 컴포넌트
⑨ 지정한 시간이 되면 폭발음이 실행되도록 [Media] 팔레트의 음재생 [Sound] 컴포넌트

4.2 디자인 화면과 컴포넌트 구성요소, 속성 화면

① [Label1]의 [Text] 속성에 '몇초후에 폭발시킬까요?'를 입력한 후 초입력 [TextBox]의 [Hint] 속성값을 지운다. 시간이 지남에 따라 표시될 초값이 나타날 초표시 [Label]의 [Text] 속성값을 지운 후 처음에는 표시되지 않도록 [Visible] 속성값의 체크를 해제한다. 폭발 이미지를 표시하기 위해 [Image] 컴포넌트의 [Picture] 속성에서 폭발 이미지 파일을 업로드한 후 지정한다.

② 두 개의 [Button]의 [Text] 속성값을 각각 '시작'과 '새로 시작'으로 지정한다.

③ 간단한 음을 재생시키는 [Sound] 컴포넌트의 [Source] 속성에서 폭발음을 업로드한 후 지정한다.

④ 1초마다 타이머를 실행하기 위해 [Clock] 컴포넌트의 [TimerInterval] 속성값을 1000으로 변경한다.

디자인 화면	구성요소 화면	속성 화면
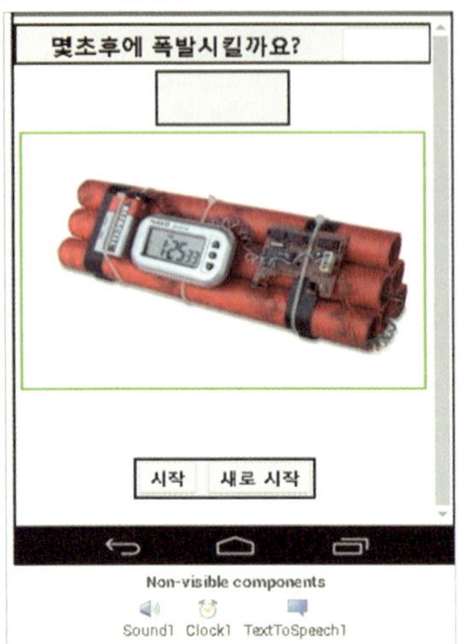	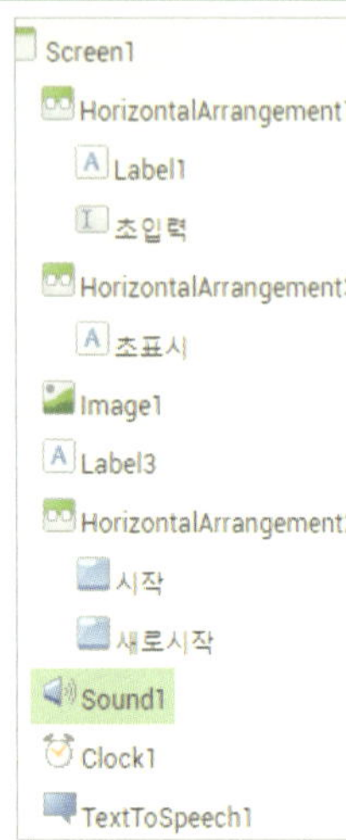	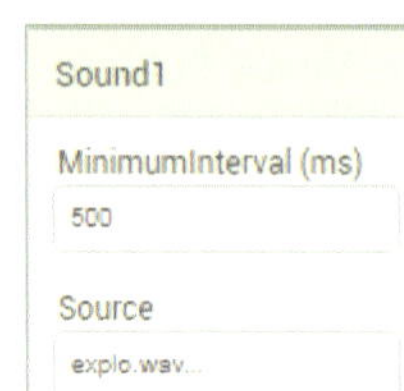

4.3 코드블록 작성

(1) 앱의 초기화

앱이 실행될 때 Screen1의 배경색을 난수를 이용하여 설정한다. 색은 RGB의 조합으로 이루어지는데 색의 농도에 따라 1부터 255의 값으로 표현할 수 있다. 수치값이 커질수록 색의 농도가 짙다. RGB의 혼합으로 색이 지정되므로 아래와 같이 R과 G, B에 해당하는 값을 난수를 발생하여 앱이 실행될 때마다 다른 색이 배경색으로 표시된다. 초를 1씩 증가시키기 위해 '초'변수를 전역변수로 선언하고 초기값으로 0을 지정한 후 클럭의 타이머 활성 여부를 비활성화(false)로 지정한다. 앱이 실행되면 처음에는 타이머가 작동이 되지 않고 시작 버튼을 누르면 타이머가 작동되도록 하기 위해서 처음에는 비활성화로 지정한다.

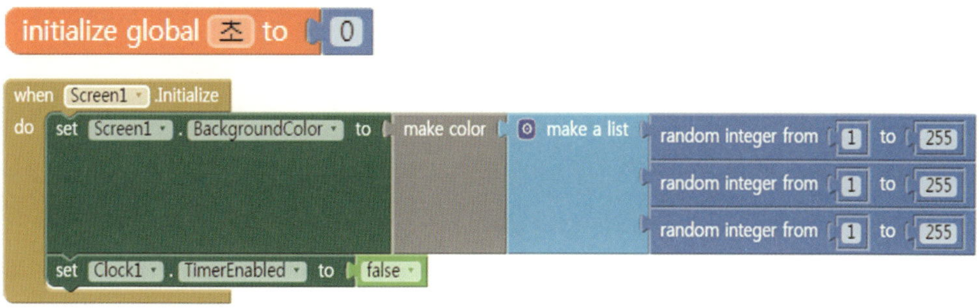

(2) 시작 버튼 이벤트

초를 입력한 후 시작 버튼을 클릭하면 초표시 [Label] 컴포넌트가 나타나고 시작 버튼의 값을 시작과 중지로 변화시키면서 앱을 실행하도록 한다. 실행하기 위해 처음에 시작 버튼을 누르면 시작 버튼의 값은 중지로 변경시킨 후 폭발하도록 하는 코드를 작성한다. 즉, '시작/중지' 버튼을 눌렀을 때 '시작'이 적혀있는지 판별하여 '시작'이 적혀있으면 클럭의 타이머를 활성화시키고 그렇지 않으면 비활성화시킨다. '시작/중지' 버튼에 '시작'이 적혀있으면 내용을 '중지'로 변경하고 키보드를 숨기고 그렇지 않으면 '시작'으로 변경한다.

클럭 타이머가 활성화될 때마다 초값을 1씩 증가시킨다. 사용자가 입력한 설정시간이 되었는지 판별하여 시간이 되면 폭발 이미지를 폭발이 터지는 이미지로 변경하고 폭발 터지는 소리를 재생한다. 그런 후 클럭 타이머를 비활성화시키고 버튼을 '시작'으로 변경한다.

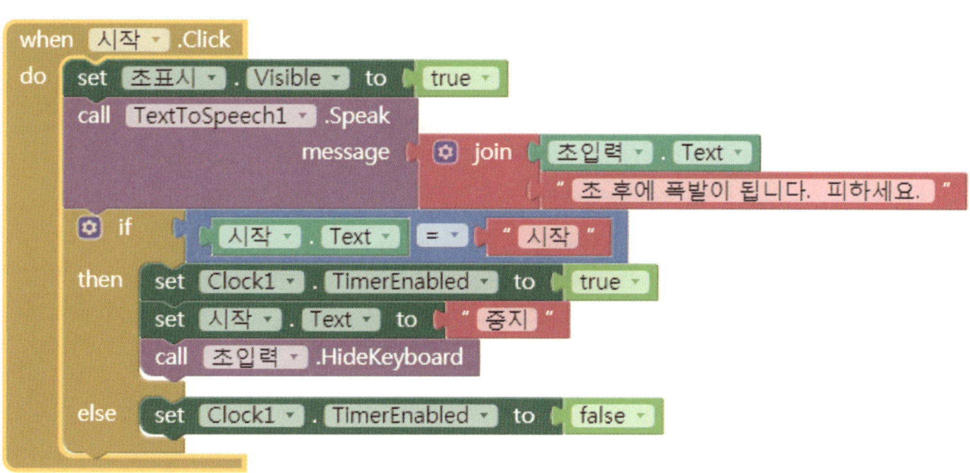

위에서 시작 버튼의 값이 '시작'이면 타이머를 작동시킨다. 클럭의 타이머가 활성화될 때마다 초값을 1씩 증가시킨다. 아래와 같이 타이머가 작동되면 초를 1씩 증가시켜 전역 변수 초에 1씩 더한 후 시간이 지남에 따라 증가되는 초값을 초표시 [Label] 컴포넌트에 표시한다. 사용자가 입력한 설정시간이 되었는지 판별하여 폭발할 시간을 입력한 값이 저장되어 있는 초입력 [Text] 컴포넌트의 값과 1씩 증가한 초값이 같게 되면 이미지를 폭발 후의 이미지(explo2.jpg)로 변경한 후 폭발음을 재생(play)한 후 타이머를 비활성화시킨다. 그리고 시작 버튼의 값을 '중지'에서 '시작'으로 변경한다.

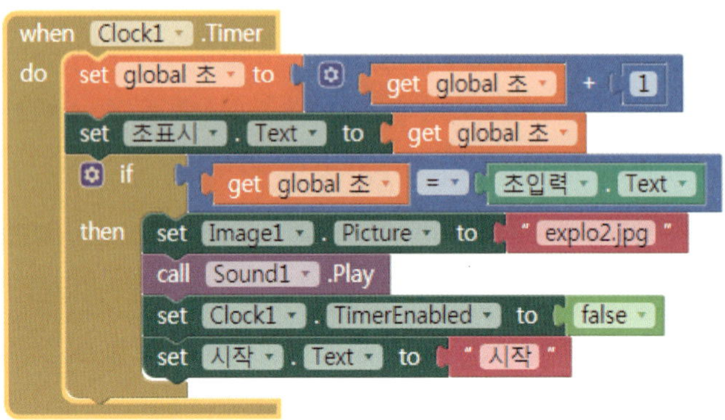

'새로시작' 버튼을 누르면 초를 입력한 [TextBox]의 값을 공백으로 지정하고 시작 버튼의 값을 '시작'으로 설정한 후 초변수값을 0으로 다시 초기화한다. 이미지는 폭발 전 이미지로 변경하고 초표시 [Label]의 값을 공백으로 지정한 후 표시되지 않도록 [Visible] 속성값을 false로 지정한다.

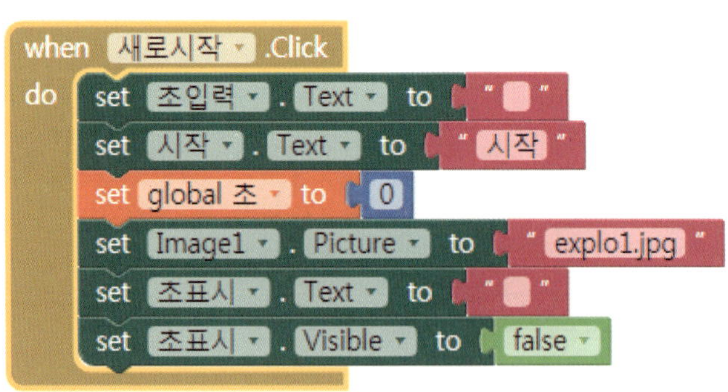

CHAPTER 09

리스트

1. 리스트 작성
2. 배열 사용 예
3. 리스트를 이용한 동호회 회원관리
4. 관광 앱 작성
5. 자신이 만든 앱을 다른 앱에서 ActivityStarter로 호출하는 방법
6. 바코드 스캐너를 활용한 도서정보(ISBN) 스캔하기
7. 바코드 스캐너를 이용해 ISBN으로 도서정보 읽어오기

CHAPTER

09 리스트

1 리스트 작성

앱인벤터2에서 리스트는 배열을 의미한다. 여러 개의 값을 여러 개의 이름의 기억장소에 저장하는 것이 아니라 하나의 이름으로 지정한 기억장소에 저장할 때 사용한다. 배열(array)이라고도 불리는 리스트는 여러 개의 저장공간이 필요한 경우 리스트로 선언한 후 사용하면 편리하다. 프로그램을 작성할 때 여러 개의 저장공간이 필요한 경우 필요한 만큼의 변수를 개별적으로 따로 각각 작성해야 한다. 예를 들어 50명 학생들의 성적을 저장하는 경우 변수를 이용하면 50개의 변수가 필요하지만 배열로 작성하면 하나의 리스트로 작성할 수 있다. 배열은 저장공간이 일렬로 연결되어 있는 메모리 저장방식이므로 많은 변수를 선언할 때 매우 유용하다. 예를 들면 'int a[10]'과 같이 선언하면 10개의 연속된 저장공간을 사용한다는 의미이다. 변수 10개를 개별적으로 선언하는 것과 같다. 리스트는 아래와 같이 [make a list] 또는 [create empty list]라는 블록을 사용하여 선언한 후 사용한다.

'array'라는 리스트는 저장된 값이 없는 비어있는 리스트이고 성명 리스트에는 초기값으로 '김지은, 이명희, 박명수, 정경욱, 김미영'이라는 이름이 저장된다.

1.1 리스트 요소

리스트의 각각의 성분을 요소(element)라고 한다. 이 요소로의 접근은 리스트이름 '요소번호'로 할 수 있다. 아래의 예는 세 개의 값('바나나, 귤, 토마토')을 array라는 리스트에 저장을 한 후 인덱스(index)를 이용하여 array 리스트에 들어있는 값을 표시하는 예이다. array(1)에는 바나나, array(2)에는 귤, array(3)에는 토마토가 저장된다. array 리스트 안에 세 개의 값이 저장되어 있는데 세 개의 값을 구분할 때 index(1, 2, 3), 즉 리스트 array의 첫 번째 방에 들어있는 '바나나', 두 번째 방에 들어있는 '귤', 세 번째 방에 들어있는 '토마토'를 표시할 때 인덱스값을 사용하여 지정한 방에 들어있는 값을 표시한다.

리스트 array를 선언하고 초기화

리스트 요소

.	.
.	.
토마토	array(3)
귤	array(2)
바나나	array(1)

아래의 코드는 세 개의 값을 array 리스트에 저장한 후 array(2)에 있는 '귤'을 레이블에 표시하는 예이다. index에 2를 지정하여 두 번째 요소에 있는 값을 레이블에 표시하는 블록이다. index에서 리스트 요소의 값을 지정하면 된다.

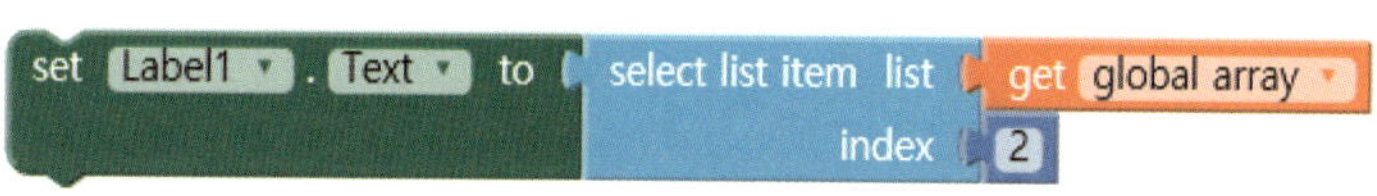

다음 블록은 array 리스트 네 번째 요소 array(4)에 '사과'를 추가한 후 레이블2에 표시를 한다. add items to list는 리스트에 값을 추가시킬 때 사용하는 코드로 리스트의 마지막 기억장소에 추가된다. 이전에 array(3)에 '토마토'의 값이 마지막으로 저장되어 있었으므로 '사과'는 array(4)에 저장이 된다. 추가할 리스트이름을 지정한 후 추가할 항목을 item에서 지정하면 된다. pick a random item list를 이용하여 레이블3에는 array 리스트에 저장되어 있는 4개의 값('바나나, 귤, 토마토, 사과') 중 하나가 표시된다. 실행할 때마다 랜덤으로 하나의 요소값을 읽으므로 어떠한 값이 선택될지는 알 수가 없다. array에 들어있는 네 개의 요소 중 임의의 값을 꺼내어 출력하는 블록이다.

index를 이용하여 출력할 리스트의 요소를 지정하지 않고 랜덤으로 요소를 지정하여 추출하여 표시하므로 실행할 때마다 다른 값이 표시될 수 있다. 게임 앱을 작성할 때 많이 사용한다.

2 배열 사용 예

2.1 리스트와 관련된 간단한 코드블록

리스트와 관련된 블록들은 다음과 같이 [Lists] 블록에서 선택하여 사용한다.

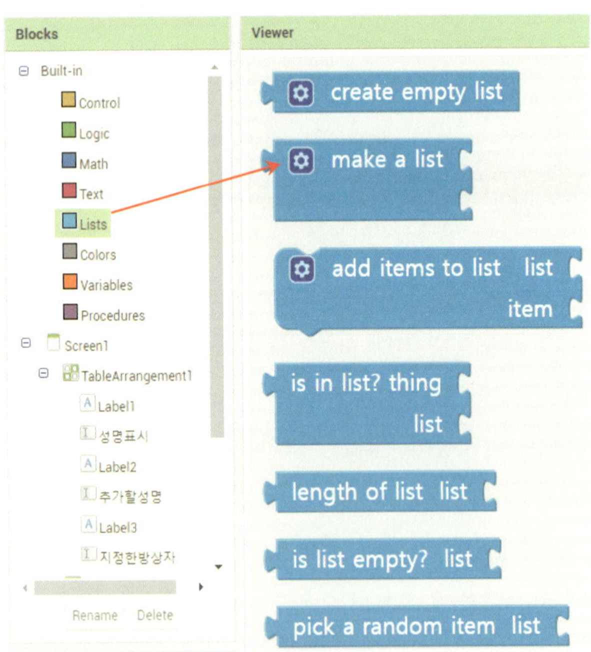

① array를 리스트(배열)로 선언하는데 데이터가 없는 빈 리스트로 선언한다.

② '배열에추가' 버튼을 클릭하면 빈 array 리스트에 차례대로 '김미영, 박정호, 배수진'을 저장한다.

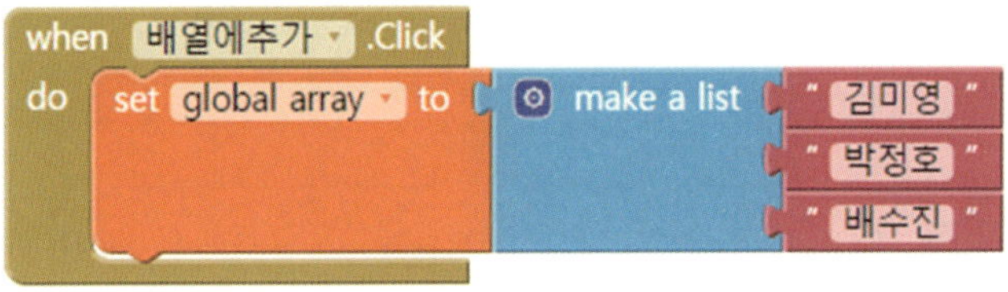

③ '배열값읽기' 버튼을 클릭하면 array 리스트에 저장되어 있는 '김미영, 박정호, 배수진'을 텍스트상자에 표시해준다. [TextBox]에 array를 지정하면 array 리스트에 저장되어 있는 모든 값들이 표시된다.

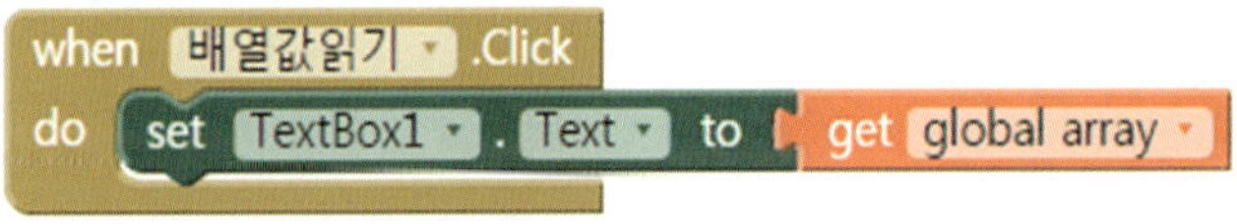

④ '지정한번째방값읽기' 버튼을 클릭하면 array의 지정한 요소의 값을 표시할 수 있다. array(1), array(2), array(3) 리스트에 들어있는 값을 표시하기 위해 지정한 요소값을 입력하여 지정한 리스트 요소의 값을 표시한다. 예를 들어 3을 입력하면 array(3)에 저장되어 있는 '배수진'을 텍스트상자에 표시해준다.

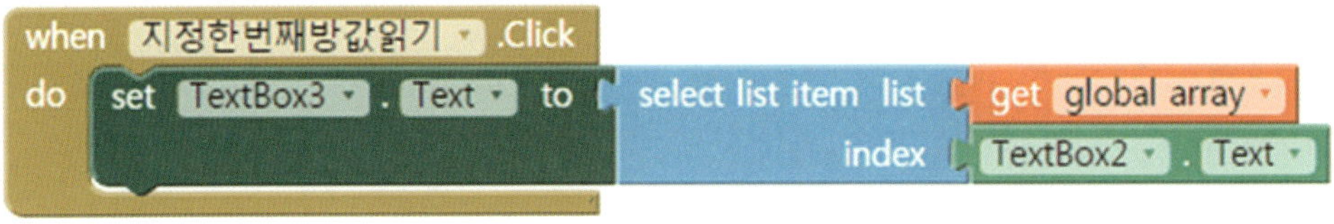

⑤ 배열의 길이를 구하려면 아래와 같이 [length of list] 블록을 사용한다. array에는 세 명의 성명이 저장되어 있으므로 '결과' 레이블에 3이 표시된다.

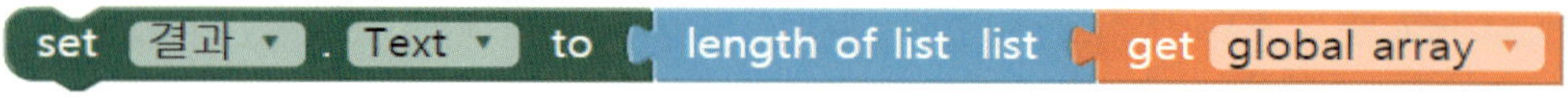

⑥ 리스트의 지정한 요소에 값을 추가하기 위해 insert list item을 사용한다. 아래의 예는 array(1)에 '김철수'를 삽입하라는 의미로 '김미영, 박정호, 배수진' 값이 array에 저장되어 있는데 첫 번째 요소에 김철수를 삽입하니 자동으로 요소값이 하나씩 증가하게 된다. '김철수, 김미영, 박정호, 배수진'이 array 리스트에 최종적으로 저장된다.

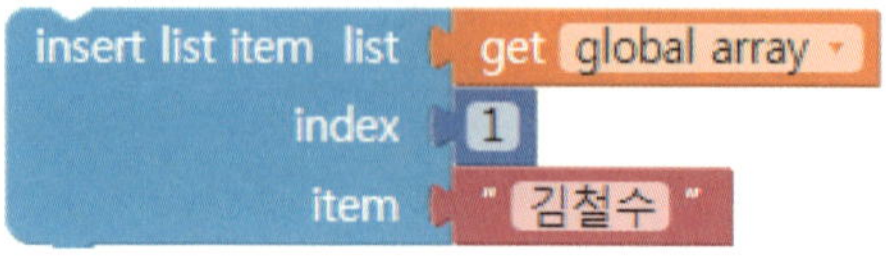

array(4)	
array(3)	배수진
array(2)	박정호
array(1)	김미영

→

배수진
박정호
김미영
김철수

⑦ 리스트의 지정한 요소값을 변경할 수가 있다. array 리스트에 '김철수, 김미영, 박정호, 배수진'이 저장되어 있는 경우 replace list item을 사용하여 두 번째 요소의 값 김미영을 홍길동으로 변경한다. array 리스트에 '김철수, 홍길동, 박정호, 배수진'이 최종적으로 저장된다.

array(4)	배수진
array(3)	박정호
array(2)	김미영
array(1)	김철수

→

배수진
박정호
홍길동
김철수

⑧ 리스트의 지정한 요소값을 삭제할 수 있다. array 리스트의 두 번째 요소의 값을 삭제하므로 array 리스트에 '김철수, 박정호, 배수진'이 최종적으로 저장된다.

array(4)	배수진
array(3)	박정호
array(2)	홍길동
array(1)	김철수

→

배수진
박정호
김철수

3 리스트를 이용한 동호회 회원관리

리스트를 이용한 동호회 회원관리 앱을 작성해본다. 회원을 리스트에 추가하고, 회원을 검색하고 탈퇴한 회원을 회원 목록에서 삭제하고, 회원 목록에서 회원을 검색하는 회원관리 앱을 작성해본다.

3.1 필요한 컴포넌트

① '동호회회원' 제목이 표시될 [User Interface] 팔레트의 [Label] 컴포넌트와 회원의 이름이 표시될 [TextBox] 컴포넌트

② 동호회 회원, 추가할 회원 컴포넌트 정렬 관련 [Layout] 팔레트의 [TableArrangement] 컴포넌트

③ '추가할 회원이 있으면 추가하세요' 제목이 표시될 [User Interface] 팔레트의 [Label] 컴포넌트

④ '추가할 회원의 이름?' 제목이 표시될 [User Interface] 팔레트의 [Label]과 추가할 이름 입력할 [TextBox] 컴포넌트

⑤ '추가할 회원의 전화번호?' 제목이 표시될 [User Interface] 팔레트의 [Label]과 전화번호 입력할 [TextBox] 컴포넌트

⑥ 결과가 표시될 [User Interface] 팔레트의 결과표시 [TextBox] 컴포넌트

⑦ [User Interface] 팔레트의 '추가', '검색', '표시' [Button] 컴포넌트

⑧ 여러 개의 목록을 표시할 [User Interface] 팔레트의 '선택삭제', '선택검색' [ListPicker] 컴포넌트 두 개, 여기에서는 회원을 삭제할 때 회원들의 이름 목록을 표시한 후 회원 목록에서 삭제할 이름을 선택하면 선택한 이름이 회원목록에서 삭제가 되도록 [User Interface] 팔레트의 [ListPicker] 컴포넌트

⑨ [User Interface] 팔레트의 경고 알림표시 대화상자 [Notifier] 컴포넌트

3.2 디자인 화면과 컴포넌트 구성요소, 속성 화면

모든 컴포넌트의 [Text] 속성을 디자인 화면과 같이 변경한다. 성명표시상자는 여러 회원들의 이름이 표시가 되어야 하므로 [Multiline] 속성을 체크한다.

디자인 화면	구성요소 화면	속성 화면
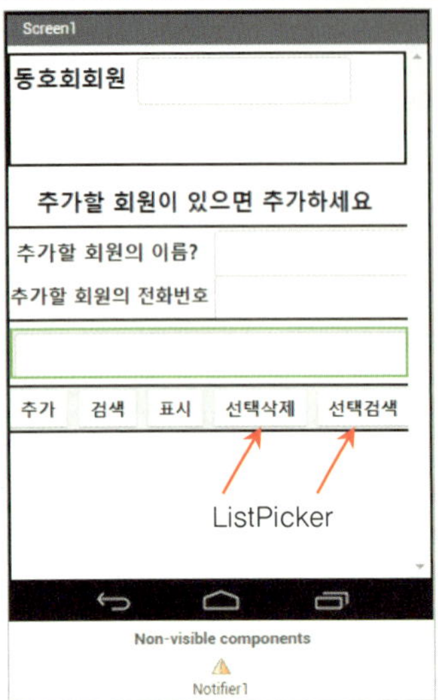		

3.3 코드블록 작성

(1) 성명, 전화번호 리스트 작성 코드블록

동호회 회원의 성명이 저장될 성명 리스트와 회원의 전화번호가 저장될 전화번호 리스트를 선언한 후 다섯 명 회원의 정보를 저장한다.

(2) 성명 리스트 내용 표시 코드블록

앱을 실행하자마자 성명표시상자에 성명 리스트에 저장되어 있는 값들을 표시한다. 다섯 명의 이름이 표시된다(김지은, 이명희, 박명수, 정경욱, 김미영).

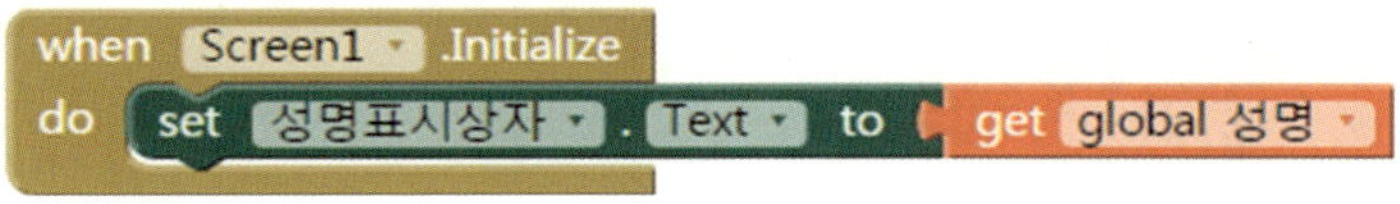

(3) 추가 버튼 클릭 시 코드블록

기존의 다섯 명 동호회 회원 외에 신회원을 추가하고자 할 경우 추가하고자 하는 회원의 이름과 전화번호를 입력한 후 '추가' 버튼을 클릭하면 입력한 이름('추가할이름상자')이 성명 리스트 마지막 요소에 저장이 되고, 입력한 이름('추가할전화번호상자')이 전화번호 리스트 마지막 요소에 저장이 된다. [add] 블록의 list에는 추가할 리스트의 이름을 연결하고, item에는 추가할 값이 들어있는 [TextBox] 컴포넌트를 연결하면 된다. 이름을 입력하면 이름은 [추가할이름상자] 텍스트상자에 저장이 되므로 item과 연결하면 된다.

(4) 선택삭제 버튼 클릭 시 코드블록

'ListPicker' 버튼(선택삭제)을 누르면 [Listpicker.BeforePicking] 이벤트가 발생한다. [ListPicker.Beforepicking] 이벤트 처리기에서 [ListPicker.Elements] 속성에 동호회 회원 이름이 저장되어 있는 성명 리스트를 연결하면 목록으로 성명이 표시된다. [ListPicker]의 [Selection] 속성에는 회원이름 목록에서 선택한 이름이 저장되고 ListPicker의 SelectionIndex에는 회원이름 목록에서 선택된 항목의 색인(몇 번째 항목이 선택)을 지정한다. 'ListPicker' 버튼을 누르면 동호회 회원이름(김지은, 이명희, 박명수, 정경욱, 김미영)이 차례대로 한 줄씩 표시된다. 목록에서 이명희를 선택하면 ListPicker.Selection에는 이명희, ListPicker.SelectionIndex는 2가 저장이 된다. 이명희가 목록에서 두 번째에 저장되어 있으므로 인덱스는 2가 된다.

회원이름 목록에서 삭제할 이름을 선택하면 아래의 선택삭제의 [AfterPicking] 이벤트가 발생한다. 즉 리스트피커(선택삭제)에서 삭제할 회원이름을 선택한 후 발생하는 이벤트(AfterPicking)에서 선택한 이름을 지우는 블록을 작성해야 한다. [Selection] 속성은 리스트피커에서 선택한 값이 저장되고 SelectionIndex는 선택항목의 색인값이 저장된다. 리스트피커에서 선택한 값이 성명 리스트에 있는 회원이름과 같으면 remove 명령을 이용하여 성명과 전화번호를 리스트에서 삭제한 후 성명과 전화번호 리스트의 값들을 결과표시상자에 표시한다.

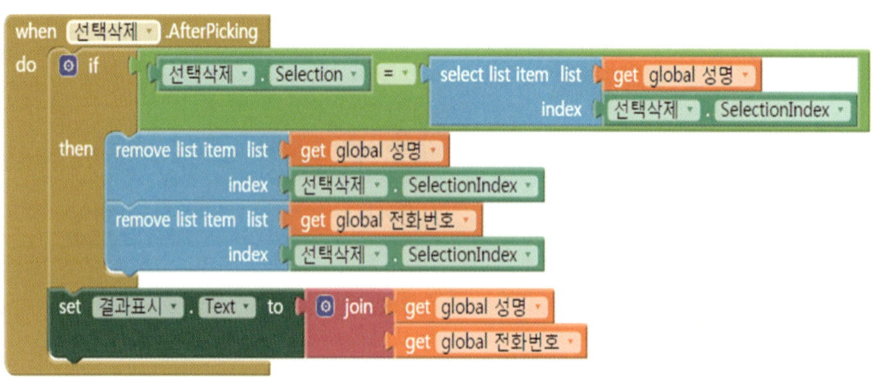

(5) 표시 버튼 클릭 시 코드블록

'표시' 버튼을 클릭하면 결과표시상자에 있는 내용을 깨끗하게 지우고 성명 리스트에 들어있는 회원인원수만큼 반복하여 결과표시상자에 성명과 색인 요소값을 출력하고 컴마를 연결하여 표시한 후 전화번호와 색인요소값을 표시한다. 한 명의 회원값을 표시한 후 '\n'을 이용하여 줄을 바꾼 후 두 번째 회원의 이름과 전화번호를 표시한다. for loop를 이용하여 리스트에 저장되어 있는 회원수만큼 반복하여 표시한다. Length of list는 성명 리스트에 저장되어 있는 회원의 인원수를 의미한다. 즉 성명 리스트에 성명이 다섯 명이 저장되어 있으면 Length of list의 값은 5가 된다.

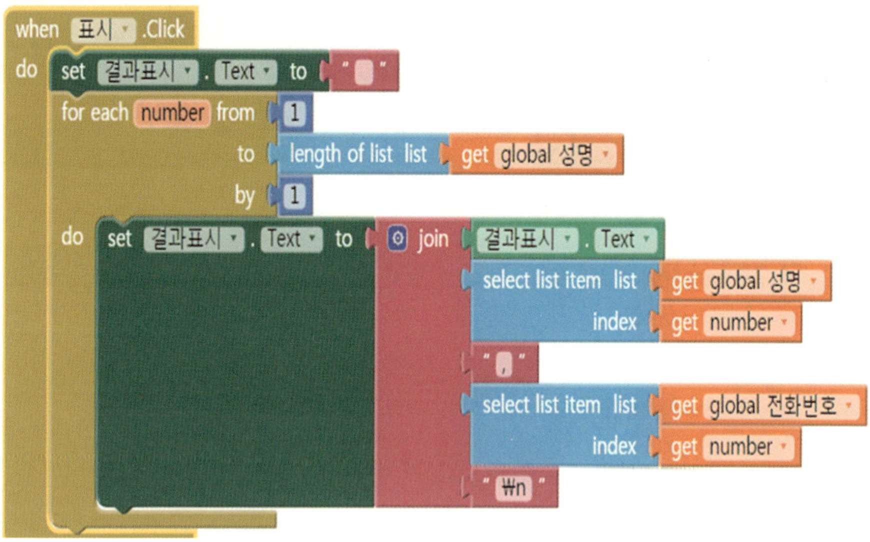

만약에 정경욱 회원을 삭제했다면 성명 리스트와 전화번호 리스트에는 네 명의 값이 저장되어 있고 아래와 같이 표시된다.

김지은, 010-3412-4123
이명희, 010-3747-1231
박명수, 010-4313-8390
김미영, 010-3149-1231

(6) 선택검색 버튼 클릭 시 코드블록

선택검색 리스트피커에서 검색할 이름을 선택하기 전(BeforePicking)에 선택검색 리스트피커의 값으로 성명 리스트의 값을 지정한다. 선택검색 리스트피커에서 검색할 회원이름을 선택하면 선택검색 리스트피커에서 선택한 이름이 성명 리스트에 있으면 결과표시상자에 성명과 전화번호를 표시한다.

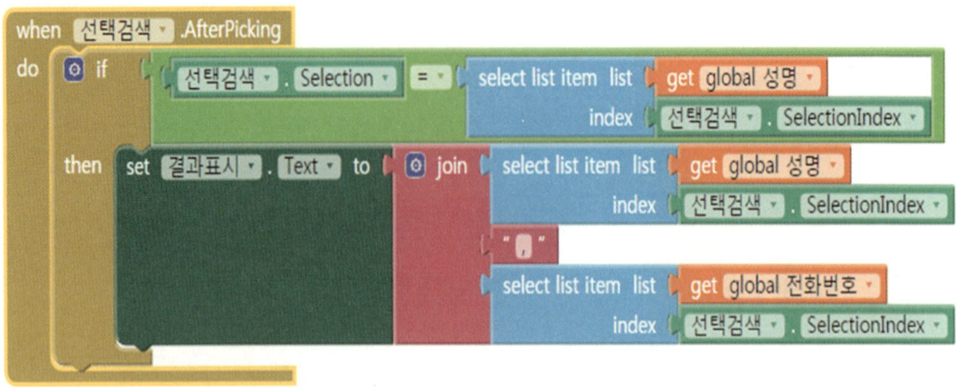

(7) 검색 버튼 클릭 시 코드블록

Notifier를 이용하여 검색하는 방법으로 '검색' 버튼을 클릭하면 "찾을 이름을 입력하세요"라는 문구와 값을 입력할 수 있는 입력상자가 나타난다. Notifier 대화상자에서 찾을 이름을 입력하면 입력한 이름은 response에 저장이 된다.

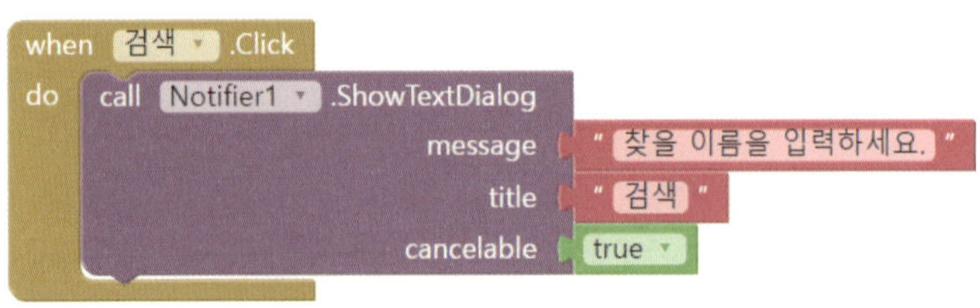

Notifier 대화상자는 다음과 같이 표시된다.

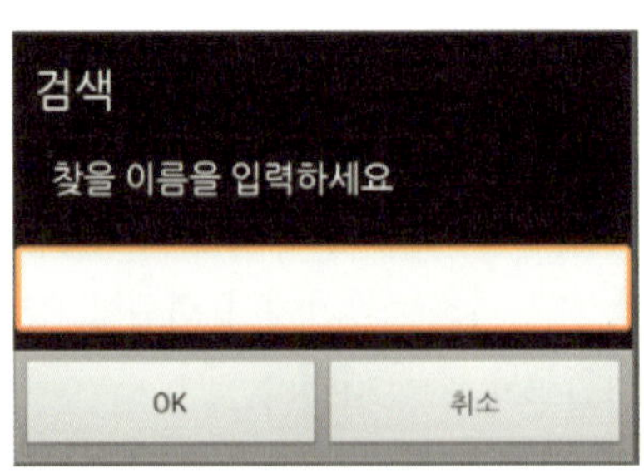

Notifier 대화상자에서 검색할 이름을 입력하고 나면 [AfterTextInput] 이벤트가 발생한다. 검색할 성명을 입력한 이름과 성명 리스트에 저장되어 있는 값들 모두와 비교해야 하므로 Notifier와 대화상자에서 입력한 이름이 저장된 response와 성명(1)의 값이 같으면 결과표시상자에는 성명(1)의 값과 전화번호(1)의 값을 컴마(,)로 연결하여 표시되도록 한다. 만약에 찾는 값이 없다면 For문을 이용하여 성명 리스트의 인원수만큼 반복하여 비교검색을 한다.

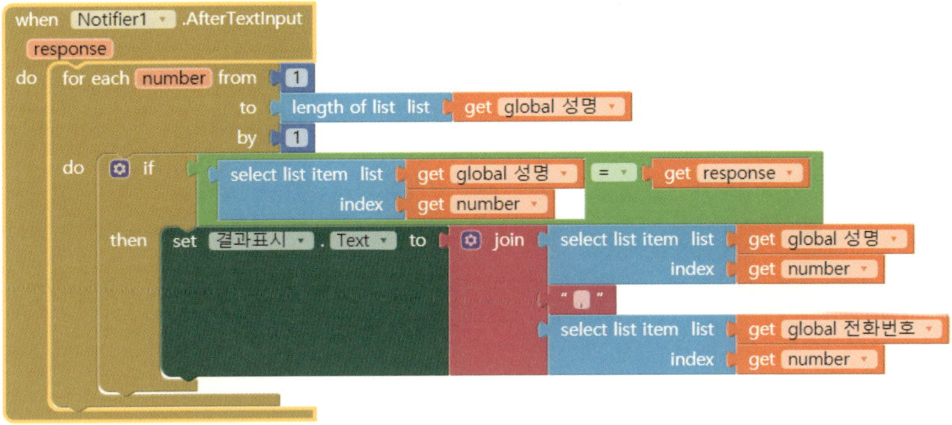

4 관광 앱 작성

[ActivityStarter]와 [WebViewer] 컴포넌트를 이용하여 관광 앱을 작성해본다. [ActivityStarter] 컴포넌트는 자신이 만든 앱에서 구글 지도, 동영상 재생과 같은 다른 앱을 구동시킬 때 이용한다. 구글 지도나 자신이 만든 앱을 비롯해 어떠한 안드로이드 앱이라도 구동시킬 수 있는 컴포넌트이다. [WebViewer] 컴포넌트는 자신의 앱의 화면 일부에 어떤 웹사이트를 보여줄 때 사용한다.

4.1 [WebViewer] 컴포넌트를 사용한 관광 앱 작성

[ListPicker] 컴포넌트를 사용하여 리스트피커 버튼을 누르면 관광지 명소이름이 목록으로 표시된다. 관광명소 이름 목록에서 관광명소를 선택하면 관광명소를 안내해줄 지도

가 나타난다. 사이트 주소가 너무 길어 코드를 작성 시 주소를 잘못 기입하여 오류가 생길 수도 있으므로 주소를 줄여서 사용하면 편리하므로 bitly.com에서 주소를 줄여서 사용한다. [WebViewer] 컴포넌트를 이용하면 대부분 웹사이트 주소를 연결하여 사용할 때가 많다. 이때에는 주소를 줄여서 사용하여 오류를 미리 방지하는 것이 효율적이다. 이처럼 특정지도의 URL을 구글에서 찾은 후 주소를 bitly.com에 가서 축소한 후 주소를 복사하여 앱에서 붙여 넣어서 코드를 작성한다.

(1) 필요한 컴포넌트

① '제주도 관광안내' 제목이 표시될 [User Interface] 팔레트의 [Label] 컴포넌트

② 제주도 관광 관련 이미지를 표시하기 위한 [User Interface] 팔레트의 [Image] 컴포넌트

③ '관광지 목록'을 표시할 [User Interface] 팔레트의 [ListPicker] 컴포넌트

④ 웹사이트 연결을 위한 [User Interface] 팔레트의 [WebViewer] 컴포넌트

⑤ 관광지 목록에서 관광지명을 선택하면 음성으로 관광소개를 위한 [Media] 팔레트의 [TextToSpeech] 컴포넌트

(2) 디자인 화면과 컴포넌트 구성요소, 속성 화면

모든 컴포넌트의 [Text] 속성을 디자인 화면과 같이 변경한다. [WebViewer] 컴포넌트의 [HomeUrl] 속성을 제주관광공사 홈페이지 주소 'http://www.ijto.or.kr'로 지정한다.

<table>
<tr><th>디자인 화면</th><th>구성요소 화면</th><th>속성 화면</th></tr>
<tr><td>
</td><td>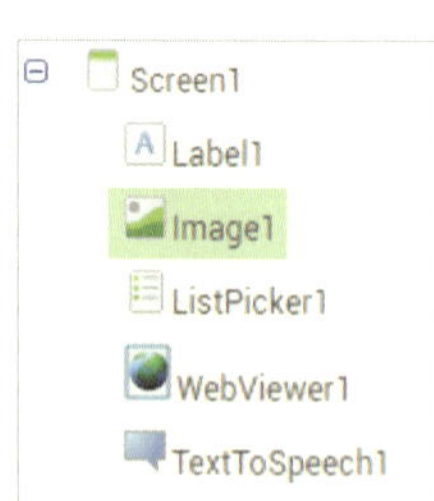
</td><td>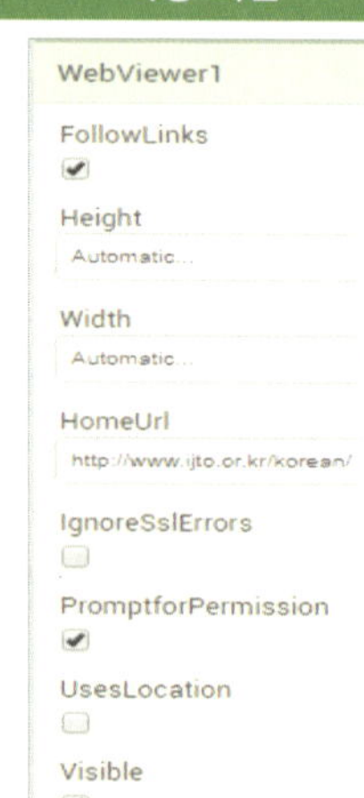
</td></tr>
</table>

(3) 코드블록 작성

① 제주도 관광명소 이미지를 표시하기 위해 제주도 성산봉 이미지를 [image] 컴포넌트의 [picture] 속성에서 지정하여 화면에 표시한다. '관광지 목록' 버튼을 누르면 관광지 명소 목록이 나타나도록 [ListPicker] 컴포넌트를 사용한다. [ListPicker] 컴포넌트의 [Text] 속성을 '관광지 목록'으로 설정한다. 관광지의 지도를 표시하기 위해 [WebViewer] 컴포넌트를 사용한다.

② '관광지명'과 '관광지주소', '설명'은 각각 리스트로 아래와 같이 작성한다. 관광지명 리스트에 '성산봉'과 '마라도'를 추가하는 코드이다. 관광지명(1)에는 '성산봉'이 저장되고 관광지명(2)에는 '마라도'가 저장된다. 관광지주소(1)에는 '성산봉'의 주소가 저장되어 있고 관광지주소(2)에는 '마라도' 주소가 저장되어 있다. 주소는 bit.ly에서 줄인 주소를 사용한다. 설명(1)에는 '성산봉'에 대한 설명이 저장되고, 설명(2)에는 '마라도'의 설명이 저장되어 있다.

③ 앱이 실행되면 바로 실행시킬 명령, 즉 초기화 작업으로 리스트피커의 목록으로 관광지명을 지정한다. 앱을 실행한 후 [ListPicker] 컴포넌트 관광지 목록을 선택하면 목록에 관광지명인 '성산봉', '마라도'가 표시된다.

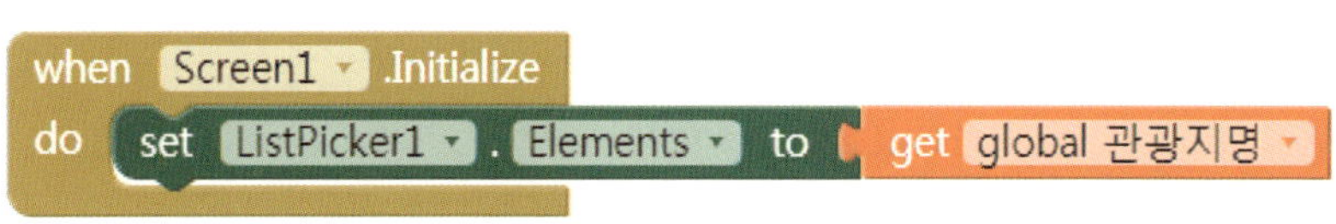

④ 다음 코드와 같이 리스트피커 목록에서, 즉 두 개의 관광지명 목록에서 하나를 선택한 후 일어날 명령들을 ListPicker1.AfterPicking 안에 작성한다. 선택한 관광지에

해당하는 관광지주소와 설명을 연결하는 코드로 [ListPicker] 컴포넌트에서 관광지명 첫 번째 항목 '성산봉'을 선택하면 SelectionIndex는 1, Selection은 '성산봉'이 된다. 성산봉 목적지에 해당하는 주소는 관광지주소 리스트 첫 번째에 해당하므로 관광지주소(1)과 연결하여 [WebViewer] 컴포넌트를 통해서 표시해준 후 설명(1)과 연결하여 음성으로 읽어주도록 작성한다.

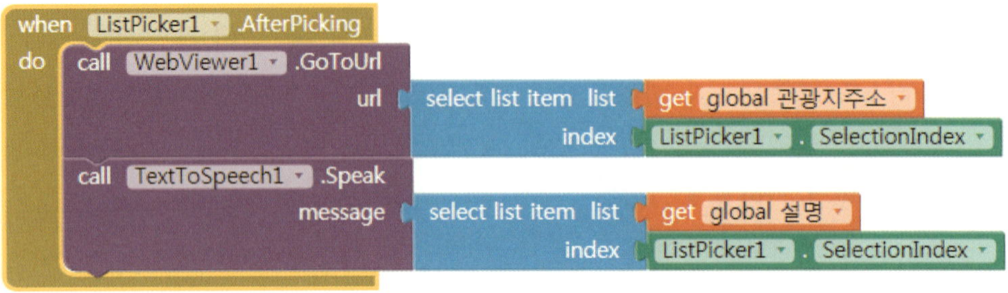

[WebViewer]를 이용하여 표시할 지도는 선택한 항목에 따라 달라야 한다. '성산봉' 항목을 선택하면 '성산봉' 지도가 나타나야 하고 '마라도'를 선택하면 '마라도' 지도가 나타나야 한다. 성산봉을 선택했는지, 마라도를 선택했는지의 정보는 [ListPicker1.SelectionIndex] 속성에 저장되어 있다.

4.2 [ActivityStarter] 컴포넌트를 사용한 관광 앱 작성

[ActivityStarter] 컴포넌트는 [WebViewer] 컴포넌트와 유사한 결과를 보여주는 컴포넌트로 [WebViewer] 컴포넌트 대신에 [ActivityStarter] 컴포넌트를 사용한 관광 앱은 구글지도가 새로운 화면에 표시된다. 즉 성산봉을 선택하면 성산봉 지도가 새로운 화면이 열리면서 새로운 화면에 표시된다. [ActivityStarter] 컴포넌트가 구글 지도와 연결되어 표시될 수 있도록 [ActivityStarter] 컴포넌트의 속성 중 Action, ActivityClass, Activitypackage의 속성을 아래와 같이 변경한 후 코드블록을 작성해야 한다.

- [Action] 속성: android.intent.action.VIEW
- [ActivityClass] 속성: com.google.android.maps.MapsActivity
- [ActivityPackage] 속성: com.google.android.apps.maps로 변경한 후 블록을 디자인해야 한다.

(1) 필요한 컴포넌트

① '제주도 관광안내' 제목이 표시될 [User Interface] 팔레트의 [Label] 컴포넌트

② 제주도 관광 관련 이미지를 표시하기 위한 [User Interface] 팔레트의 [Image] 컴포넌트

③ '관광지 목록'을 표시할 [User Interface] 팔레트의 [ListPicker] 컴포넌트

④ 관광지 지도 연결을 위한 [Connectivity] 팔레트의 [ActivityStarter] 컴포넌트

⑤ 관광지 목록에서 관광지명을 선택하면 음성으로 관광소개를 위한 [Media] 팔레트의 [TextToSpeech] 컴포넌트

(2) 디자인 화면과 컴포넌트 구성요소, 속성 화면

앞에서 작성한 [WebViewer] 컴포넌트를 이용한 화면 디자인과 동일하다. [WebViewer] 컴포넌트를 [ActivityStarter] 컴포넌트로 변경한 것 이외에는 모두 동일하게 작성한 후 [ActivityStarter] 컴포넌트의 세 가지 속성을 속성창에서 각각 입력한다.

- [Action] 속성: android.intent.action.VIEW
- [ActivityClass] 속성: com.google.android.maps.MapsActivity
- [ActivityPackage] 속성: com.google.android.apps.maps로 변경

디자인 화면	구성요소 화면	속성 화면
	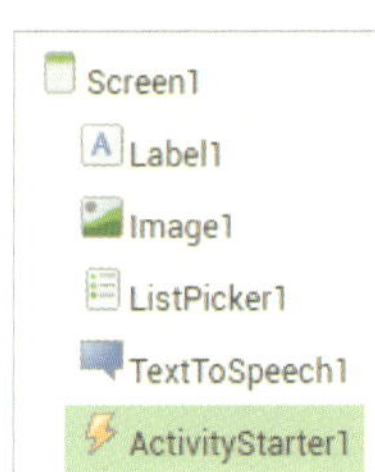	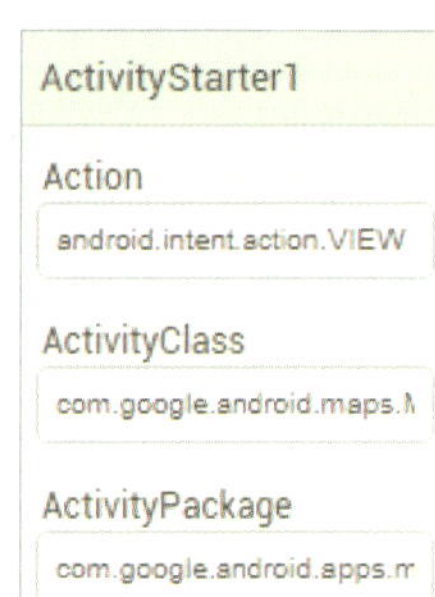

(3) 코드블록 작성

앞에서 작성한 [WebViewer] 컴포넌트를 이용한 코드와 동일하므로 [ActivityStarter1] 컴포넌트와 관련된 코드만 제시한다. 이전에 작성한 코드를 [Add to Backpack]을 이용하여 복사한 후 붙여 넣어서 작성하고 아래와 같이 새로운 블록만 작성한다. 아래의 블록은 리스트피커에서 관광지명 항목을 선택하면 구글 지도를 띄워 지정한 관광지 지도를 표시해주는 블록이다. [WebViewer] 컴포넌트와는 달리 정해진 주소가 없으므로 주소를 줄여서 사용할 수 없다. 관광지 주소에 관광지명이 들어가므로 join을 이용하여 http://maps.goole.com/?q=와 선택한 관광지 목록을 연결해줘야 한다.

'성산봉'을 선택하면 연결할 주소는 'http://maps.google.com/?q=성산봉'으로 지정하면 된다. 따라서 관광지명을 주소 마지막에 지정해야 하므로 [ListPicker] 컴포넌트의 SelectionIndex가 아닌 [Selection] 속성을 지정해야 한다.

연결할 관광지 주소를 연결해준 후 'call ActivityStarter1.StartActivity' 명령을 이용하여 결과를 화면에 표시해주면서 음성으로 설명을 읽어주도록 작성한다.

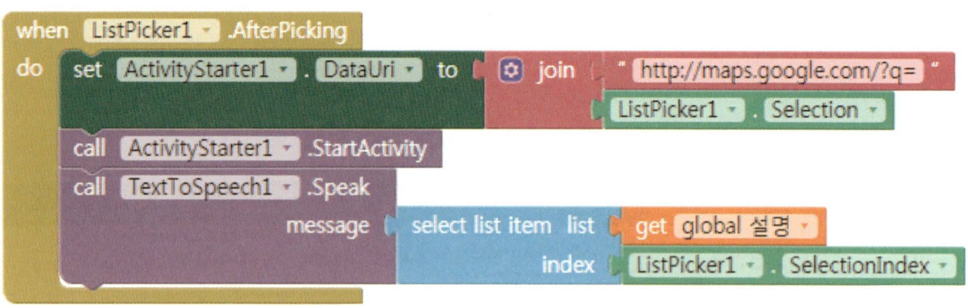

[ActivityStarter] 컴포넌트를 이용한 관광지 길을 안내하는 또 다른 방법의 코드는 다음과 같다.

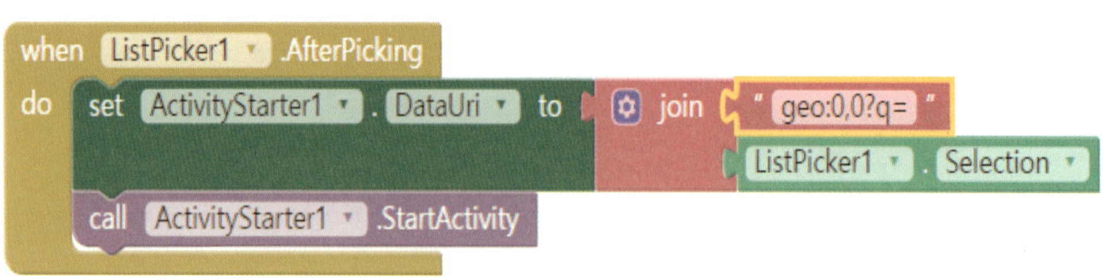

5 자신이 만든 앱을 다른 앱에서 ActivityStarter로 호출하는 방법

[ActivityStarter] 컴포넌트는 구글 지도 앱이나 자신이 만든 앱을 비롯해 어떠한 안드로이드 앱이라도 구동시킬 수 있는 컴포넌트이다. 자신이 이전에 만들어 놓았던 앱을 다른 앱에서 같은 기능의 앱이 필요할 때 다시 작성할 필요 없이 [ActivityStarter] 컴포넌트를 활용하여 호출하여 연결시킬 수 있다. 이때 호출할 앱의 이름만 알고 있으면 되므로 사용방법은 간단하다.

이미 만들어 놓은 '관광 앱'을 호출하여 다양한 관광 앱을 만들어보자.

① 관광 앱을 호출할 [Button]을 작성한다.

② [Connectivity] 팔레트에서 [ActivityStarter] 컴포넌트를 선택하여 화면뷰어로 드래그 한다.

'관광 앱 호출' 버튼을 누르면 이전에 작성한 관광 앱이 호출되어 실행이 되도록 아래와 같이 코드블록을 작성한다. 작성되어 있는 앱을 호출할 때에는 [ActivityPackage]와 [ActivityClass] 속성을 변경해야 한다.

[ActivityPackage]의 속성에서는 'appinventor.ai_사용자아이디.호출할 앱이름'을 기입해야 한다. 사용자 아이디는 자신이 앱인벤터 가입 시 사용하는 아이디를 의미하는데, 구글 아이디로 가입을 한 경우는 구글 아이디가 사용자 아이디가 된다. 그리고 기존 작성한 호출할 앱이름을 기입하면 된다. 호출할 앱이름은 앱 작성 후 저장 시 사용한 프로젝트이름을 의미한다. 이때 호출할 앱은 반드시 자신의 스마트폰에 다운로드하여 저장이 되어 있어야 호출할 수 있다.

[ActivityClass]의 속성에서 호출할 앱의 첫 번째 스크린이름을 지정하면 된다. 형식은 'appinventor.ai_사용자아이디.호출할 앱이름.Screen1' 형식으로 지정하면 된다. 관광 앱의 첫 화면 이름이 Screen1이 아닌 다른 이름으로 지정한 경우에는 변경한 이름으로 지정해야 한다. 코드블록은 아래와 같다. 'call_app.Click' 버튼을 누르면 사용자 vltndud304가 작성한 관광 앱을 호출하여 관광 앱의 실행결과를 화면에 표시해준다. appinventor.ai_vltndud304.관광을 ActivityPackage와 연결을 하고 appinventor.ai_vltndud304.관광.Screen1을 ActivityClass와 연결을 한다.

위와 같이 코드를 작성한 후 '관광 앱 호출' 버튼을 눌러보자. 이전에 작성한 관광 앱이 나타나면 제대로 실행이 된 것이다. 관광 앱을 종료시키면 처음 시작 화면으로 돌아온다. 관광 앱에서 또 다른 앱을 호출할 수도 있다. 호출한 앱을 종료시키기 위해 코드로 작성할 수도 있고 일반적인 '앱 종료' 버튼을 눌러 종료할 수도 있다. 다양한 앱들을 별도로 작성한 후 필요에 따라 작성한 앱을 호출하여 사용하면 여러 면에서 효율적이니 자신이 작성한 앱을 관리하여 정리할 필요도 있다.

6 바코드 스캐너를 활용한 도서정보(ISBN) 스캔하기

6.1 바코드(Barcode)

영숫자나 특수글자를 기계가 읽을 수 있는 형태로 표현하기 위해 굵기가 서로 다른 수직 막대들의 조합으로 나타내어서 광학적으로 판독이 가능하도록 한 코드를 말한다. 상품의 포장에 인쇄되어 가격을 표시하거나 책의 표지에서 도서관리를 위한 정보를 나타내거나 출퇴근카드 등에 인쇄되는 등 물품을 구분하기 위한 다양한 용도로 사용되는 인식코드이다. 예를 들어 바코드를 카운터에 있는 광학 스캐너로 문지르면 포스(POS) 컴퓨터가 상품번호를 가격정보를 담은 리스트 또는 데이터베이스와 대조하여 정확한 양을 금전등록기에 기록하는 방식으로 작업이 이루어진다. 코드화하는 방법으로는 세계상품 코드(Universal Product Code: UPC) 체계가 오늘날 가장 널리 사용되고 있다.*

6.2 바코드 스캐너

앱인벤터2에서 바코드 스캐너(Barcode Scanner) 센서를 이용해서 바코드를 읽어올 수 있다. 바코드 스캐너는 바코드를 읽을 수 있는 컴포넌트이다. 바코드를 읽을 수 있는 방법으로는 외부 스캐너와 내부 스캐너가 있다. 내부 바코드와 외부 바코드의 선택은 속성 창에서 선택 여부에 따라 사용가능하다. 바코드 스캐너의 속성은 한 가지 밖에 없으며 외부 스캐너 앱을 사용할지 여부를 지정하는 것이다. 내부 바코드 스캐너를 사용할 경우 컴포넌트 디자인 설계 시 컴포넌트 속성에서 외부 스캐너 체크박스의 선택을 해제해야 한다. 내부 스캐너는 휴대폰에 내장된 바코드 스캐너를 사용한다. 외부 바코드 스캐너를 사용할 경우 컴포넌트 디자인 설계 시 컴포넌트 속성에서 외부 스캐너 체크박스의 선택을 해야 한다. 외부 스캐너는 바코드를 읽기 위해서는 휴대폰에 바코드 스캔이 가능한 앱을 설치해서 사용할 수 있다.

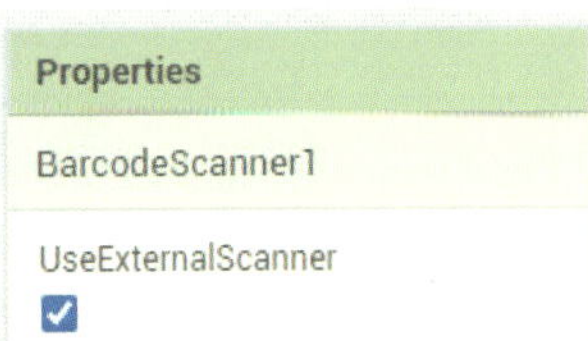

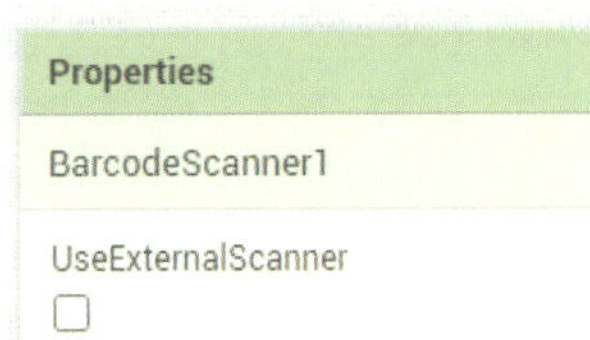

만약 바코드 스캐너의 속성이 외부 스캐너의 속성으로 선택된 상태에서 외부 스캐너를 연결할 수 있는 앱이 없다면 아래의 그림과 같은 에러 메시지가 발생한다.

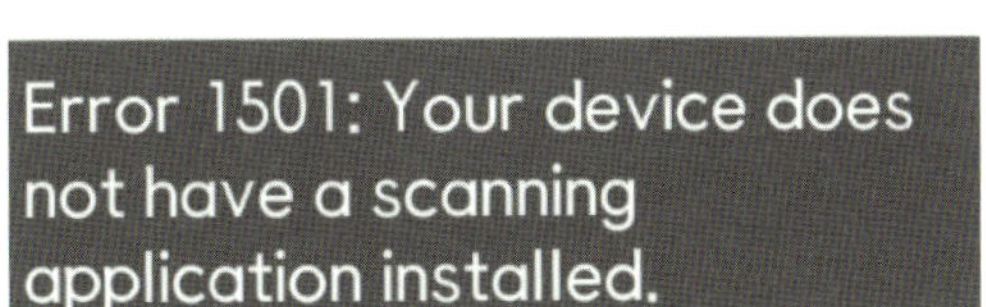

* 한글글꼴용어사전, 2000. 12. 25., 세종대왕기념사업회

6.3 바코드 스캐너와 관련된 간단한 코드블록

바코드 스캐너는 QR코드 또는 바코드를 스캔하고 문자열로 구성된 결과를 가져오기 위한 컴포넌트이다. 바코드 스캐너와 관련된 블록들은 다음과 같이 [Sensors] 팔레트의 [BarcodeSanner] 블록에서 선택하여 사용한다.

바코드 블록	설명
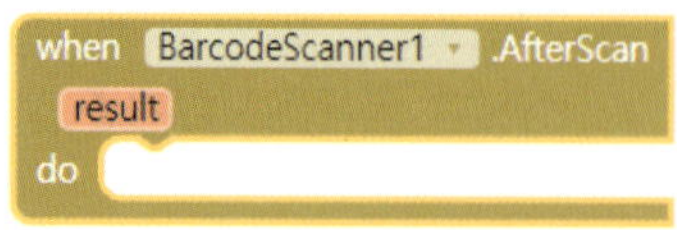	• 바코드 스캐너의 센서를 이용해서 스캔 후 (텍스트)결과를 읽었으며 결과를 제공 • 바코드 스캔이 완료되면 [AfterScan] 이벤트가 발생
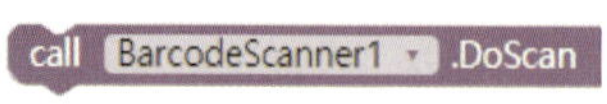	• 카메라를 사용하여 바코드 스캔을 작동시킴 • 카메라 화면 가운데 줄에 바코드를 정렬하면 인식하고 판독하게 됨
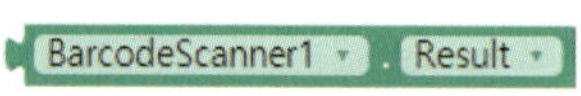	• 바코드 스캐너의 결과
	• 바코드 스캐너의 외부 스캐너의 사용
	• 바코드 스캐너의 외부 스캐너 사용 시에 적용
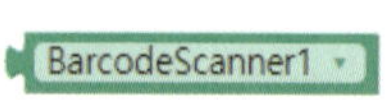	• 바코드 스캐너

7 바코드 스캐너를 이용해 ISBN으로 도서정보 읽어오기

도서관의 많은 책들은 도서정보(ISBN)로 관리한다. 책을 대출하는 사람들은 대출할 책들을 모아서 대출하는 장소에 가면 도서관의 사서가 바코드 스캐너로 바코드를 체크하게 되며 이때 도서정보가 담긴 데이터베이스 또는 리스트와 연동되어 모니터에 도서에 관한 정보가 나타나게 된다.

이미 앱인벤터에는 카메라와 연동되어 있는 바코드 스캐너가 팔레트의 센서에 센서로 등록되어 있으며, 바코드 스캐너를 사용하여 스캔이 되면 숫자정보나 문자정보 둘 중의 하나가 표시된다. 바코드 스캔을 통해서 인식된 정보로 도서를 검색할 수 있다. 해당 도서에 부여된 바코드의 숫자정보가 바코드 스캐너를 통해서 인식되면 연동되어 있는 리스트로부터 정보를 받아 화면에 나타나도록 하자. ISBN번호, 도서명, 출판사, 도서그림으로 구분하여 도서정보를 검색할 수 있다.

7.1 필요한 컴포넌트

① '도서정보' 제목이 표시될 [User Interface] 팔레트의 [Label] 컴포넌트
② ISBN번호, 도서명, 출판사의 [User Interface] 팔레트의 [Label] 컴포넌트 정렬 관련 [Layout] 팔레트의 [TableArrangement] 컴포넌트
③ 'ISBN 번호' 제목이 표시될 [User Interface] 팔레트의 [Label] 컴포넌트와 ISBN_결과가 표시될 [TextBox] 컴포넌트
④ '도서명' 제목이 표시될 [User Interface] 팔레트의 [Label] 컴포넌트와 도서명_결과가 표시될 [TextBox] 컴포넌트
⑤ '출판사' 제목이 표시될 [User Interface] 팔레트의 [Label] 컴포넌트와 출판사_결과가 표시될 [TextBox] 컴포넌트
⑥ '도서그림'이 표시될 [User Interface] 팔레트의 [Image] 컴포넌트
⑦ '바코드 스캔' 제목이 표시될 [User Interface] 팔레트의 [Button] 컴포넌트
⑧ 바코드 스캔을 하기 위한 [Sensors] 팔레트의 [BarcodeScanner] 컴포넌트
⑨ [User Interface] 팔레트의 경고 알림표시 대화상자 [Notifier] 컴포넌트
⑩ 바코드 스캔을 알리는 알림음을 표시하기 위한 [Media] 팔레트의 [Sound] 컴포넌트

7.2 디자인 화면과 컴포넌트 구성요소, 속성 화면

[BarcodeScanner] 컴포넌트의 [UseExternalScanner] 속성을 디자인 화면과 같이 변경한다. 즉 바코드 스캔을 하기 위해서 카메라의 내부 스캐너를 사용할 수 있도록 [BarcodeScanner] 컴포넌트의 [UseExternalScanner] 속성을 체크 해제한다.

[Media]의 도서그림 파일(book_01.png, book_02.png, book_03.png)과 바코드 스캔을 알리는 '삐' 소리인 알림음 파일(beep.wav)을 디자인 화면과 같이 업로드한다. [Sound1]의 컴포넌트의 [Source] 속성을 'beep.wav'로 선택한다.

디자인 화면	구성요소 화면	속성 화면
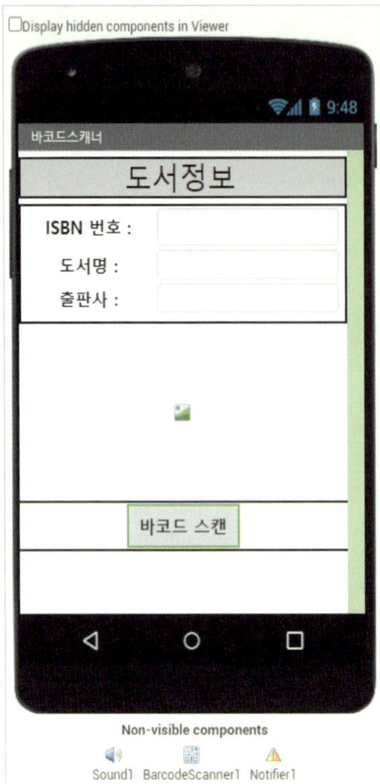	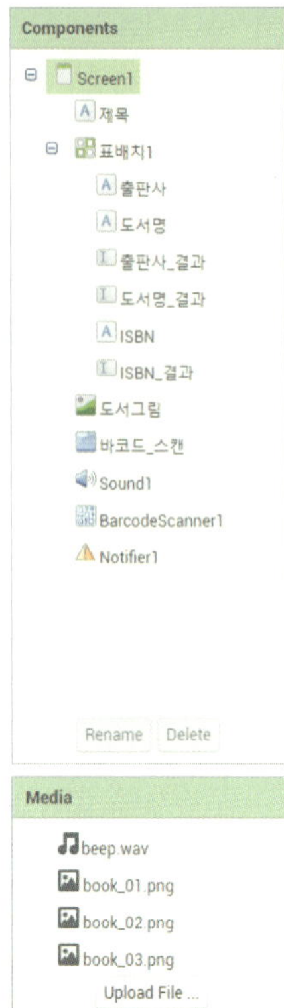	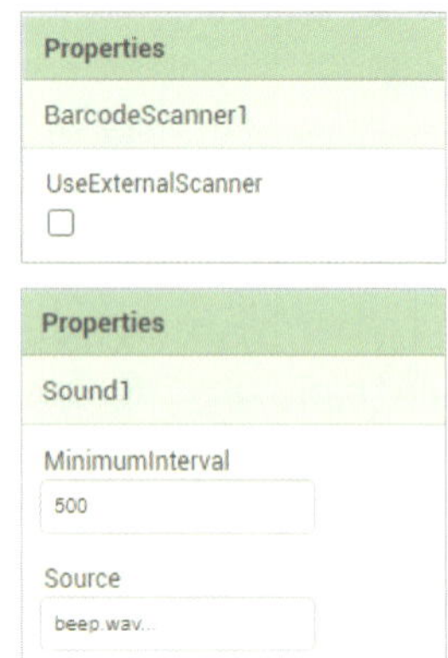

7.3 코드블록 작성

① 도서명, 출판사, 도서그림의 정보가 저장될 도서정보 리스트와 도서의 ISBN정보가 저장될 도서ISBN 리스트를 선언한 후 세 권의 도서정보를 저장한다. 바코드 스캔 후의 도서검색결과를 분리 저장하기 위한 도서검색결과 리스트를 만들고 비어있는 리스트로 선언한다. 또한 도서정보검색을 위해서 도서의 검색 위치를 지정할 변수 n을 선언한 후 '0'으로 초기화한다.

② 앱을 실행하자마자 ISBN_결과, 도서명_결과, 출판사_결과의 텍스트값을 나타내지 않도록 초기화 설정을 한다.

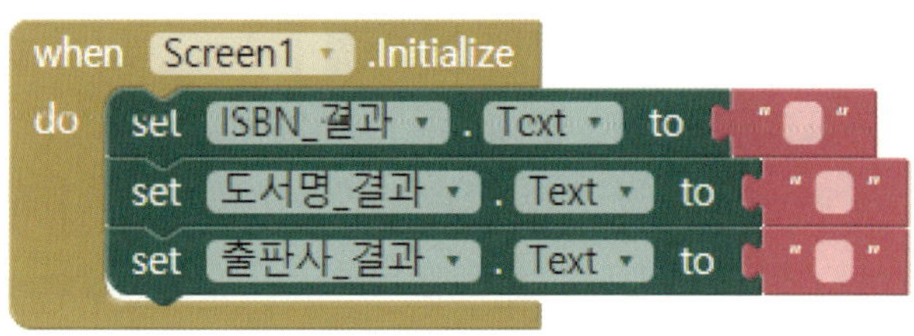

③ '바코드_스캔'을 클릭하면 휴대폰에 내장된 바코드 스캐너가 작동될 수 있도록 한다.

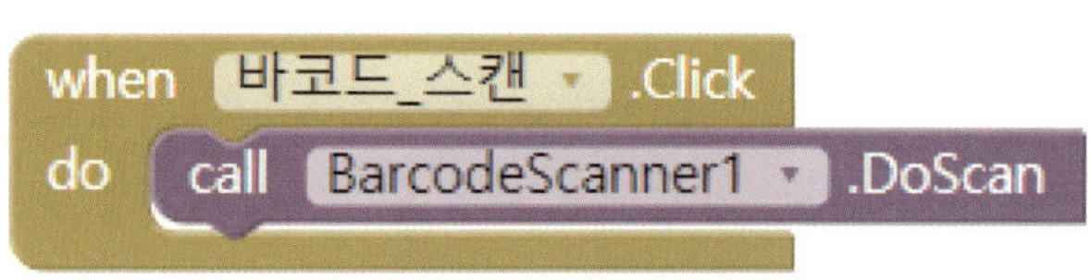

④ 바코드 스캐너를 통해서 바코드 스캔 후의 읽은 정보를 리스트를 이용해 나타낸다.

- 바코드 스캔을 알리는 알림음이 표시되도록 Sound를 재생할 수 있도록 한다.
- [ISBN_결과] 컴포넌트에 스캔 후에 result(결과)변수값을 가져온다.
- '도서ISBN'의 정보를 반복해서 검색하기 위해서 [for each] 블록을 이용해서 도서ISBN의 목록을 리스트에서 검색한다.

- 변수 n은 도서 ISBN의 목록을 리스트의 1번부터 검색할 수 있도록 한다. 'ISBN_결과.Text'와 '도서ISBN' 리스트에서의 n값과 같으면 도서ISBN 리스트에서 '/'으로 구분된 정보를 도서검색결과 리스트에 각각 분할 저장한다.
- '도서명_결과.Text'는 도서검색결과 리스트에서 인덱스 번호 '1'로 연결한다.
- '출판사_결과.Text'는 도서검색결과 리스트에서 인덱스 번호 '2'로 연결한다.
- '도서그림'은 도서검색결과 리스트에서 인덱스 번호 '3'으로 연결한다.

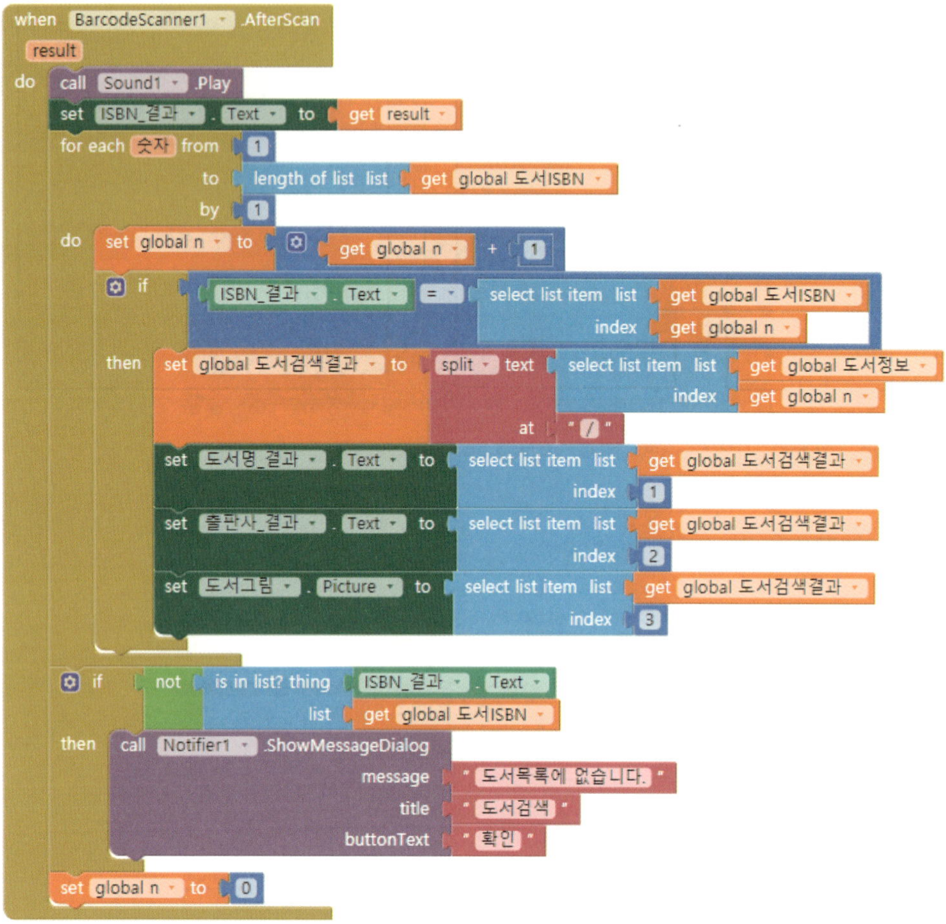

- 바코드 스캐너를 사용해서 스캔 후 도서정보가 없으면 다음과 같이 Notifier 알림 대화상자가 표시된다. message에는 "도서목록에 없습니다.", title에는 "도서검색", buttonText에는 "확인" 텍스트를 입력한다.

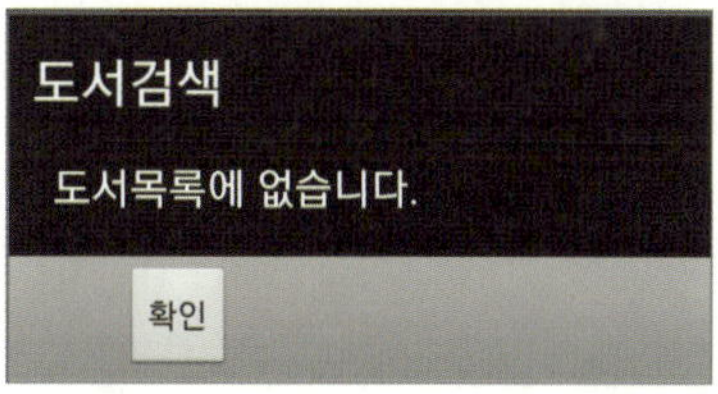

- 모든 도서검색이 끝나면 다음 스캔을 위해서 변수 n값을 '0'으로 초기화한다.

CHAPTER 10

캔버스

1. 캔버스의 개념과 사용방법
2. 그림의 이동 관련 앱
3. 방향센서를 이용한 나침판 앱

CHAPTER

10 캔버스

1 캔버스의 개념과 사용방법

캔버스는 그림을 그릴 때, 게임을 작성할 때 사용하는 도구로 캔버스 위에 [Ball]이나 [ImageSprite] 컴포넌트를 배치할 수 있다. 스프라이트(Sprite)는 캔버스 위에 놓인 그래픽 물체로 [Ball]과 [ImageSprite] 컴포넌트 모두 스프라이트이다. [Ball]과 [ImageSprite] 컴포넌트는 모양은 다르지만 사용하는 방법은 동일하다. Ball은 앱인벤터에서 제공하는 것으로 색깔과 크기를 바꿀 수 있고, ImageSprite는 원하는 이미지 파일을 업로드한 후 지정하여 어떤 모양이라도 만들 수 있다.

사용자가 화면을 터치하면 [DrawingCanvas.Touched] 이벤트가 발생하고, 이벤트 처리기는 화면에 점을 찍어준다. 사용자가 화면을 드래그하면 [DrawingCanvas.Dragged] 이벤트가 발생하고 이벤트 처리기는 손가락을 따라 선을 그려준다.

만일 사진 위에 또 다른 사진을 겹쳐서 표시하고자 하는 경우에는 ImageSprite의 Z값을 변경시켜 포토샵의 Layer 기능처럼 사용할 수 있다. ImageSprite1과 ImageSprite2 두 개의 이미지스프라이트 중 ImageSprite1이 ImageSprite2 위에 나타나게 하려면 ImageSprite1의 Z값을 2로 지정하고 ImageSprite2의 Z값을 1로 지정하면 된다. Z값이 클수록 맨 위에 그림이 표시된다.

1.1 캔버스를 이용한 앱

'카메라' 버튼을 눌러 사진을 찍은 후 찍은 사진을 가져와서 사진 위에 선의 굵기를 임의로 지정하고 다양한 색을 지정한 후 글자를 작성하거나 그림을 그린 후 자신의 폰에 이미지를 저장한다. 사진은 자신의 폰에 저장되어 있는 사진을 가져올 수도 있다. 저장한 파일을 SNS에 공유하는 간단한 앱을 작성해본다.

1.2 필요한 컴포넌트

① 캔버스 위의 그림을 저장하도록 [User Interface] 팔레트의 '저장' [Button] 컴포넌트
② 사진을 찍을 수 있도록 [User Interface] 팔레트의 '카메라' [Button] 컴포넌트
③ 갤러리에서 사진을 불러올 수 있도록 [Media] 팔레트의 [ImagePicker] 컴포넌트
④ 캔버스 위의 내용을 모두 지울 수 있도록 [User Interface] 팔레트의 '지우기' [Button] 컴포넌트
⑤ 다른 사람들과 공유하기 위해 [User Interface] 팔레트의 'SNS공유' [Button] 컴포넌트
⑥ 캔버스 위에 있는 내용을 '저장' 버튼을 눌러서 저장하면 지정한 파일이름이 표시될 [User Interface] 팔레트의 [Label] 컴포넌트
⑦ 빨강, 주황, 노랑, 초록, 파랑, 검정색을 지정할 [User Interface] 팔레트의 6개의 [Button] 컴포넌트
⑧ '선의 굵기를 선택 :', '글자와 각도를 입력', ',' 제목을 표시할 [User Interface] 팔레트의 3개의 [Label] 컴포넌트
⑨ 선의 굵기를 슬라이드에서 바로 선택할 수 있도록 [User Interface] 팔레트의 [Slider] 컴포넌트
⑩ 사진 위에 표시할 글자를 입력할 수 있도록 [User Interface] 팔레트의 [TextBox] 컴포넌트
⑪ 사진 위에 표시할 글자를 기울이기 위해 각도를 입력할 수 있도록 [User Interface] 팔레트의 [TextBox] 컴포넌트
⑫ 사진 위에 표시할 글자와 각도를 입력한 후 실행하도록 [User Interface] 팔레트의 '글자입히기' [Button] 컴포넌트
⑬ 사진 위에 그림을 그리기 위해 [Drawing and Animation] 팔레트의 [Canvas] 컴포넌트
⑭ 폰을 흔들면 캔버스 위의 내용을 모두 지우기 위해 [Sensors] 팔레트의 [Accelerometer Sensor] 컴포넌트
⑮ 사진을 찍기 위한 [Media] 팔레트의 [Camera] 컴포넌트
⑯ 에러가 발생하면 알림창을 띄우기 위한 [User Interface] 팔레트의 [Notifier] 컴포넌트
⑰ 다른 사람들과 공유하기 위한 [Social] 팔레트의 [Sharing] 컴포넌트

여러 컴포넌트들을 한 줄에 표시하기 위해 [HorizontalArrangement] 컴포넌트를 사용한다. 이 앱에서 사용한 컴포넌트를 총정리하면 총 11개의 [Button], 즉 '저장', '카메라', '지우기', 'SNS공유', '빨강', '주황', '노랑', '초록', '파랑', '검정, '글자입히기' 버튼을 사용하는데 [Text] 속성만 변경하면 된다. '선의 굵기를 선택 :', '글자와 각도를 입력', ',', 저장할 파일이름이 표시될 레이블 4개를 사용한다. 레이블 4개 중 파일이름이 표시될 레이블은 [Visible] 속성의 체크를 해제하고 [Text] 속성을 변경한다. 사진 위에 표시될 글자와 글자의 각도를 입력할 2개의 [TextBox] 컴포넌트와 [Camera], [ImagePicker], [Sharing], [Slider], [Notifier], [Accelerometer] 컴포넌트로 구성한다.

1.3 디자인 화면과 컴포넌트 구성요소, 속성 화면

① 모든 컴포넌트의 [Text] 속성을 구성요소 화면 1, 2를 참조하여 변경한다. Button 11개의 이름을 모두 저장, 카메라, 지우기, 공유, 빨강, 주황, 노랑, 그린, 파랑, 검정, 글자입히기 이름으로 변경한다. 버튼이 11개라서 코드블록을 작성할 때 어떤 버튼에 어떤 기능의 작성 여부를 정하는 데 어려움이 생길 수 있으므로 버튼의 이름을 기능을 적용할 이름과 같이 지정하면 코드블록을 작성할 때 쉽게 작성할 수 있다. 버튼의 이름은 한글로도 가능하므로 한글로 이름을 변경한다.

② 다른 모든 컴포넌트의 [Text] 속성만 변경하면 되고 [Slider]의 속성만 다른 몇 개의 속성값을 변경한다. 슬라이드의 속성 중 [Width]를 50%로 지정하고, 선의 두께를 변경할 때 사용하는 [MinValue]와 [MaxValue]값을 적절하게 변경한다.

③ '저장' 버튼을 누르면 저장할 파일명을 입력할 수 있는 대화상자가 나타난다. 파일명을 입력하면 입력한 파일명이 나타날 [Label2] 컴포넌트의 [Visible] 속성의 체크를 해제하여 나타나지 않도록 한다. 파일이름이 나타나게 하려면 체크를 해제하지 않으면 된다.

④ 그림을 그리기 위해 [Canvas] 컴포넌트를 끌어다 놓는다. 캔버스의 크기는 Fill로 설정하여 화면의 2/3를 이용할 수 있도록 설정한다.

1.4 코드블록 작성

(1) 앱 초기화

초기화 작업으로 캔버스의 배경색을 노랑으로 지정하고 캔버스의 선의 굵기를 3으로 지정한다.

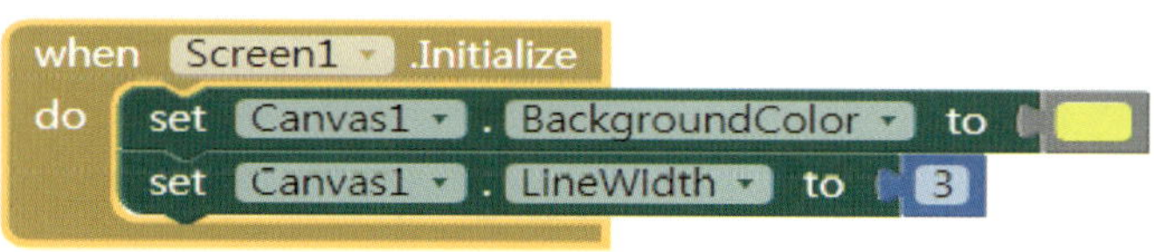

(2) 선의 굵기 지정

슬라이더를 이용하여 선의 굵기를 조정할 수 있다. 슬라이더의 포지션이 변경될 때마다 캔버스의 선 굵기가 슬라이더의 'thumbPosition'의 굵기로 바뀌게 된다. [Slider1]에서 슬라이더 바, 즉 막대를 움직여 크기를 조절하는데 이 막대의 위치를 텀포지션(thumbPosition)이라고 한다. 'thumbPosition'이 가질 수 있는 값의 크기는 0~255이며 'Slider'의 값이 바뀔 때마다 선의 굵기를 바꿀 수 있도록 [when Slider1 PositionChanged] 이벤트 블록 안에 작성한다. 슬라이더의 포지션이 바뀔 때 캔버스의 선 굵기가 슬라이더의 텀포지션의 굵기로 지정된다. 텀포지션에는 슬라이더 바를 움직여서 선택한 값이 저장되어 있다. 캔버스에서 손으로 선을 그리면 선의 굵기는 슬라이더 바를 움직여서 선택한 값으로 사용하겠다는 의미이다.

(3) 선 그리기

Canvas1에서 드래그될 때, Canvas1에 선을 그린다. 이전 x좌표(prevX)에서 현재 x좌표(currentX)로, 이전 y좌표(prevY)에서 현재 y좌표(currentY)로 선을 그린다.

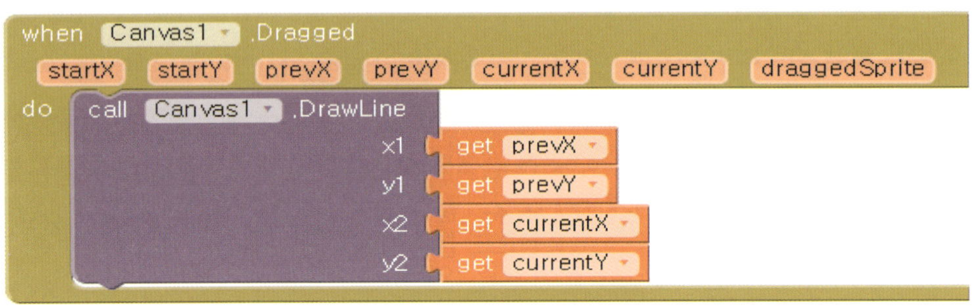

(4) 지우기 버튼 클릭

지우기 버튼을 클릭한 경우와 스마트폰을 흔들었을 때 캔버스 1을 지우도록 작성하기 위해 clear 명령을 이용하여 캔버스를 깨끗하게 지운다.

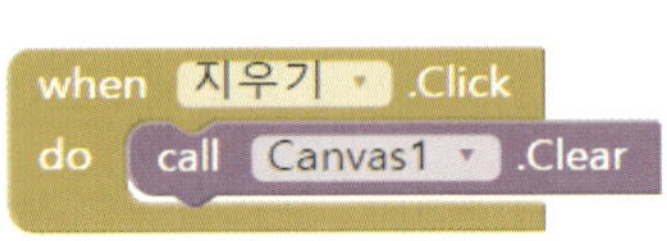

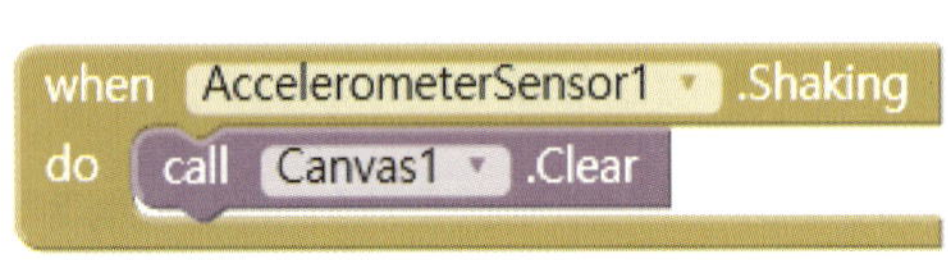

(5) 선색 변경하기

'빨강' 버튼을 클릭하면 Canvas1의 선색을 빨강으로 변환시켜 그림을 그릴 때 선의 색을 빨강으로, 이미지 위에 글자를 작성할 때도 빨강 글자색으로 사용할 수 있다. 다른 색들도 같은 방법으로 원하는 색상의 버튼을 클릭하면 Canvas1의 선색이 모두 클릭한 버튼의 색으로 변경된다. 색은 [Colors] 블록에 있다

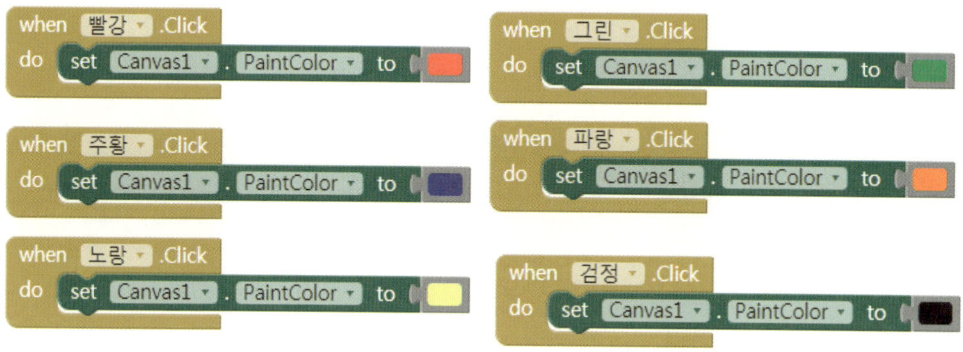

(6) 사진을 직접 카메라로 찍어 캔버스의 배경으로 가져오도록 작성

'카메라' 버튼을 클릭하면 카메라가 실행되어 사진을 찍을 수 있게 한다. [Camera1.TakePicture] 속성이 사진을 찍을 수 있도록 한다. 사진을 찍은 후 Canvas1의 배경이미지를 찍은 사진으로 설정할 수 있도록 작성한다.

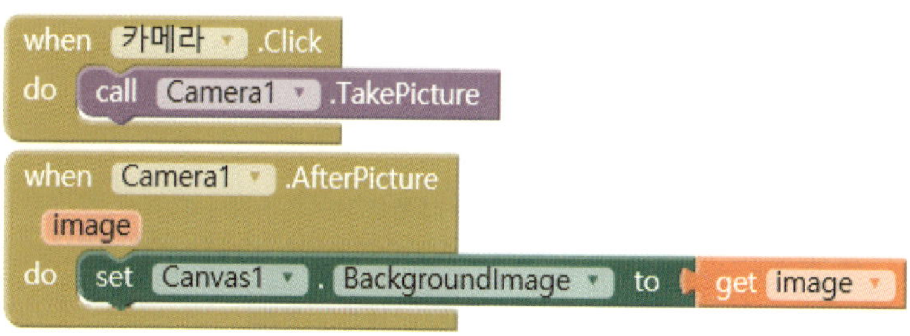

(7) 사진을 스마트폰 갤러리에서 가져올 수 있도록 작성

[ImagePicker] 컴포넌트를 사용하면 스마트폰의 갤러리를 사용할 수 있다. [ImagePicker] 컴포넌트를 사용하여 캔버스의 배경이미지를 갤러리에서 선택한 그림으로 사용할 수 있도록 아래와 같이 코드블록을 작성한다. 갤러리에서 선택한 그림은 [ImagePicker]의 [Selection] 속성에 저장되어 있다. 따라서 Canvas1의 배경이미지를 [ImagePicker] 컴포넌트의 [Selection] 속성과 연결시켜주면 된다.

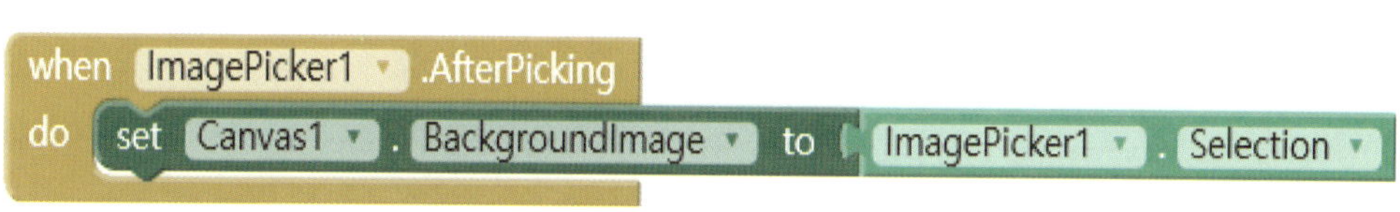

(8) 저장하기

'저장' 버튼을 클릭하면 경고화면(Notifier)을 불러온다. 경고창의 타이틀은 "다른 이름으로 저장"으로 지정하고 안내 메시지는 "저장할 파일 이름을 입력하세요."로 지정한다. 닫기 기능을 활성화시키고 텍스트 입력 완료 후 입력한 값으로 저장하도록 한다.

알림창에서 저장할 파일이름을 입력하면 확장자가 .png라는 이름으로 저장이 되도록 아래와 같이 작성한다. 파일이름을 지정하기 위해 join을 이용하여 이름과 확장자(.png)를 결합한다. 파일이름을 "/입력한 파일이름.png"로 저장시킨다.

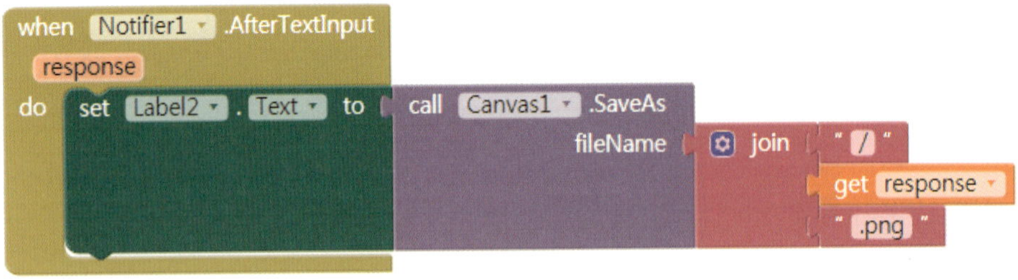

(9) 사진 위에 글자 입히기

Canvas1을 터치한 자리에 입력한 글자를 입력한 각도만큼 기울여서 표시하도록 하기 위해 전역변수로 cx, xy를 0으로 초기화한다. 캔버스를 터치하면 터치한 현재의 x좌표값을 cx, y좌표값을 cy에 저장한다.

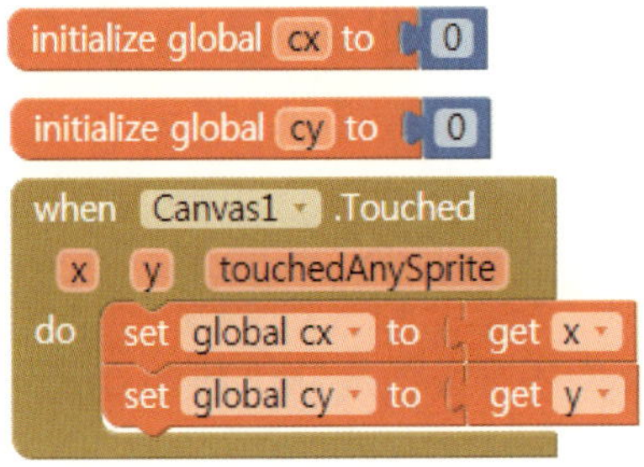

'글자입히기' 버튼을 클릭하면 캔버스의 글자크기를 20으로 지정하고 캔버스 위에 글자를 그려준다. Canvas1의 [DrawTextAtAngle] 이벤트의 [Text]에는 캔버스 위에 나타날 글자, 즉 입력한 글자가 저장되어 있는 텍스트상자 '글자표시.Text'값을 연결시키고, 글자를 그릴 x, y의 위치는 글자가 나타날 위치 좌표값이 저장되어 있는 cx, cy값을 연결시킨다. [angle]에는 입력한 각도값이 저장되어 있는 텍스트상자 '각도.Text'값과 연결시키면 된다.

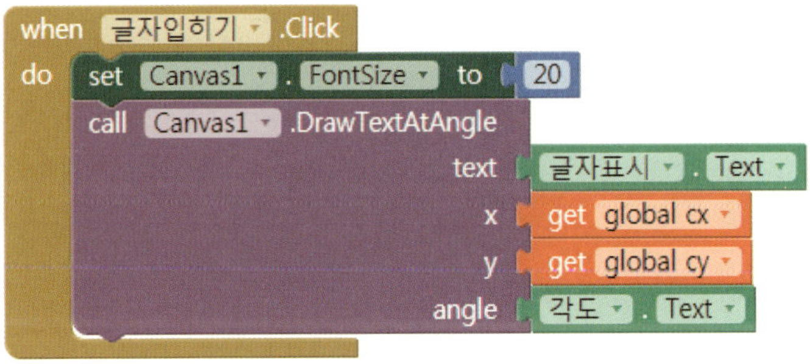

(10) 사진을 SNS에 공유

[Social] 팔레트의 [Sharing] 컴포넌트를 이용하여 작성하면 된다. SNS '공유' 버튼을 누르면 공유할 파일을 선택하여 공유한다. 캔버스의 그림을 공유하기 위해서 Canva1.Save를 지정한다.

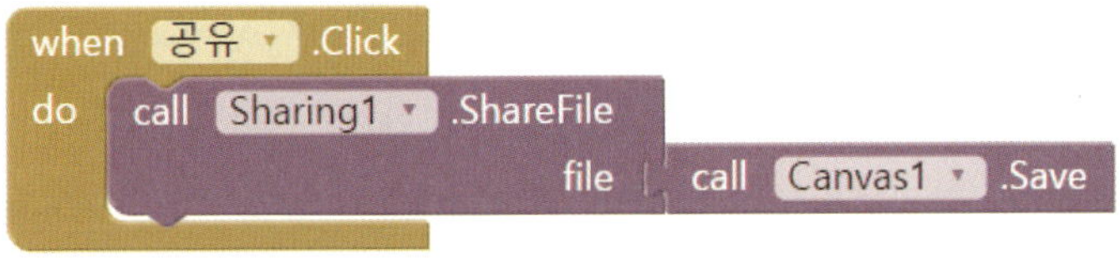

2 그림의 이동 관련 앱

게임에서 많이 이용하는 방법으로 시간이 지남에 따라 스프라이트를 이동시키려면 [ImageSprite]나 [Ball] 컴포넌트에 있는 MoveTo 프로시저를 사용하고 타이머 이벤트를 사용하려면 [Clock] 컴포넌트를 사용하면 된다. [Clock] 컴포넌트에는 [TimerInterval] 속성이 있는데 밀리초(1/1000초) 단위로 시간간격을 설정하므로 500으로 지정하면 0.5초마다 발생한다.

스프라이트는 캔버스 위에 놓인 그래픽물체로 [Ball]과 [ImageSprite] 컴포넌트 모두 스프라이트이다. 두 컴포넌트는 모양만 다를 뿐 똑같으며 Ball은 색깔과 크기를 바꿀 수 있고, ImageSprite는 이미지 파일을 지정하여 어떤 모양이라도 만들 수 있다. 캔버스의 좌표값은 아래에 나타난 것처럼 y축값의 좌표가 제일 위에서 아래쪽 방향으로 값이 증가함에 주의해야 한다. 제일 아래의 왼쪽 좌표값은 (0, 0)이 아니고 (0, 320)가 된다.

이미지와 볼을 움직이려면 좌표값을 알아야 한다. 일정한 값만큼 이미지와 볼의 위치를 변경하거나 임의의 값(난수 발생)만큼 위치를 변경하면 이미지가 움직이는 것처럼 보일 것이다. 이때 현재의 위치에서 지정한 위치 혹은 임의의 위치로 반복하여 움직이도록 작성하기 위해 타이머를 이용하여 0.5초나 1초 간격으로 움직이도록 작성하면 된다.

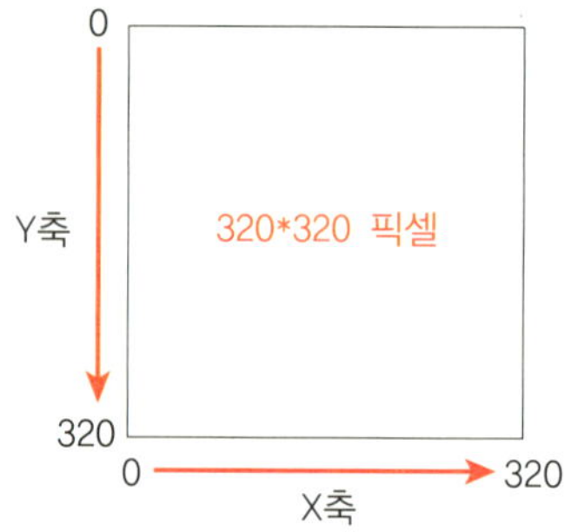

이미지 이동과 관련된 간단한 앱을 작성해본다. 이미지스프라이트(개구리)와 스프라이트 볼이 부딪히면 '으악'을 음성으로 읽고 점수가 1점 증가하는 이미지 이동 관련 앱을 작성해본다. 이미지스프라이트는 난수값만큼 x, y축으로 이동하고 스프라이트 볼은 x, y축으로 10씩 0.5초가 지날 때마다 움직이도록 작성한다. 시간을 감지하기 위해 [Sensors] 블록에 있는 [Clock] 컴포넌트를 사용하면 된다. [Clock] 컴포넌트의 [TimerInterval] 속성에서 값을 지정하면 된다. 500을 입력하면 0.5초를 의미한다. 즉 0.5초마다 스프라이트들이 움직이도록 작성한다.

2.1 필요한 컴포넌트

① 캔버스 위에 이미지스프라이트를 배치하기 위해 [Drawing and Animation] 팔레트의 [Canvas] 컴포넌트

② 캔버스 위에 배치시킬 [Drawing and Animation] 팔레트의 [Ball] 컴포넌트

③ 캔버스 위에 배치시킬 [Drawing and Animation] 팔레트의 [ImageSprite] 컴포넌트

④ '점수 :' 제목과 점수표시상자를 한 줄에 배치할 [Layout] 팔레트의 [HorizontalArrangement] 컴포넌트

⑤ '점수 :' 제목을 표시할 [User Interface] 팔레트의 [Label] 컴포넌트

⑥ 볼과 이미지가 부딪히면 점수가 증가하도록 점수를 표시할 [User Interface] 팔레트의 점수표시 [Label] 컴포넌트

⑦ 시간을 감지할 [Sensors] 팔레트의 [Clock] 컴포넌트

⑧ 볼과 이미지(개구리)가 부딪히면 음성으로 '으악'이라고 읽을 [Media] 팔레트의 [TextToSpeech] 컴포넌트

2.2 디자인 화면과 컴포넌트 구성요소, 속성 화면

디자인 화면	구성요소 화면	속성 화면
	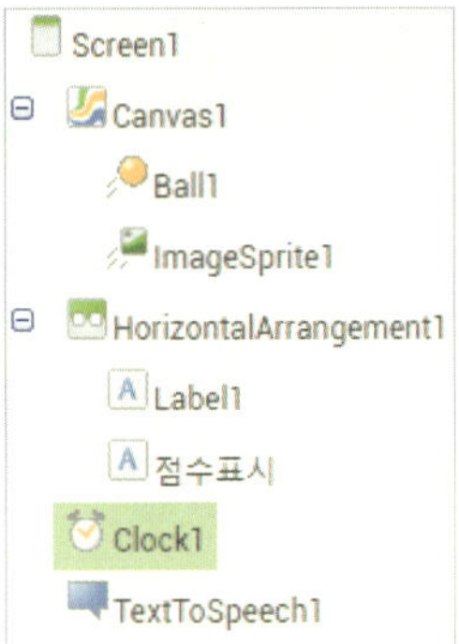	

① 먼저 캔버스의 크기를 변경한다. [Width]는 Fill, [Height]값은 85퍼센트로 변경한다.

② [Ball1]의 [PaintColor]값을 Red, [Radius]값을 10으로 변경한 후 적당한 위치에 배치한다.

③ [ImageSprite]의 [Picture] 속성값으로 개구리 이미지 파일을 업로드한 후 지정한다. 이미지는 임의의 그림을 사용하여 적당한 위치에 배치한다.

④ '점수 :' 제목을 표시하기 위해 [Label1]의 [Text] 속성에 '점수 :'를 입력한 후 점수표시 [Label]의 [Text] 속성값을 공백으로 지정한다. 점수값을 크게 표시하려면 [FontSize]값을 변경한다.

⑤ [Clock] 컴포넌트의 [TimerInterval] 속성값을 500으로 변경한다.

2.3 코드블록 작성

(1) 시간이 지나면 발생하는 이벤트(Timer) 작성

시간(0.5초)이 지남에 따라 빨강 볼은 X축, Y축으로 10씩 움직이고 개구리 이미지는 난수를 발생하여 X축, Y축 모두 1과 320 사이의 임의의 위치로 이동하도록 아래와 같이 코드를 작성한다. 볼과 개구리 이미지가 더 빨리 움직이게 하려면 [TimerInterval] 속성값을 변경하면 된다.

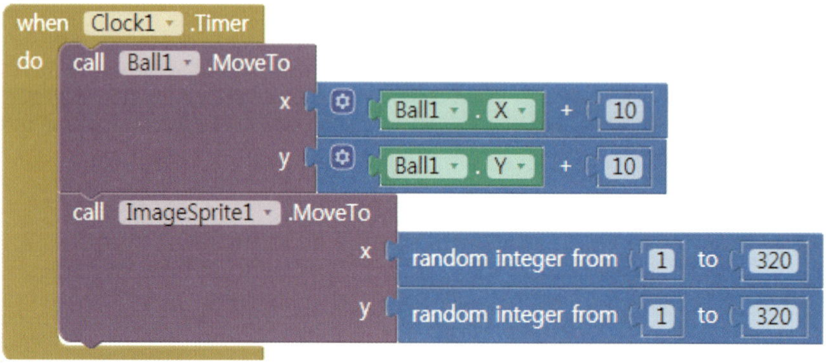

(2) 볼(Ball)이 다른 물체와 충돌하면 발생하는 충돌 이벤트 작성

볼이 개구리 이미지(other)와 충돌이 되면 [CollidedWith] 이벤트가 발생한다. 이 이벤트는 게임 앱에서 많이 활용하여 사용하는데 아래와 같이 충돌이 발생(볼과 개구리 이미지의 충돌)하면 볼의 색을 빨강에서 파랑으로 바꾸고 음성으로 "으악 부딪쳤다"를 읽어주고 점수를 1점씩 증가한 후 점수표시 레이블에 값을 표시한다. 점수를 표시해준 후 볼의 색을 다시 처음의 색인 빨강으로 변경한다. 먼저 점수가 저장될 전역변수 점수에 0의 값으로 초기화를 시킨 후 아래와 같이 코드를 작성한다.

(3) 스프라이트가 경계 부분에 닿으면 발생하는 EdgeReached 이벤트

볼이 움직이다가 캔버스 경계에 닿으면 자동으로 경계를 확인하고 정지시킨다. 경계에서 멈추는 대신 왼쪽 위 (1, 1)에서 다시 시작하려면 [Ball1.EdgeReached] 이벤트를 실행하도록 작성하면 된다. x축값과 y축값을 1로 지정하여 볼을 x축 첫 위치, y축 첫 위치로 이동되도록 MoveTo를 이용하여 움직인다.

(4) 앱 종료

개구리 이미지를 터치하면 앱이 종료되도록 아래와 같이 작성한다.

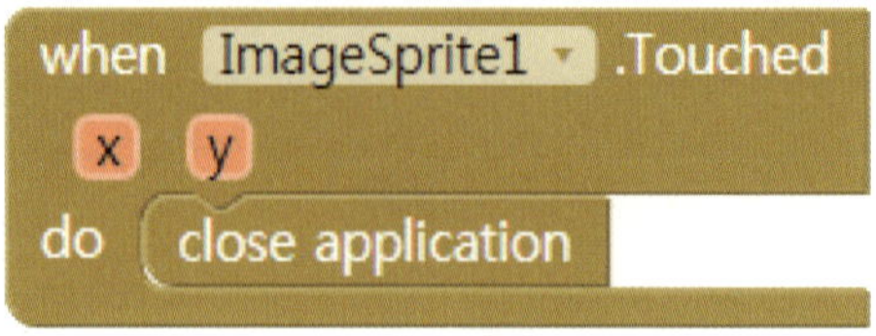

3 방향센서를 이용한 나침판 앱

방향센서 컴포넌트인 [OrientationSensor]를 이용해 현재 스마트폰이 기울이는 방향을 측정할 수 있다. 스마트폰이 향하는 방향을 측정할 때 사용하는 방향센서로 0~360도 사이의 값을 갖는다. 방위각은 북점을 기준으로 시계방향으로 측정한 값으로 방위각이 90도이면 동쪽을 향하고 있는 것으로 폰의 나침판 모양은 아래 표의 두 번째 모양과 같다. 방향센서를 이용해서 나침판을 회전시켜 방향센서가 가리키는 방향과 나침판 그림의 방향을 맞추어 나침판 앱을 작성한다. 이때 그림이 이동하기 위해서는 [ImageSprite] 컴포넌트를 이용해야 하므로 [Canvas] 컴포넌트 안에 넣어 작성한다.

[표 10-1] 방위각과 나침판 모양

북쪽: 방위각 0, 방향 0	북쪽: 방위각 90, 방향 90	북쪽: 방위각 180, 방향 180	북쪽: 방위각 270, 방향 270
	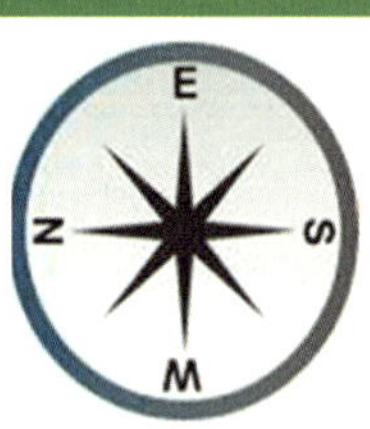		

3.1 필요한 컴포넌트

① 나침판 그림을 넣기 위한 [Drawing and Animation] 팔레트의 [Canvas] 컴포넌트

② 나침판 이미지를 표시할 [Drawing and Animation] 팔레트의 나침판그림 [ImageSprite] 컴포넌트

③ 방향을 읽어들이기 위한 센서인 [Sensors] 팔레트의 나침판센서 [OrientationSensor] 컴포넌트

3.2 디자인 화면과 컴포넌트 구성요소, 속성화면

디자인 화면	구성요소 화면	속성 화면
	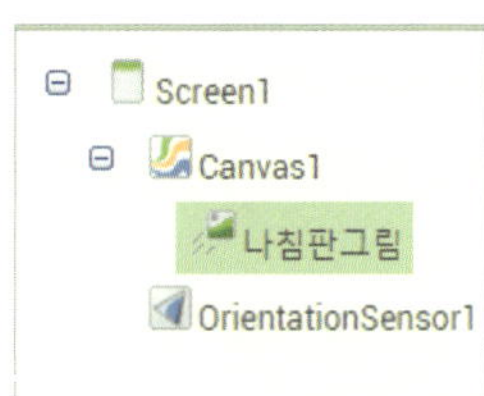	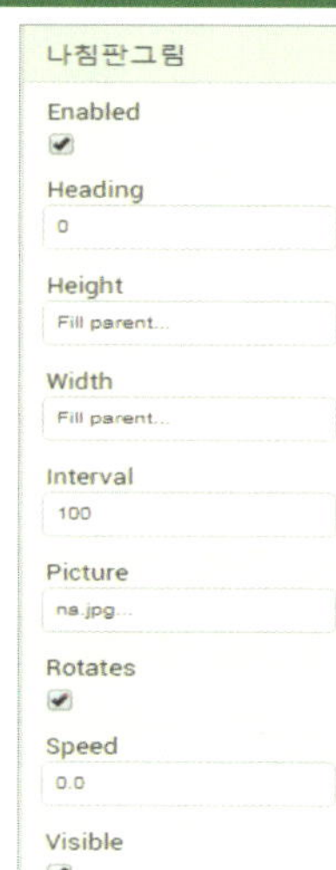

① 나침판의 위치를 정하기 위해 [Canvas] 컴포넌트의 높이와 폭을 모두 Fill parent로 설정한다.

② [Canvas] 컴포넌트 안에 [ImageSprite] 컴포넌트를 배치한 후 [Picture] 속성에서 나침판의 이미지를 지정한다.

③ 나침판 이미지가 회전할 수 있도록 [ImageSprite] 컴포넌트의 속성 중 [Rotates] 속성이 체크되어 있는지 확인한다.

3.3 코드블록 작성

(1) 앱 초기화

나침판 그림의 위치를 정중앙으로 놓기 위해 나침판의 X값과 Y값을 모두 (전체 화면 크기－나침판 크기)/2를 하여 정중앙에 배치되도록 한다. 즉 X축값은 [Width] 속성을 이용하고, Y값은 [Height] 속성을 이용하여 중앙에 배치되도록 한다.

(2) 센서값이 바뀔 때 코드블록

방향을 전환하면 센서의 방향도 바뀌게 된다. 이때 센서로부터 받아오는 방위각(azimuth)을 나침판 그림의 꼭지점방향과 일치시켜서 나침판이 돌아가듯 제어한다. 이때 방위각은 항상 북쪽을 기준으로 0°에서 시계방향으로 360°로 계산하게 된다.

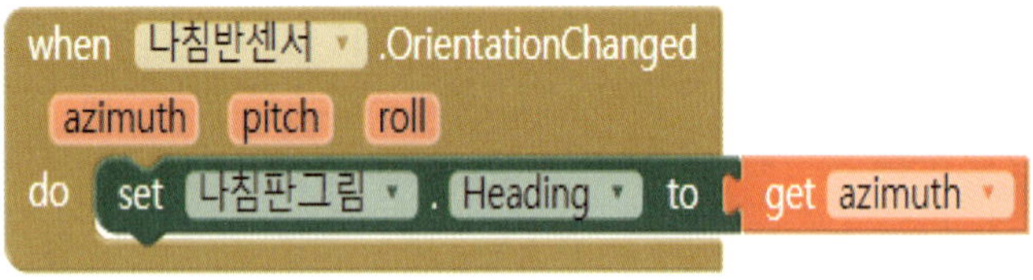

CHAPTER 11

GPS를 이용한 위치추적 앱 작성

1. GPS의 개념과 종류
2. 길 찾기 혹은 자동차 위치추적
3. 경계지역 벗어나면 자동으로 전화걸기

CHAPTER

11 GPS를 이용한 위치추적 앱 작성

1 GPS의 개념과 종류

GPS(Global Positioning System)는 GPS 위성에서 보내는 신호를 수신해 사용자의 현재 위치를 계산하는 위성항법시스템을 의미한다. GPS 수신기는 세 개 이상의 GPS 위성으로부터 송신된 신호를 수신하여 위성과 수신기의 위치를 결정한다. 위성에서 송신된 신호와 수신기에서 수신된 신호의 시간차를 측정하면 위성과 수신기 사이의 거리를 구할 수 있는데, 이때 송신된 신호에는 위성의 위치에 대한 정보가 들어있다. 최소한 세 개의 위성과의 거리와 각 위성의 위치를 알게 되면 수신기의 위치를 계산할 수 있다. 그러나 시계가 완전히 정확하지 않기 때문에 오차를 보정하고자 보통 네 개 이상의 위성을 이용해 위치를 결정한다.*

GPS 데이터는 위도, 경도, 해발정보로 구성되는데 위도는 적도를 중심으로 얼마나 북쪽 또는 남쪽으로 떨어져 있는지를 나타낸다. 북쪽은 양수, 남쪽은 음수로 표현하며 범위는 −90부터 90까지이다. 경도는 본초 자오선을 기준으로 동쪽 또는 서쪽으로 얼마나 떨어져 있는지 나타내는 위치이며 값의 범위는 −180(서쪽)부터 180(동쪽)까지이다. 고

* https://ko.wikipedia.org/wiki/GPS

도는 해수면 따위를 0으로 하여 측정한 대상 물체의 높이를 말한다.

스마트기기에 GPS 기능이 기본적으로 탑재되면서 이를 활용한 다양한 서비스들을 이용할 수 있다. 스마트폰을 분실했을 때나 친구의 위치를 알고 싶을 때 위치추적시스템을 이용할 수도 있고, 현재 위치에서 가장 가까운 도서관, 주유소, 맛집 등을 검색할 때 이용할 수도 있다. 교통정보나 할인정보를 찾을 때도 유용하게 쓸 수 있는데 스마트폰에 탑재되는 GPS의 방식은 크게 두 가지로 나눌 수 있다.

첫 번째 방법인 위성신호에만 의존하는 방식인 SGPS(Stand-alone GPS)는 정확한 위치를 잡을 수 있다는 장점이 있지만 초기 기동이 느린 단점과 기기에 지도가 내장되어 있어야 하며 실내에서 작동하지 않는 단점이 있다. 따라서 서버접속 없이 단독으로 위성과 통신하는 GPS로 차량용 내비게이션 등 데이터 송·수신이 필요하지 않는 기기에 활용한다.

두 번째 방법인 인터넷 망을 이용하여 보조를 받는 방식인 AGPS(Assisted GPS)는 초기 기동이 빠르고, 실내에서도 작동하며 인터넷 지도를 이용할 수 있는 장점이 있지만 지도를 다운받는 데 데이터 사용량이 발생한다는 단점이 있다. AGPS는 네트워크에 위치한 서버로 위성의 현재 데이터를 수신하며 스마트폰 등 데이터 송·수신이 가능한 기기에 적용하여 사용한다. 대부분 세 개 이상의 위성과 시야가 뚫려 있어야만 위치를 읽어올 수 있다. 사용자가 GPS를 꺼둔 경우에 와이파이 영역 안에 있는 경우 안드로이드폰은 무선네트워크를 통해 위치를 알아낸다. 와이파이는 와이파이 얼라이언스(Wi-Fi Alliance)의 상표명으로 기본적으로 인터넷에 데이터를 전달해주는 기능을 하는 AP(액세스 포인트)와 노트북이나 스마트폰과 같이 사용자가 서비스를 받는 단말기 간의 통신이다. 스마트폰의 와이파이를 지원하는 클라이언트 기기는 부채꼴 모양의 아이콘으로 신호를 표시한다.

2 길 찾기 혹은 자동차 위치추적

GPS의 기능을 이용하여 현재의 위치에서 이전에 저장해 놓은 장소의 위치를 추적하는 앱을 작성해본다. 처음 가는 장소의 길을 찾을 때 혹은 주차한 자동차의 위치를 추적하는 데 사용할 수 있다. 앱을 실행시키고 화면의 '현재위치 저장' 버튼을 누르면 GPS를 통해 현재 장소의 경도와 위도 좌표가 저장된다. 위치를 저장해 놓은 후 쇼핑이나 볼일을 보고 앱을 다시 실행시키면 현재 자신이 위치한 곳에서부터 저장해 놓은 장소까지 방향을 지시해준다. 잘 모르는 장소에 갈 때 혹은 주차한 차의 위치를 추적할 때 이 앱을 실행시켜 현재의 위치를 저장해 놓은 후 다시 돌아갈 때 길을 안내받을 수 있다.

2.1 필요한 컴포넌트

'현재위치의 주소', 'GPS값', '기억한 장소 주소', '기억한 장소 GPS :', ','를 표시할 제목 레이블 4개, 현재위치의 주소와 기억한 장소의 주소를 표시할 레이블 2개, 현재위치와 경도를 표시할 2개의 레이블, 위도와 경도 구분을 위한 콤마를 표시할 1개의 레이블, 기억한 장소의 위도와 경도값을 표시할 2개의 레이블, 기억한 장소의 위도와 경도 구분을 위한 콤마를 표시할 1개의 레이블로 총 12개의 [Label] 컴포넌트와 두 개의 [Button], [LocationSensor], [TinyDB], [WebView] 컴포넌트가 필요하다.

① '현재위치의 주소 :' 제목을 표시할 [User Interface] 팔레트의 [Label] 컴포넌트

② 현재의 주소를 표시할 [User Interface] 팔레트의 '현재주소표시' [Label] 컴포넌트

③ 현재 위치의 주소 제목과 현재 주소를 표시할 2개의 레이블을 한 줄에 정렬하기 위한 [Layout] 팔레트의 [HorizontalArrangement] 컴포넌트

④ 'GPS 값 :' 제목을 표시할 [User Interface] 팔레트의 [Label] 컴포넌트와 현재 위치의 위도값을 표시할 '현재위치위도값' [Label] 컴포넌트

⑤ 현재 위치의 경도값을 표시할 [User Interface] 팔레트의 '현재위치경도값' [Label] 컴포넌트

⑥ 'GPS 값 :'과 현재 위치의 위도, 경도를 표시할 4개의 레이블을 한 줄에 정렬하기 위한 [Layout] 팔레트의 [HorizontalArrangement] 컴포넌트

⑦ 현재의 위치를 저장할 [User Interface] 팔레트의 '현재위치저장' [Button] 컴포넌트

⑧ '기억한 장소 주소 :' 제목을 표시할 [User Interface] 팔레트의 [Label] 컴포넌트

⑨ 기억한 장소의 주소를 표시할 [User Interface] 팔레트의 '기억장소값' [Label] 컴포넌트

⑩ '기억한 장소 주소 :', 기억한 장소 주소값을 표시할 2개의 레이블을 한 줄에 정렬하기 위한 [Layout] 팔레트의 [HorizontalArrangement] 컴포넌트

⑪ '기억한 장소 GPS :' 제목을 표시할 [User Interface] 팔레트의 [Label] 컴포넌트와 기억한 장소의 위도값과 경도값을 표시할 4개의 레이블을 한 줄에 정렬하기 위한 [Layout]

팔레트의 [HorizontalArrangement] 컴포넌트

⑫ [User Interface] 팔레트의 '여기에서 기억한 곳까지 방향을 보여주기' [Button] 컴포넌트

⑬ 현재의 주소와 위치, 경도값을 표시해줄 [Sensors] 팔레트의 위치센서 [LocationSensor] 컴포넌트

⑭ 구글 지도를 표시해줄 [User Interface] 팔레트의 [WebViewer] 컴포넌트

⑮ 현재의 위치값을 폰에 저장시키기 위한 [Storage] 팔레트의 [TinyDB] 컴포넌트

2.2 디자인 화면과 컴포넌트 구성요소, 속성 화면

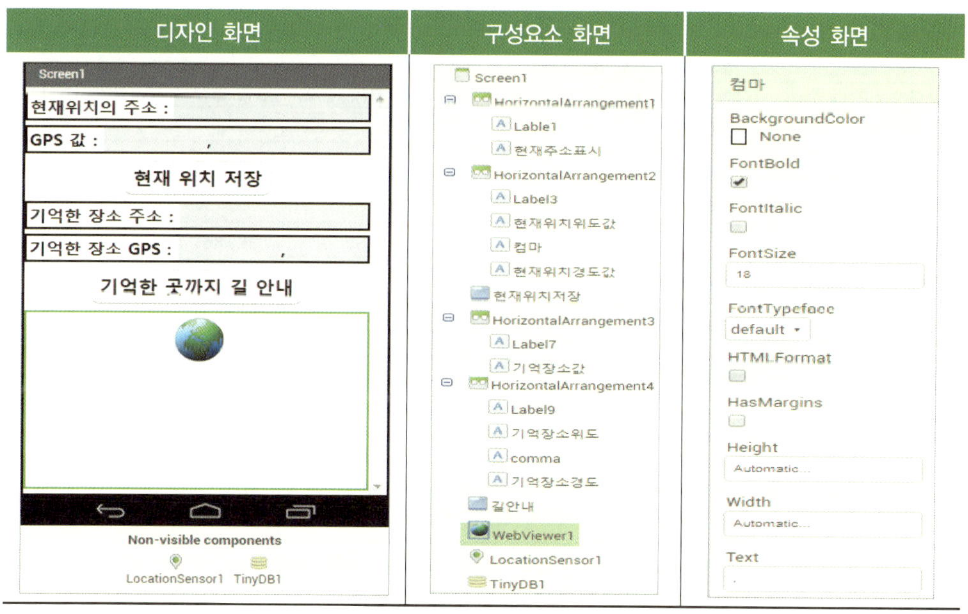

① 4개의 [HorizontalArrangement1] 컴포넌트 안에 모든 컴포넌트들을 배치한 후 총 12개의 레이블 컴포넌트의 [Text] 속성값을 변경한다. 제목을 표시해야 할 경우는 레이블 컴포넌트의 [Text] 속성에서 표시할 제목을 입력하고 아무런 값도 나타나지 않아야 하는 레이블인 경우 [Text] 속성값을 비워둔다. 위도와 경도값 구분을 위한 컴마를 표시할 두 개의 레이블의 [Text] 속성값을 ','로 지정한다.

② 2개의 버튼의 [Text] 속성값을 '현재 위치 저장', '기억한 곳까지 길 안내'로 변경을 한다.

2.3 코드블록 작성

[LocationSensor]가 위치를 읽어내면 위치정보를 CurrentLat(위도) 레이블, CurrentLong(경도) 레이블에 표시한다. 사용자가 GPS를 작동하기 시작하고 버튼을 눌러 이전의 자신의 위치나 차의 위치를 저장시킬 수 있다. 사용자가 '현재 위치 저장' 버튼을 누르면 현재 위치를 '기억한 장소 주소 :' 제목 옆 레이블에 표시해준다. 앱을 종료한 뒤 다시 실행시켜도 저장한 위치정보를 기억할 수 있도록 데이터베이스에 저장한다. 사용자가 '길안내' 버튼을 누르면 [WebViewer] 컴포넌트를 통하여 구글 지도를 띄우고 기억해 둔 위치로 사용자를 안내한다.

현재 위치 표시

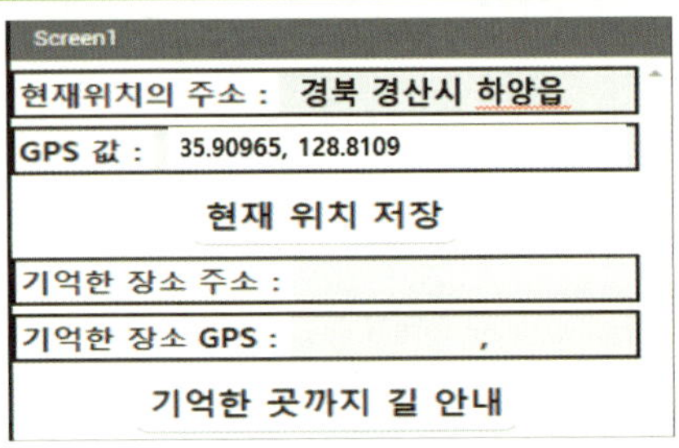

'현재 위치 저장' 버튼 클릭 후

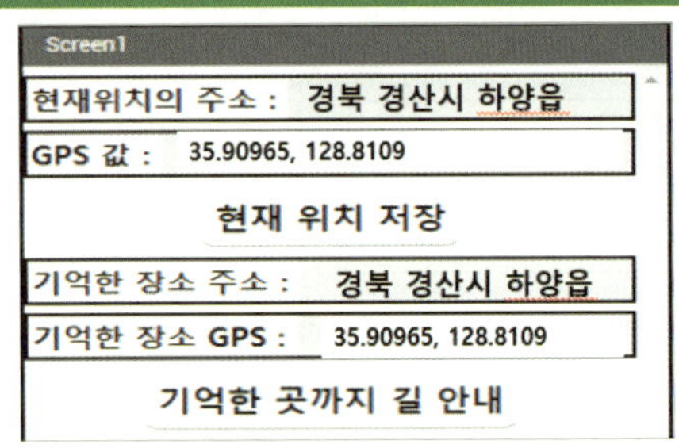

위치이동 후 '기억한 곳까지 길 안내' 버튼 클릭한 경우

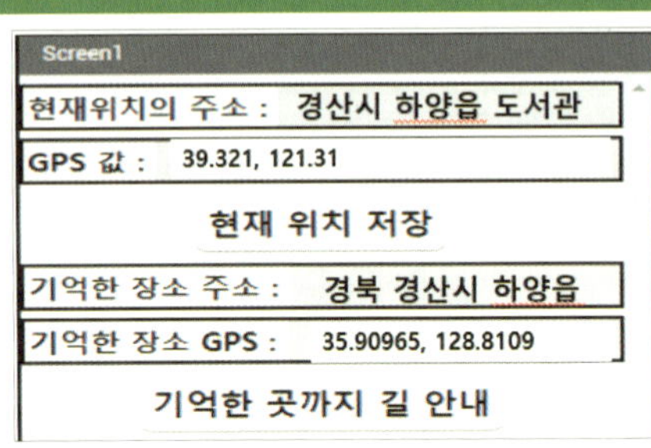

(1) 앱 초기화

초기화 작업에서는 현재의 위치와 위도, 경도를 '모름'과 0으로 초기화시켜야 한다. 앱을 실행시키면 처음에는 주소가 없으므로 '모름'으로 표시하고 위도와 경도값도 0으로 초기화시켜 놓은 후 '현재 위치 저장' 버튼을 누르면 현재 위치의 위도와 경도값을 저장시켜야 한다.

'기억한 곳까지 길 안내' 버튼, 즉 '길안내' 버튼을 처음에는 사용하지 못하도록 설정을 한다. 기억장소 주소와 기억장소 위도, 경도값이 스마트폰에 저장되어 있는 경우 저장된 값들을 각각의 레이블에 표시를 하고 만약에 저장된 값이 없으면 각각의 레이블에 0이 표시된다. 앱을 만든 후 처음 실행한 경우에는 저장된 값이 없으므로 기억장소주소표시 레이블에는 '모름'이 표시되고 기억장소위도와 기억장소경도 레이블에는 0이 표시된다. 만약에 기억장소값이 '모름'과 같지 않으면 저장된 값이 있는 경우이므로, 즉 기억한 장소값이 있는 경우이므로 '길안내' 버튼을 사용할 수 있도록 활성화시킨다.

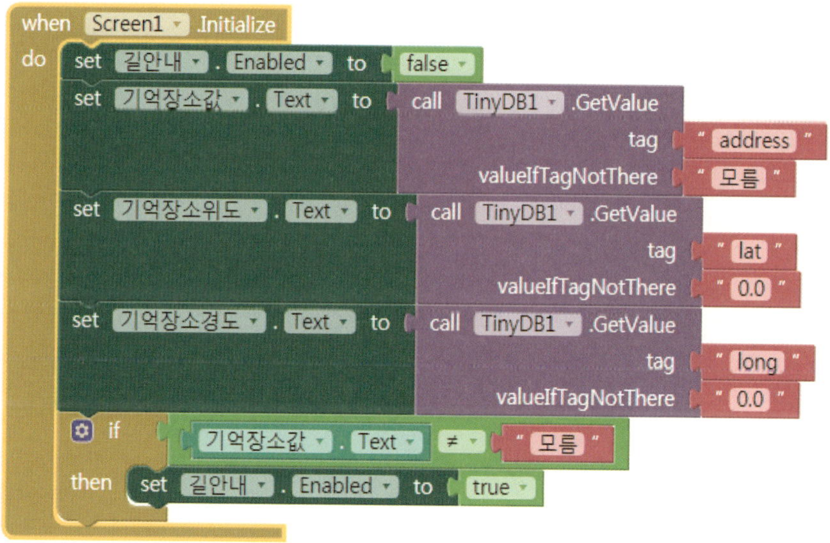

(2) LocationSensor1.LocationChanged 이벤트

[LocationSensor1.LocationChanged] 이벤트는 GPS가 처음 폰의 위치를 감지했을 때와 이후 폰의 위치가 바뀔 때마다 발생한다. 가끔 처음 위치를 감지하는 데 몇 초가 걸릴 수 있으며 폰과 GPS 위성 사이가 막혀 있거나 자신의 폰의 GPS가 꺼져 있으면 감지하지 못한다. 아래와 같이 [LocationSensor1.LocationChanged] 이벤트에는 Latitude와 Longitude, Altitude라는 매개변수가 있다. 이들 매개변수의 이름 위에 마우스를 갖다 놓으면 [get] 블록을 이용하여 읽어올 수가 있다. 위치센서가 현재의 위치가 변경이 되면 현재 주소 레이블에 현재의 주소(LocationSensor1.CurrentAddress)를 지정하여 아래와 같이 표시한다. LocationSensor

가 현재 위치를 읽어내면 위치정보를 Latitude(위도)와 Longitude(경도)에 각각 위도값과 경도값을 저장시킨다. 따라서 '현재위도값' 레이블에는 [get latitude]를 지정하고 '현재위치경도값' 레이블에는 [get longitude]를 지정하여 각각 35.90965, 128.8109값을 표시한 후 '현재위치저장' 버튼을 활성화시킨다.

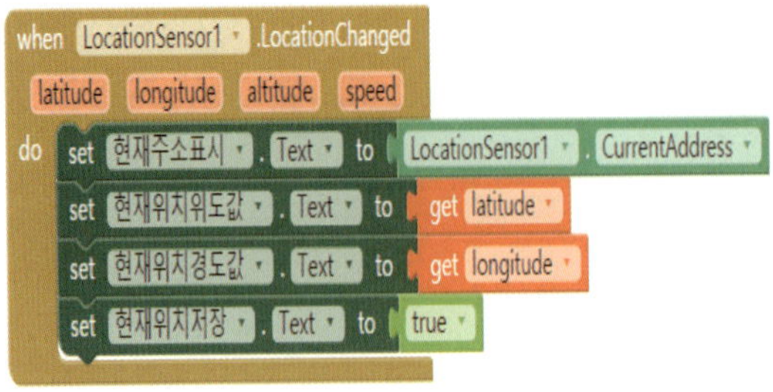

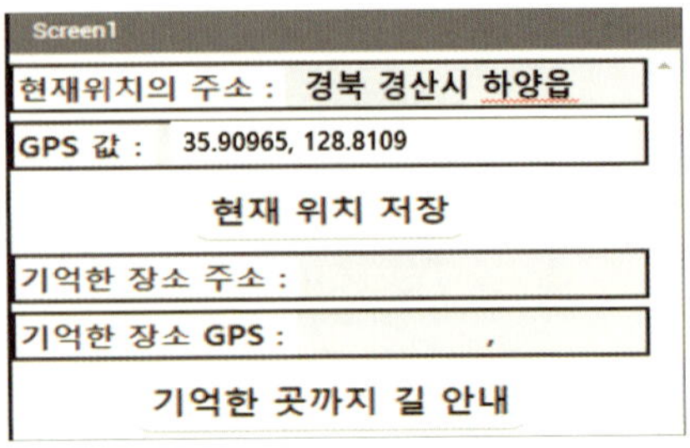

(3) '현재위치저장' 버튼 클릭 이벤트

현재위치를 기억하기 위해서 '현재위치저장' 버튼을 클릭한 경우 현재의 주소값이 저장되어 있는 [LocationSensor1.CurrentAddress] 값을 '기억장소값' 레이블에 표시하고 현재의 위도값이 저장되어 있는 [LocationSensor1.Latitude]값을 '기억장소위도' 레이블에 표시한다. 현재의 경도값이 저장되어 있는 [LocationSensor1.Longitude]값을 '기억장소경도' 레이블에 표시한 후 '길안내' 버튼을 활성화시킨다. 앱을 종료하여도 현재의

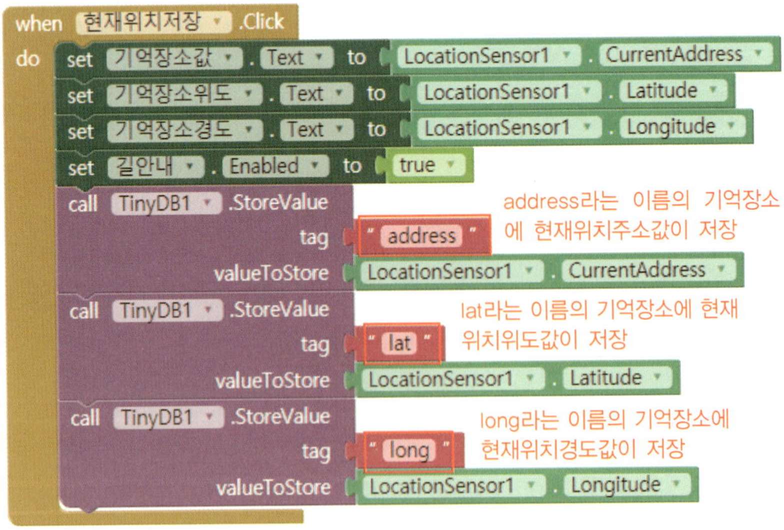

위치를 저장한 값을 기억해 놓아야 하므로 [TinyDB]를 이용하여 스마트폰에 현재위치의 주소는 [address] 태그에 저장시키고 위도값은 [lat] 태그에 저장한다. 경도값은 [long] 태그에 저장한다. 앱을 종료하여도 현재의 위치를 스마트폰에 저장하였으므로 다시 앱을 실행시키면 저장해 놓은 위치를 읽어올 수가 있다.

(4) 길안내 버튼 클릭 이벤트

[WebViewer]를 실행시켜 구글 지도를 이용하여 안내를 해준다. 길을 안내할 주소는 현재의 위치에서 이전에 저장해 두었던 위치까지 길안내를 해야 하므로 출발 주소는 현재 위치의 주소정보값을 지정하면 되고 도착 주소는 이전에 저장해 놓았던 주소정보를 지정하면 된다. 따라서 "http://maps.google.com/maps?saddr=" 뒤에는 현재 위치의 위도, 경도의 값이 표시되는 '현재위치위도값'과 '현재위치경도값' 레이블을 지정하면 된다. 위도와 경도를 콤마로 구분해야 하므로 [join] 블록을 이용하여 결합시켜준다.

"&daddr=" 뒤에는 도착지 주소, 즉 저장해 놓은 주소를 지정하면 되므로 기억한 값이 저장되어 있는 '기억장소위도', '기억장소경도' 레이블값을 연결하면 된다.

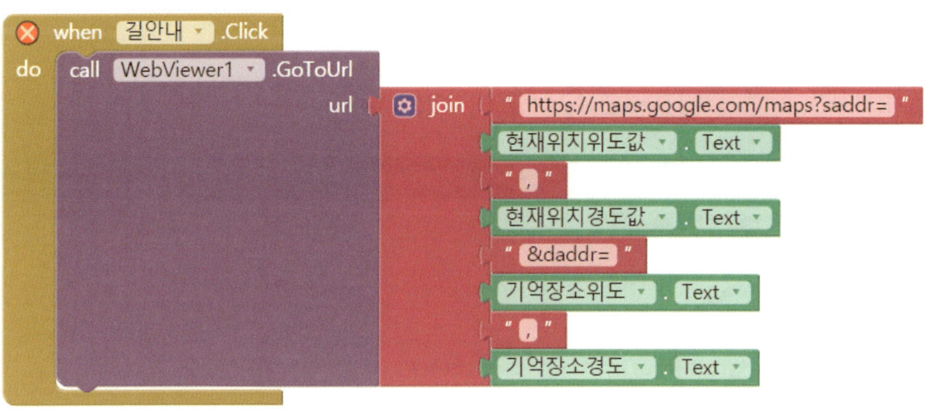

3 경계지역 벗어나면 자동으로 전화걸기

[LocationSensor.LocationChanged] 이벤트는 GPS센서가 위치를 처음 받아올 때와 이동한 새로운 위치정보를 받아올 때마다 발생한다. 이 이벤트가 발생하기 전까지는 LocationSensor 속성이 유효한 값을 가지고 있지 않은 상태가 된다. 만일 허용된 지역에서 일정거리 이상을 벗어나면, 즉 경계위치를 벗어나면 보호자에게 자동으로 경고문자를 보낸 후 전화가 가도록 하는 앱을 작성해본다.

3.1 필요한 컴포넌트

① '영역을 벗어나면 보호자에게 자동전화걸기' 설명을 표시할 [User Interface] 팔레트의 [Label] 컴포넌트

② 전화 모양의 이미지를 표시할 [User Interface] 팔레트의 [Image] 컴포넌트

③ 현재의 주소와 위치, 경도값을 표시해줄 [Sensors] 팔레트의 위치센서 [LocationSensor] 컴포넌트

④ 전화를 걸기 위한 [Social] 팔레트의 [PhoneCall] 컴포넌트

⑤ 문자를 보내기 위한 [Social] 팔레트의 [Texting] 컴포넌트

3.2 디자인 화면과 컴포넌트 구성요소, 속성 화면

<table>
<tr><th>디자인 화면</th><th>구성요소 화면</th><th>속성 화면</th></tr>
<tr><td>
</td><td>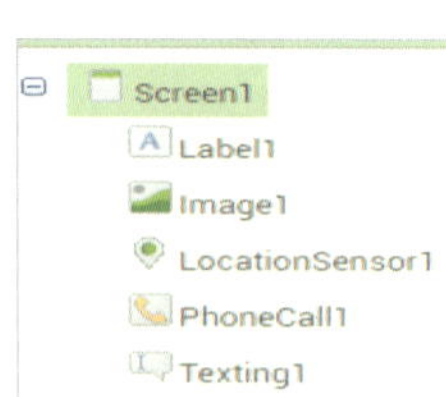
</td><td>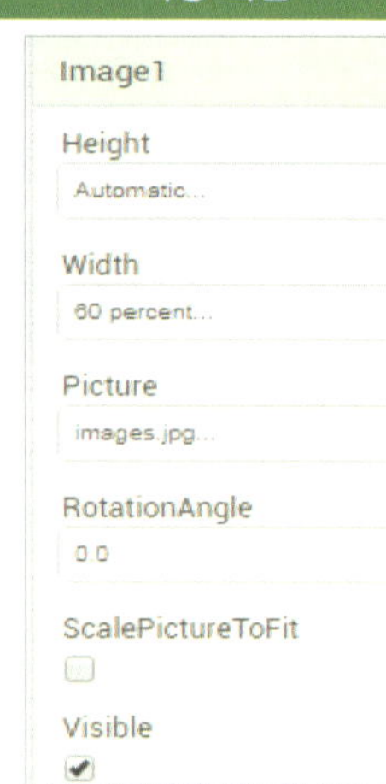
</td></tr>
</table>

3.3 코드블록 작성

본초 자오선을 기준으로 동쪽과 서쪽으로 0.2만큼 떨어진 곳을 경계로 삼고 경계를 벗어나면 지정한 번호로 문자를 보낸 후 전화를 건다. 혹시 전화를 받지 못할 상황일 수도 있으므로 문자 전송과 전화걸기 작업을 모두 실행시키도록 아래와 같이 코드를 작성한다.

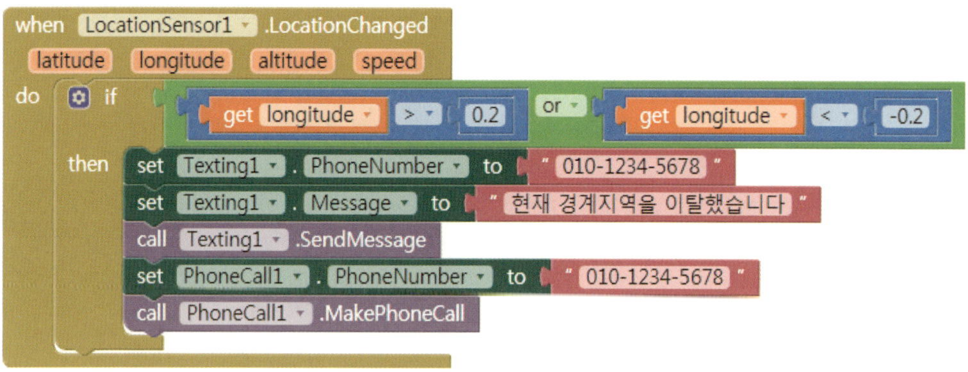

지정한 번호(010-1234-5678)로 "현재 경계지역을 이탈했습니다"라는 내용으로 문자를 보낸 후 지정한 번호(010-1234-5678)로 전화를 건다.

CHAPTER 12

프로시저

1. 프로시저 개념과 종류
2. 다양한 캐릭터를 이용한 게임 앱 작성
3. 강 건너기 게임

CHAPTER

12 프로시저

1 프로시저 개념과 종류

프로시저(Procedure)는 일반적인 어떤 행동을 수행하기 위한 일련의 작업순서를 말하는데, 프로그래밍에서는 루틴이나 서브루틴 및 함수와 같은 뜻이다. 하나의 프로시저는 특정 작업을 수행하기 위한 프로그램의 일부이다. 중복되는 명령을 프로시저로 작성한 후 필요할 때마다 프로시저를 호출하여 사용할 수 있다. 프로시저는 프로그램 코드가 중복되는 것을 막아주어 오류가 발생할 가능성을 크게 줄여준다.

사용하는 방법은 [Procedure] 그룹에서 필요한 프로시저 블록을 끌어와서 사용하면 된다. 작성한 프로시저를 사용할 때에는 call 명령을 이용하여 호출하여 사용한다.

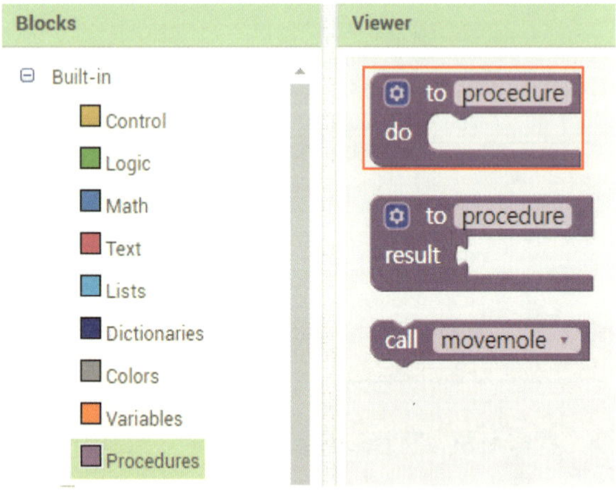

프로시저에는 자신을 호출한 곳으로 결과값을 돌려주는 to Procedure~result와 프로시저를 호출한 곳으로 결과값을 돌려주지 않는 to procedure~do가 있다. 두 과목의 성적을 입력받아 합을 각기 다른 프로시저로 구하는 간단한 앱을 작성해본다.

1.1 필요한 컴포넌트

① '영어', '컴퓨터', '총점?' 제목을 표시할 [User Interface] 팔레트의 [Label] 컴포넌트

② 영어 성적을 입력할 영어 [User Interface] 팔레트의 [TextBox] 컴포넌트

③ 컴퓨터 성적을 입력할 [User Interface] 팔레트의 컴퓨터 [TextBox] 컴포넌트

④ 총점결과를 표시할 [User Interface] 팔레트의 합표시 [Label] 컴포넌트

⑤ 총점을 계산할 [User Interface] 팔레트의 계산 [Button]과 총합 [Button] 컴포넌트

⑥ [Layout] 팔레트의 [TableArrangement] 컴포넌트를 이용하여 4행 2열로 지정한 후 각 컴포넌트를 배치

1.2 디자인 화면과 컴포넌트 구성요소, 속성 화면

디자인 화면	구성요소 화면	속성 화면
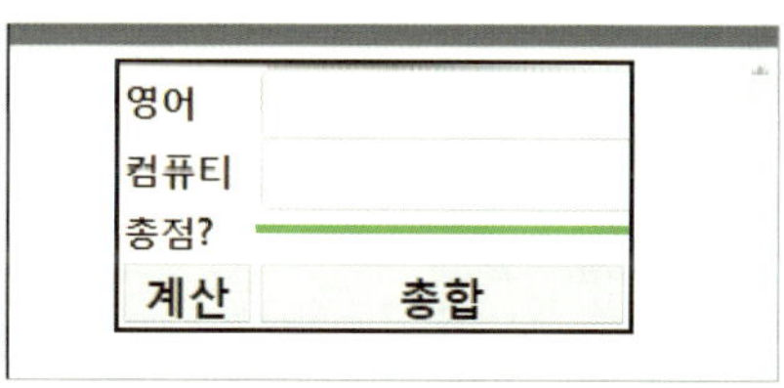		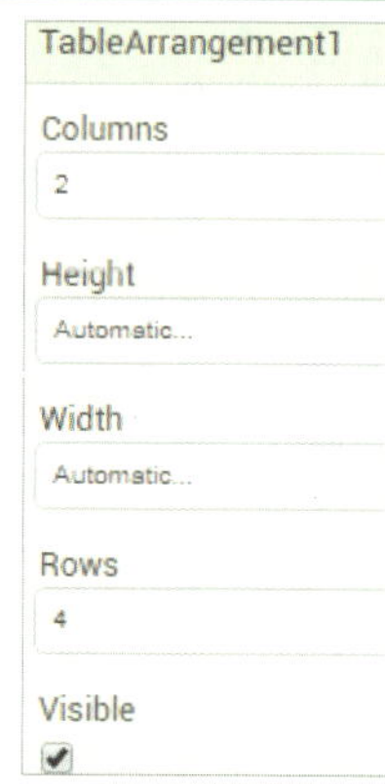

① [Label1], [Label2], [Label3]의 [Text] 속성에 각각 '영어', '컴퓨터', '총점?'을 입력한 후 영어, 컴퓨터 입력 [TextBox]의 [Hint] 속성값을 지운다. 총점결과가 표시될 합표시 [Label]의 [Text] 속성의 값을 지운 후 결과값이 크게 표시되도록 [Fontsize]값을 20으로 변경한다.

② 두 개 [Button]의 [Text] 속성값을 각각 '계산'과 '총합'으로 지정한다.

1.3 코드블록 작성

프로시저는 [Procedures]에서 작성할 수 있다. 아래와 같이 합 프로시저와 총합 프로시저를 작성한다. '계산' 버튼을 클릭하면 합 프로시저를 호출(call)한다. 합 프로시저를 호출할 때 입력한 영어성적은 x에 전달하고, 컴퓨터 성적은 x2에 전달한다. 합 프로시저에서는 전달받은 값들이 저장되어 있는 x와 x2의 값을 가져와서(get) 더하여 결과를 합표시 [Label] 컴포넌트에 표시한다. 합 프로시저를 호출한 곳으로 결과값을 돌려주지 않는다.

'총합' 버튼을 클릭하면 총합 프로시저를 호출(call)한다. 총합 프로시저를 호출할 때 입력한 영어성적은 x에 전달하고, 컴퓨터 성적은 x2에 전달한다. 총합 프로시저에서는 전달받은 값들이 저장되어 있는 x와 x2의 값을 더한 결과값을 표시하는 명령코드가 없다. x와 x2의 값을 가져와서(get) 더하여 결과를 별도의 컴포넌트나 변수도 사용하지 않고 result에 저장을 하여 호출한 [총합.Click] 이벤트로 결과값을 돌려준다. 즉 '총합' 버튼을 클릭하면 두 개의 인수 x, x2를 갖는 총합 프로시저는 두 개의 값을 더하여 결과를 result에 저장하여 호출한 블록으로 전달하여 '합표시' 레이블에 결과를 표시한다.

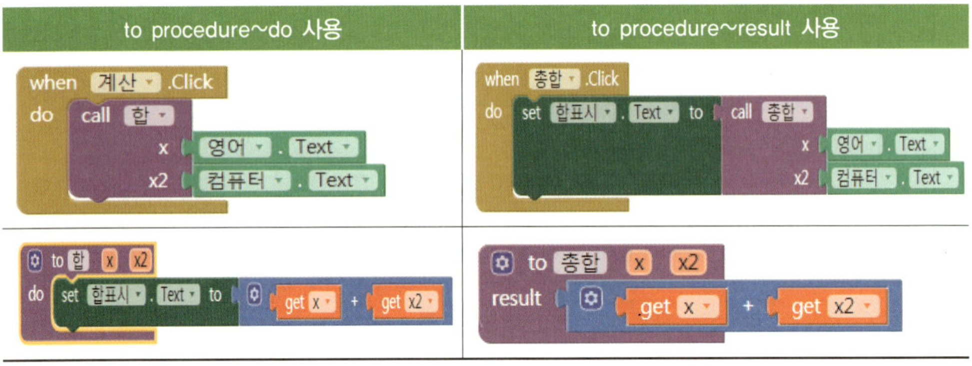

2 다양한 캐릭터를 이용한 게임 앱 작성

그림이 움직여야 하므로 [Canvas]와 [ImageSprite]를 사용해야 한다. 캔버스 위에서만 이미지스프라이트가 돌아다닐 수 있다는 것에 주의해야 한다. 다양한 캐릭터를 이용한 게임 앱을 작성해본다. 먼저 게임에 사용할 두더지 이미지와 구멍 이미지, 즉 [ImageSprite] 7개를 캔버스 위에 배치시킨다. 움직임을 제어하기 위해 [Clock] 컴포넌트를 이용하여 시간이 지나면 두더지가 이동할 수 있도록 한다. 두더지를 잡으면 점수를 올려주어야 하므로 점수에 사용할 [Label] 컴포넌트를 사용한다. 두더지를 터치할 때 발생하는 음을 재생하기 위해 [Sound] 컴포넌트를 이용한다. 캔버스는 게임 화면으로 사용하고 이미지스프라이트는 캔버스 위로 드래그해야 배치된다. 다른 캐릭터 사용 [ListPicker]를 이용하여 두더지가 아닌 다른 캐릭터를 선택하여 게임을 할 수가 있다. 여기서는 3개의 다른 캐릭터를 목록에서 선택할 수 있도록 한다.

2.1 필요한 컴포넌트

① 이미지스프라이트를 배치시킬 [Drawing and Animation] 팔레트의 [Canvas] 컴포넌트

② 6개의 구멍 이미지에 사용될 [Drawing and Animation] 팔레트의 구멍1~구멍6 [ImageSprite] 컴포넌트

③ 두더지 이미지에 사용될 [Drawing and Animation] 팔레트의 두더지 [ImageSprite] 컴포넌트

④ 두더지 이외의 다른 캐릭터를 선택할 수 있도록 [User Interface] 팔레트의 [ListPicker] 컴포넌트

⑤ 'Score :' 제목을 표시할 [User Interface] 팔레트의 [Label] 컴포넌트

⑥ 두더지 잡은 개수를 계산할 [User Interface] 팔레트의 점수 [Label] 컴포넌트

⑦ 두더지를 잡으면 효과음을 재생하기 위해 [Media] 팔레트의 [Sound] 컴포넌트

⑧ 타이머를 작동시킬 [Sensors] 팔레트의 [Clock] 컴포넌트

⑨ 정렬을 위한 [Layout] 팔레트의 [HorizontalArrangement], [User Interface] 팔레트의 종료 [Button] 컴포넌트

2.2 디자인 화면과 컴포넌트 구성요소, 속성 화면

디자인 화면	구성요소 화면	속성 화면
	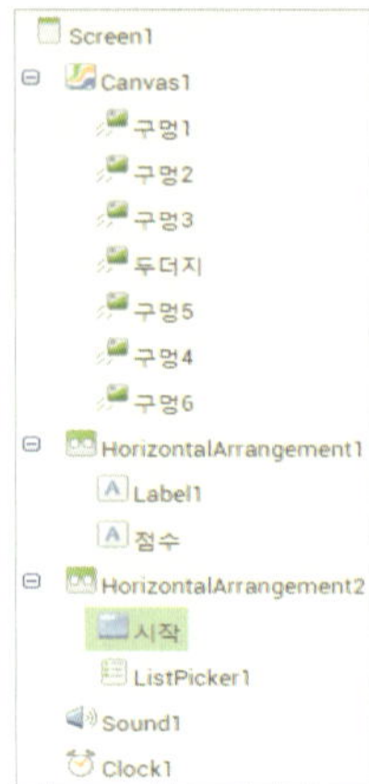	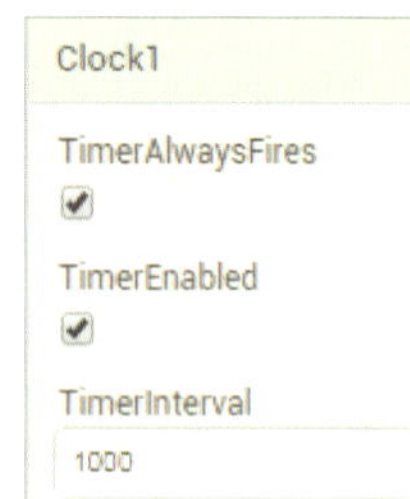

① 캔버스의 배경색을 변경하고 [Width] 속성을 320, [Height] 속성을 320픽셀로 변경한다. 각각의 구멍 6개와 두더지 이미지를 적당한 위치에 배치시킨다.

② [Label1]의 [Text] 속성에 'Score :'를 입력하고 [Label2]의 [Text] 속성을 '0'으로 변경한다. [Button1]의 [Text] 속성값을 '시작'으로 지정한다.

③ 두더지 이외의 캐릭터를 선택할 수 있는 [ListPicker]의 [Text] 속성값을 '다른 캐릭터 사용'으로 지정한다. 다른 캐릭터에 이용할 이미지 두 개를 업로드한다.

④ 두더지를 잡으면 효과음을 재생하기 위해 [Sound1] 컴포넌트의 [Source] 속성을 업로드한 후 재생시킬 파일로 지정한다. 클럭의 [TimerInterval] 속성값을 1000(1초)으로 지정한다.

2.3 코드블록 작성

(1) 초기화 작업

앱을 실행시키면 먼저 리스트피커의 값으로 '두더지, 개구리, 너구리'를 지정하여 목록상자에 차례대로 두더지, 개구리, 너구리가 표시된다. 구멍들이라는 빈 리스트를 선언한 후 빈 리스트에 여섯 개의 구멍그림(이미지스프라이트)을 추가한다. 클럭을 비활성화하여 작동이 되지 않도록 한 후 시작 버튼을 누르면 활성화하여 실행이 되도록 한다.

초기화 코드	구멍들 리스트에 저장되어 있는 값

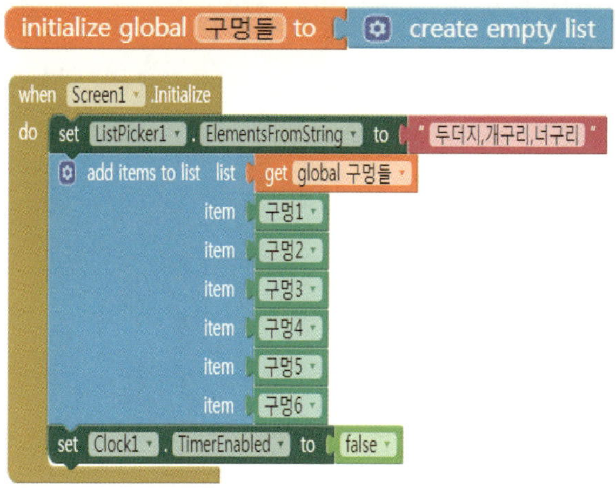

.	.
구멍들(6)	구멍6 스프라이트
구멍들(5)	구멍5 스프라이트
구멍들(4)	구멍4 스프라이트
구멍들(3)	구멍3 스프라이트
구멍들(2)	구멍2 스프라이트
구멍들(1)	구멍1 스프라이트

(2) 시작 버튼 클릭 이벤트

시작 버튼을 토글 버튼으로 작성하기 위해 시작 버튼의 값이 '시작'이면 시작 버튼의 값을 '중지'로 설정한 후 점수가 표시될 점수 레이블의 값을 0으로 지정한 후 리스트피커를 열도록 한다. 만약에 버튼값이 중지이면 클럭을 비활성화한 후 버튼의 값을 '시작'으로 설정하여 다시 실행이 되도록 한다.

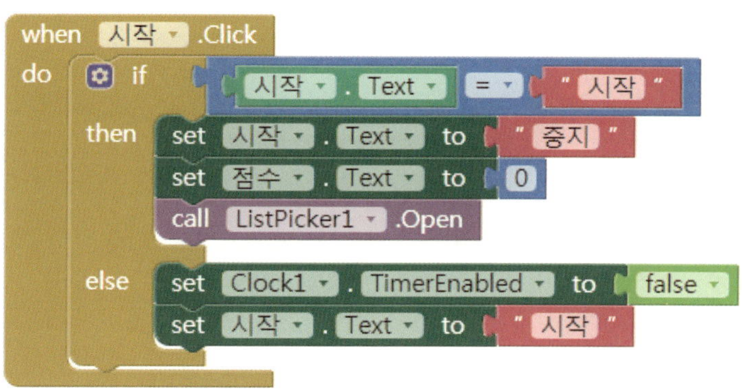

(3) 리스트피커(ListPicker)에서 캐릭터를 선택한 후 실행할 코드

리스트피커 목록에는 두더지, 개구리, 너구리의 값이 저장되어 있다. 만약 두더지를 선택하면 SelectionIndex값은 1이 되므로 이미지스프라이트(두더지)의 그림은 mole.png

로 지정하고 두 번째 값 개구리를 선택하면 SelectionIndex값은 2가 되므로 이미지스프라이트의 그림은 frog.png, 나머지 3인 경우, 즉 너구리인 경우 raccoon.jpg로 지정한다. 각각의 캐릭터에 맞는 이미지로 변경한 후 클럭을 활성화하기 위해 true로 설정한다.

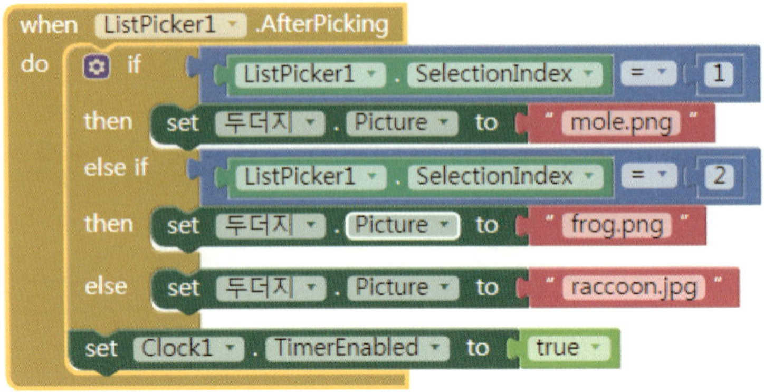

(4) 클럭(Clock) 실행

Clock1의 타이머가 작동될 때마다 이미지 이동 프로시저를 호출하여 실행한다. 1000으로 [TimerInterval] 속성값을 지정했으므로 1초마다 프로시저를 호출하는데 좀 더 빨리 이미지가 움직이도록 하려면 [TimerInterval] 속성값을 작은 값으로 변경하면 된다.

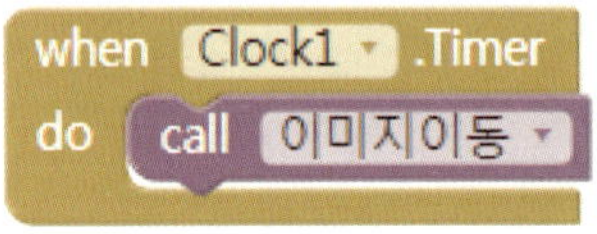

(5) 이미지 이동 프로시저 작성

'현재구멍'이라는 지역변수를 선언한 후 여섯 개의 구멍 중 랜덤으로 임의의 구멍하나를 '현재구멍'변수에 저장한다. 여섯 개의 구멍 중 세 번째 구멍이 랜덤으로 선택된 현재의 구멍이라면 두더지 이미지가 세 번째 구멍으로 이동을 해야 하므로 두더지는 [MoveTo] 속성에 따라 세 번째 구멍의 X, Y 좌표값으로 이동을 한다.

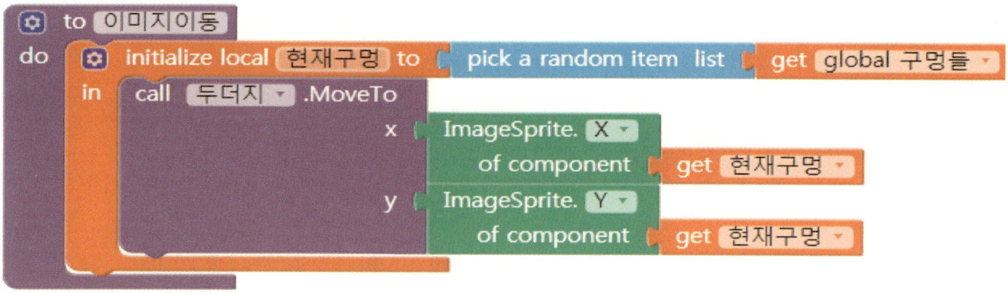

(6) 두더지를 터치한 경우 코드

두더지를 클릭하면 점수를 1점 더해서 점수표시 레이블 컴포넌트에 표시한 후 잡았다는 효과음을 발생시키고 또다시 구멍으로 이동을 해야 하므로 이미지 이동 프로시저를 호출한다. 중지 버튼을 누를 때까지 실행을 한다.

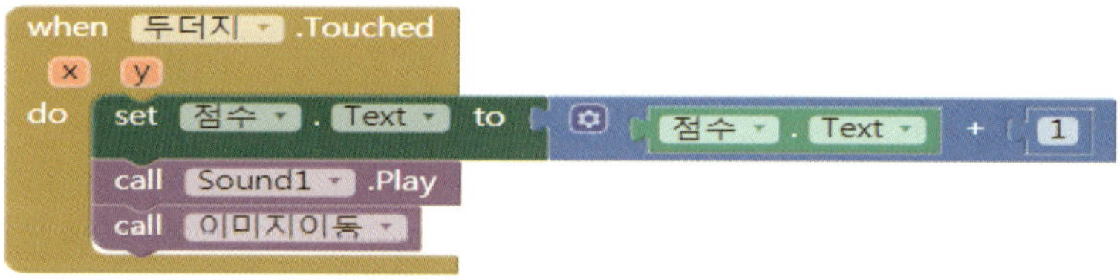

3 강 건너기 게임

개구리가 강가의 통나무를 건너서 강을 건너는 게임을 작성해본다. 이미지가 움직여야 하므로 [Canvas]와 [ImageSprite] 컴포넌트를 사용해야 한다. 먼저 게임에 사용할 개구리 이미지와 통나무, 물, 바닥 이미지를 준비한다. 이때 통나무는 임의로 개수를 지정해도 된다. 예시의 경우 강을 건너기 위한 시작지점과 끝지점의 땅, 통나무 9개, 개구리 한 마리로 총 1개의 [Canvas]와 12개의 [ImageSprite] 컴포넌트를 사용한다. 움직임을 제어하기 위해 [Clock] 컴포넌트를 이용하여 시간이 지나면 통나무가 우측으로 움직일 수 있도록 한다. 개구리가 무사히 강을 건너면 점수를 올려주어야 하므로 점수에 사용할 [Label] 컴포넌트와 개구리가 강에 빠질 때 목숨을 표시하기 위한 [Label] 컴포넌트, 개구리를 조작하기 위한 [Button] 컴포넌트를 사용하여 작성해본다.

3.1 필요한 컴포넌트

① 이미지스프라이트를 배치시킬 [Drawing and Animation] 팔레트의 [Canvas] 컴포넌트
② 9개의 통나무 이미지에 사용될 [Drawing and Animation] 팔레트의 나무1~나무9 [ImageSprite] 컴포넌트
③ 개구리 이미지에 사용될 [Drawing and Animation] 팔레트의 개구리 [ImageSprite] 컴포넌트
④ 시작지점과 끝지점에 사용될 [Drawing and Animation] 팔레트의 도착지점, 시작지점 [ImageSprite] 컴포넌트
⑤ '점수 :' 제목을 표시할 [User Interface] 팔레트의 [Label] 컴포넌트
⑥ 점수값을 표시하기 위한 [User Interface] 팔레트의 점수변수 [Label] 컴포넌트
⑦ 개구리를 앞과 뒤로 움직이도록 조작하기 위한 [User Interface] 팔레트의 [Button] 컴포넌트
⑧ 통나무 이동을 위한 [Sensors] 팔레트의 [Clock] 컴포넌트
⑨ '남은 목숨 :' 제목을 표시할 [User Interface] 팔레트의 '남은목숨' [Label] 컴포넌트
⑩ 남은 목숨값을 표시하기 위한 [User Interface] 팔레트의 '남은목숨_변수' [Label] 컴포넌트

3.2 디자인 화면과 컴포넌트 구성요소, 속성 화면

① [HorizontalArrangement] 안에 점수, 점수변수의 [Label] 컴포넌트를 배치하고 점수변수 [Label]의 [Text] 속성값을 0, 점수 [Label]의 [Text] 속성은 '점수 :'로 변경한다.
② [Canvas] 컴포넌트를 아래에 위치시키고 캔버스의 [BackgroundImage] 속성값을 변경한 후 [Width] 속성을 320, [Height] 속성을 260픽셀로 변경한다.
③ 나무1~나무9 [ImageSprite] 컴포넌트들의 [Width] 속성을 100, [Height] 속성을 30픽셀로 모두 변경하고 겹치지 않도록 나무1~나무9를 적당한 위치에 배치한다. 본 교재에서는 나무1부터 차례대로 각각 {X, Y} 속성을 {0, 40}, {120, 40}, {105, 70}, {60, 100}, {180, 100}, {160, 130}, {120, 160}, {90, 190}, {190, 190}로 변경하여 위치시키며 [Picture] 속성을 나무 이미지로 변경한다.
④ 도착지점 [ImageSprite] 컴포넌트의 [Width] 속성을 320, [Height] 속성을 40픽셀로

변경하고 {X, Y} 속성을 {0, 0}, [Picture] 속성을 땅 이미지로 변경한다.

⑤ 시작지점 [ImageSprite] 컴포넌트의 [Width] 속성을 320, [Height] 속성을 40픽셀로 변경하고 {X, Y} 속성을 {0, 220}, [Picture] 속성을 땅 이미지로 변경한다.

⑥ 두 개의 [Button] 컴포넌트를 [HorizontalArrangement] 레이아웃 안에 배치하고 각각의 [Text] 속성을 '앞으로 가기', '뒤로 가기'로 변경한다.

⑦ '남은목숨 :', '남은목숨_변수' [Label] 컴포넌트를 [HorizontalArrangement] 레이아웃 안에 배치하고 각각의 [Text] 속성을 '남은 목숨 :', 5로 변경한다. '남은목숨_변수'는 5부터 시작하여 목숨을 하나씩 감소하도록 한다.

⑧ [Clock] 컴포넌트에 변수를 넣고 속성을 위의 그림과 같이 설정해준다. [Timerinterval]이 낮을수록 통나무가 빨리 움직여져서 난이도가 올라간다.

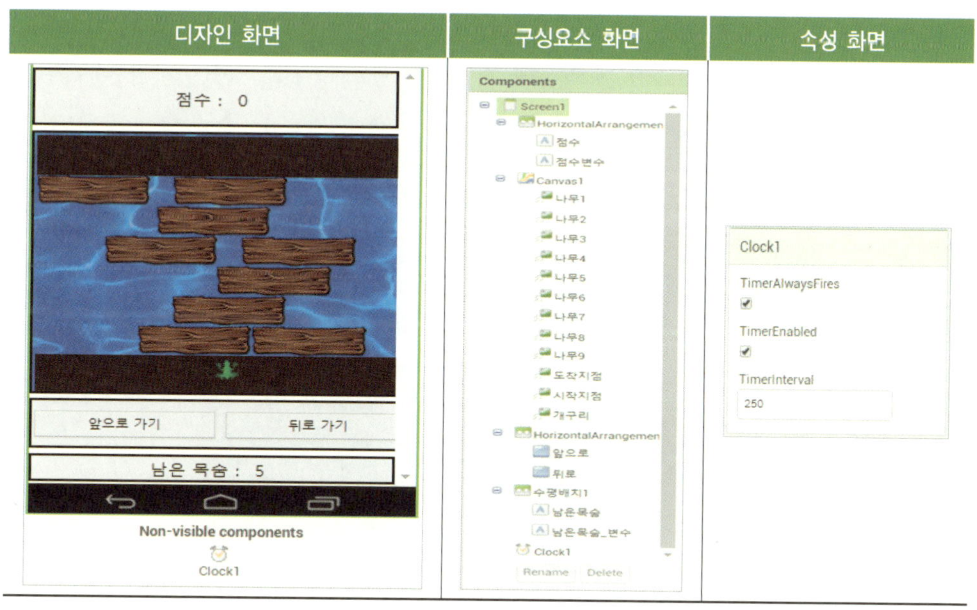

3.3 코드블록 작성

(1) 변수 초기화 블록

앱이 구동되는 동안 사용할 변수로 '목숨', '충돌', '점수'의 세 가지 변수를 이용한다. 개구리의 목숨을 알려줄 '목숨'변수를 초기치 '5'로 설정하고, 충돌 여부를 판정하는 '충돌'변수는 '1', 도착 시 올라갈 '점수'변수는 '0'으로 설정한다.

(2) 나무 이동, 충돌, 새로 시작 블록

250ms마다 아래의 코드들이 반복적으로 작동하게 된다. 나무들이 각각 다른 속도로 강을 이동하며, 개구리가 강에 빠질 때 목숨이 1 줄어들고 시작위치에서 다시 나타난다. 그리고 목숨이 0이 되면 점수가 0으로 초기화되고 새로운 5개의 목숨을 받아서 다시 진행한다.

시간이 0.25초 지나면 나무1과 나무2는 오른쪽으로 8만큼 움직이고, 나무3은 5, 나무4와 5는 4만큼 움직인다. 움직이는 폭은 임의로 지정하면 된다. 만약에 나무들이 오른쪽으로 조금씩 움직이고 있는 가운데 개구리가 앞으로 뒤로 움직이다가 나무와 충돌하면 충돌변수의 값을 1만큼 증가시킨다.

Clock의 Timer 코드1

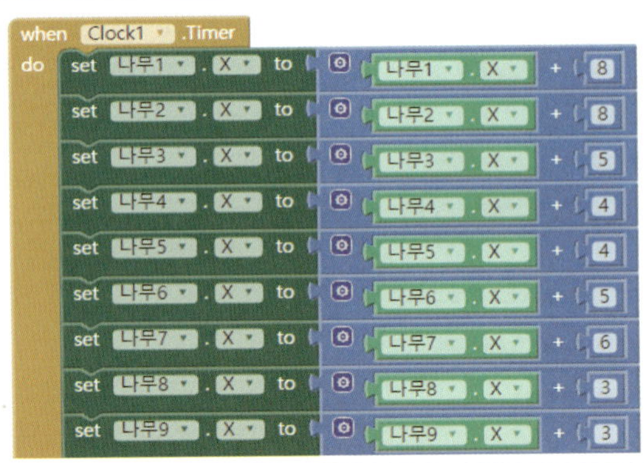

Clock의 Timer 코드2

(3) 나무1~나무9가 오른쪽 경계에 닿는 경우 블록

나무가 끝지점, 즉 오른쪽 제일 끝 경계에 닿으면 다시 나무를 X축의 시작위치 0, 즉 왼쪽으로 이동시키는 블록이다. 아래에는 나무1에 해당하는 코드블록만 나타내었다. 나머지 나무2~나무9도 나무1과 같은 코드로 복사해서 붙여 넣은 후 변경하여 나무9까지 모든 블록으로 반복해서 작성한다.

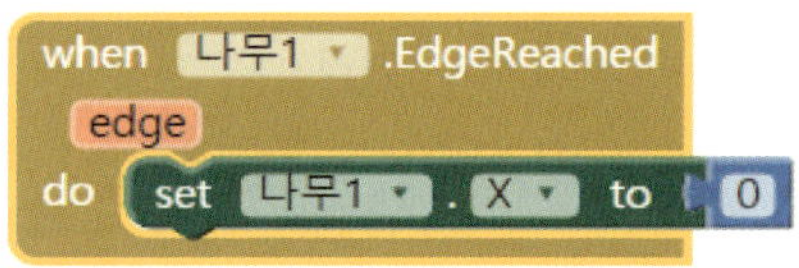

(4) 개구리 도착 블록

개구리가 도착지점 땅 이미지와 충돌하면 도착지점에 무사히 도착한 것이므로 점수 변수의 값을 1만큼 증가시킨 후 점수변수 [Label]의 [Text] 속성에 값을 저장하여 값을 표시하게 한다. 그리고 개구리는 다시 출발점으로 돌아가야 하므로 개구리가 다시 시작지점으로 (160, 225)로 돌아가도록 한다. 개구리가 다시 시작지점으로 (160, 225)로 돌아가도록 한다. 개구리의 X축 시작위치의 값은 160이다. 개구리는 왼쪽, 오른쪽으로 이동하지 않고 앞과 뒤로만 움직이므로 개구리를 처음 위치로 이동시킬 때 X축값은 변경하지 않아도 된다. 아래에 X, Y축값 모두 변경한 경우와 Y축값만 변경한 코드블록을 나타내었는데 실행하면 결과는 모두 똑같이 실행된다.

개구리의 시작위치로 이동(Y축값만 변경)	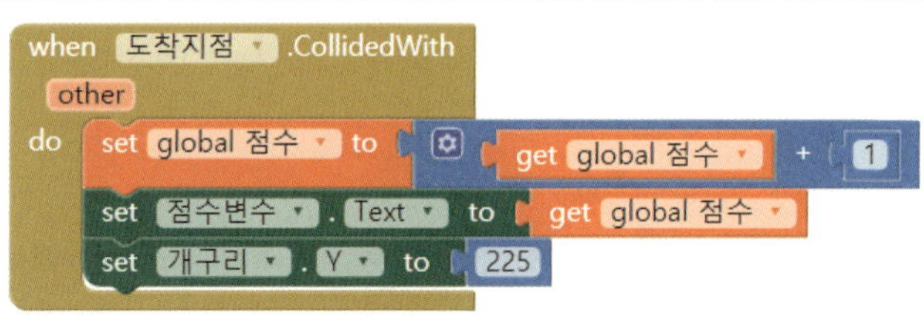
개구리의 시작위치로 이동(X, Y축값 변경)	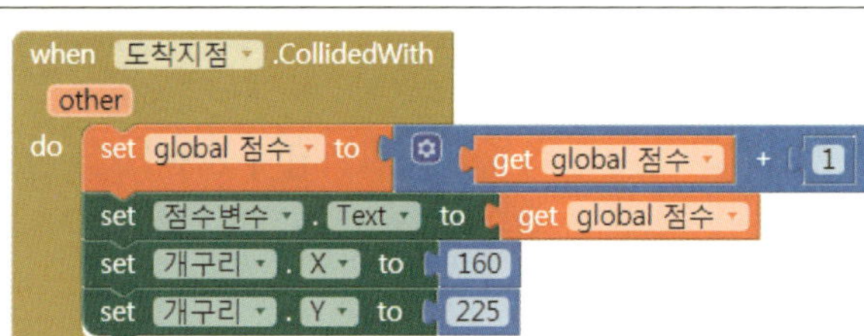

(5) 개구리 생존 확인 블록

게임실행 초기에 '충돌'변수에 값을 1을 저장해 두었다. 개구리가 건너려고 이동하다가 다른 [ImageSprite]인 통나무와 충돌할 경우 '충돌'변수값이 2로 증가하면서 동시에 기존의 [ImageSprite]와 더 이상 충돌하지 않으므로 '충돌'변수값이 1로 감소해서 결과적으로 1이 유지된다. 반대로 강에 빠질 경우 [ImageSprite]와 충돌하지 않으므로 1만 감소해서 '충돌'변수값이 0이 되어 다시 시작한다. 다시 시작하면 땅 이미지와 충돌하기 때문에 '충돌'변수값이 1 증가하게 된다.

개구리가 다른 이미지와 충돌한 경우	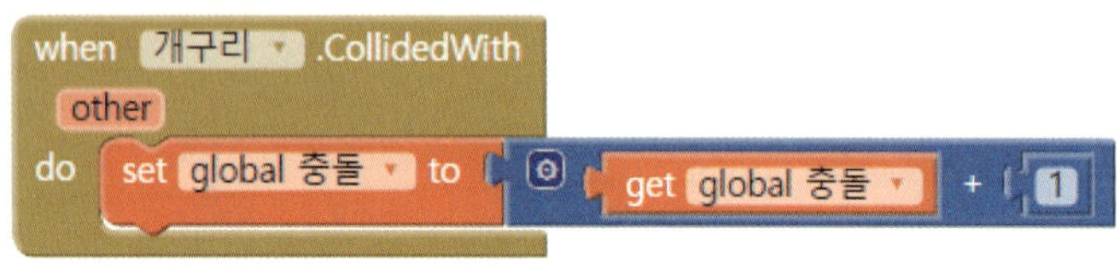
개구리의 시작위치로 이동(X, Y축값 변경)	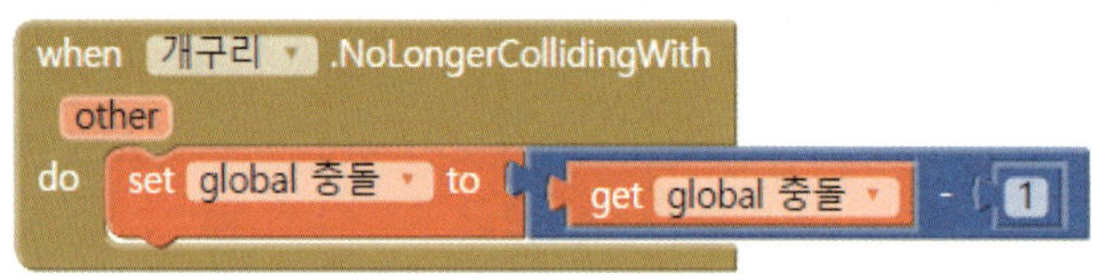

(6) 개구리 이동 블록

앞으로 버튼을 누르면 개구리는 30만큼 위로 이동하고, 뒤로 버튼을 누르면 30만큼 아래로 이동하도록 한다. 개구리의 시작위치 Y축값은 225이므로 앞으로 전진하려면 30씩 좌표값을 빼야 한다. Y축 좌표값의 제일 위쪽 값이 0이므로 현재 위치 225에서 위로 전진을 해야 하므로 225에서 30씩 감소시켜야 한다.

뒤로 버튼을 클릭하면 Y축 좌표의 출발지점이 225이므로 출발지점 아래로 이동되지 않도록 해야 한다. 즉 출발지점 225보다 크면 시작 좌표값 225로 지정을 하고 그렇지 않은 경우에는 30씩 좌표값을 증가시키면 된다.

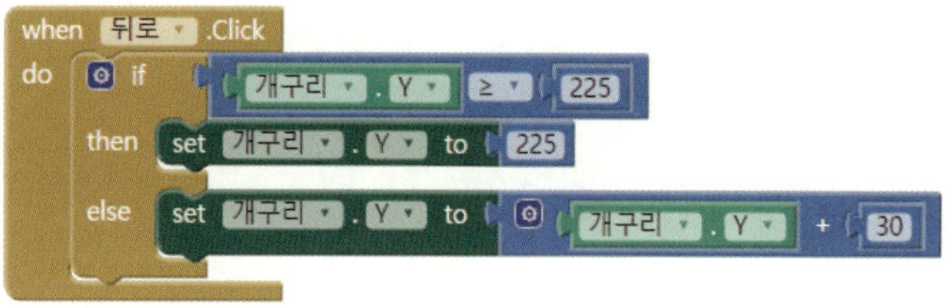
when 뒤로 .Click
do if 개구리 . Y ≥ 225
then set 개구리 . Y to 225
else set 개구리 . Y to 개구리 . Y + 30

CHAPTER 13

슬라이드 메뉴와 만보기 작성

1. 슬라이드 메뉴 작성
2. 만보기 작성

CHAPTER

13 슬라이드 메뉴와 만보기 작성

1 슬라이드 메뉴 작성

스마트폰에서는 슬라이드 메뉴를 많이 사용한다. 슬라이드 메뉴를 이용한 관광 관련 앱을 작성해본다. 먼저 화면을 세 개로 나누어 슬라이드 메뉴를 밀어 넣을 곳 화면의 넓이는 1픽셀, 슬라이드 메뉴가 나타날 화면은 200픽셀, 세 번째 화면은 앱이 실행되면 첫 화면에 나타날 내용이 나타날 화면으로 넓이는 100%로 지정하여 작성한다. 화면의 구성은 아래와 같다.

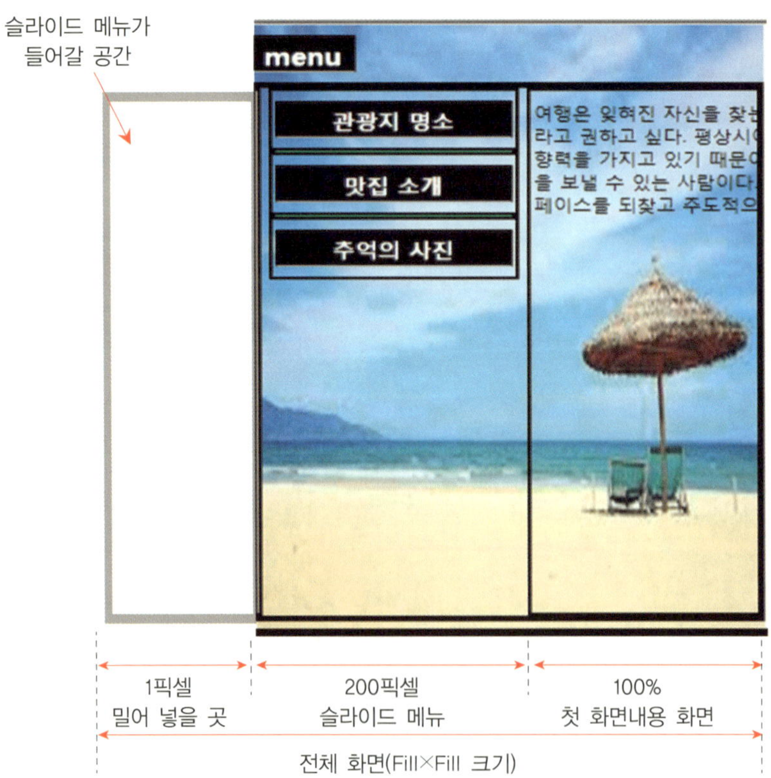

1.1 필요한 컴포넌트

① [User Interface] 팔레트의 메뉴 [Button] 컴포넌트

② 화면을 3개로 나눈 화면(전체 화면)을 정렬하기 위한 [Layout] 팔레트의 [Horizontal Arrangement] 컴포넌트는 반드시 가로방향 정렬을 가운데로 지정함에 주의

③ 화면 3개가 들어갈 [Layout] 팔레트의 전체 화면 [HorizontalArrangement] 컴포넌트

④ 첫 번째 화면에 해당하는 '밀어넣을곳' 화면을 위한 [Layout] 팔레트의 [Vertical Arrangement] 컴포넌트

⑤ 두 번째 화면에 해당하는 슬라이드 메뉴 화면을 위한 [Layout] 팔레트의 [Vertical Arrangement] 컴포넌트

⑥ 세 번째 화면에 해당하는 '첫화면내용화면'을 위한 [Layout] 팔레트의 [Vertical Arrangement] 컴포넌트

⑦ 두 번째 화면 슬라이드 메뉴 화면에 들어갈 [User Interface] 팔레트의 메뉴 [Button] 3개

⑧ 메뉴 버튼 사이에 들어갈 공백에 사용할 [Layout] 팔레트의 [Horizontal Arrangement] 컴포넌트

⑨ '첫화면내용화면'에 표시될 여행소개에 관한 내용이 표시될 [User Interface] 팔레트의 [Label] 컴포넌트

⑩ 시간에 지남에 따라 숨겨진 슬라이드 메뉴가 나타나도록 하기 위한 [Sensors] 팔레트의 [Clock] 컴포넌트

1.2 디자인 화면과 컴포넌트 구성요소, 속성 화면

① 먼저 화면을 3개로 나눈 화면(전체 화면)을 정렬하기 위한 [HorizontalArrangement1] 컴포넌트의 [AlignHorizontal] 속성의 값을 반드시 'Center'로 지정해야 함에 주의해야 한다. 화면을 3등분하였으므로 가운데 맞춤을 하지 않으면 3개의 화면 모두가 표시된다. 화면을 3개로 나누어 밀어 넣을 곳 화면의 넓이는 1픽셀, 슬라이드 메뉴가 나타날 슬라이드 메뉴 200픽셀, 세 번째 화면은 첫 화면에 나타날 내용이 나타날 화면으로 100퍼센트로 지정하였으므로 가운데 맞춤을 해야 1, 200픽셀 지정 화면이 나타나지 않는다. 시간이 지남에 따라 왼쪽 1픽셀의 화면의 크기를 증가시켜

화면이 오른쪽으로 밀려 나가면서 슬라이드 메뉴가 표시되는 것이다.

② Screen1의 배경이미지 [BackgroungImage] 속성에 관광 관련 이미지 파일을 업로드하여 지정하고 [Button1]의 이름을 '메뉴버튼'으로 변경한 후 [Text] 속성에서 'menu'로 지정한다.

③ 화면을 3개로 나눈 화면(전체 화면)을 정렬하기 위한 [HorizontalArrangement1]의 [AlignHorizontal] 속성의 값을 'Center'로 지정한 후 넓이와 높이를 모두 'Fill Parent'로 지정한다.

④ 화면 3개가 들어갈 [HorizontalArrangement2]의 이름은 '전체화면'으로 지정하고 넓이와 높이를 모두 'Fill Parent'로 지정한다.

⑤ [VerticalArrangement1]의 이름을 '밀어넣을곳'으로 변경한 후 넓이는 '1픽셀', 높이는 'Fill Parent'로 지정한다. '밀어넣을곳'은 코드블록에서 최대 넓이를 '200'으로 지정하여 시간이 지남에 따라 1픽셀부터 200픽셀까지 증가시켜 펼쳤다가 다시 접는 효과를 이용하여 슬라이드 메뉴가 나타났다가 다시 1픽셀로 줄어듦으로 인해 슬라이드 메뉴가 보이지 않는 것이다.

⑥ [VerticalArrangement2]의 이름을 '슬라이드메뉴'로 변경한 후 넓이는 '200픽셀', 높이는 'Automatic'으로 지정한다. 이 공간에 메뉴를 작성한다.

⑦ [Button2]를 '관광지명소'라는 이름으로 변경하고 [Text] 속성의 값으로 '관광지명소'로 지정한 후 글자크기, 글자색을 변경한다. 넓이는 'Fill Parent', 높이는 'Automatic'으로 지정한다. 같은 방법으로 [Button3], [Button4]도 '맛집소개', '추억의 사진'으로 변경한다. 여기서는 메뉴를 3개 작성하였는데 필요에 따라 버튼을 추가하여 작성하면 된다.

⑧ '관광지명소' 버튼과 '맛집소개' 버튼 사이에 빈 공간을 삽입하기 위해 [Horizontal Arrangement]을 배치한 후 높이는 '1픽셀', 넓이는 'Fill Parent'로 지정한다.

⑨ [VerticalArrangement3]의 이름을 '첫화면내용화면'으로 변경한 후 넓이는 '100percent', 높이는 'Fill Parent'로 지정한다. 앱을 실행하면 나타나는 첫 화면의 내용이 표시될 공간이다.

⑩ '첫화면내용화면' 안에 첫 화면에 나타날 내용을 표시하기 위해 [Label]을 배치한 후 [Label]의 [Text] 속성에 내용을 기입한다. 내용이 많은 경우 한글이나 메모장에서 작성한 후 복사하여 붙여 넣어 사용하면 된다. 앱인벤터에서 많은 내용을 입력하

기에는 입력한 글자가 모두 표시되지 않아서 오타를 찾기가 어렵다.

⑪ [Clock] 컴포넌트의 [TimerInterval] 속성값을 '15'로 지정한 후 [TimerEnabled]의 체크를 해제한다. 슬라이드 메뉴를 천천히 나타나도록 하기 위해서는 큰 수치를 입력하고 빠르게 나타나도록 하기 위해서는 적은 수치를 기입하면 된다.

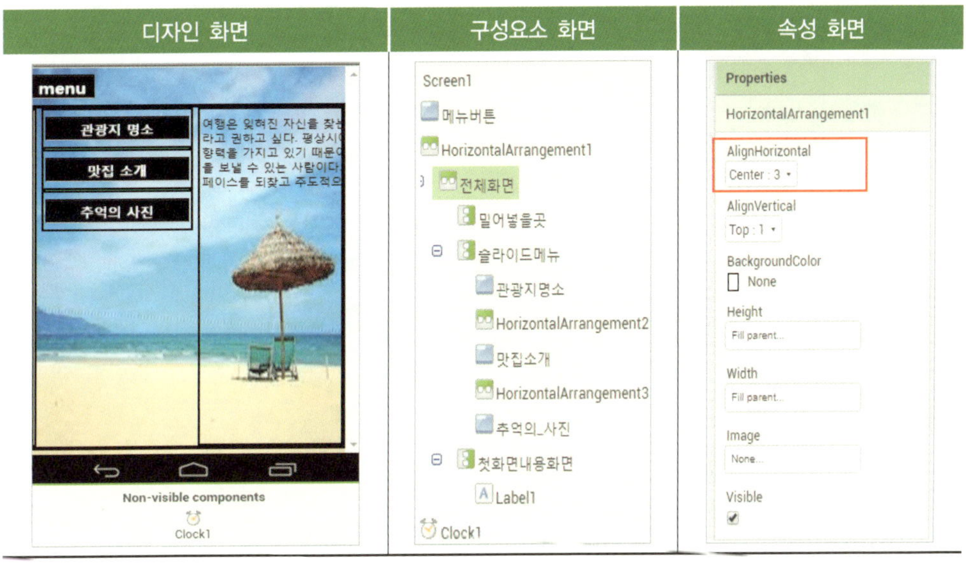

1.3 코드블록 작성

(1) 앱의 초기화

왼쪽 첫 화면의 크기는 처음에는 1픽셀이지만 시간이 지남에 따라 크기를 최대 200으로 지정하기 위해 전역변수 '슬라이드메뉴최대넓이'에 200을 지정하고 '메뉴열기'는 토글로 지정하기 위해 false로 지정한다. '메뉴펼치기속도'변수에는 초기값으로 15를 지정한다.

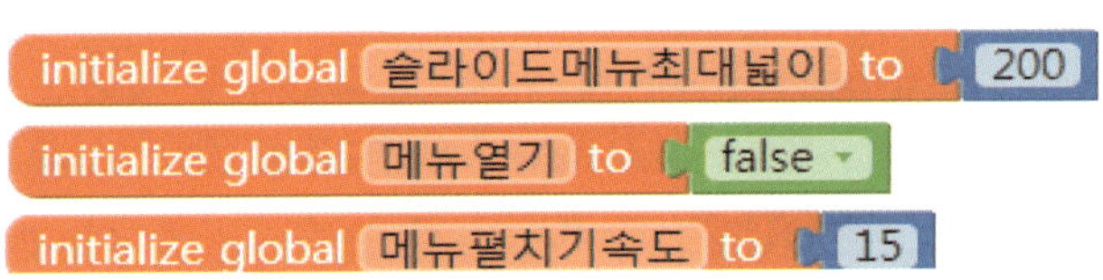

(2) 화면 넓이

3개의 화면 넓이는 스크린 넓이에 첫 번째, 두 번째 화면의 크기 200을 더한 넓이로 사용하기 위해 아래와 같이 작성한다.

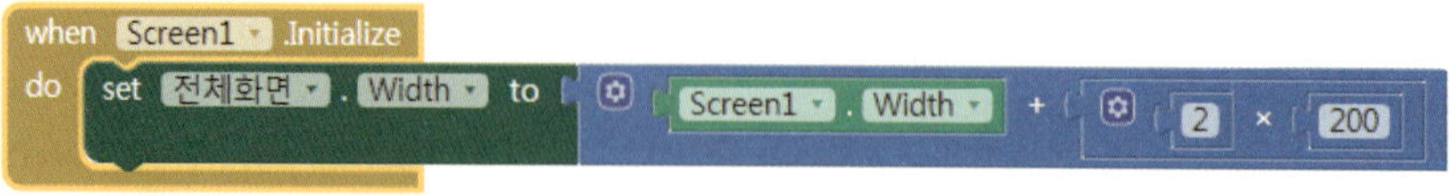

(3) 메뉴 버튼의 클릭 여부

'메뉴열기' 버튼값이 true이면 타이머를 활성화시켜 숨겨둔 슬라이드 메뉴를 표시하기 위해 타이머 이벤트에서 작성하면 된다. 만약에 '메뉴열기' 버튼값이 false이면 슬라이드 메뉴를 숨겨야 하므로 '밀어넣을곳' 화면의 넓이는 1로 지정하여 메뉴를 숨기고 '메뉴열기'값에는 false를 지정한다.

(4) 클릭의 타이머

시간이 지나면 '밀어넣을곳'의 넓이는 앱 실행 시에는 1로 시작하므로 최대넓이 200보다 작으면 '밀어넣을곳'의 넓이에 '메뉴펼치기속도'값만큼 더해서 증가시킨다.

2 만보기 작성

센서를 이용하여 간단하게 만보기 앱을 만들어보도록 하자. 걸음수를 측정하기 위해 [Sensors] 팔레트의 [Pedometer] 컴포넌트를 추가해야 한다. 이후 제목으로 쓸 '제목' [Label] 컴포넌트를 최상단에 두고, [HorizontalArrangement] 레이아웃 두 개와 [TableArrangement] 레이아웃으로 구성한다. 그리고 [TextBox] 컴포넌트와 [Label] 컴포넌트와 [Button] 컴포넌트를 이용하여 디자인을 완성한다.

2.1 필요한 컴포넌트

① 걸음수를 측정하기 위한 [Sensors] 팔레트의 [Pedometer] 컴포넌트

② 사용자에게 보여줄 제목으로 쓸 [User Interface] 팔레트의 '제목', '목표제목', '총제목', '남은제목', '움직인거리제목', '칼로리제목' [Label] 컴포넌트

③ '측정시작', '일시정지', '초기화', '종료'를 하기 위한 [User Interface] 팔레트의 [Button] 컴포넌트

④ 목표 걸음수를 입력할 수 있기 위한 [User Interface] 팔레트의 '목표_걸음수' [TextBox] 컴포넌트

2.2 디자인 화면과 컴포넌트 구성요소, 속성 화면

디자인 화면	구성요소 화면	속성 화면
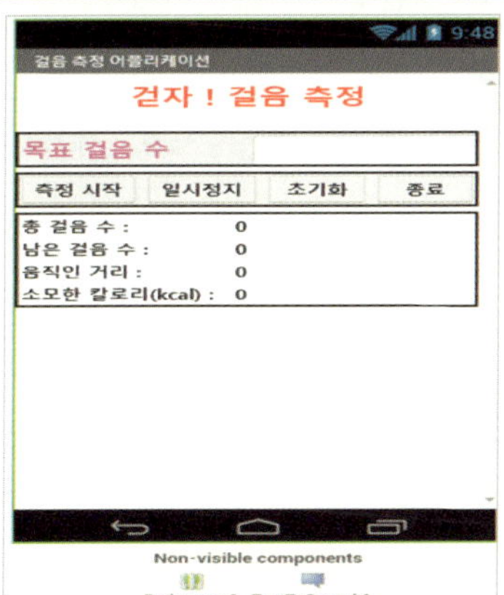	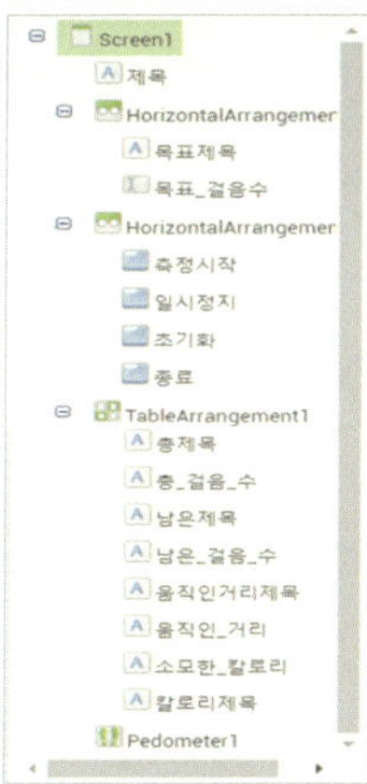	

① [HorizontalArrangement] 안에 '목표제목' [Label] 컴포넌트를 집어넣고, '목표_걸음수' [TextBox] 컴포넌트를 넣은 후 [Text] 속성을 변경한다.

② [HorizontalArrangement] 안에 '측정시작', '일시정지', '초기화', '종료' [Button] 컴포넌트를 집어넣고 [Text] 속성을 변경한다.

③ [TablelArrangement] 안에 '총제목', '총_걸음_수', '남은제목', '남은_걸음_수', '움직인거리제목', '움직인_거리', '소모한_칼로리', '칼로리제목'의 [Label] 컴포넌트를 집어넣고 [Text] 속성을 변경한다.

④ [Pedometer] 컴포넌트를 집어넣고 별도의 속성을 지정하지 않으면 상단의 속성창이 나오게 되는데 변경 없이 그대로 진행하면 된다.

2.3 코드블록 작성

(1) 측정시작 블록

측정시작 버튼을 누르면 [Pedometer] 센서가 작동하도록 한다.

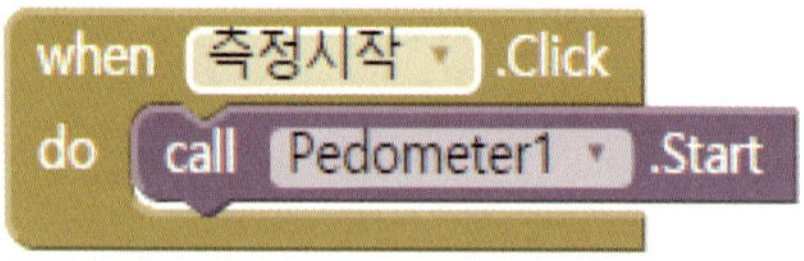

(2) 걸음 이동 시 실행 블록

[Pedometer.WalkStep] 이벤트는 걸을 때마다 블록들이 실행된다. 총 걸음수, 움직인 거리, 소모한 칼로리, 남은 걸음수가 계산된다. [소모한 칼로리=걸음수×0.033]로 계산하며 목표 걸음수에 도달하지 않았으면 [남은 걸음수=목표 걸음수−총 걸음수]로 계산한다.

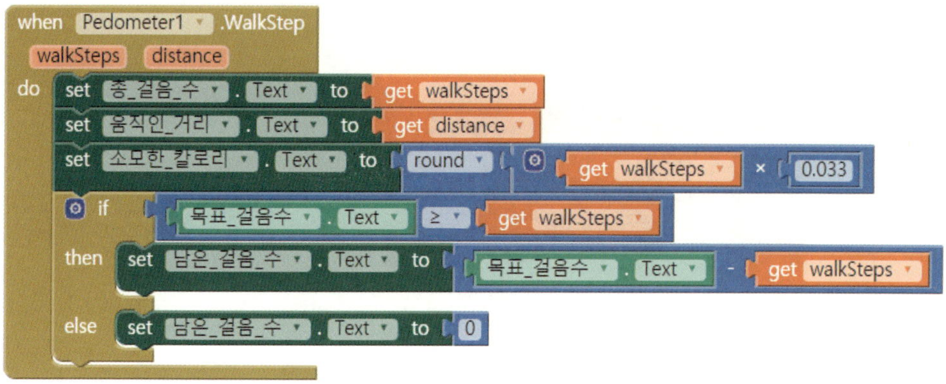

(3) 종료 버튼 블록

종료 버튼을 누르면 애플리케이션을 종료하게 된다.

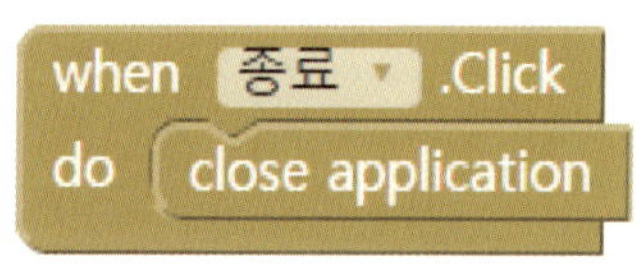

(4) 초기화 버튼 블록

초기화 버튼을 누르면 [Pedometer] 센서값을 포함한 모든 값들이 초기값으로 돌아가도록 블록을 구성한다.

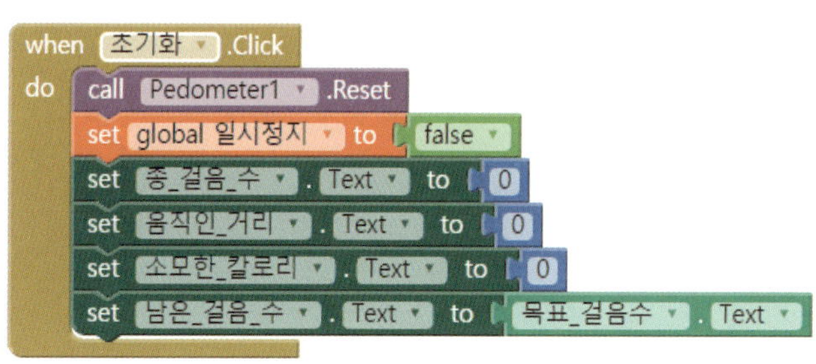

(5) 일시정지 버튼 블록

일시정지 변수를 두어 일시정지 버튼을 누르면 [Pedometer] 기능이 일시정지되고, 다시 누르면 일시정지 변수값의 변화로 인해 [Pedometer] 기능이 다시 시작이 되도록 블록을 구성한다.

initialize global 일시정지 to false
when 일시정지 .Click
do if get global 일시정지 = false
then call Pedometer1 .Stop
set global 일시정지 to true
else call Pedometer1 .Start
set global 일시정지 to false

CHAPTER 14

Maps

1. Maps의 개념과 사용방법
2. 지도 앱 작성

CHAPTER
14 Maps

1 Maps의 개념과 사용방법

지도는 길을 찾을 때 혹은 목적지 근처를 탐색할 때 필요한 컴포넌트이다. 우리의 스마트폰에도 구글 지도 등 지도 앱이 하나씩은 존재하고 있다. 이 장에서는 지도를 이용하여 자신만의 지도 앱을 만들어보도록 한다. 지도 앱에서 제공하는 기능은 위치 목록을 제공하고 항목을 선택하면 해당 위치의 지도를 보여주고 현재 내가 있는 위치를 지도에서 보여주고 있다. 지도 앱을 만드는 방법은 세 가지로 정의할 수 있다. 첫 번째 방법은 [ActivityStarter] 컴포넌트 사용으로 9장 '리스트'에서 사용하였고, 두 번째 방법은 [WebViewer] 컴포넌트 사용으로 4장 '포털사이트 앱'에서 사용하였으며, 세 번째 방법은 [Map] 컴포넌트 사용으로 이번 장에서 사용하도록 한다.

먼저 지도 앱을 만들기 위해서 위도와 경도에 관하여 알아보도록 한다. 위도는 지구상에서 적도를 기준으로 북쪽 또는 남쪽으로 얼마나 떨어져 있는지 나타내는 위치이며, 흔히 그리스 문자 φ로 쓴다. 위도의 단위는 도(°)이며, 위도 0°는 적도를 나타내고, 경도는 본초 자오선을 기준으로 동쪽 또는 서쪽으로 얼마나 떨어져 있는지 나타내는 위치이다. 그러므로 전 세계의 모든 지역은 위도와 경도로 표시할 수 있다. 예를 들어 '제주특별자치도'를 위도와 경도로 표시한다면 33°25'0"N, 126°30'0"E가 되는데, 이는 '제주특별자치도'의 위도가 적도를 기준으로 북쪽의 33°25'0"라는 것이고 경도는 본초 자오선을 기준으로 동쪽의 126°30'0"라는 것이다. 13장 1절 슬라이드 메뉴 작성의 '맛집소개'에서 위치를 [Map] 컴포넌트를 사용하여 작성한다.

2 지도 앱 작성

2.1 필요한 컴포넌트

① 화면 두 개가 들어갈 [Layout] 팔레트의 전체 화면 [HorizontalArrangement] 컴포넌트

② 첫 번째 화면에 해당하는 맛집 목록을 제공하고 항목을 선택하는 [User Interface] 팔레트의 [ListView] 컴포넌트

③ 두 번째 화면에 해당하는 [Layout] 팔레트의 [VerticalArrangement] 컴포넌트

④ 두 번째 화면에 들어갈 [Maps] 팔레트의 [Map] 컴포넌트

⑤ 두 번째 화면에 들어갈 [User Interface] 팔레트의 [Label] 컴포넌트 세 개

⑥ 두 번째 화면에 들어갈 [User Interface] 팔레트의 [Button] 컴포넌트

⑦ 전화를 걸기 위해서는 [Social] 팔레트의 [PhoneCall] 컴포넌트

⑧ 위치정보를 알려주는 [Sensors] 팔레트의 [LocationSensor] 컴포넌트

2.2 디자인 화면과 컴포넌트 구성요소, 속성 화면

디자인 화면	구성요소 화면	속성 화면
	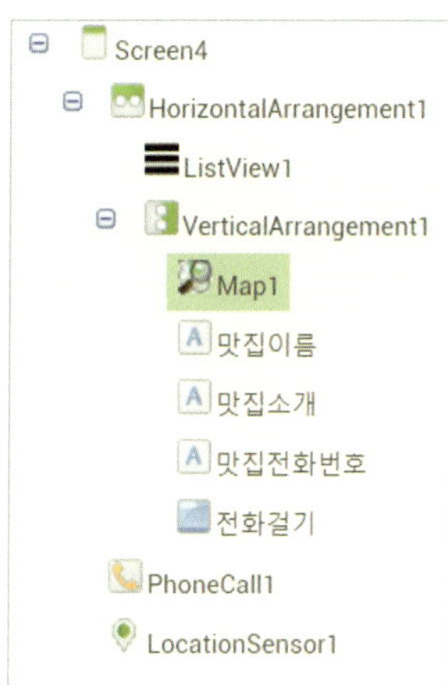	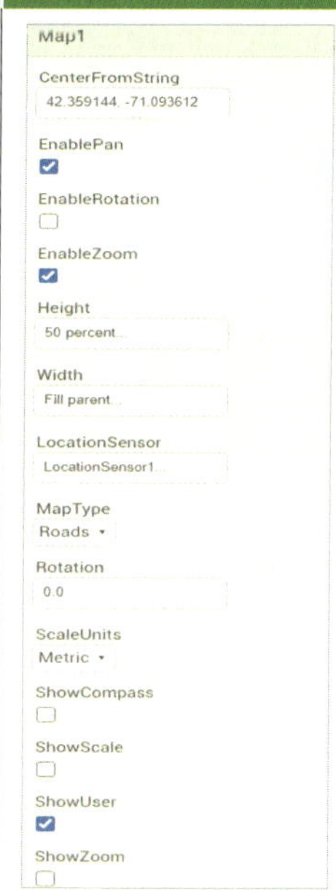

① 전체 화면 [HorizontalArrangement1] 컴포넌트의 [Height]와 [Width] 속성값을 모두 'Fill parent'로 지정한다.

② 맛집 목록을 제공하는 [ListView1] 컴포넌트는 [BackgroundColor] 속성값을 'LightGray'로 주고, [Height] 속성은 'Fill parent'로 지정하고 [Width] 속성은 '25percent', [TextSize] 속성은 '20'으로 지정한다.

③ [VerticalArrangement1] 컴포넌트의 [Height]와 [Width] 속성의 값을 모두 'Fill parent'로 지정한다.

④ [Maps] 팔레트의 [Map] 컴포넌트를 [Viewer] 영역으로 드래그하고, [CenterFromString] 속성에 '현재위도경도'가 설정되어 있으며 [EnablePan] 속성은 '지도이동가능'을 설정하고 [EnableRotation] 속성은 '지도회전가능'을 설정한다. [Height] 속성값을 '50percent', [Width] 속성값을 'Fill parent'로 지정한다. [LocationSensor] 속성은 'GPS'센서와 지도를 연결하고, [ShowCompass] 속성은 나침판을 설정한다. [ShowUser] 속성은 '현재사용자 위치'를 설정하고 [ShowZoom] 속성은 '줌버튼'을 설정하며 [ZoomLevel] 속성은 '1~18' 지도배율을 설정한다.

⑤ [Label1]을 '맛집이름', [Label2]를 '맛집소개', [Label3]을 '맛집전화번호'라는 이름으로 변경하고 [FontBold] 속성을 체크하고, [FontSize] 속성은 '20', [Text] 속성은 각각 '맛집이름', '맛집소개', '맛집전화번호'로 지정한다.

⑥ [Button1]의 이름을 '전화걸기'로 변경하고 [FontBold] 속성을 체크하며, [FontSize] 속성은 '15', [Text] 속성은 각각 '전화걸기'로 지정한다.

⑦ 전화를 걸기 위해서는 [Social] 팔레트의 [PhoneCall1] 컴포넌트를 [Viewer] 영역으로 드래그한다.

⑧ 현재 위치정보를 알려주는 [Sensors] 팔레트의 [LocationSensor1] 컴포넌트를 [Viewer] 영역으로 드래그한다.

2.3 코드블록 작성

① '맛집이름'과 '맛집소개', '맛집전화번호'는 여러 개의 값을 저장하기 때문에 '리스트'를 사용하여 작성한다. 먼저 [Variables]에서 전역변수를 정의하고 두 번째 [Lists]에서 [make a list] 블록을 사용한다.

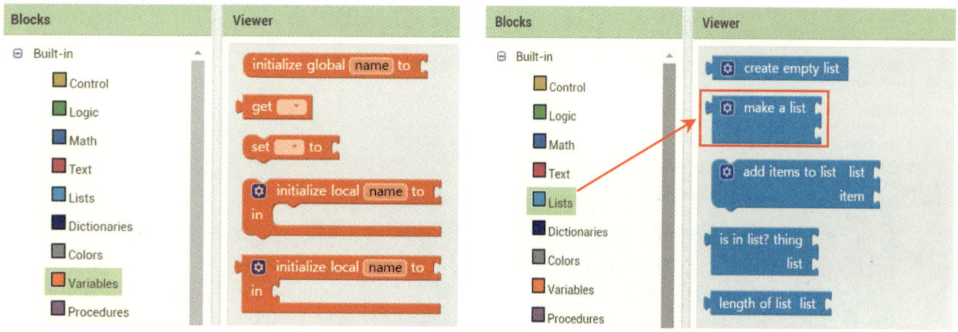

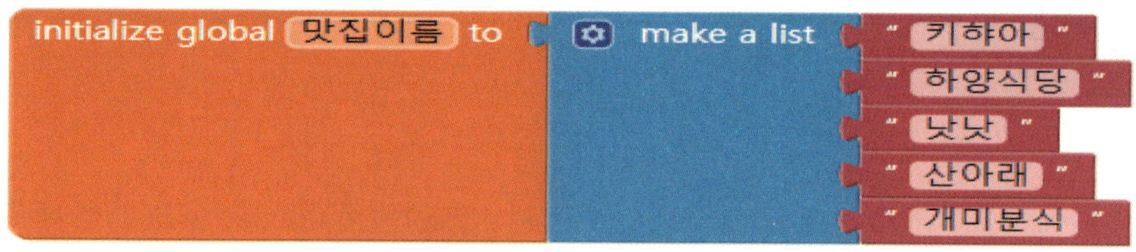

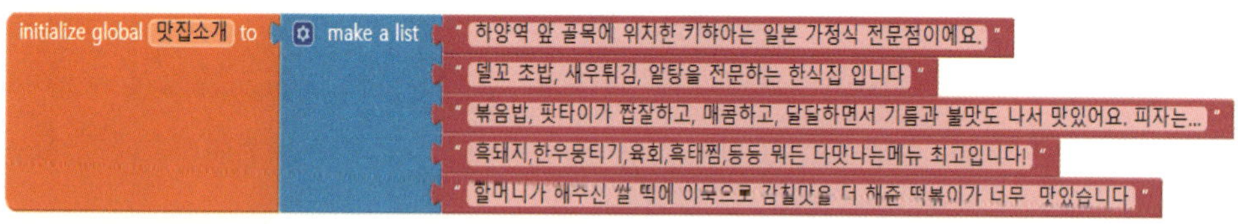

② 13장의 1절 슬라이드 메뉴 작성에서 [Screen1]의 '슬라이드메뉴'에서 '맛집소개'를 클릭하면 '맛집이름'이 표시되도록 초기화 이벤트에 아래와 같이 코드를 작성한다.

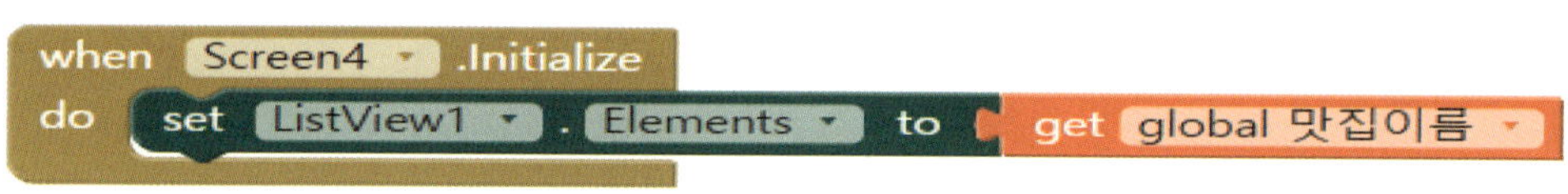

③ [ListView1]의 목록에서 원하는 맛집을 선택(ListView1.Selection)하면 선택된 맛집의 이름이 '맛집이름.Text'에 지정되고, [ListView]에서 '맛집이름' 첫 번째 항목 "키하아"를 선택하면 SelectionIndex는 1이므로 '맛집소개'에서 첫 번째 항목 "하양역 앞 골목에 위치한 키하아는 일본 가정식 전문점이에요."를 '맛집소개.Text'에 지정하

고 '맛집전화번호'에서 첫 번째 항목 "053-851-6848"을 '맛집전화번호.Text'에 지정한다. 그리고 '지도에표시하기' 프로시저를 호출한다.

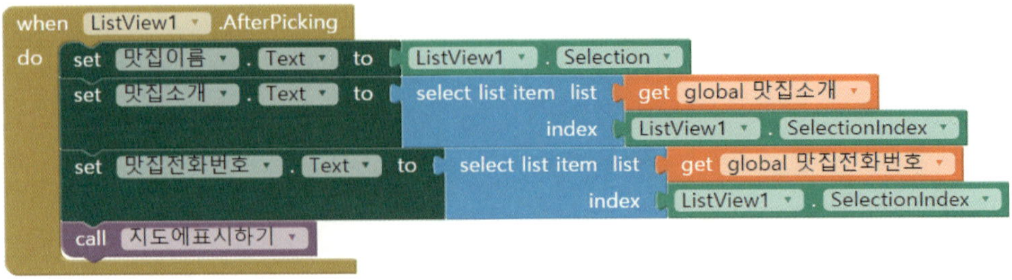

④ [Variables]에서 전역변수를 정의하고 두 번째 [Lists]에서 [make a list] 블록을 사용하며, '맛집위도'과 '맛집경도'는 여러 개의 값을 저장하기 때문에 '리스트'를 사용하여 작성한다. 이때 맛집의 위도와 경도는 첫 번째 크롬에서 구글 지도를 오픈하고 검색어로 '맛집이름'을 입력하면 상단 주소라인에서, 예를 들면 @35.9023798,128.8311127,17z로 표시되는데 @ 뒤의 35.9023798은 위도이고 콤마 뒤의 128.8311127은 경도를 표시하므로 이것을 리스트에 저장한다.

⑤ [Procedure] 팔레트에서 다음 프로시저 블록을 드래그하고 '지도에표시하기' 프로시저를 만들고 사용할 때는 Call 명령을 이용하여 호출하여 사용한다. '지도에표시하기' 프로시저에서 [PanTo]는 latitude에 위도의 정보를, longitude에 경도의 정보를, zoom에 지도 레벨값을 입력하면 입력된 위치를 중심으로 하는 지역으로 지도가 이동된다. 또한 지도에서 어떤 한 곳을 탭했을 경우에는 그 위치에 마커를 표시해준다.

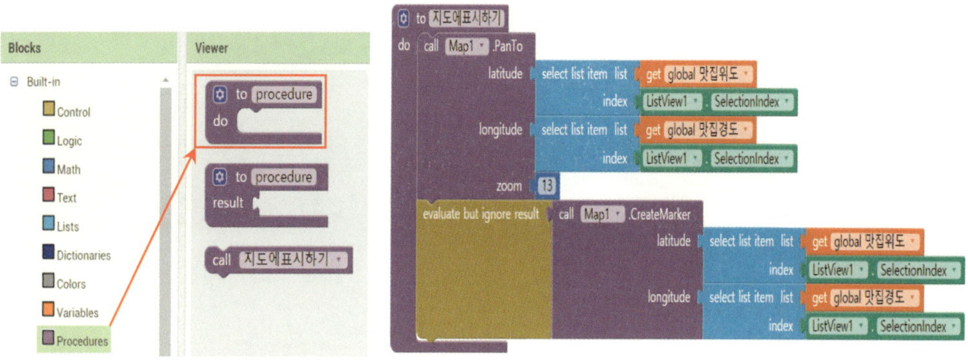

⑥ '전화걸기' 버튼을 클릭하면 '맛집전화번호.Text'에 있는 전화번호를 표시한다.

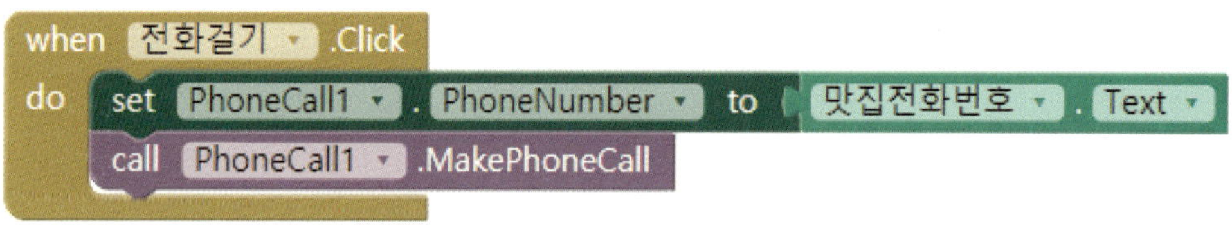

CHAPTER 15

데이터베이스

1. 데이터베이스 TinyDB
2. TinyWebDB

CHAPTER

15 데이터베이스

1 데이터베이스 TinyDB

데이터베이스란 논리적으로 연관된 하나 이상의 자료들의 집합으로 내용을 구조함으로써 검색과 갱신의 효율화를 얻을 수 있다. 즉 몇 개의 자료 파일을 조직적으로 통합하여 서로 관련성을 가지고 자료를 구조화하여 기억시켜 놓은 자료의 집합체라고 할 수 있다. 데이터베이스가 가지는 몇 가지 특성을 살펴보면, 데이터베이스는 똑같은 자료를 중복하여 저장하지 않는 통합된 자료이며, 컴퓨터가 액세스하여 처리할 수 있는 저장장치에 수록된 자료이다. 어떤 조직의 기능을 수행하는 데 필요한 유용성이 있는 자료이므로 임시로 필요해서 모아 놓은 데이터나 단순한 입출력 자료가 아니다.

스마트폰의 메모리에는 RAM(Random Access Memory)과 플래시 메모리(Flash Memory)가 있는데 RAM은 속도가 아주 빠르지만 전원이 off되면 저장한 값들이 사라진다. 반면에 플래시 메모리는 전원이 꺼지더라도 저장한 값을 유지할 수 있으나 RAM에 비하면 상대적으로 액세스가 빠르지 않다. 앱 인벤터에서 변수는 RAM에 저장되므로 변수들은 전원이 off되면 값들이 소실되고 TinyDB는 데이터를 플래시 메모리에 저장하므로 전원이 off되어도 데이터값들은 없어지지 않고 영구적으로 저장된다.

앱인벤터2가 기본으로 제공하는 데이터베이스가 [TinyWebDB] 컴포넌트이다. 앱을 종료한 후 다시 시작해도 이전에 작성한 자료가 남아있게 하려면 데이터베이스에 저장을 해야 한다. [TinyDB] 컴포넌트는 데이터, 즉 자료를 스마트폰 메모리에 저장을 하고 [TinyWebDB]는 웹 서버에 있는 온라인 데이터베이스 서버에 저장을 한다.

[TinyWebDB] 웹 주소는 http://appinvtinywebdb.appspot.com이고, [TinyWebDB] 컴포넌트를 끌어다 쓰면 된다. 이 데이터베이스는 앱을 테스트하는 단계에서는 유용하지만, 앱을 실제로 배포하는 단계에서는 한계가 있다. 웹서버에 1,000개 항목까지만 저장할 수 있고 여러 사람이 공유하기 때문에 결국에는 자신의 데이터가 밀려날 수도 있으므로 데

이터를 잃을 수도 있다. 데이터를 안드로이드폰에 직접 저장하려면 [TinyDB] 컴포넌트를 사용하고 다른 사람 또는 다른 폰과 데이터를 공유하려면 [TinyWebDB] 컴포넌트로 웹 데이터베이스에 저장하여 사용한다.

1.1 TinyDB를 이용하여 스마트폰에 데이터 저장하기

[TinyDB] 컴포넌트는 안드로이드폰의 메모리에 데이터를 저장하므로 별도의 서버를 구축할 필요가 없다. [TinyDB.StoreValue] 블록으로 데이터를 스마트폰에 저장한다. 데이터베이스에는 태그(tag)와 값(valueToStore)이 쌍을 이루어 저장된다. 값은 데이터베이스에 저장될 데이터, 즉 자료 자체를 의미하고 태그는 데이터의 이름, 즉 기억장소 이름 변수를 의미한다. 스마트폰에 저장되어 있는 자료를 검색할 때 태그(변수)로 식별하여 저장된 값이 있는지의 여부를 파악한다.

아래의 예에서 sum이라는 기억장소에 100이 저장되고, lat라는 기억장소에는 현재 위치의 위도값이 저장된다. 태그는 이름을 구분할 수 있도록 고유한 텍스트값으로 지정하고, 값은 어떤 형태의 데이터라도 가능하다. 만약 같은 태그로 서로 다른 데이터를 두 번 저장하면 나중에 저장한 데이터가 처음 저장한 것을 덮어서 저장한다. 즉 첫 번째 저장된 값은 없어지고 두 번째 저장한 값이 남아있게 된다.

sum에는 100이 저장	lat에 현재위치의 위도값이 저장
	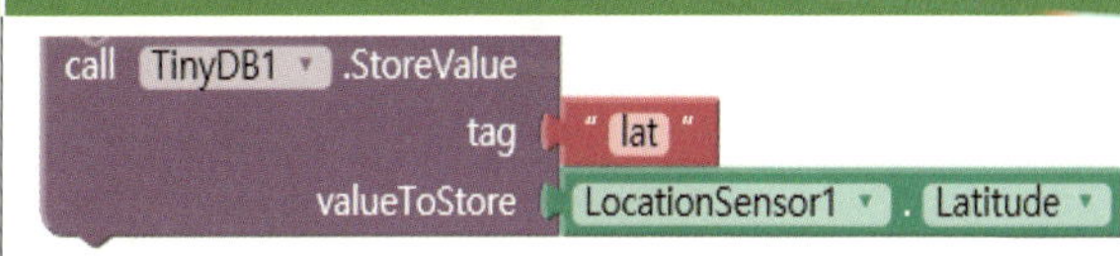

1.2 TinyDB에서 데이터 검색하기

데이터베이스에서 데이터를 검색할 때 [TinyDB.GetValue]를 사용하며, GetValue를 호출할 때는 태그를 주고 데이터를 요청한다. 앱이 실행되자마자 데이터베이스를 검색해야 하는 경우에는 앱이 시작하면 자동으로 실행되는 이벤트 처리기 [Screen.Initialize] 블록을 사용한다. 단 데이터베이스에 데이터가 하나도 없는 경우에 주의해야 한다.

[GetValue] 블록에 'valueTagNotThere'라는 매개변수가 있는데 다음과 같이 스마트폰에 저

장되어 있는 값이 없을 경우, 즉 long 기억장소에 데이터가 없을 경우 'valueIfTagNotThere'에 저장되어 있는 0.0이 'rememberedLongLabel' 레이블 컴포넌트에 표시된다. 비어있지 않은 경우에는 long에 저장되어 있는 값을 가져와서 'rememberedLongLabel' 레이블 컴포넌트에 표시한다.

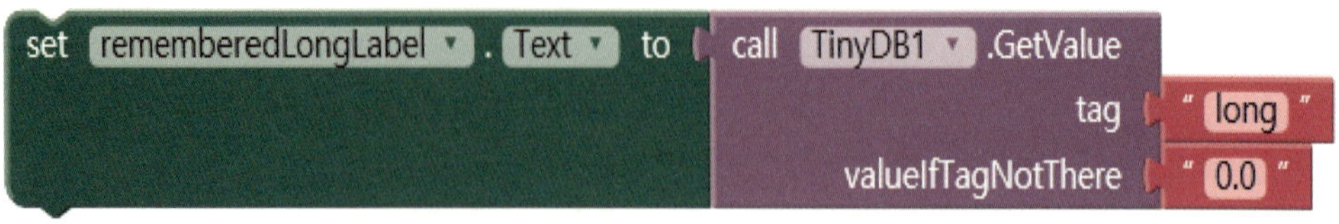

아래에 간단하게 요약하여 나타내었다.

sum에는 100이 저장	sum에 저장되어 있는 값 100을 불러옴. 만일에 sum tag가 없으면 0을 지정
	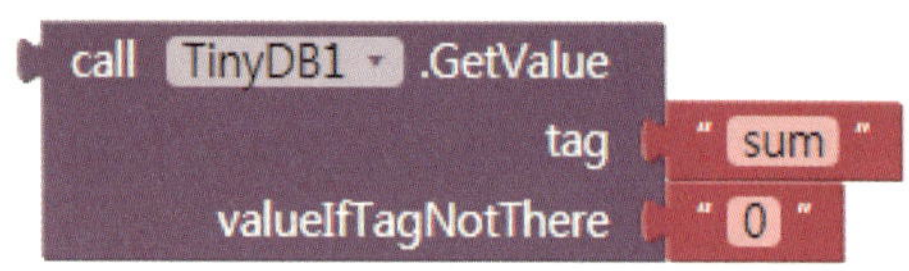

1.3 TinyDB를 이용한 간단한 메모장

간단한 메모장 앱을 작성해본다. 메모 제목과 내용을 입력 후 저장 버튼을 누르면 스마트폰의 기억장소에 저장이 되어 언제든지 메모한 내용을 열기 버튼으로 읽어올 수 있다. 음성으로 읽기 버튼을 누르면 내용을 음성으로 읽어주는 앱을 작성해본다.

(1) 필요한 컴포넌트

① '제목 :' 내용이 표시될 [User Interface] 팔레트의 [Label] 컴포넌트

② 제목을 입력할 [User Interface] 팔레트의 '제목상자' [TextBox] 컴포넌트

③ '내용'이라는 제목이 표시될 [User Interface] 팔레트의 [Label] 컴포넌트

④ 메모내용을 입력할 [User Interface] 팔레트의 '내용상자' [TextBox] 컴포넌트

⑤ [User Interface] 팔레트의 저장, 새로시작, 열기, 삭제, 음성 읽기 실행 [Button] 5개

⑥ 스마트폰에 저장된 제목들을 목록으로 표시할 [User Interface] 팔레트의 [ListPicker] 컴포넌트

⑦ 제목상자, 내용, 내용상자를 정렬할 [Layout] 팔레트의 [VerticalArrangement] 컴포넌트

⑧ 버튼 정렬에 사용할 [Layout] 팔레트의 [HorizontalArrangement] 컴포넌트

⑨ 스마트폰에 저장하기 위한 [Storage] 팔레트의 [TinyDB] 컴포넌트

⑩ 메모내용을 음성으로 읽어주기 위한 [Media] 팔레트의 [TextToSpeech] 컴포넌트

⑪ 삭제 여부를 확인할 때 사용할 [User Interface] 팔레트의 [Notifier] 컴포넌트

(2) 디자인 화면과 컴포넌트 구성요소, 속성 화면

디자인 화면	구성요소 화면	속성 화면
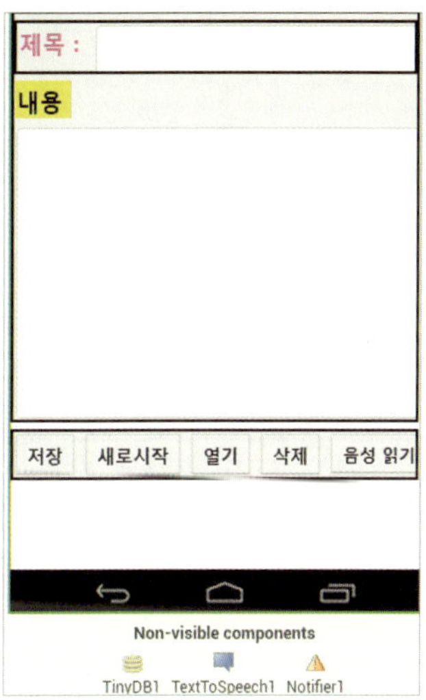		

① 모든 컴포넌트의 크기는 디자인 화면과 같이 표시되도록 [Width] 속성과 [Height] 속성값을 변경한다.

② 제목을 입력할 제목상자 [TextBox] 컴포넌트의 [Hint] 속성값을 지운 후 메모내용을 입력할 내용상자 [TextBox] 컴포넌트의 [MultiLine] 속성에 체크를 한 후 [Hint] 속성값을 지운다.

③ 메모 제목을 목록 형식으로 표시하기 위한 [ListPicker] 컴포넌트의 이름을 '저장한 목록'으로 변경한다.

(3) 코드블록 작성

1) 저장 버튼 클릭 이벤트

'저장' 버튼을 클릭하면 제목상자에 입력한 제목의 이름으로 내용상자의 내용을 저장시킨다. 예를 들어 제목상자에 '정기모임', 내용상자에 '금요일에 팀별 프로젝트를 위한 정기 모임 있음'이라고 각각 제목과 내용을 입력한 경우 스마트폰에 제목상자 '정기모임'과 같은 변수이름(tag)으로 내용상자에 입력한 내용들이 기억이 된다. [TinyDB1.StoreValue]에 의해 '정기모임'이라는 tag에 입력한 메모내용 '금요일에 ~'이 저장된다. 앱을 종료한 후에도 스마트폰 기억장소 안에 '정기모임'이라는 이름으로 저장되어 있어 언제든지 필요할 때 [TinyDB1].GetTags를 이용하여 정기모임 tag를 GetValue를 이용하여 값을 가져와 사용할 수 있다.

TinyDB1.StoreValue에서 사용하는 tag와 ValueToStore

tag	ValueToStore
정기모임	금요일에 팀별 프로젝트를 위한 정기모임 있음
특강	화요일 오후 5시에 특강
조별 모임	보고서 작성을 위한 요일 조별 모임
봉사활동	토요일 교육봉사

↑ 입력한 제목이 저장되어 있는 제목상자.Text

↑ 입력한 내용이 저장되어 있는 내용상자.Text

방금 저장된 제목상자, 즉 '정기모임'을 리스트피커(ListPicker)의 목록 중 하나의 요소로 지정하기 위해 아래와 같이 '저장한목록.Elements'에 스마트폰에 저장된 값을 가져와서 설정하기 위해 GetTags를 지정한다. [ListPicker] 컴포넌트의 이름을 '저장한목록'으로 변경하였으므로 [ListPicker] 컴포넌트를 지정할 경우에는 '저장한목록'을 사용한다. GetTags는 스마트폰 기억장소에 저장되어 있는 태그이름을 가져오는 속성이다. 위와 같이 4개의 태그에 ValueToStore에 지정된 값을 입력하여 스마트폰에 저장을 한 후 여러 개의 목록이 나타나도록 작성을 한다.

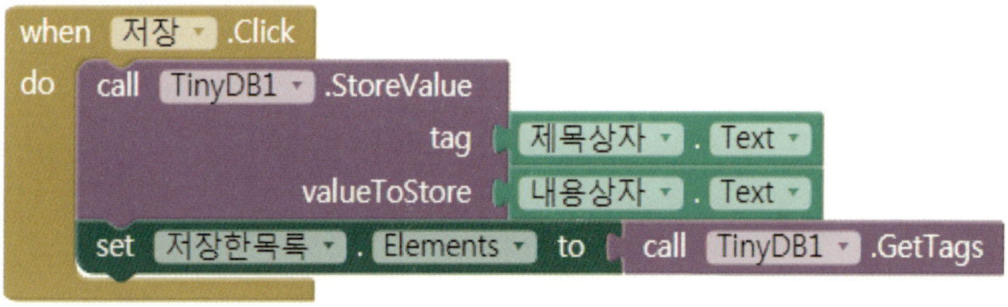

2) 새로 시작 버튼 클릭 이벤트

'새로시작' 버튼을 클릭하면 제목과 내용이 모두 지워져야 하므로 제목상자와 내용상자의 [Text] 속성값에 공백을 아래와 같이 지정한다.

3) 열기 버튼 클릭 이벤트

'열기' 버튼을 클릭하면 현재까지 저장된 태그들을 리스트피커의 요소로 지정하여 메모의 제목들이 모두 목록형식으로 표시되도록 한다. 저장된 태그들을 리스트피커의 요소로 지정 후 '저장한목록.Open'을 호출하여 사용한다. [ListPicker] 컴포넌트의 이름이 '저장한목록'이다.

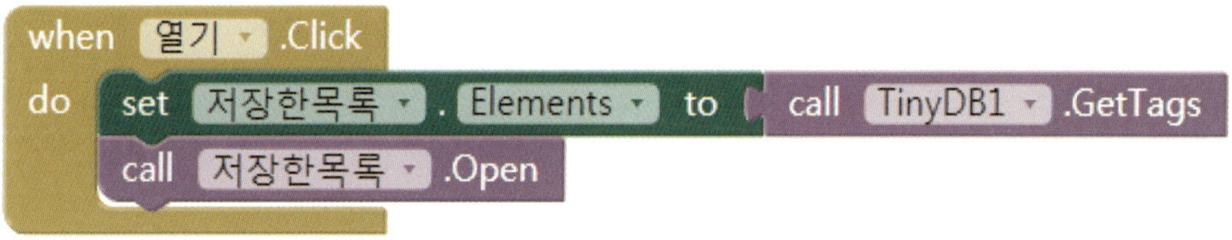

'저장한목록.Open'을 호출하여 리스트피커가 나타나도록 한 후 리스트피커에 표시된 메모 제목 목록 중에서 열고자 하는 제목을 선택한 후 실행되어야 할 코드를 아래와 같이 작성한다. 목록 중에서 열고자 하는 메모 제목을 선택하면 선택한 메모 제목과 메모 내용이 표시되어야 한다. 제목상자에 표시할 메모 제목은 리스트피커에서 선택한 제목이 표시되어야 하므로 리스트피커에서 선택한 값(Selection)을 지정한다.

내용상자에는 제목에 해당하는 내용이 표시되어야 하므로 이전에 스마트폰에 저장한 내용을 불러오면 된다. [TinyDB1.GetValue] 명령을 이용하여 불러올 내용이 저장되어 있는 변수(tag)를 지정한다. 만일 스마트폰에 저장한 값이 없다면(valueIfTagNotThere) 공백으로 내용을 채우게 된다.

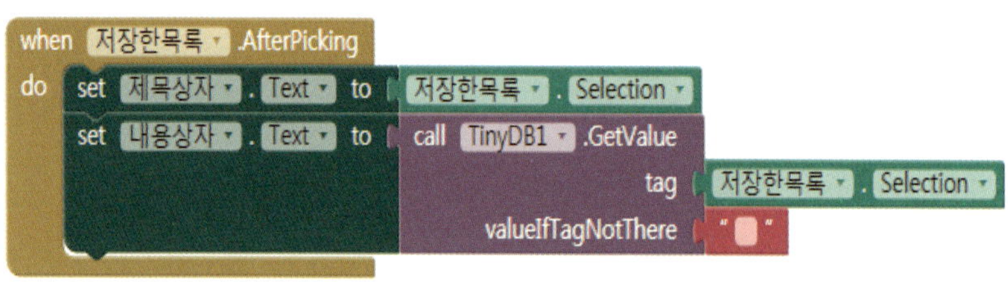

4) 삭제 버튼 클릭 이벤트

메모의 내용을 저장한 후 필요하지 않은 내용을 삭제하고자 하는 경우 '삭제' 버튼을 클릭하면 "현재의 메모내용을 삭제하시겠습니까?"라는 메시지와 두 개의 버튼 "예", "아니오" 버튼을 표시하는 대화상자가 나타나도록 [Notifier]의 [ShowChooseDialog]를 이용한다.

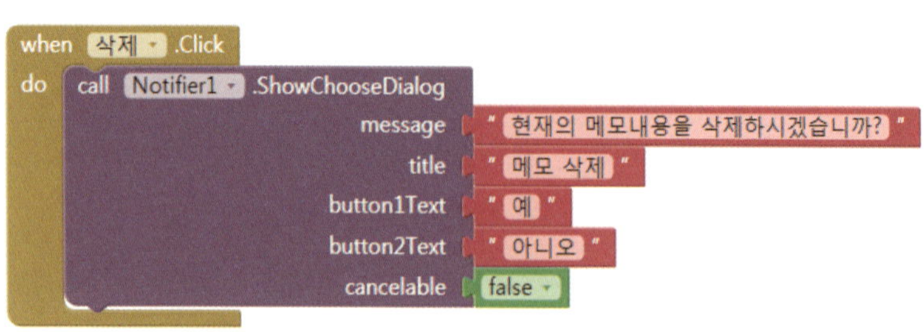

[Notifier] 대화상자에서 두 개의 버튼(예, 아니오) 중 하나를 선택한 후 클릭한 버튼에 따라 실행을 다르게 지정해야 하므로 [Notifier]의 [AfterChoosing] 이벤트에 아래와 같이 코드를 작성한다. 알림창에서 버튼을 클릭하면 클릭한 값은 [choice]에 저장이 된다. 따라서 만일 클릭한 값, 즉 [choice]값이 "예"이면 [TinyDB]의 [ClearTag]를 이용하여 태그를 삭제한 후 "삭제되었습니다"라는 알림창을 표시해준 후 화면에 표시되어 있는 제목과 내용을 모두 지우기 위해 공백을 지정한다. 만일 "아니오" 버튼을 누르면 "삭제하지 않았습니다"라는 알림창이 표시되도록 [Notifier]의 [ShowAlert]을 이용하여 작성한다.

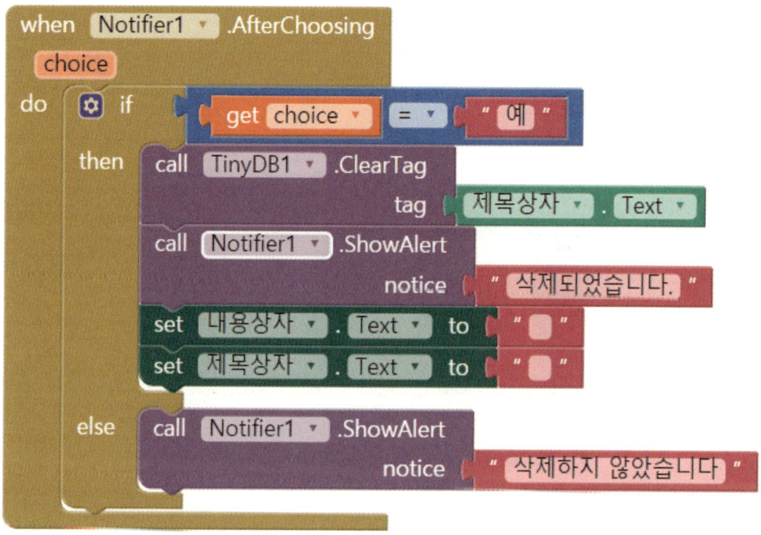

5) 음성 읽기 버튼 클릭 이벤트

'음성읽기' 버튼을 클릭하면 내용상자에 있는 내용을 음성으로 읽어주도록 코드를 아래와 같이 작성한다.

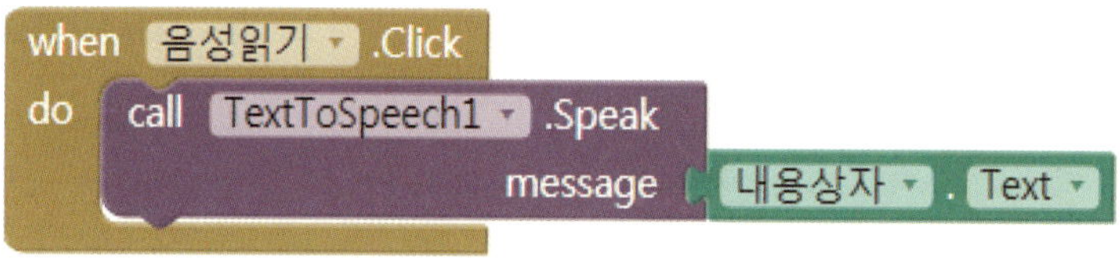

6) 날짜 선택 버튼 코드블록

저장한 메모를 날짜별로 관리를 하고 싶으면 위에서 작성한 디자인 화면에 날짜를 선택할 수 있는 [DatePicker] 컴포넌트를 추가하면 된다. 다음과 같이 제목입력상자 옆에 날짜를 선택할 수 있는 날짜선택 [DatePicker]를 추가하였다. 추가한 [DatePicker]에 해당하는 내용만 다음과 같이 표시하였다.

디자인 화면	구성요소 화면
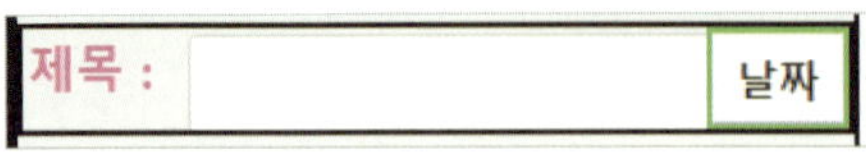	

날짜 [DatePicker] 컴포넌트를 클릭한 후 다음과 같이 날짜를 선택한다.

날짜를 선택한 후에 실행해야 할 명령들을 다음과 같이 [AfterDateSet] 이벤트에 작성한다. 제목상자에는 '11/2'가 표시된다. 선택한 날짜의 달과 일을 구하여 join으로 '/'과 연결하여 제목상자에 표시한다.

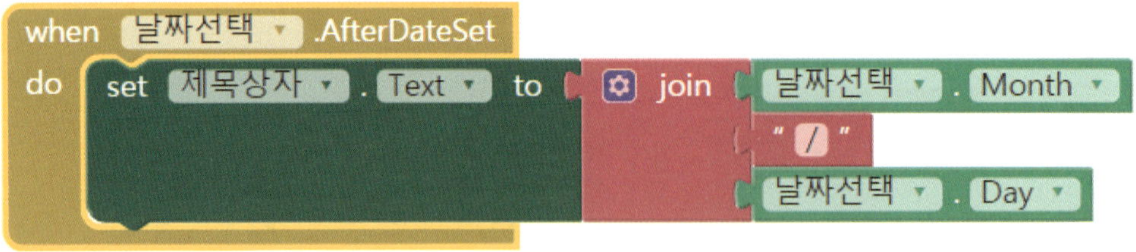

메모를 저장하여 관리할 때 입력한 제목으로 관리하든지 혹은 선택한 날짜별로 관리할 수 있다.

2 TinyWebDB

[TinyWebDB]는 데이터가 안드로이드폰 메모리에 저장되지 않고 웹 데이터베이스에 저장되며 기본 웹 데이터베이스는 'http://ditapps01.appspot.com'에 접속하면 된다. 사이트에 접속하면 저장해 둔 자료를 대화형식으로 찾아볼 수 있는데 저장할 데이터의 용량이 한계가 있으므로 다른 개발자가 우연히 같은 태그로 데이터를 저장하면 자신의 데이터가 덮어질 수도 있다. [TinyWebDB]에서는 검색 요청이 인터넷을 통해 웹 데이터베이스 서버에 전달이 되므로 시간이 조금 걸리는 문제도 있으므로 간단하게 웹 데이터베이스를 테스트해볼 때 사용하는 것이 효율적이다. [TinyWebDB]에서 [GetValue]는 검색 요청만 하고 실제로 데이터를 받지는 못한다. 웹 데이터베이스에서 검색결과가 도착하면 [TinyWebDB.GetValue] 이벤트가 발생하므로 검색결과를 표시하려면 [GetValue] 이벤트 처리기의 [valueFromWebDB] 매개변수에 검색결과가 저장되어 전달된다. 이 변수는 [GetValue] 블록 안에서만 유효하므로 지역변수와 같은 의미의 변수이다.

2.1 TinyWebDB를 이용한 투표 앱 작성

감명 깊게 읽은 책들이 무엇인지 간단한 설문조사를 하기 위한 앱으로 감명 깊게 읽은 도서명을 입력한 후 '투표하기' 버튼을 누르면 입력한 도서명은 WebDB에 저장을 한 후 '투표결과보기' 버든을 누르면 투표한 결과들이 출력이 되는 [TinyWebDB] 컴포넌트를 이용한 간단한 앱을 작성해본다.

(1) 필요한 컴포넌트

① '감명 깊게 읽은 책은?' 내용이 표시될 [User Interface] 팔레트의 '질문레이블' [Label] 컴포넌트

② 도서명을 입력할 [User Interface] 팔레트의 '책이름입력상자' [TextBox] 컴포넌트

③ 도서명 입력 후 투표하기 위한 [User Interface] 팔레트의 '투표하기' [Button] 컴포넌트

④ 텍스트상자와 버튼 컴포넌트를 한 줄에 정렬할 [Layout] 팔레트의 [Horizontal Arrangement] 컴포넌트

⑤ 투표한 결과를 보기 위한 [User Interface] 팔레트의 '투표결과보기' [Button] 컴포넌트

⑥ 투표결과를 표시할 [User Interface] 팔레트의 '투표결과레이블' [Label] 컴포넌트

⑦ 입력한 도서명을 WebDB에 저장하기 위한 [Storage] 팔레트의 [TinyWebDB] 컴포넌트

(2) 디자인 화면과 컴포넌트 구성요소, 속성 화면

디자인 화면	구성요소 화면	속성 화면
	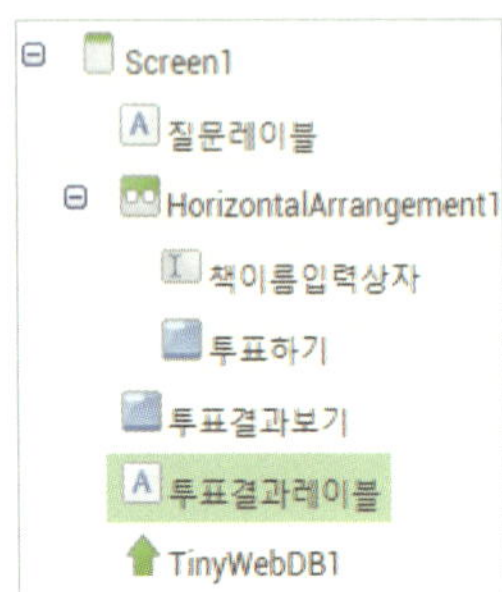	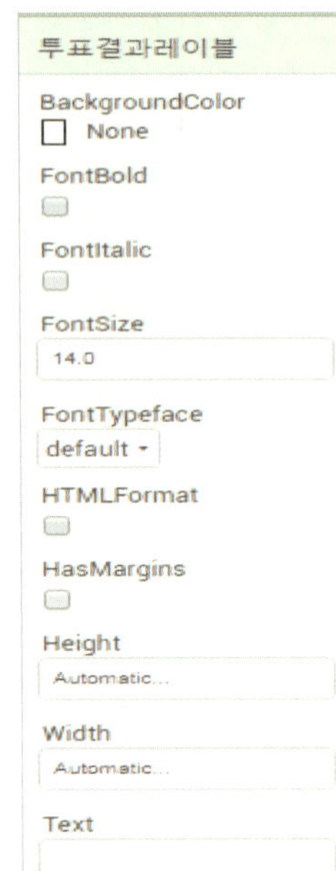

모든 컴포넌트의 [Text] 속성을 디자인 화면과 같이 표시되도록 변경한 후 컴포넌트들의 이름도 구성요소 화면과 같이 이름을 변경한다. 투표결과가 표시될 '투표결과레이블' [Label] 컴포넌트의 [Text] 속성값은 비워두어야 한다. 처음에는 투표를 하기 전이므로 아무 내용도 표시되지 않아야 한다. '투표결과보기' 버튼을 누르면 '투표결과레이블' [Label] 컴포넌트에 값이 표시되도록 코드로 작성해야 한다.

(3) 코드블록 작성

자신이 감명 깊게 읽은 책이름을 입력한 후 '투표하기' 버튼을 누르면 입력한 도서명을 WebDB에 저장해야 한다. WebDB에 저장하기 위해 입력한 값이 저장되어 있는 [책이름입력상자]의 값을 투표리스트라는 변수(tag)에 저장을 한다. 태그이름은 임의의 이름으

로 사용자가 임의로 지정하면 된다.

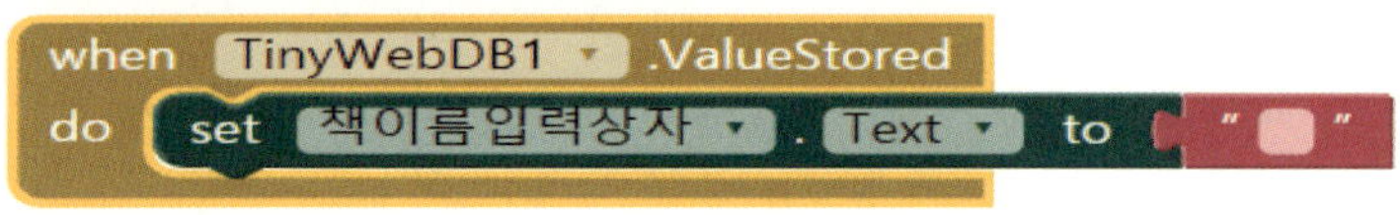

[TinyWebDB]에서는 [GetValue]는 단지 저장되어 있는 웹DB에 검색 요청만 한다. [GetValue]의 검색 요청에 따라 웹DB를 검색하여 검색결과가 도착하면 [TinyWebDB.GetValue] 이벤트가 발생한다. 따라서 '투표결과보기' 버튼을 클릭하면 '투표리스트' 태그가 있는지 검색을 한 후 [GetValue] 이벤트에서 검색결과값을 '투표결과레이블' 상자에 표시한다.

[GetValue] 이벤트에서 검색결과의 태그는 [tagFromWebDB]에 전달하고 태그에 저장된 값은 [valueFromWebDB]에 전달한다. 투표한 도서명을 표시하기 위해 [valueFromWebDB]값을 레이블 컴포넌트에 표시되도록 한다.

2.2 TinyWebDB를 이용한 채팅 앱 작성

친구들과 소통을 위한 간단한 채팅 앱을 작성해보자.

(1) 필요한 컴포넌트

① '소곤소곤' 내용이 표시될 [User Interface] 팔레트의 '채팅' [Label] 컴포넌트

② 채팅내용이 화면에 모두 표시되도록 [Layout] 팔레트의 [VerticalScrollArrangement] 컴포넌트

③ 채팅내용이 표시될 [User Interface] 팔레트의 '채팅표시되는곳' [Label] 컴포넌트

④ 별명과 보낼 내용이 표시될 컴포넌트를 나란히 표시하기 위해 [Layout] 팔레트의 [TableArrangement] 컴포넌트

⑤ '별명?' 내용이 표시될 [User Interface] 팔레트의 [Label] 컴포넌트

⑥ '보낼메시지?' 내용이 표시될 [User Interface] 팔레트의 [Label] 컴포넌트

⑦ 별명을 입력할 [User Interface] 팔레트의 '별명상자' [TextBox] 컴포넌트

⑧ 보낼 메시지를 입력할 [User Interface] 팔레트의 '보낼내용' [TextBox] 컴포넌트

⑨ 보낼 메시지를 전송하기 위한 [User Interface] 팔레트의 '전송' [Button] 컴포넌트

⑩ 보낼 내용을 WebDB에 저장하기 위한 [Storage] 팔레트의 [TinyWebDB] 컴포넌트

⑪ 1초가 지날 때마다 채팅내용이 전달되도록 [Sensors] 팔레트의 [Clock] 컴포넌트

(2) 디자인 화면과 컴포넌트 구성요소, 속성 화면

디자인 화면	구성요소 화면	속성 화면
	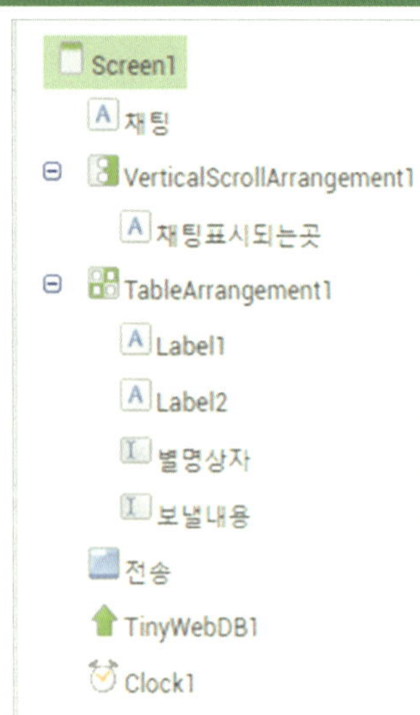	

모든 컴포넌트의 [Text] 속성을 디자인 화면과 같이 표시되도록 변경한 후 컴포넌트들의 이름도 구성요소 화면과 같이 이름을 변경한다. [TinyWebDB] 컴포넌트의 [ServiceURL] 속성을 'http://ditapps01.appspot.com'으로 지정한다. 구글 앱 엔진(Google App Engine)으로 TinyWebDB 서비스를 제공하는 사이트이다.

(3) 코드블록 작성

메시지를 보낼 내용이 저장될 '보낼내용'변수와 채팅한 대화내용을 누적해서 더할 '계속누적저장장소'변수를 선언한다. 채팅 화면에는 이전에 주고받은 내용도 표시되어야 하므로 채팅내용을 계속 누적하여 보관할 변수가 필요하다.

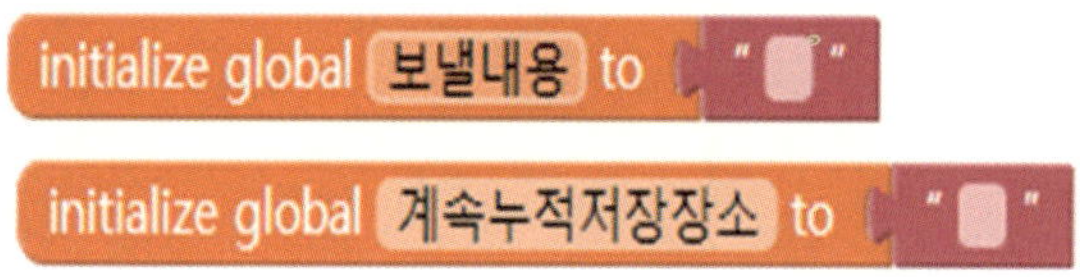

전송 버튼을 누르면 입력한 보낼 내용과 함께 별명도 같이 전송이 되도록 아래와 같이 코드를 작성한다.

전송내용은 별명이 '미소'이고 보낼 메시지가 '안녕, 잘 지내지?'이면 이전의 채팅내용이 저장되어 있는 '계속누적저장장소'변수와 '(', '미소', ')', '안녕, 잘 지내지?' 내용이 결합되어 상대방의 채팅 화면에 표시된다. '\n'은 줄을 바꾸는 명령이다. 보낸 내용을 '메시지저장장소'라는 태그에 저장한다.

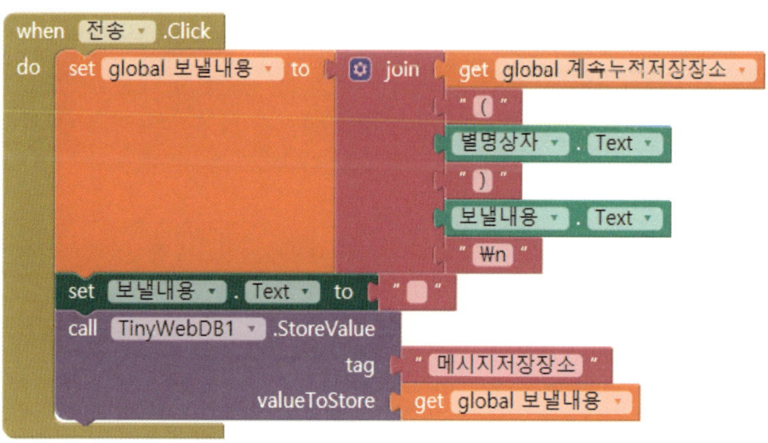

1초가 지날 때마다 채팅내용이 저장되어 있는 기억장소 '메시지저장장소'를 호출한다. TinyWebDB에서는 [GetValue]는 단지 검색 요청만 한다. 검색 요청에 따라 검색결과가 도착하면 [TinyWebDB.GetValue] 이벤트가 발생한다.

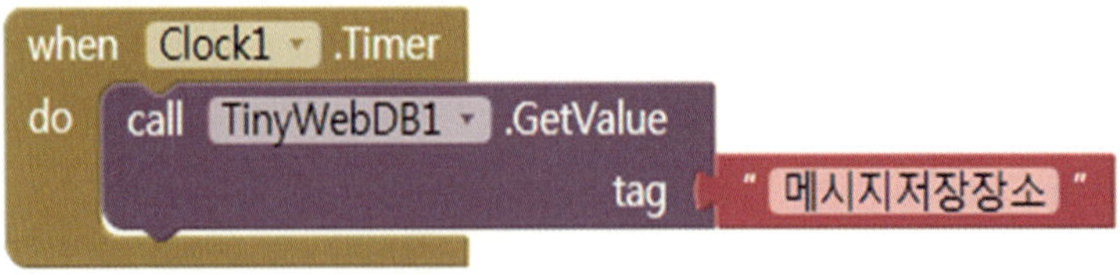

[TinyWebDB.GotValue] 이벤트에서는 검색한 결과값이 valueFromWebDB에 저장된다. '채팅표시되는곳' 레이블에 '계속누적저장장소' 변수값을 설정하여 표시하도록 한다.

CHAPTER 16

소셜 팔레트

1. 음성으로 작성한 내용을 문자로 보내기
2. 자동 문자전송과 받은 문자내용 읽어주는 앱

CHAPTER

16 소셜 팔레트

소셜 팔레트(Social Palette)는 다른 사람들과 함께하는 SNS(Social Network Service) 기능을 제공한다. 여러 컴포넌트들 중에서 전화를 사용할 수 있는 기능을 만들 때 사용하는 [PhoneCall] 컴포넌트와 스마트폰에 있는 전화번호부를 불러오는 [PhoneNumberPicker], 문자(SMS)를 사용할 수 있는 [Texting] 컴포넌트에 대해 알아본다.

1 음성으로 작성한 내용을 문자로 보내기

자동차를 운전 중이나 키패드로 입력할 수 없는 경우에 문자를 음성으로 읽어들여 지정한 번호로 문자를 보내는 앱을 작성해본다. 먼저 '말하기' 버튼을 클릭한 후 마이크를 향하여 문자를 보낼 내용에 대해서 말한 후 '전화번호목록' [PhoneNumberPicker] 컴포넌트를 클릭하여 문자를 보낼 전화번호를 선택한다. 문자를 전송하기 위해 필요한 내용과 전화번호가 정해지면 '보내기' 버튼을 클릭하여 문자를 보낸다. '다시시작' 버튼을 눌러 내용을 모두 지운 후 다시 문자 보낼 내용을 음성으로 읽어들이도록 한다. '종료' 버튼을 누르면 앱이 종료되도록 한다.

1.1 필요한 컴포넌트

① '문자보낼 번호 :' 제목을 표시할 [User Interface] 팔레트의 [Label] 컴포넌트

② 전화번호 목록을 표시할 [Social] 팔레트의 '전화번호목록' [PhoneNumberPicker] 컴포넌트

③ 문자 보낼 내용이 표시될 [User Interface] 팔레트의 '문자보낼내용' [TextBox] 컴포넌트

④ [User Interface] 팔레트의 '말하기', '보내기', '다시시작', '종료' [Button] 컴포넌트

⑤ 음성으로 문자내용을 읽어들이기 위한 [Media] 팔레트의 [SpeechRecognizer] 컴포넌트

⑥ 문자를 보내기 위한 [Social] 팔레트의 [Texting] 컴포넌트

⑦ 각 컴포넌트를 정렬하기 위한 [Layout] 팔레트의 [HorizontalArrangement] 컴포넌트

1.2 디자인 화면과 컴포넌트 구성요소, 속성 화면

① '문자보낼 번호 :' 제목을 표시할 [Label] 컴포넌트의 [Text] 속성을 변경한다.

② [PhoneNumberPicker] 컴포넌트의 [Text] 속성을 '전화번호목록'으로 변경한다.

③ 위 ①과 ②에서 작성한 컴포넌트를 한 줄에 나타나도록 정렬하기 위해 [Horizontal Arrangement1] 컴포넌트 안에 배치한다.

④ '말하기 버튼 누른 후 문자 보낼 내용을 말하세요' 제목을 표시할 [Label] 컴포넌트의 [Text] 속성을 변경한다.

⑤ 문자 보낼 내용이 표시될 '문자보낼내용' [TextBox] 컴포넌트의 [Height] 속성값을 50%, [Width] 속성값을 Fill Parent로 변경한 후 [MultiLine] 속성에 체크한다. 그리고 사용자의 이해를 돕기 위해 [Hint] 속성에 '폰에 대고 말한 내용이 나타납니다…'라

고 입력해준다.

⑥ '말하기', '보내기', '다시시작', '종료' [Button] 컴포넌트의 [Text] 속성을 변경한다.

⑦ 버튼들을 [HorizontalArrangement] 컴포넌트 안에 배치한다.

1.3 코드블록 작성

(1) 말하기 버튼 클릭 코드블록

'말하기' 버튼을 클릭하면 음성인식이 가능하도록 해야 하므로 [SpeechRecognizer] 컴포넌트의 [GetText]를 이용하여 마이크에 대고 말한 내용을 가져온다. 음성인식이 끝난 후 [SpeechRecognizer1.AfterGettingText]를 이용하여 음성인식한 값을 [result]변수에 저장한다. 마이크에 대고 말한 내용이 모두 [result]에 저장되어 있다. 마이크에 대고 말한 문자 보낼 내용이 맞는지 확인하기 위해 텍스트상자에 표시를 해야 하므로 [result]에 저장되어 있는 내용을 '문자보낼내용' 텍스트상자에 표시되도록 아래와 같이 지정한다.

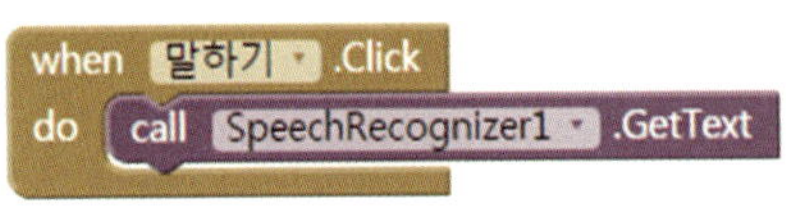

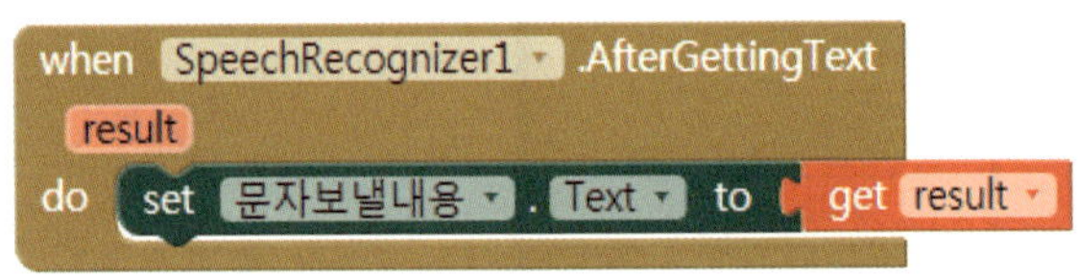

(2) 전화번호목록 컴포넌트 클릭

문자를 보낼 전화번호를 선택하기 위해 '전화번호목록' [PhoneNubmerPicker] 컴포넌트를 클릭한다.

(3) 보내기 버튼 클릭 코드블록

문자를 보낼 내용과 전화번호가 정해지면 문자를 보내면 되므로 '보내기' 버튼을 클릭한다. 문자를 보낼 때 사용하는 [Texting] 컴포넌트의 [PhoneNumber]에 [PhoneNumberPicker]에서 선택한 전화번호 [PhoneNumberPicker1.PhoneNumber]를 지정하고 문자 보낼 내용 [Texting] 컴포넌트의 [Message]에 음성으로 읽은 내용이 표시되어 있는 [문자보낼내용.Text]를 지정한다. 문자내용과 전화번호 모두 지정되었으므로 [call Texting1.SendMessage]를 호출하여 메시지, 즉 문자를 보낸다.

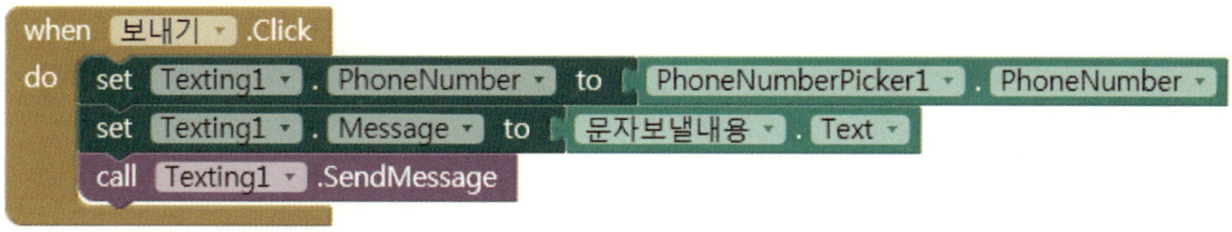

(4) 다시 시작과 종료 버튼 클릭 코드블록

'다시시작' 버튼을 클릭하면 문자 보낼 내용이 표시되어 있는 '문자보낼내용' [TextBox]의 [Text] 속성에 공백을 지정하여 텍스트상자 안의 내용을 모두 지우고 '종료' 버튼을 누르면 앱이 종료되도록 아래와 같이 작성한다.

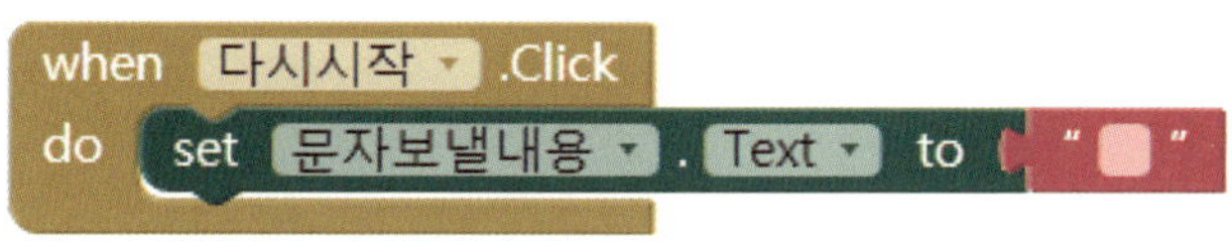

(5) 전화걸기 버튼 클릭 코드블록

전화를 걸기 위해서는 [Social] 팔레트의 [PhoneCall] 컴포넌트와 전화걸기 [Button]을 디자인 화면에 추가한 후 아래와 같이 코드를 작성하면 전화번호부 목록에서 선택한 번호로 전화를 걸 수 있다.

디자인 화면	구성요소 화면
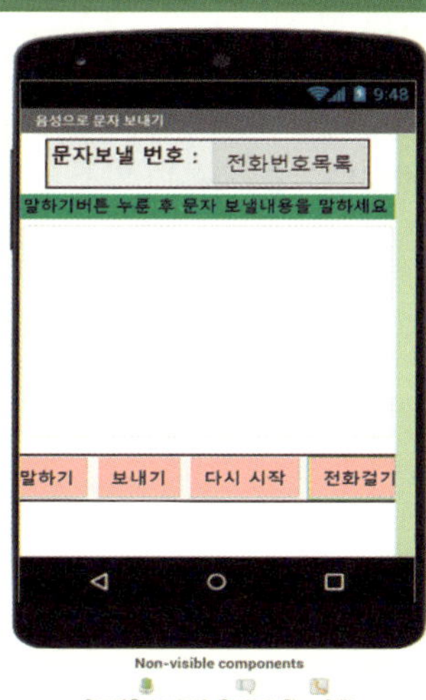	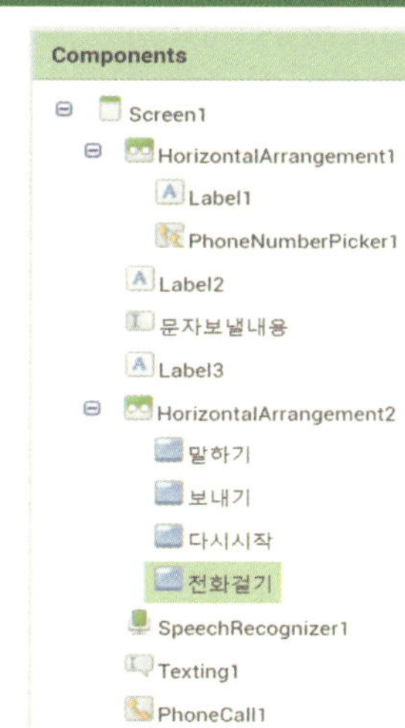

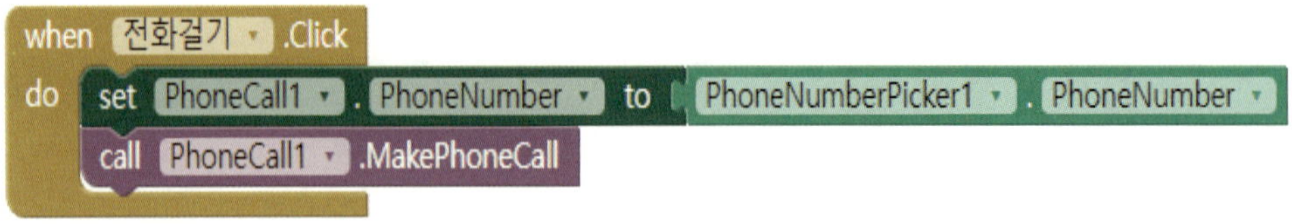

2 자동 문자전송과 받은 문자내용 읽어주는 앱

문자를 받았을 때 문자에 답할 수 없는 상황이거나 운전 중이면 자동으로 문자에 대한 답과 자신의 위치에 대한 정보를 보내고 필요에 따라 중요한 내용일 수도 있으므로 받은 문자를 음성으로 읽어주는 앱을 작성해본다.

2.1 필요한 컴포넌트

① '문자가 오면 아래 메시지가 자동 전송됨' 제목을 표시하기 위한 [User Interface] 팔레트의 [Label] 컴포넌트

② '답할 수 없는 상황입니다. 곧 연락드릴께요.' 문자 보낼 내용을 표시할 [User Interface] 팔레트의 '대답문자' [Label] 컴포넌트

③ 받은 문자의 내용을 표시할 [User Interface] 팔레트의 '받은_내용' [Textbox] 컴포넌트

④ 문자를 보내고 받을 때 사용하는 [Social] 팔레트의 [Texting] 컴포넌트

⑤ 받은 문자의 내용을 음성으로 읽어주는 [Media] 팔레트의 [TextToSpeech] 컴포넌트

⑥ 위치정보를 알려주는 [Sensors] 팔레트의 [LocationSensor] 컴포넌트

2.2 디자인 화면과 컴포넌트 구성요소, 속성 화면

디자인 화면

구성요소 화면

속성 화면

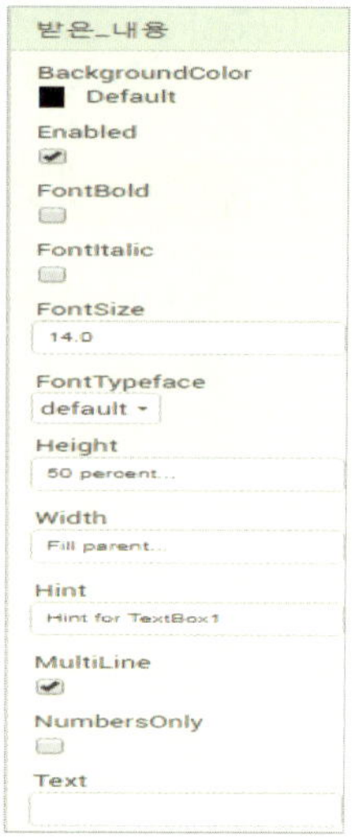

① '문자가 오면 아래 메시지가 자동 전송됨' 제목을 표시하기 위한 [Label] 컴포넌트의 [Text] 속성을 변경한다.

② '답할 수 없는 상황입니다. 곧 연락드릴께요.'를 표시하기 위한 '대답문자' [Label] 컴포넌트의 [Text] 속성을 변경한다.

③ 받은 문자의 내용이 표시될 '받은_내용' [TextBox] 컴포넌트의 [Height] 속성값을 50%, [Width] 속성값을 Fill Parent로 변경한 후 [MultiLine] 속성에 체크한다.

④ '말하기 버튼 누른 후 문자 보낼 내용을 말하세요' 제목을 표시할 [Label] 컴포넌트의 [Text] 속성을 변경한 후 [MultiLine] 속성에 체크한다. 그리고 [Hint] 속성의 내용을 모두 지운다.

⑤ [Texting], [LocationSensor], [TextToSpeech] 컴포넌트는 [Non-Visible Components]에 나타남을 알 수 있다. 뷰어 화면 아래에 위치한다고 해서 아래쪽으로 끌어 놓으면 실행이 되지 않는다. 반드시 뷰어 화면 쪽으로 끌어다 놓아야 실행이 됨에 주의해야 한다.

2.3 코드블록 작성

① 현재위치 전역변수를 초기치로 공백을 지정한 후 현재 자신이 위치한 장소의 주소 [LocationSensor1.CurrentAddress]를 현재위치변수에 저장한다.

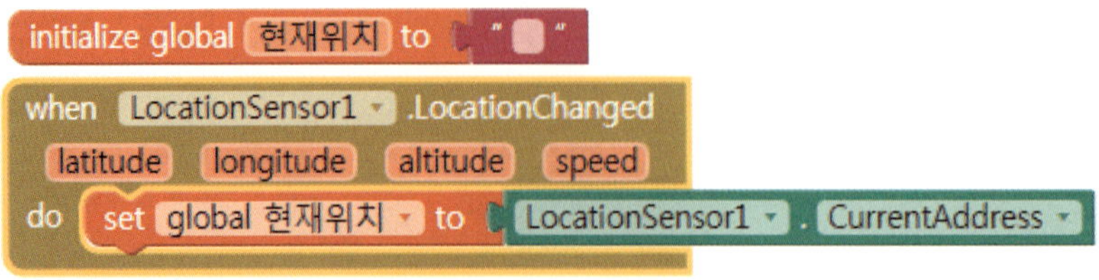

② 문자를 받을 때에는 아래와 같이 [Texting1.MessageReceived] 이벤트 블록을 이용한다. 문자 받은 내용은 [messageText]에 저장이 되고 문자 보낸 사람의 전화번호는 [number] 속성에 저장이 된다. 보낸 사람의 문자내용을 표시하려면 [get messageText]를 이용하면 된다.

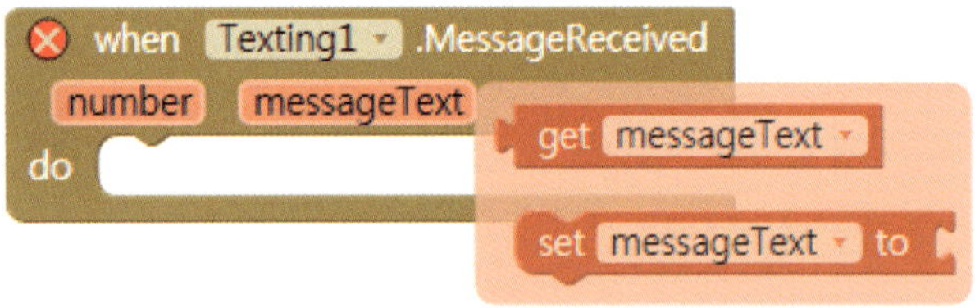

받은 문자를 볼 수 없는 상황일 때 받은 문자를 음성으로 읽어주도록 아래와 같이 작성하면 된다. 급한 내용의 문자일 수도 있으므로 스마트폰으로 확인하기 힘든 상황일 때에는 받은 문자를 음성으로 읽어주는 것이 효율적이다. 따라서 보낸 사람의 전화번호를 먼저 음성으로 말하게 하고 전화번호 뒤에 "에서 문자가 왔습니다. 내용은"을 말한다. 내용은 뒤에 받은 문자의 내용을 음성으로 읽어주고 마지막으로 "입니다."를 말하도록 작성한다. [join] 블록을 이용하여 네 종류의 문자를 결합하여 읽어주도록 작성한 후 문자를 받으면 자동으로 '대답문자' 레이블에 저장되어 있는 내용 "답할 수 없는 상황입니다. 곧 연락드릴께요."와 자신이 있는 장소의 주소내용을 합쳐서 문자 보낸 사람에게 문자를 보내도록 아래와 같이 코드를 작성한다.

[join] 블록으로 문자 보낸 사람의 전화번호와 메시지를 연결하여 음성으로 읽어준다. 예를 들어 "'010-1111-2222'(number)에서 문자가 왔습니다. 내용은 '오늘 회의가 취소되었습니다. 다음에 다시 일정을 정해서 연락드리겠습니다'(messageText)입니다"라고 음성으로 읽어준 후 문자를 보낸 사람의 번호를 문자 전송할 번호로 지정하고 문자 보낼 내용은 [join] 블록으로 대답문자내용과 현재위치를 결합하여 문자를 전송한다. 즉 문자가 오면 문자 보낸 사람의 번호와 보낸 내용을 음성으로 읽어준 후 자신이 정해 놓은 대답문자내용과 현재 자신이 위치한 장소의 주소를 결합하여 문자를 보낸 사람에게 답장을 보낸다.

CHAPTER 17

아두이노

1. 아두이노의 개념과 종류
2. 아두이노 우노 보드 설명
3. 아두이노 개발환경
4. 스케치의 구조
5. 예제: Blink(Hello Arduino~)

CHAPTER

17 아두이노

1 아두이노의 개념과 종류

마이크로 컨트롤러(MCU: Micro Controller)란 마이크로 프로세서의 일종으로 중앙처리장치의 기능과 메모리, 입출력 인터페이스 등을 내장한 작은 컴퓨터와 같으며, 이러한 마이크로 컨트롤러에 다양한 부가장치를 추가하여 쉽게 사용할 수 있도록 만든 '마이크로 컨트롤러 보드'를 아두이노(Arduino)라고 한다. 이때 아두이노에서 핵심적인 역할은 마이크로 컨트롤러가 담당하고 모든 아두이노 보드에는 아트멜(Atmel) 마이크로 컨트롤러가 꽂혀 있다. 우노(Uno)를 비롯한 아두이노 보드 대부분은 AVR ATMega MCU를 사용하고 아두이노 우노는 ATMega328을 사용한다. 사용하는 마이크로 컨트롤러에 따라 여러 종류의 아두이노 보드가 존재하는데 그중에서도 아두이노 우노가 가장 기본적인 보드이다. 아래의 그림은 아두이노 우노의 외형을 나타내고 있다.

아두이노는 오픈소스 하드웨어이므로 수많은 제조사가 기능이 다양한 신제품을 계속 출시하여 모든 종류의 아두이노 보드를 다루기는 어렵기 때문에 Arduino.cc에서 생산하는 공식 아두이노 보드 몇 가지를 알아보도록 한다.

Leonardo는 MCU로 ATMega32U4를 사용하고, USB 인터페이스가 내장되어 있기 때문에 USB-시리얼 변환에 필요한 보조 MCU는 없다. 그래서 단가를 낮출 수 있으며 Leonardo를 조이스틱이나 키보드 등 USB장치로 인식하는 작업들도 할 수 있다.

Mega2560은 MCU로 ATMega2560을 사용하며 다른 보드에 비해 많은 기기와 통신을 할 수 있으며 범용 I/O 핀이 54개 있으며 시리얼 인터페이스가 단 한 개만 있는 우노에 비해 ADC 채널이 더 많다.

보통 아두이노 보드들이 8비트 AVR MCU를 사용하는 데 비해 Due는 32비트 ARM Cortex M3 SAM3X MCU를 사용하며 Due에는 매우 정밀한 ADC와 해상도 조정이 가능한 펄스폭변조(PWM), DAC, USB 호스트 커넥터가 장착되어 있다. 클록 속도도 84MHz로 16MHz보다 더 빠르다.

Nano는 브레드보드(breadboard)에 바로 끼워 넣을 수 있게 만들어진 제품으로 Nano의 작은 크기는 제품화할 수 있는 최종프로젝트에 사용하기에 적합하다.

Mega ADK는 USB 호스트 기능이 탑재되어 안드로이드 스마트폰과 연결할 수 있다는 점을 제외하고는 Mega2560과 매우 비슷하며 Mega ADK를 사용하면 사용자가 작성한 안드로이드 앱과 통신도 할 수 있다.

LilyPad는 의류 안에 장착할 수 있게 디자인된 특이한 제품이다. 전도성 섬유를 사용하면 LilyPad를 옷에 재봉된 센서나 LED 등에 연결할 수 있으며 작은 크기를 유지하기 위하여 USB-시리얼 커넥터를 제거했기 때문에 별도의 FTDI 케이블을 사용하여 프로그래밍해야 하는 단점이 있다.

2 아두이노 우노 보드 설명

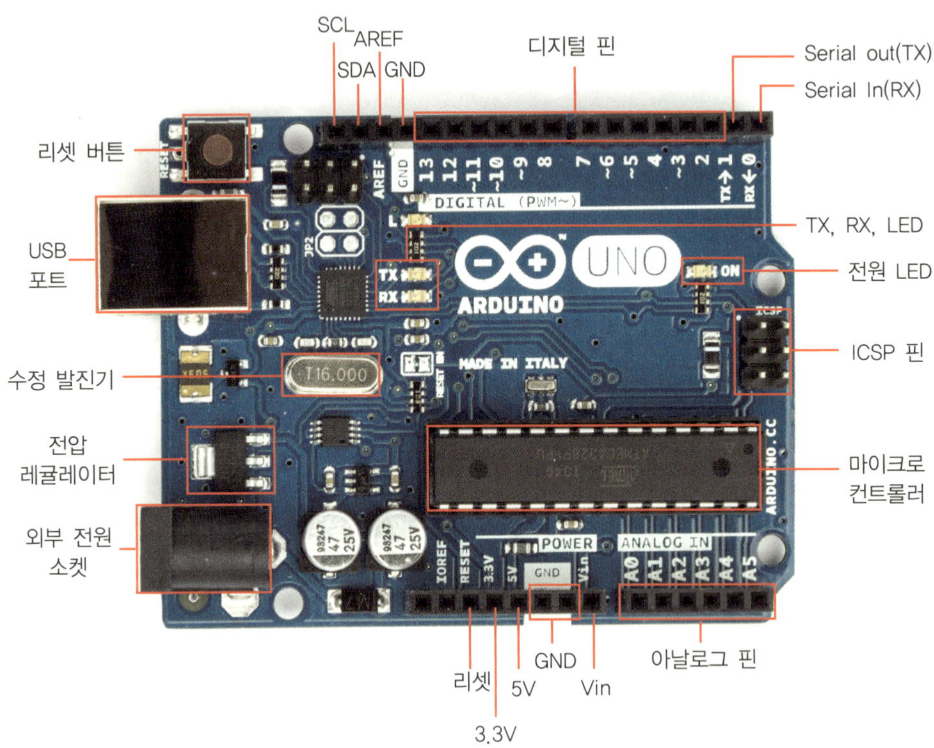

① **마이크로 컨트롤러:** 각 아두이노 보드에 자체 마이크로 컨트롤러가 있으며, 보드의 두뇌라고 생각할 수 있으며, 아두이노의 주요 집적 회로는 보드마다 조금씩 다른데 마이크로 컨트롤러는 대개 아트멜(Atmel)사의 제품을 사용한다.

② **USB 포트**: 아두이노는 컴퓨터의 USB 케이블을 사용하여 전원을 공급할 수 있고, 프로그램을 업로드할 수 있다. USB Type B 케이블을 USB 포트에 연결하여 사용한다.

③ **외부 전원 소켓**: DC 전원 공급장치에서 직접 전원을 공급받을 수 있다.

④ **전압 레귤레이터**: 아두이노에 주어진 전압을 제어하고 프로세서 및 기타 요소에서 사용하는 DC 전압을 안정화한다.

⑤ **수정 발진기**: 아두이노가 시간적 문제를 처리하는 데 도움이 되며, 아두이노가 시간을 계산할 때 수정 발진기를 사용한다. 수정 발진기에 표시된 16,000은 수정 발진기의 주파수가 16,000,000Hz를 알려준다.

⑥ **리셋**: 아두이노를 재설정할 수 있다. 즉 처음부터 프로그램을 시작할 수 있는데 두 가지 방법으로 UNO 보드를 재설정할 수 있다. 먼저 보드의 리셋 버튼을 사용한다. 두 번째로 리셋 라벨이 붙은 아두이노 핀에 외부 리셋 버튼을 연결할 수 있다.

⑦ **3.3V**: 3.3V 출력 전압을 공급한다.

⑧ **5V**: 5V 출력 전압을 공급한다.

⑨ **GND(Ground)**: 아두이노에는 여러 개의 GND 핀이 있으며, 회로를 접지하는 데 사용한다.

⑩ **Vin**: 이 핀 또한 AC 전원 공급장치와 같은 외부 전원에서 아두이노에 전원을 공급하는 데 사용한다.

⑪ **아날로그 핀**: 아두이노 우노에는 6개의 아날로그 입력 핀 A0~A5가 있다. 이 핀은 습도센서 또는 온도센서와 같은 아날로그센서에서 신호를 읽고 이를 마이크로 프로세서가 읽을 수 있는 디지털값으로 변환할 수 있다.

⑫ **디지털 핀**: 아두이노 우노 보드에는 14개의 디지털 I/O 핀이 있으며 이 중 6개는 PWM(Pulse Width Modulation) 출력을 제공한다. 이 핀은 논리값(0 또는 1)을 읽거나 디지털 출력 핀을 사용하여 LED, 릴레이 등과 같은 다른 모듈을 구동할 수 있다. '~'로 표시된 핀을 사용하여 PWM을 생성할 수 있다.

⑬ **ICSP(In Circuit Serial Programming) 핀**: 대부분 ICSP는 MOSI, MISO, SCK, RESET, VCC 및 GND로 구성된 Arduino의 작은 프로그래밍 헤더인 AVR로서 이것은 종종 출력의 '확장'으로 간주될 수 있는 SPI(Serial Peripheral Interface)라고도 한다. 실제로 출력장치를 SPI 버스의 마스터에 종속시킨다.

⑭ 전원 LED: 전원 LED는 아두이노를 전원에 연결하여 보드의 전원이 올바르게 켜져 있음을 나타낸다. 이 LED가 켜지지 않으면 연결에 문제가 있는 것이다.

⑮ TX, RX LED: 보드에는 TX(전송) 및 RX(수신)의 두 레이블이 있으며 그것은 아두이노 우노의 두 LED로 나타나며 먼저 디지털 핀 0과 1에서 직렬 통신을 담당하는 핀을 나타내고 직렬 데이터를 전송하는 동안 TX LED가 다른 속도로 깜박인다. 깜박거리는 속도는 보드에서 사용하는 보드 속도에 따라 다르며 수신과정 중에 RX LED가 깜박인다.

⑯ AREF: AREF는 Analog Reference를 의미하고 이것은 아날로그 입력 핀의 상한선으로 외부 참조 전압(0~5V 사이)을 설정하는 데 사용한다.

3 아두이노 개발환경

아두이노 개발환경(IDE: Integrated Development Environment, 통합개발환경)을 설치해야 한다. 아두이노 개발환경은 아두이노 소스 개발, 컴파일, 업로드, 디버깅을 위한 툴들을 제공하는 애플리케이션으로 https://www.arduino.cc/en/Main/Software 사이트에 접속하여 다운받아 설치하면 된다. 운영체제가 윈도우인 경우 다음 그림과 같이 압축파일과 설치 파일 중 선택하여 설치할 수 있다. 압축 파일을 다운로드한 경우에는 아두이노 보드를 처음 연결하면 장치관리자에서 드라이버 설정이 필요하다. 장치관리자에서 '알 수 없는 장치'에 대하여 아두이노 프로그램을 압축 해제한 디렉터리 아래 'drivers' 디렉터리를 지정하여 드라이버를 설정하면 된다. 설치 파일을 다운로드한 경우 드라이버 설정은 자동으로 진행되므로 쉽게 설치하여 이용할 수 있다.

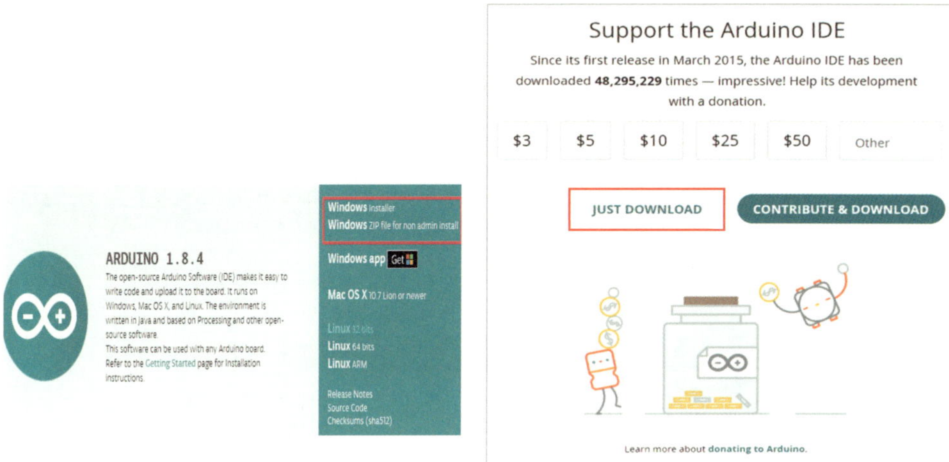

3.1 아두이노 IDE 설정: 보드 설정

아두이노를 설치한 후 아두이노를 실행한 후 [툴] 메뉴의 [보드]에서 자신이 사용할 아두이노 보드를 선택해야 한다.

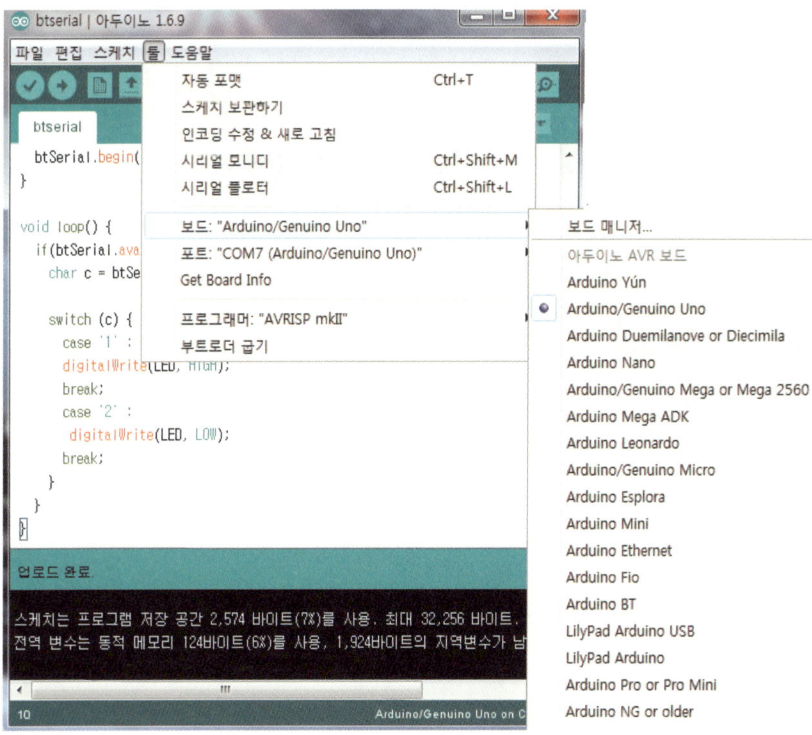

3.2 아두이노 IDE 설정: 포트 설정

보드가 연결된 COM 포트를 선택해야 하는데 포트번호는 컴퓨터에 따라 모두 다르므로 아두이노가 연결된 포트번호를 선택해야 한다. 포트번호는 장치관리자에서 확인할 수 있다. 아래의 그림에 나타나 있듯이 COM7 포트를 선택하였고 보드는 아두이노 우노이다.

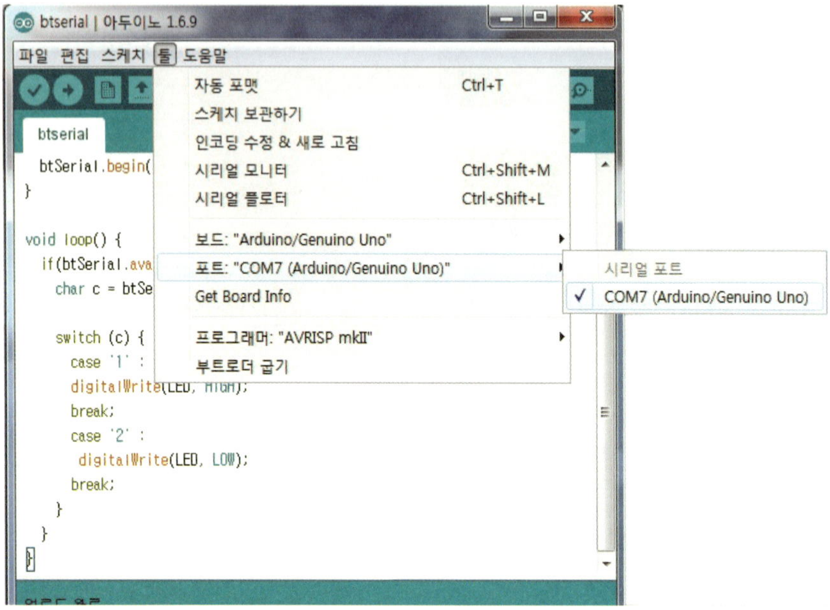

3.3 아두이노 라이브러리 설치

아두이노 라이브러리는 장치 드라이버나 일반적으로 사용하는 유틸리티 기능과 같은 코드를 공유하는 방법으로 아두이노 라이브러리는 두 가지로 나눈다.

첫 번째는 표준 라이브러리(Standard Libraries)이며 아두이노 IDE에서는 자주 사용되는 기능들에 대한 라이브러리를 제공하는데 이 라이브러리들은 아두이노의 IDE에서 제공되는 모든 예제들을 지원한다. 표준 라이브러리는 기본함수들을 지원하고 자주 사용되는 하드웨어(예, 서보모터, 16x2의 LCD Display 등)들의 라이브러리를 제공한다. 표준 라이브러리는 라이브러리 폴더에 미리 설치되어 있다. 그리고 IDE의 버전마다 설치되어 있는 라이브러리가 다르기도 한다.

두 번째는 사용자 라이브러리이며 이들은 아두이노 IDE에서 제공하는 표준 라이브러리가 아니라 사용자들이 직접 작성하고 배포한 것으로 이러한 라이브러리들은 유용한 기능들을 가지고 있기도 하고, 다른 수많은 하드웨어들을 사용하기 위해서 사용자들이 작성해 둔 것이다. 라이브러리 설치위치는 도큐먼트(Document)로 가면, 아두이노(Arduino)라고 적힌 폴더가 있고, 이를 클릭하여 라이브러리(libraries)라는 폴더가 나오면 라이브러리 폴더 안에 사용자 라이브러리를 설치하면 된다.

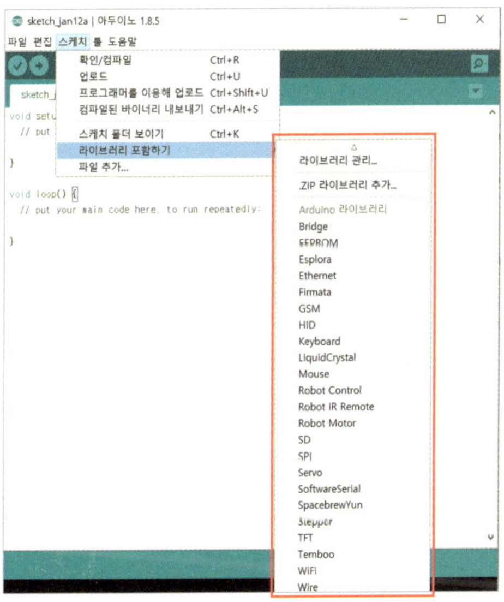

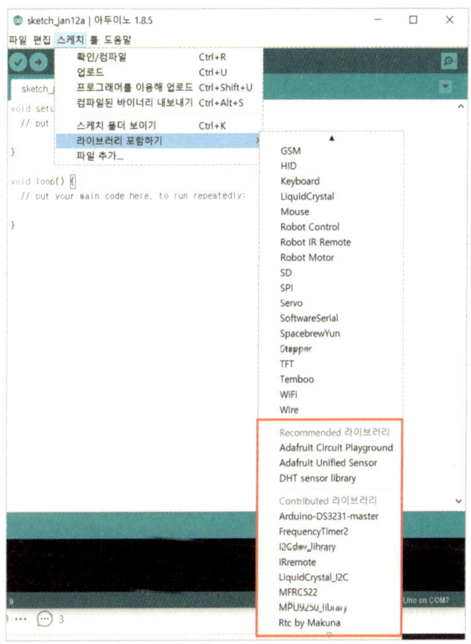

4 스케치의 구조

① 스케치(Sketch)는 C/C++ 기반으로 C/C++에서의 시작함수인 main( )은 스케치에서는 숨겨져 있으므로 신경 쓰지 않아도 된다.

② 아두이노의 스케치는 아래의 두 개의 기본함수로 구성된다.

- setup( ): 프로그램이 시작될 때 한 번 실행
- loop( ): 프로그램 실행 중 반복 실행

③ 스케치는 스케치를 모은 스케치북 디렉터리에 저장되는데 스케치북 디렉터리는 [파일] 메뉴의 [환경설정] 메뉴에서 변경이 가능하다. 스케치의 구조를 살펴보면 아래와 같다.

스케치 영역	영역의 기능
라이브러리 포함 영역 (#include 〈파일명.h〉)	기본적으로 제공하는 라이브러리나 사용자가 작성한 라이브러리를 불러오는 영역이다.
변수선언 영역 (char led='on' ;)	공용변수를 선언하는 영역으로 여기서 선언한 변수는 setup()함수, loop()함수 모든 곳에서 사용이 가능하다.
setup( ) 영역 (void setup( ) { })	아두이노 스케치가 실행될 때 최초 1회 실행이 된다. 이 함수에서 변수 초기화, 핀모드, 라이브러리 등을 사용하기 시작한다.
loop( ) 영역 (void loop( ) { })	무한 반복되면서 여기의 내용이 실행된다. 외부의 센서로부터 입력을 받거나 LED를 깜빡이도록 혹은 아두이노 보드에 연결된 장치들에게 명령을 내릴 수 있는 영역이다.

5 예제: Blink(Hello Arduino~)

아두이노 내에 내장되어 있는 간단한 프로그램을 통해 아두이노 개발환경을 사용하는 방법에 대해 간단히 살펴본 후 무선으로 LED를 제어하는 앱을 작성해본다.

① 아두이노 프로그램 실행

② [파일] 메뉴의 [예제]를 선택 후 [Basics]의 'Blink' 선택

③ 툴바의 '확인' 버튼으로 오류 검사

④ 툴바의 '업로드' 버튼으로 스케치 업로드 및 실행

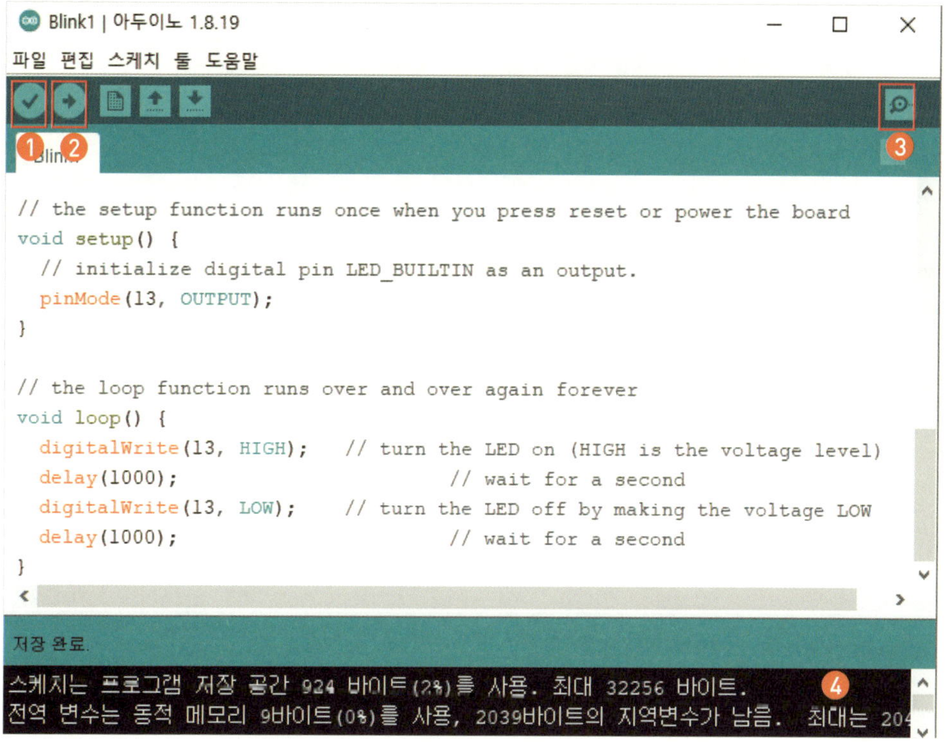

❶ **컴파일(확인) 버튼:** 확인 버튼을 누르면 작성된 소스코드를 컴파일한다. 소스코드에 문법적 · 구조적으로 에러가 없는지 확인할 수 있으며 결과는 4번 영역(메시지 영역)에 표시된다.

❷ **업로드 버튼:** 컴파일+업로드과정을 순서대로 실행해주는 버튼으로 소스를 컴파일해서 아두이노에 올려주는 과정까지 업로드 버튼 하나로 해결이 된다. 소스코드에 문제가 있거나 아두이노와의 연결문제, 업로드과정의 문제가 있는 경우 ❹번 영역에 에러가 표시된다. 업로드가 성공적으로 끝나면 ❹번 영역에 '업로드 완료' 메시지가 표시된다.

❸ **시리얼 모니터 버튼:** USB로 아두이노와 연결된 상태로 아두이노가 동작하면 아두이노에서 PC로 메시지를 보낼 수 있다. Serial Monitor를 통해 아두이노에서 보낸 메시지를 확인할 수 있는데 일반적으로 디버깅 용도로 사용한다.

❹ **메시지 영역:** 아두이노 개발환경을 사용하면서 발생하는 알림 메시지나 컴파일, 업로드결과 등의 메시지가 표시되는 영역이다.

CHAPTER 18

블루투스

1. 블루투스의 개념과 특징
2. HC-06 블루투스 모듈
3. 블루투스 통신 앱 1
4. 블루투스 통신 앱 2

CHAPTER

18 블루투스

1 블루투스의 개념과 특징

블루투스(Bluetooth)라는 이름은 10세기경 덴마크와 노르웨이를 통일한 바이킹 헤럴드 블루투스(Harald Bluetooth; 910~985)의 이름에서 따왔다. 헤럴드 블루투스는 평소 블루베리를 즐겨 먹어 치아가 푸른빛을 항상 띠고 있어 '푸른 이빨'이라는 별명으로 불렸다고 한다. 블루투스가 스칸디나비아 반도를 통일했던 것처럼 PC와 휴대폰 및 각종 디지털 기기 등을 하나의 무선통신규격으로 통일한다는 상징적 의미가 담겨 있다. 아래 그림은 블루투스의 공식 로고이다. 하랄의 H와 블루투스의 B를 뜻하는 스칸디나비아 룬 문자(Hagalaz, Berkanan)로 만들어졌다.*

블루투스는 우리 주변의 휴대폰, 노트북, 이어폰·헤드폰 등의 휴대기기를 서로 연결해 정보를 교환하는 근거리 무선기술 표준을 의미한다. 주로 10m 안팎의 초단거리에서 저전력 무선 연결이 필요할 때 쓰인다. 예를 들어 블루투스 헤드셋을 사용하면 주머니 속의 MP3 플레이어의 음악을 들을 수 있으며 휴대폰과 PC 간의 사진이나 벨소리 등 파일을 전송할 수도 있다. 10m 안팎에서 저렴한 가격으로 간단하게 무선통신기술을 필요로 한다면 블루투스를 사용하면 된다.

블루투스의 특징을 살펴보면 첫째, 블루투스는 저렴한 가격에 저전력(100mW)으로 사

* 네이버 지식백과

용할 수 있다. 둘째, 블루투스는 주파수 대역을 나누기 때문에 데이터 전송을 여러 주파수에 걸쳐서 분할하여 보낼 수 있으므로 보안면에서 안전하다. 셋째, 블루투스 신호는 벽이나 가방 등을 통과해서 전송될 수 있으므로 배선이나 연결 상황을 육안으로 확인할 필요가 없고 장애물이 있어도 신호를 주고받을 수 있다. 넷째, 전 세계 수많은 국가가 블루투스 표준규격을 준수하기 때문에 세계 어느 곳에서나 같은 기술을 이용할 수 있는 장점이 있다. 따라서 블루투스를 이용한 무선 네트워크는 언제 어디서나 모든 정보기기 간의 자유로운 데이터 교환이 이루어질 수 있다.*

2 HC-06 블루투스 모듈

아두이노를 처음 접하는 사용자에게 가장 추천하는 블루투스 시리얼 통신 모델이다. 3.3VDC~5.0VDC의 동작 전압을 가지고 있고, 10m 이내의 통신거리를 가지고 있으며, iOS 모델과는 통신이 불가능하다. 초기 페어링 비번은 일반적으로 1234 또는 0000으로 정해지며 기본 페어링코드는 '1234'로 출고되며 AT커맨드로 변경이 가능하다. 2.4GHz의 안테나가 내장되어 디지털 2.4GHz의 무선통신이 가능하다. 컴퓨터 페어링(Pairing) 시 기본 이름은 HC-06이다.

블루투스 모듈은 RXD(Receive Data)로 데이터를 수신하는 역할을 하며 TXD(Transmit Data)는 데이터를 전송하는 역할을 한다.

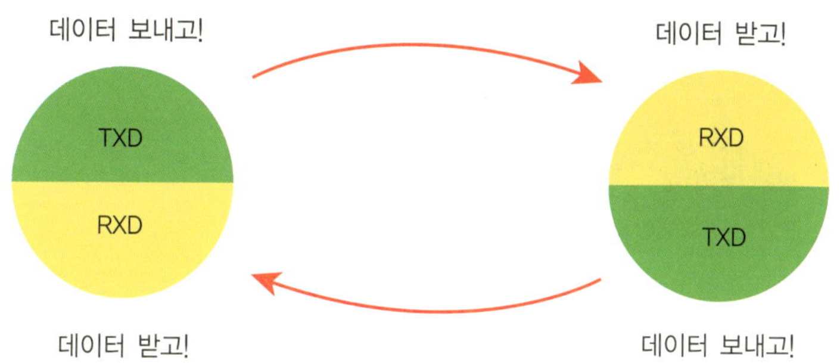

* 네이버 지식백과

- VCC: Voltage
- GND: Ground
- TXD: Transmit Data
- RXD: Receive Data

3 블루투스 통신 앱 1

3.1 필요한 준비물

번호	부품그림	부품명
1		아두이노 우노

2			USB 케이블, 케이블
3	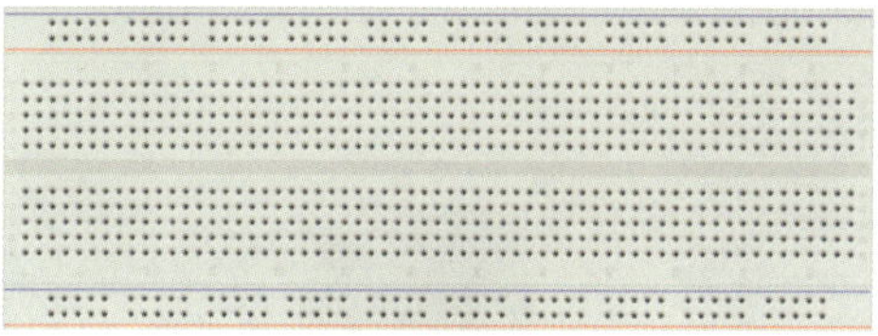		브레드보드
4			블루투스 모듈(HC-06)

3.2 아두이노 우노에 HC-06 블루투스를 연결

회로도와 결선표를 참고해서 아두이노 보드와 HC-06 블루투스를 연결한다.

① 안드로이드폰은 블루투스와 와이파이 무선통신을 지원하지만, 아두이노 우노 보드는 블루투스를 지원하지 않으므로 아두이노에 HC-06이라는 블루투스 통신 모듈을 연결하여 블루투스 기능을 사용할 수 있도록 해야 한다.

② 블루투스 모듈 HC-06은 전원(VCC, GND) 핀과 데이터 송수신(TX, RX) 핀으로 구성되어 있다. 아두이노의 5V와 GND 핀을 연결하여 전원을 입력해줄 수 있으며, 아두이노의 2번(RX)에 블루투스 TX를, 아두이노의 3번(TX)에 블루투스 RX를 연결하여 데이터를 송수신할 수 있도록 한다.

아두이노 우노 보드	HC-06 블루투스 모듈
5V	VCC
GND	GND
D2	TXD
D3	RXD

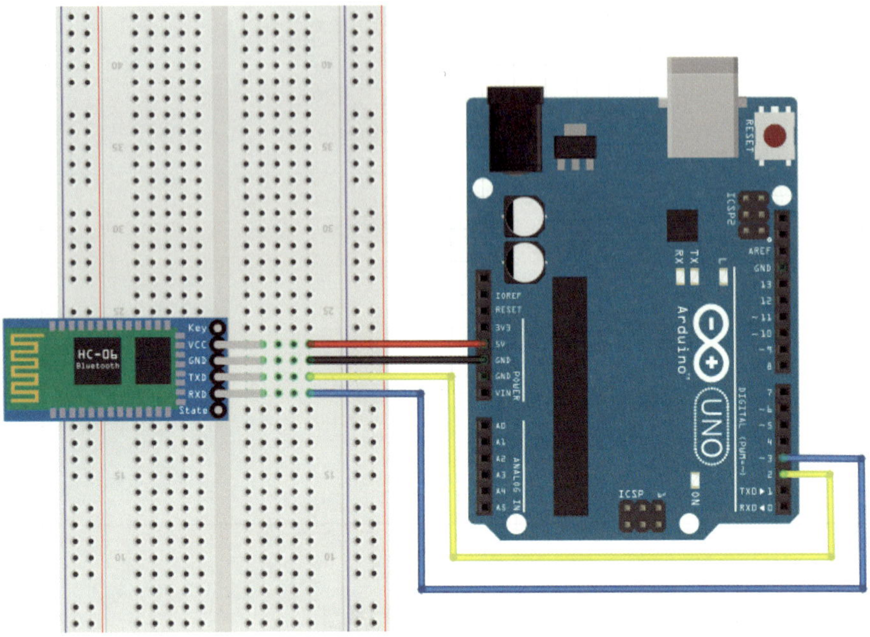

3.3 라이브러리 추가

아두이노 스케치(sketch)에서 [스케치] – [라이브러리 포함하기] – [.ZIP 라이브러리 추가...]를 선택하여 Adafruit_sensor 압축 파일의 압축을 해제해서 라이브러리를 추가하거나 Adafruit_sensor 압축 파일을 라이브러리에 추가한다. Adafruit_sensor 라이브러리를 추가하면 다음 그림처럼 라이브러리가 추가된 것을 확인할 수 있다.

3.4 스케치에서 코드 입력 후 업로드하기

아두이노를 실행한 후 다음과 같이 코드를 입력하여 작성한 후 아두이노 우노 보드에 업로드를 한다. 라이브러리가 모두 추가되면 스케치(sketch)에서 코드를 입력한 후 업로드 버튼을 클릭하여 업로드를 수행한다.

다음 코드는 시리얼 모니터를 사용하여 블루투스 모듈과 통신하는 코드이다.

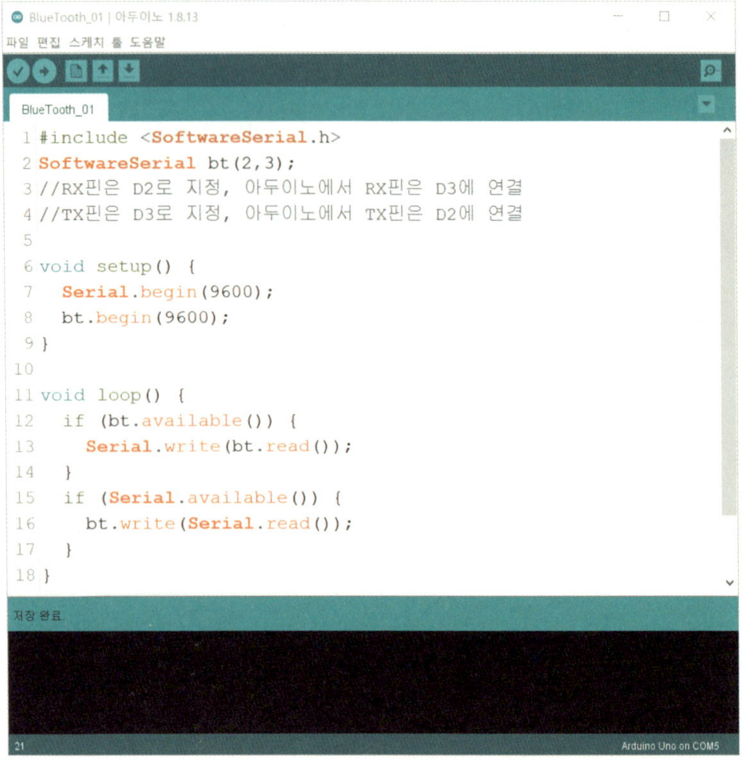

〈코드 라인별 설명〉

- 1: 소프트웨어시리얼(SoftwareSerial)은 시리얼 통신을 소프트웨어적으로 실행할 수 있게 해주는 라이브러리로서 아두이노를 설치할 때 기본적으로 포함되어 있다. 이 라이브러리를 이용하면 블루투스 모듈을 아두이노의 일반적인 디지털 핀에 연결해서 시리얼 통신을 할 수 있다.
- 2: RX 핀은 D2로 지정하고 아두이노에서 RX 핀은 D3에 연결하고, TX 핀은 D3로 지정하고 아두이노에서 TX 핀은 D2에 연결한다. 소프트웨어시리얼 객체를 만드는 방법이며, 이렇게 객체를 만들어야 시리얼 통신함수를 사용할 수 있다.
- 6~9: 첫 번째 시리얼 모니터에 출력하기 위한 보드레이트(baud rate)를 9600 속도로 설정하고, 두 번째 소프트웨어시리얼 통신을 위한 보드레이트를 9600 속도로 준비한다.
- 11: loop함수는 setup함수가 실행이 되고 무한 반복되며 실행된다. 이 코드에서 아두이노로 실행하려고 하는 실제 명령코드를 입력한다.
- 12~14: available()함수는 소프트웨어시리얼을 통해서 입력된 데이터가 있는지 알려

준다. 모바일 앱에서 아노이노로 입력된 데이터가 있으면 bt.read()로 읽어와서 시리얼 모니터에 출력한다. 이때 read()함수는 읽었던 데이터를 버퍼에 저장하지 않고 삭제까지 수행한다. 즉 블루투스에 입력이 들어오면 바이트(Byte) 단위로 읽어서 PC로 출력하는 코드이다.

- 15~17: 시리얼에서 입력된 데이터가 있으면 Serial.read()로 읽어와서 블루투스로 출력한다. 즉 Serial.available()코드는 시리얼(Serial)에 입력이 들어오면 바이트(Byte) 단위로 읽어서 블루투스로 출력하는 코드이다.

3.5 시리얼 모니터를 선택해서 AT통신 확인하기

스케치의 대화상자의 오른쪽 상단에 있는 시리얼 모니터 버튼을 선택하여 시리얼 모니터를 확인한다.

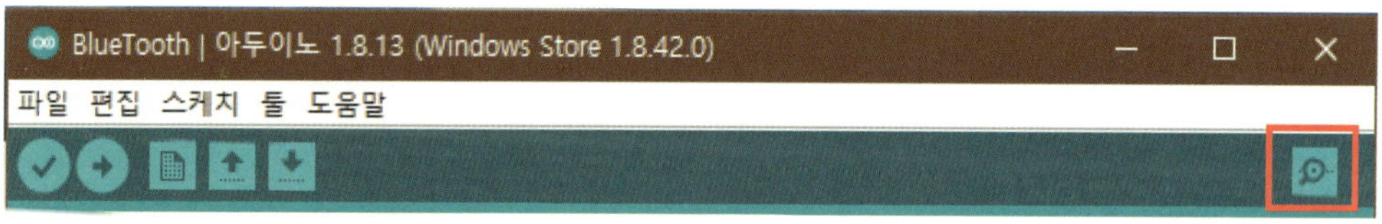

아래 그림과 같은 시리얼 모니터의 입력란에 'AT'를 입력 후 전송 버튼을 선택하거나 엔터를 누르면 'OK'가 나타나면 블루투스 통신이 정상적으로 작동한다는 의미이다.

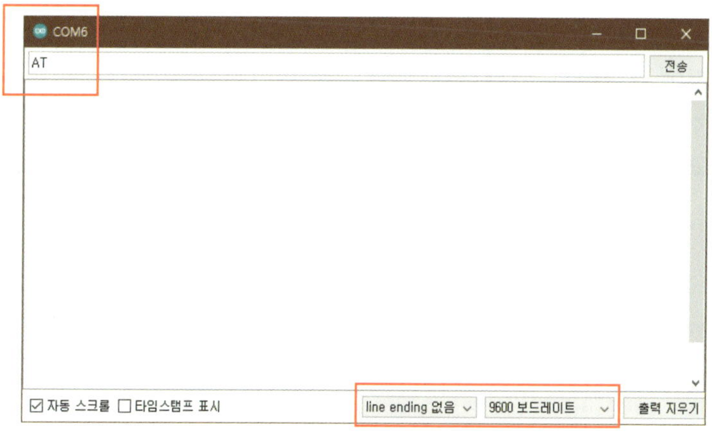

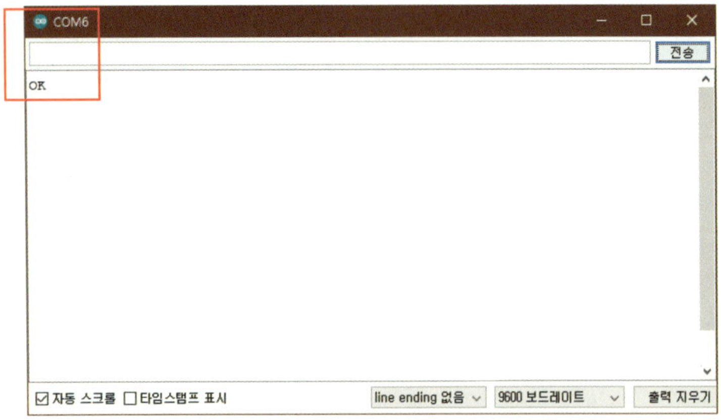

블루투스를 AT 명령어를 활용해서 이름과 PIN번호를 설정한다. 이름을 설정할 때에는 커멘드란에 'AT+NAME[원하는이름]'을 입력하면 리턴값은 OKsetNAME이다. 개인 사용자가 아닌 다수의 사용자가 동시에 블루투스 모듈(HC-06)을 사용할 경우 사용자의 구분을 위해서 AT+NAME 명령어를 이용해서 이름을 설정한다. 핀번호를 설정할 때에는 커멘드란에 'AT+PIN[원하는핀번호]'를 입력하면 리턴값은 OKsetPIN이다. 대부분의 핀번호는 1234 또는 0000으로 설정되어 있다.

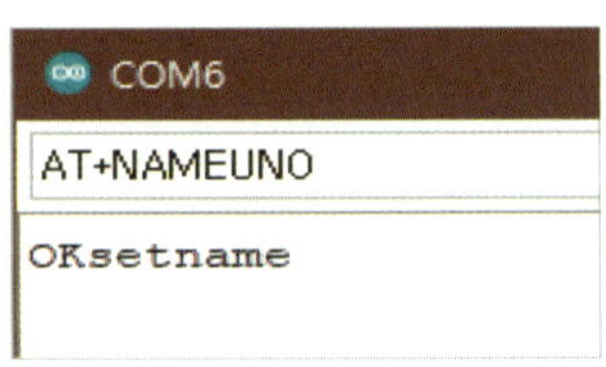

3.6 앱인벤터에서 코드블록 작성

(1) 필요한 컴포넌트

① 블루투스 연결을 위한 [User Interface] 팔레트의 [ListPicker] 컴포넌트

② 블루투스가 연결이 되면 데이터를 표시해주는 [User Interface] 팔레트의 [Label] 컴포넌트

③ 블루투스 통신의 시간 간격을 주기 위한 [Sensors] 팔레트의 [Clock] 컴포넌트

④ 블루투스 통신을 할 [Connectivity] 팔레트의 [BluetoothClient] 컴포넌트

⑤ 블루투스 연결 여부를 음성으로 알려주는 [Media] 팔레트의 [TextToSpeech] 컴포넌트

(2) 디자인 화면과 컴포넌트 구성요소, 속성 화면

[Clock] 컴포넌트의 [TimerInterval] 속성값을 '2000'으로 속성 화면 그림과 같이 변경한다.

디자인 화면

구성요소 화면

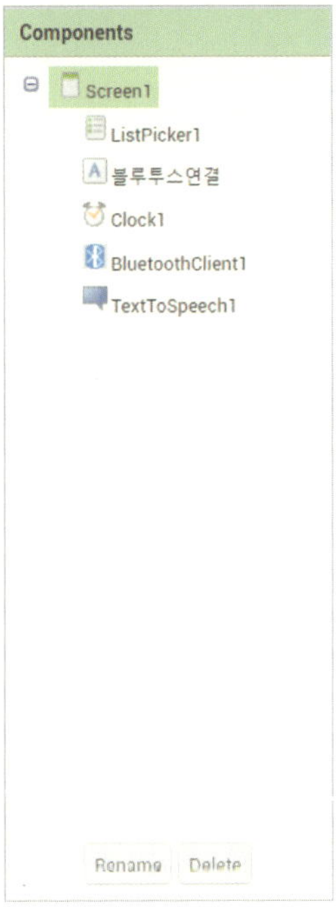

속성 화면

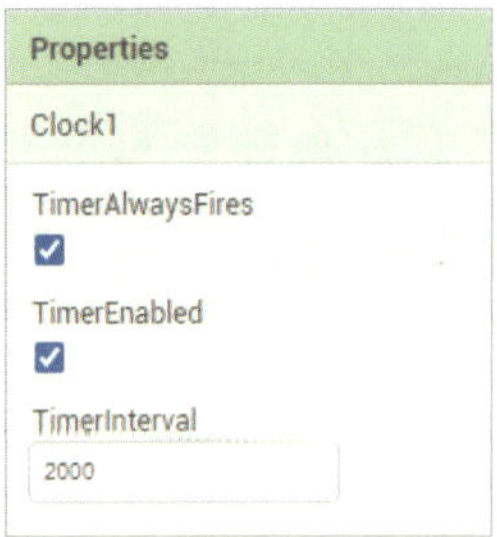

① Screen1의 [AlignHorizontal] 속성값은 'Center'로 변경을 하여 모든 컴포넌트들이 가운데 맞추어 표시되도록 한다.

② 블루투스 목록을 표시하기 위한 [Listpicker]의 [Text] 속성값을 '블루투스연결'로 변경한 후 적당한 글자크기로 변경한다.

③ [Label1]의 [Text] 속성값을 '블루투스연결'로 변경한 후 적당한 글자크기로 변경한다.

(3) 코드블록 작성

① [ListPicker.BeforePicking] 이벤트에서는 연결된 블루투스의 주소와 이름을 리스트 피커의 값으로 설정한다. ListPicker1은 페어링된 블루투스의 주소와 이름을 리스트

로 표현한 후 블루투스와 연결하는 부분이다. 주위에서 사용할 수 있는 블루투스의 목록이 표시되도록 해준다.

② 블루투스의 목록에서 원하는 블루투스를 선택(ListPicker1.Selection)하면 선택한 블루투스의 주소로 연결을 한다.

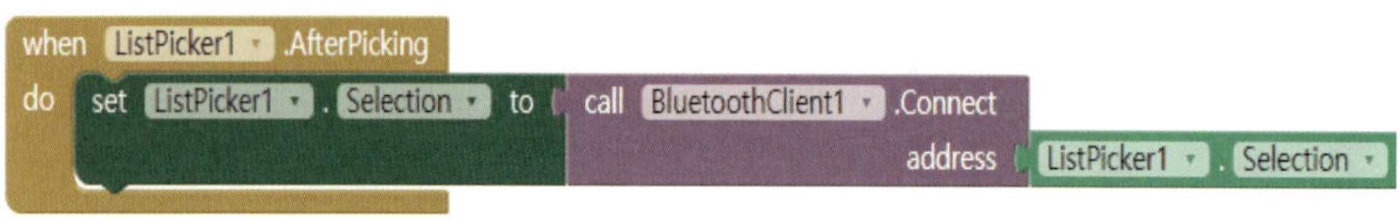

③ **타이머 작동:** 리스트피커로 블루투스가 선택되지 않았을 때 페어링된 블루투스 주소와 이름을 목록화해서 나타낸 후, 블루투스 모듈을 선택하면 선택된 블루투스에 연결된다. 블루투스가 연결되면 [TextToSpeech] 컴포넌트로 "블루투스연결이되었습니다."를 음성으로 알려주고 '블루투스연결' [TextBox]의 [Text] 속성을 "블루투스연결성공"으로 설정한다. 앱의 초기 화면에서는 블루투스가 연결이 되어 있지 않기 때문에 '블루투스연결' [TextBox]의 [Text] 속성이 "연결이 되지 않았습니다."로 설정되어 있다.

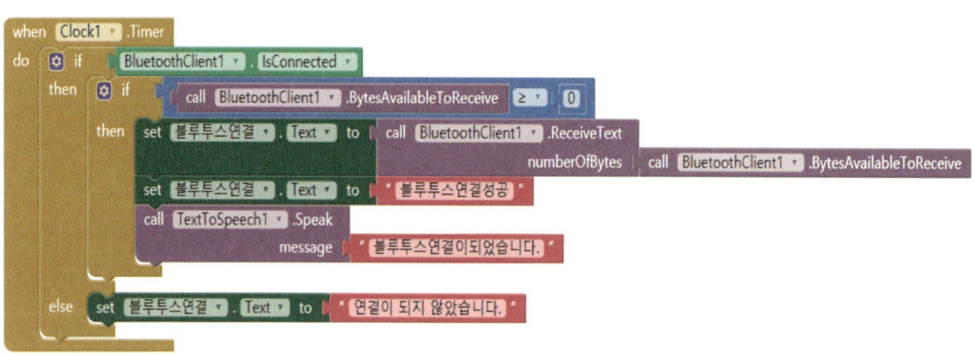

(4) 앱 실행

앱인벤터에서 작성한 앱을 스마트폰에 다운을 받아 설치를 한 후 스마트폰에서 앱을 실행하기 전에 사용자폰의 블루투스를 사용할 수 있도록 먼저 설정한다.

1) 블루투스 페어링

교재에서는 블루투스 모듈의 이름을 'UNO'로 설정했으므로 'UNO'이름의 블루투스를 선택하고, PIN은 '1234'로 설정했으므로 PIN번호는 '1234'를 입력한다. 사용자의 블루투스의 이름을 선택하면 된다.

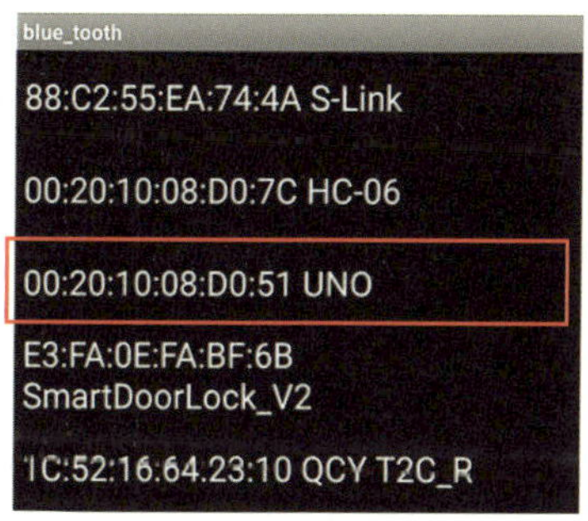

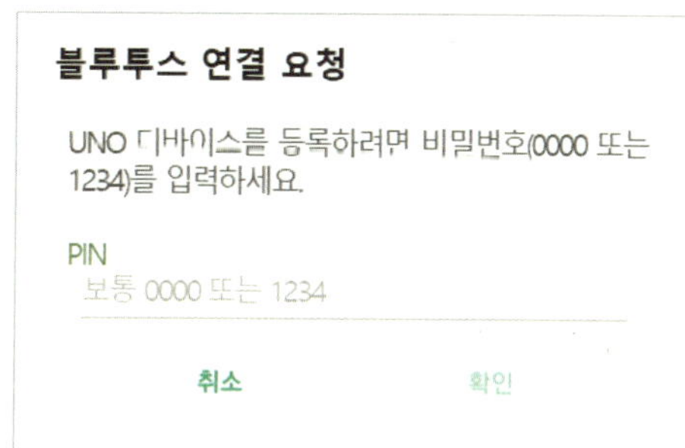

2) 실행 화면

실행 초기 화면	블루투스 연결 후

4 블루투스 통신 앱 2

4.1 필요한 준비물

번호	부품그림	부품명
1		아두이노 우노
2	 	USB 케이블, 케이블
3	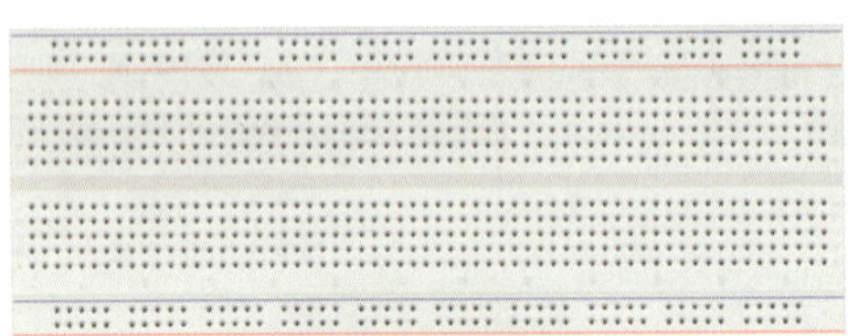	브레드보드
4		블루투스 모듈(HC-06)

4.2 아두이노 우노에 HC-06 블루투스를 연결

회로도와 결선표를 참고해서 아두이노 보드와 HC-06 블루투스를 연결한다.

① 안드로이드폰은 블루투스와 와이파이 무선통신을 지원하지만, 아두이노 우노 보드는 블루투스를 지원하지 않으므로 아두이노에 HC-06이라는 블루투스 통신 모듈을 연결하여 블루투스 기능을 사용할 수 있도록 해야 한다.

② 블루투스 모듈 HC-06은 전원(VCC, GND) 핀과 데이터 송수신(TX, RX) 핀으로 구성되어 있다. 아두이노의 5V와 GND 핀을 연결하여 전원을 입력해줄 수 있으며, 아두이노의 2번(RX)에 블루투스 TX를, 아두이노의 3번(TX)에 블루투스 RX를 연결하여 데이터를 송수신할 수 있도록 한다.

아두이노 우노 보드	HC-06 블루투스 모듈
5V	VCC
GND	GND
D2	TXD
D3	RXD

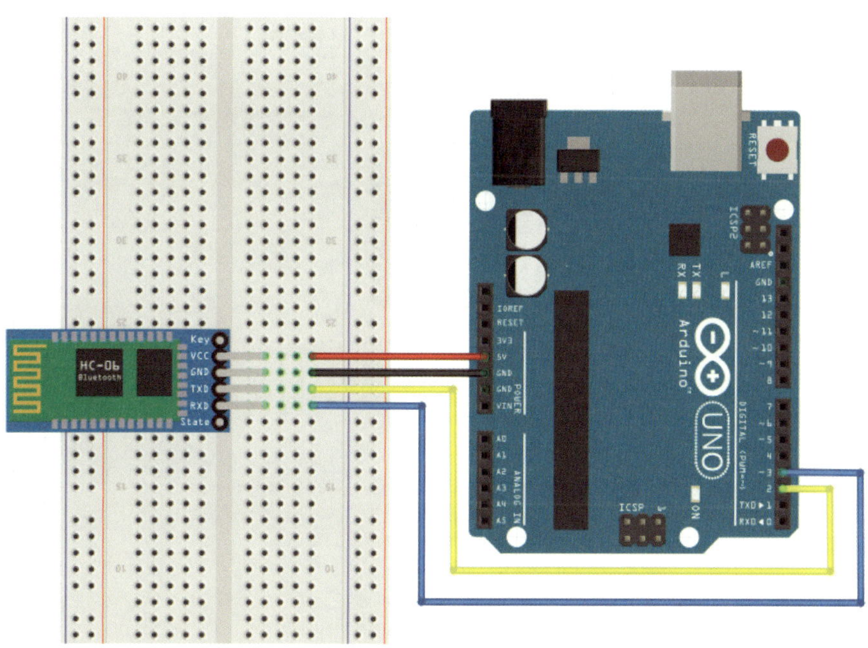

4.3 라이브러리 추가

아두이노 스케치(sketch)에서 [스케치] – [라이브러리 포함하기] – [.ZIP 라이브러리 추가...]를 선택하여 Adafruit_sensor 압축 파일의 압축을 해제해서 라이브러리를 추가하거나 Adafruit_sensor 압축 파일을 라이브러리에 추가한다. Adafruit_sensor 라이브러리를 추가하면 다음 그림처럼 라이브러리가 추가된 것을 확인할 수 있다.

4.4 스케치에서 코드 입력 후 업로드하기

아두이노를 실행한 후 아래와 같이 코드를 입력하여 작성한 후 아두이노 우노 보드에 업로드를 한다. 라이브러리가 모두 추가되면 스케치(sketch)에서 아래의 코드를 입력한 후 아래의 그림과 같이 업로드 버튼을 클릭하여 업로드를 수행한다.

다음 코드는 시리얼 모니터를 사용하여 블루투스 모듈과 통신하는 코드이다.

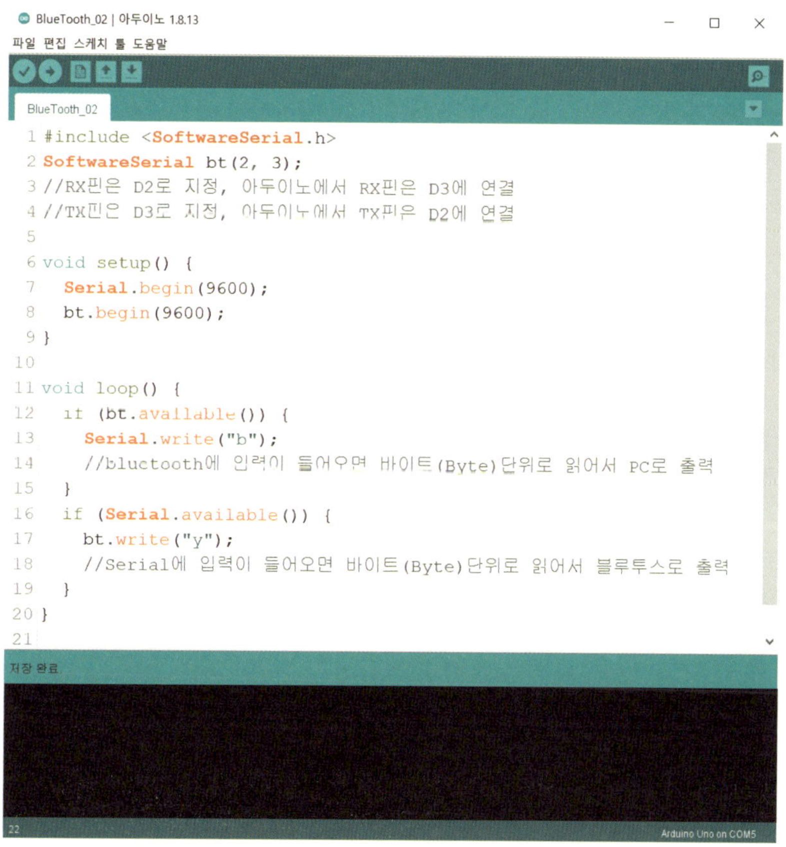

〈코드 라인별 설명〉

- 1: 소프트웨어시리얼(SoftwareSerial)은 시리얼 통신을 소프트웨어적으로 실행할 수 있게 해주는 라이브러리로서 아두이노를 설치할 때 기본적으로 포함되어 있다. 이 라이브러리를 이용하면 블루투스 모듈을 아두이노의 일반적인 디지털 핀에 연결해서 시리얼 통신을 할 수 있다.

RX 핀은 D2로 지정하고 아두이노에서 RX 핀은 D3에 연결하고, TX 핀은 D3로 지정하고 아두이노에서 TX 핀은 D2에 연결한다.

- 2: 소프트웨어시리얼 객체를 만드는 방법이며, 이렇게 객체를 만들어야 시리얼 통신 함수를 사용할 수 있다.
- 6~9: 첫 번째 시리얼 모니터에 출력하기 위한 보드레이트(baud rate)를 9600 속도로 설정하고, 두 번째 소프트웨어시리얼 통신을 위한 보드레이트를 9600 속도로 준비한다.
- 11: loop함수는 setup함수가 실행이 되고 무한 반복되며 실행된다. 이 코드에서 아두이노로 실행하려고 하는 실제 명령코드를 입력한다.
- 12~15: available()함수는 소프트웨어시리얼을 통해서 입력된 데이터가 있는지 알려준다. 즉 블루투스에 입력이 들어오면 바이트(Byte) 단위로 읽어서 PC로 출력하는 코드이다.
- 16~19: Serial.available()코드는 시리얼에 입력이 들어오면 바이트(Byte) 단위로 읽어서 블루투스로 출력하는 코드이다.

4.5 시리얼 모니터를 선택해서 AT통신 확인하기

sketch의 대화상자의 오른쪽 상단에 있는 시리얼 모니터 버튼을 선택하여 시리얼 모니터를 확인한다.

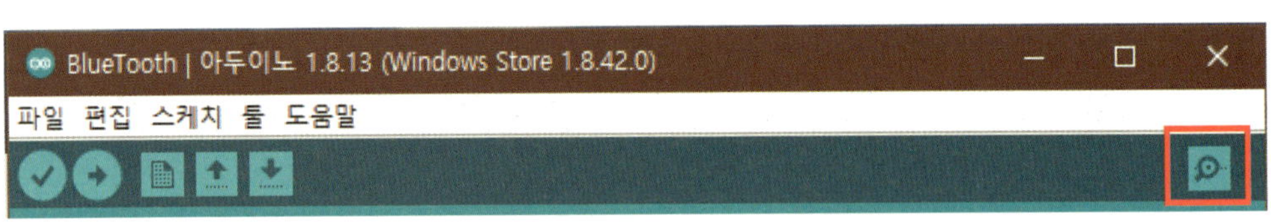

다음 그림과 같은 시리얼 모니터의 입력란에 'AT'를 입력 후 전송 버튼을 선택하거나 엔터를 누르면 'OK'가 나타나면 블루투스 통신이 정상적으로 작동한다는 의미이다.

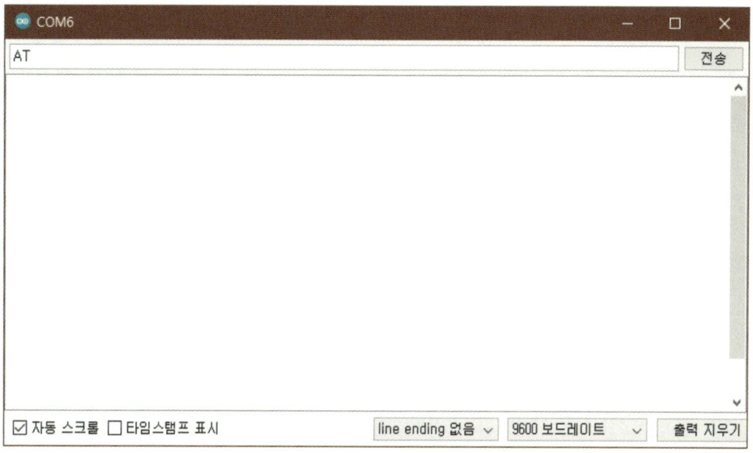

블루투스를 AT 명령어를 활용해서 이름과 PIN번호를 설정한다. 이름을 설정할 때에는 커멘드란에 'AT+NAME[원하는이름]'을 입력하면 리턴값은 OKsetNAME이다. 개인 사용자가 아닌 다수의 사용자가 동시에 블루투스 모듈(HC-06)을 사용할 경우 사용자의 구분을 위해서 AT+NAME 명령어를 이용해서 이름을 설정한다. 핀번호를 설정할 때에는 커멘드란에 'AT+PIN[원하는핀번호]'를 입력하면 리턴값은 OKsetPIN이다. 대부분의 핀번호는 1234 또는 0000으로 설정되어 있다.

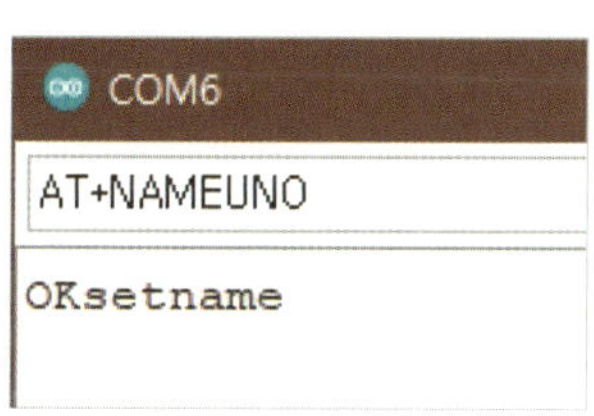

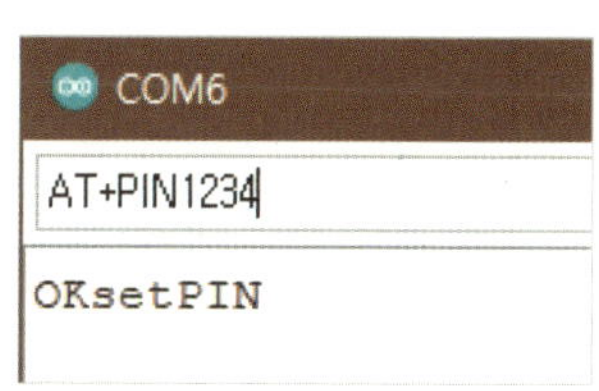

4.6 앱인벤터에서 코드블록 작성

(1) 필요한 컴포넌트

① [User Interface] 팔레트의 [ListPicker] 컴포넌트와 [Button] 컴포넌트를 정렬하기 위한 [Layout] 팔레트의 [HorizontalScrollArrangement] 컴포넌트

② 블루투스 연결을 위한 [User Interface] 팔레트의 [ListPicker] 컴포넌트

③ 블루투스 해제를 하기 위한 [User Interface] 팔레트의 [Button] 컴포넌트

④ [User Interface] 팔레트의 [Label] 컴포넌트와 [TextBox] 컴포넌트를 정렬하기 위한 [Layout] 팔레트의 [HorizontalScrollArrangement] 컴포넌트

⑤ 블루투스가 연결이 되면 연결 유무를 알려주는 [User Interface] 팔레트의 [Label] 컴포넌트

⑥ 블루투스 연결결과를 알려주는 [User Interface] 팔레트의 [TextBox] 컴포넌트

⑦ 블루투스 통신의 시간 간격을 주기 위한 [Sensors] 팔레트의 [Clock] 컴포넌트

⑧ 블루투스 통신을 할 [Connectivity] 팔레트의 [BluetoothClient] 컴포넌트

(2) 디자인 화면과 컴포넌트 구성요소, 속성 화면

[Clock] 컴포넌트의 [TimerInterval] 속성값을 '2000'으로 속성 화면 그림과 같이 변경한다.

① Screen1의 [Title]을 '블루투스연결'이라고 변경을 한 후 [AlignHorizontal] 속성값은 'Center'로 변경하여 모든 컴포넌트들이 가운데 맞추어 표시되도록 한다.

② 블루투스 목록을 표시하기 위한 [Listpicker]의 [Text] 속성값을 '블루투스 연결'로 변경한 후 적당한 글자크기로 변경한다.

③ 블루투스 연결을 해지하기 위한 [Button]의 [Text] 속성값을 '블루투스 해지'로 변경한 후 적당한 글자크기로 변경한다.

④ [Label1]의 [Text] 속성값을 '블루투스_연결유무'로 변경한 후 적당한 글자크기로 변경한다.

⑤ 데이터를 표시하기 위해서 [TextBox]의 [Text] 속성값을 깨끗하게 지우고 앱이 처음에 실행하면 아무런 내용이 나타나지 않도록 설정해야 하므로 [Hint] 속성값도 모두 지워 빈 공백으로 표시한다.

(3) 코드블록 작성

① [ListPicker.BeforePicking] 이벤트에서는 연결된 블루투스의 주소와 이름을 리스트 피커의 값으로 설정한다. ListPicker1은 페어링된 블루투스의 주소와 이름을 리스트로 표현한 후 블루투스와 연결하는 부분이다. 주위에서 사용할 수 있는 블루투스의 목록이 표시되도록 해준다.

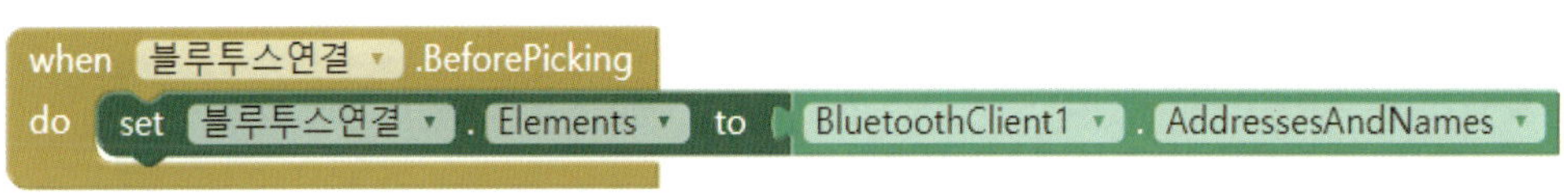

② 블루투스의 목록에서 원하는 블루투스를 선택(ListPicker1.Selection)하면 선택한 블루투스의 주소로 연결을 한다.

③ 전역변수 선언: 블루투스 연결이 되면 연결값을 저장할 변수를 선언한다.

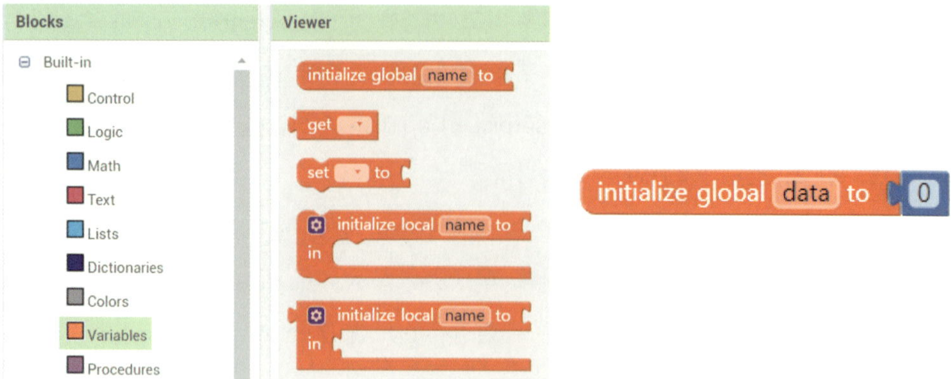

④ 타이머 작동: 리스트피커로 블루투스가 선택되지 않았을 때 페어링된 블루투스 주소와 이름을 목록화해서 나타낸 후, 블루투스 모듈을 선택하면 선택된 블루투스에 연결된다. 블루투스로 연결된 값이 있고 블루투스의 전송값이 “y”와 같다면 ‘블루투스_연결결과’ [TextBox]의 [Text] 속성을 “O”로 지정하며, ‘블루스트연결’ 리스트피커의 배경색을 주황색으로 지정하고, ‘블루투스해제’ 버튼의 배경색을 연회색으로 지정한다. 블루투스가 연결되지 않으면 ‘블루투스_연결결과’ [TextBox]의 [Text] 속성을 “X”로 지정한다.

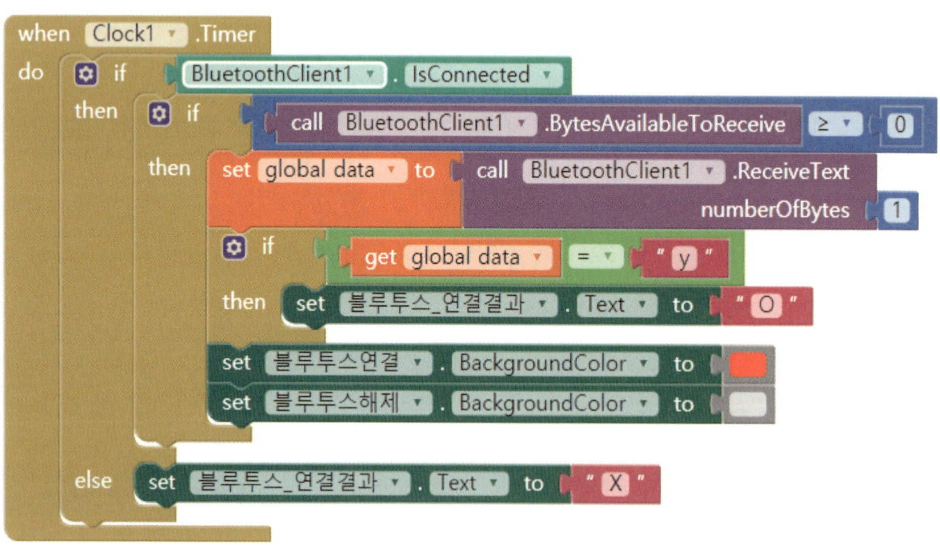

⑤ '블루투스해제' 버튼을 클릭했을 때 BluetoothClient를 연결을 끊는다. 만약 Bluetooth Client를 연결하지 않으면 '블루투스해제' 버튼의 배경색을 하늘색으로 변경하고 '블루투스_연결결과' [TextBox]의 [Text] 속성을 "X"로 지정하며, '블루스트연결' 리스트피커의 배경색을 연회색으로 지정한다.

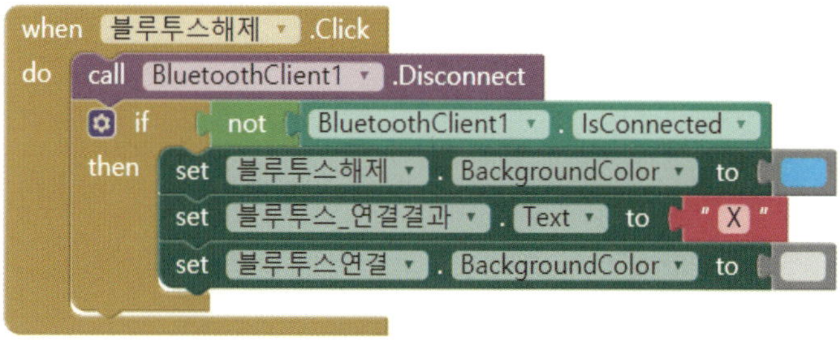

(4) 앱 실행

앱인벤터에서 작성한 앱을 스마트폰에 다운을 받아 설치를 한 후 스마트폰에서 앱을 실행하기 전에 사용자폰의 블루투스를 사용할 수 있도록 먼저 설정한다.

1) 블루투스 페어링

교재에서는 블루투스 모듈의 이름을 'UNO'로 설정했으므로 'UNO'이름의 블루투스를 선택하고, PIN은 '1234'로 설정했으므로 PIN번호는 '1234'를 입력한다. 사용자의 블루투스의 이름을 선택하면 된다.

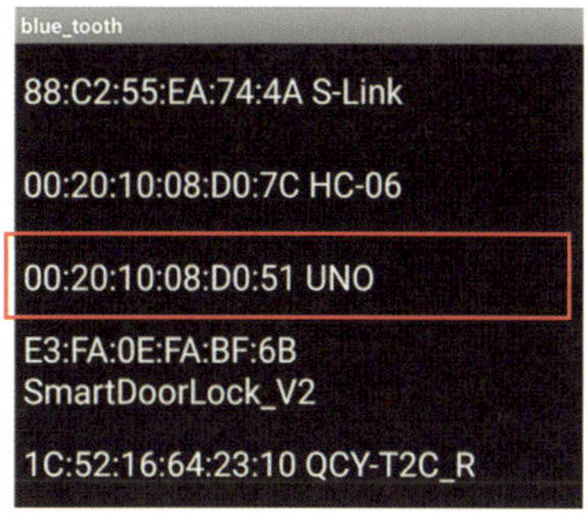

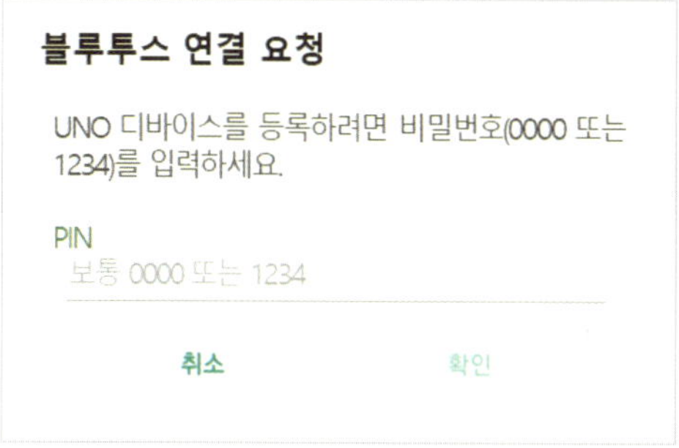

2) 실행 화면

실행 초기 화면	블루투스 연결 후	블루투스 해제 후

CHAPTER 19

블루투스를 이용한 LED 제어

1. 앱인벤터로 LED 제어

CHAPTER 19

블루투스를 이용한 LED 제어

1 앱인벤터로 LED 제어

1.1 아두이노 우노에 블루투스와 LED 연결

아두이노 우노에 블루투스와 LED를 아래의 그림을 참조하여 연결한다.

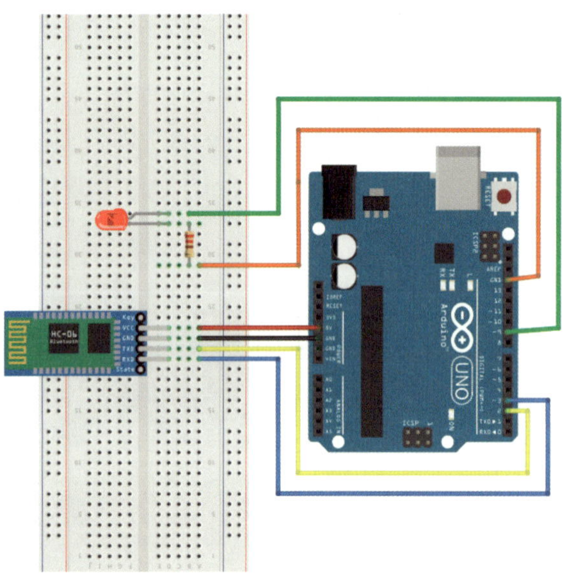

아두이노 우노 보드	LED
D9	+ (긴 다리)
GND	- (짧은 다리)

① 보통 안드로이드폰은 블루투스와 와이파이 무선통신을 지원하지만, 아두이노 우노 보드는 블루투스를 지원하지 않으므로 아두이노에 HC-06이라는 블루투스 통신 모듈을 연결하여 블루투스 기능을 사용할 수 있도록 해야 한다.

② 블루투스 모듈 HC-06은 전원(VCC, GND) 핀과 데이터 송수신(TX, RX) 핀으로 구성되어 있다. 아두이노의 5V와 GND 핀을 연결하여 전원을 입력해줄 수 있으며,

아두이노의 2번(RX)에 블루투스 TX를, 아두이노의 3번(TX)에 블루투스 RX를 연결하여 데이터를 송수신할 수 있도록 한다.

③ LED(Light-Emitting Diode)는 긴 선이 +임을 주의하여 디지털 9번 핀에 연결을 한다.

1.2 코드 입력 후 업로드

아두이노를 실행한 후 아래와 같이 코드를 입력하여 작성한 후 아두이노 우노 보드에 업로드를 한다.

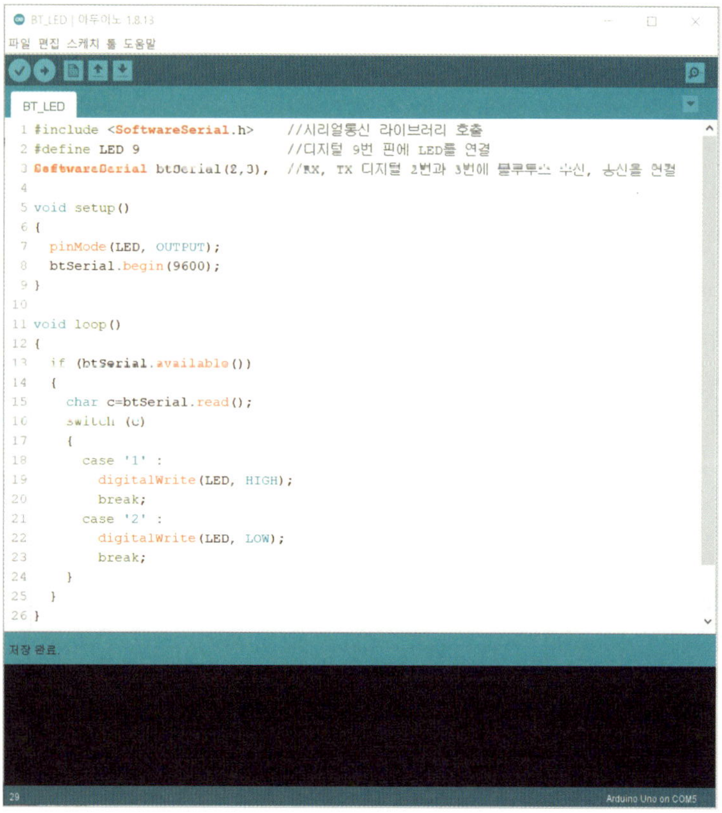

여기에서 Serial.available()은 시리얼 통신으로 수신된 읽지 않은 상태의 데이터수를 반환하는데 없을 경우 0을 반환한다. Serial.read()는 수신 데이터 중 하나의 데이터를 저장된 순서대로 반환한다. 즉 하나의 값을 입력받아 그 값이 1이면 LED의 불을 켜고, 2이면 LED의 불을 끈다.

1.3 앱인벤터에서 코드블록 작성

(1) 필요한 컴포넌트

① 블루투스 목록을 표시하기 위한 [User Interface] 팔레트의 '블루투스 목록 표시' [ListPicker] 컴포넌트

② [Layout] 팔레트의 [HorizontalArrangement] 컴포넌트 안에 두 개의 'on', 'off' [Button] 컴포넌트

③ 받은 데이터의 크기와 데이터를 표시할 2행 2열의 [Layout] 팔레트의 [Table Arrangement] 컴포넌트와 '데이터의 크기 :', '받은 데이터 :' 제목이 표시될 [User Interface] 팔레트의 [Label] 컴포넌트

④ 데이터의 크기와 받은 데이터를 표시할 [User Interface] 팔레트의 '데이터크기', '받은데이터' [TextBox] 컴포넌트

⑤ '음성인식은 ON 혹은 OFF' 설명을 표시할 [User Interface] 팔레트의 [Label] 컴포넌트

⑥ 음성을 인식한 단어를 표시하기 위한 [User Interface] 팔레트의 [Label] 컴포넌트

⑦ [Layout] 팔레트의 [HorizontalArrangement] 컴포넌트 안에 두 개의 '음성인식', '종료' [Button] 컴포넌트

⑧ 음성인식에 사용할 [Media] 팔레트의 [SpeechRecognizer] 컴포넌트

⑨ 블루투스 연결에 사용할 [Connectivity] 팔레트의 [BluetoothClient] 컴포넌트

⑩ 타이머를 작동시키기 위한 [Sensors] 팔레트의 [Clock] 컴포넌트

(2) 디자인 화면과 컴포넌트 구성요소, 속성 화면

① Screen1의 [BackgroundColor]의 색상을 그린으로 변경한 후 [AlignHorizontal] 속성값은 'Center:3'로 변경하여 모든 컴포넌트들이 가운데 맞추어 표시되도록 한다.

② 블루투스 목록을 표시하기 위한 [Listpicker]의 [Text] 속성값을 '블루투스 목록표시'로 변경한 후 적당한 글자크기로 변경하고 [BackgroundColor]의 색도 변경을 한다.

③ 'on', 'off' 버튼의 [Text] 속성을 '켜기', '끄기'로 변경한 후 적당한 글자크기로 변경한다.

④ '데이터의 크기 :', '받은 데이터 :'를 표시할 레이블의 [Text] 속성을 변경한 후 적당한 글자크기로 변경한다.

⑤ 데이터의 크기와 받은 데이터를 표시하기 위한 [TextBox]의 [Hint] 속성값을 모두 지운다.

⑥ '음성인식은 ON 혹은 OFF'를 표시하기 위한 [Label] 컴포넌트의 [Text] 속성을 변경한다.

⑦ '음성인식' 버튼을 누른 후 마이크를 향하여 말한 음성을 인식한 값을 표시하기 위한 [Label] 컴포넌트의 [Text] 속성값을 깨끗하게 지운다. 앱이 처음에 실행하면 음성인식을 하지 않은 경우이므로 아무런 내용이 나타나지 않도록 설정해야 하므로 [Text] 속성값을 모두 지워 빈 공백으로 표시한다.

⑧ '음성인식'과 '종료' 버튼의 [Text] 속성값을 각각 변경한 후 적당한 글자크기로 변경한다.

(3) 코드블록 작성

1) 타이머 작동

만약에 블루투스가 연결되었으면 받은 데이터의 크기와 받은 데이터값을 각각의 [TextBox]에 표시가 되도록 아래와 같이 작성한다.

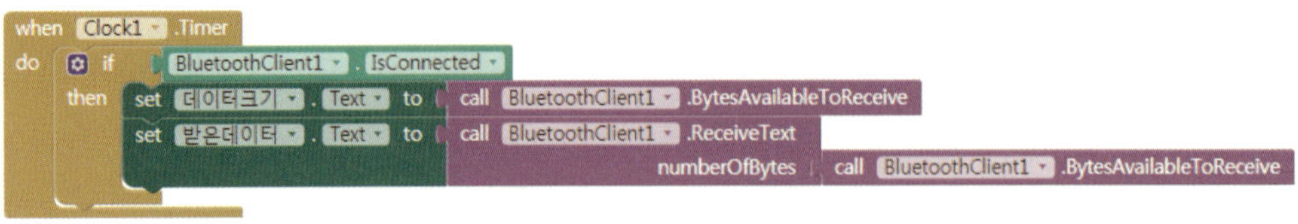

2) 블루투스 목록표시

[ListPicker.BeforePicking] 이벤트에서는 연결된 블루투스의 주소와 이름을 리스트피커의 값으로 설정한다. 주위에서 사용할 수 있는 블루투스의 목록이 표시되도록 해준다.

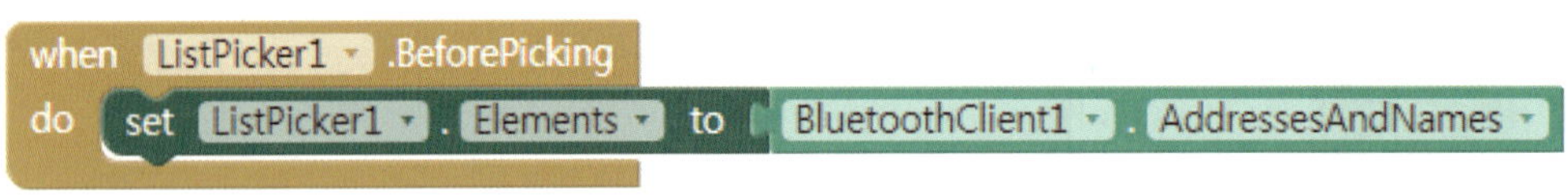

블루투스의 목록에서 원하는 블루투스를 선택(ListPicker1.Selection)하면 선택한 블루투스의 주소로 연결한다.

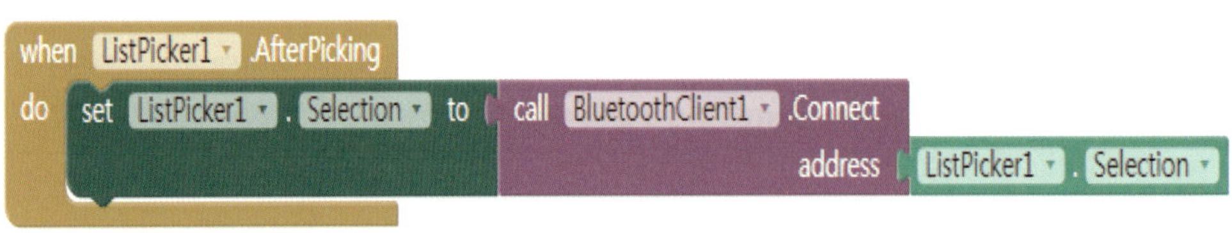

3) on 버튼과 off 버튼 클릭 코드블록

'on' 버튼을 클릭하면 on 프로시저를 호출한다. on 프로시저에서는 블루투스가 연결되어 있으면 1의 값을 아두이노 우노에 전송한다. 'off' 버튼을 클릭하면 off 프로시저를 호출한다. off 프로시저에서는 블루투스가 연결되면 '2'값을 아두이노 우노에 전송한다.

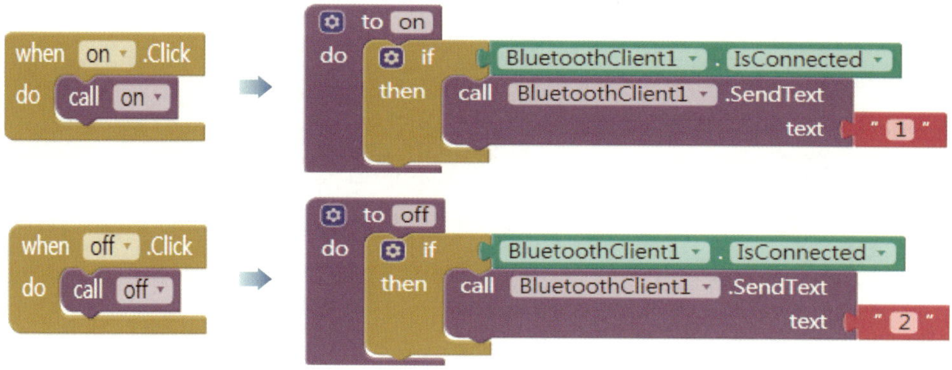

4) 음성인식과 종료 버튼 클릭

버튼을 이용하여 LED를 on/off할 수도 있지만 버튼을 누를 수 없는 경우에는 음성으로 on/off를 말하면 음성을 인식한 후 on이면 LED를 켜고 off이면 LED를 끄는 코드를 아래와 같이 작성한다. 음성을 인식한 결과는 result변수에 저장이 되므로 음성인식한 값을 '음성인식단어' 레이블에 표시를 해준 후 result에 저장된 값이 on이면 LED를 켜도록 해주는 on procedure를 호출하고 off이면 off procedure를 호출하여 실행이 되도록 한다. 이처럼 반복하여 사용할 명령들은 프로시저로 작성하면 필요할 때마다 호출하여 실행할 수 있으므로 프로그램 오류를 막을 수 있으며 프로그램 길이도 간단하게 작성할 수 있다. '종료' 버튼을 누르면 앱이 종료되도록 [close application]으로 작성한다.

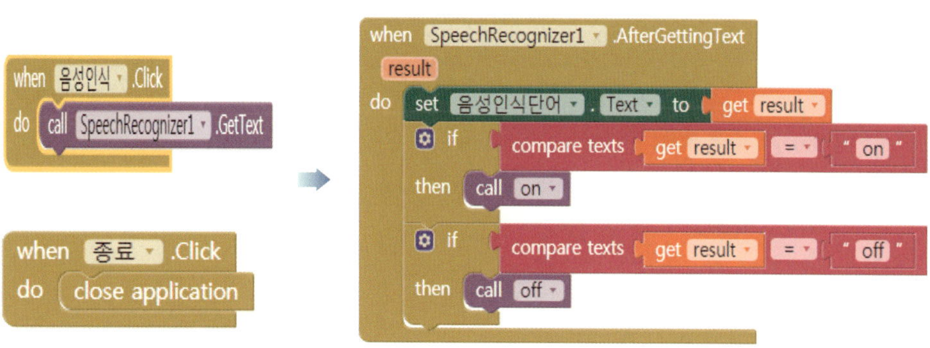

(4) 앱 실행

앱인벤터에서 작성한 앱을 스마트폰에 다운을 받아 설치를 한 후 스마트폰에서 앱을 실행하기 전에 사용자폰의 블루투스를 사용할 수 있도록 먼저 설정한다. 앱을 실행한 후 블루투스 목록표시 리스트피커 버튼을 눌러 가능한 블루투스를 목록에서 선택한다. 폰에서 켜기 버튼을 눌러 LED가 켜지는 것을 확인하고 반대로 끄기 버튼을 눌러 LED가 꺼지는지 확인한 후 음성으로 'on', 'off'를 말하여도 LED가 작동되는지 확인한다.

CHAPTER 20

블루투스를 이용한 온도 · 습도센서

1. 온습도센서
2. 앱인벤터에서 온습도센서와 휴대폰에 내장된 조도센서 연결앱
3. 온습도센서를 이용한 불쾌지수 앱 1
4. 온습도센서를 이용한 불쾌지수 앱 2

CHAPTER

20 블루투스를 이용한 온도·습도센서

앱인벤터를 이용하여 블루투스 통신이 가능한 앱을 만들어보고, 앱을 온습도센서 모듈을 사용해서 온도와 습도를 측정해보도록 한다. 또한 휴대폰에 내장되어 있는 조도센서를 이용해서 앱을 작성한다.

1 온습도센서

온습도센서는 대기의 온도와 습도를 측정해서 디지털센서 신호로 출력하는 센서이다. 공기 중의 수분을 흡수해서 전극의 전도도를 변화시켜 습도를 측정한다. 반도체 세라믹을 사용해서 온도 변화에 따른 저항값을 변화시켜 온도를 측정한다.

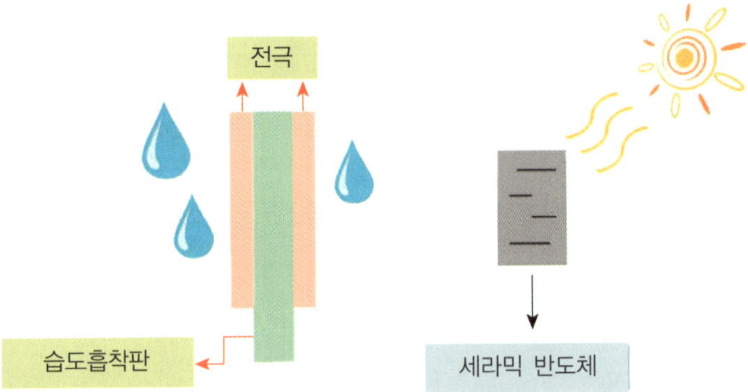

- 온도를 감지하는 부분은 세라믹 반도체로 이루어져 온도에 따라서 물질의 저항값이 변하는 소재의 특성을 이용하며 값의 변화를 감지해 온도를 출력하고 있다.
- 습도는 두 전극 사이의 저항 변화를 측정함으로써 공기 중의 습도 변화를 알아낼 수 있다.

2 앱인벤터에서 온습도센서와 휴대폰에 내장된 조도센서 연결앱

2.1 필요한 준비물

번호	부품그림		부품명
1			아두이노 우노
2			USB 케이블, 케이블
3	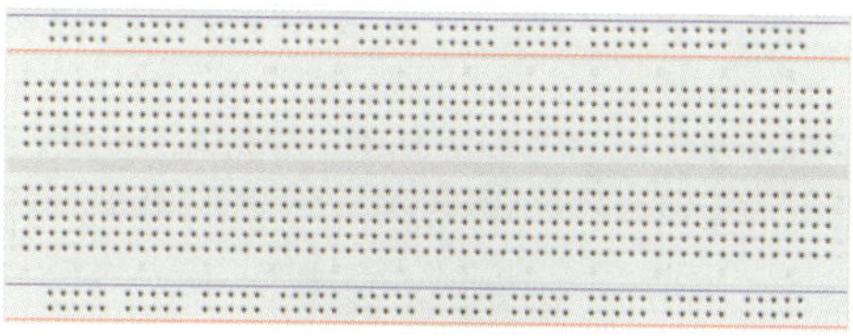		브레드보드
4			블루투스 모듈(HC-06)

5	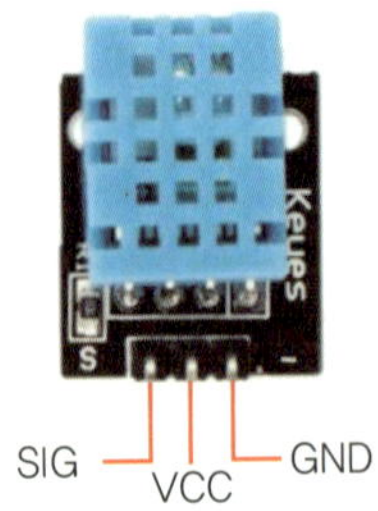	온습도센서

2.2 아두이노 우노에 블루투스와 온습도센서 연결

아두이노 우노에 블루투스와 온습도센서를 아래의 그림을 참조하여 연결한다. 회로도와 결선표를 참고해서 아두이노 보드와 HC-06 블루투스를 연결한다.

① 안드로이드폰은 블루투스와 와이파이 무선통신을 지원하지만, 아두이노 우노 보드는 블루투스를 지원하지 않으므로 아두이노에 HC-06이라는 블루투스 통신 모듈을 연결하여 블루투스 기능을 사용할 수 있도록 해야 한다.

② 블루투스 모듈 HC-06은 전원(VCC, GND) 핀과 데이터 송수신(TX, RX) 핀으로 구성되어 있다. 아두이노의 5V와 GND 핀을 연결하여 전원을 입력해줄 수 있으며, 아두이노의 2번(RX)에 블루투스 TX를, 아두이노의 3번(TX)에 블루투스 RX를 연결하여 데이터를 송수신할 수 있도록 한다.

아두이노 우노 보드	HC-06 블루투스 모듈
5V	VCC
GND	GND
D2	TXD
D3	RXD

③ 온습도센서는 센서 모듈부와 아두이노의 연결되는 핀의 순서는 모듈마다 차이가 발생할 수 있으며 전원(VCC), 그라운드(GND) 핀을 아두이노의 5V와 GND 핀을 연결하여 전원을 입력하고 온습도센서의 SIG 핀을 아두이노의 A1에 연결한다.

아두이노 우노 보드	온습도센서
A1	SIG
5V	VCC
GND	GND

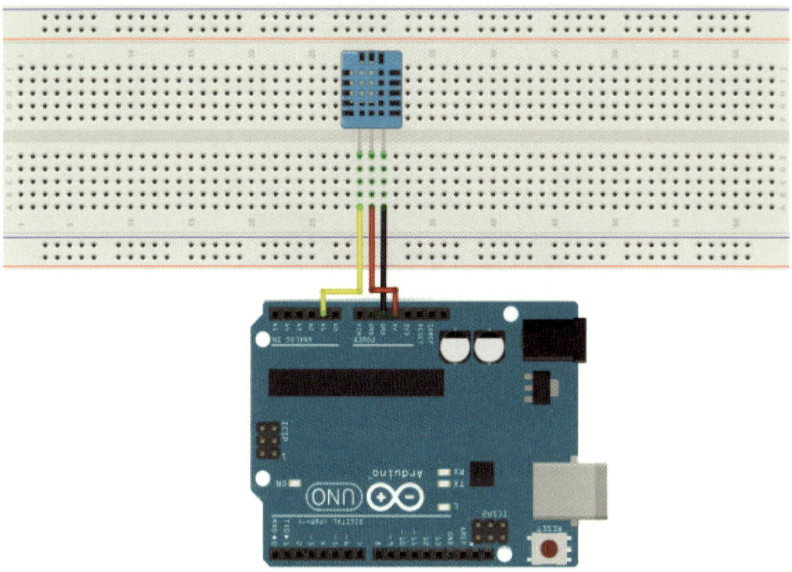

2.3 라이브러리 추가

아두이노 스케치에서 [스케치] – [라이브러리 포함하기] – [.ZIP 라이브러리 추가...]를 선택하여 DHT–sensor–library 압축 파일의 압축을 해제해서 라이브러리를 추가하거나 DHT–sensor–library 압축파일을 라이브러리에 추가한다. DHT–sensor–library 라이브러리를 추가하면 다음 그림처럼 라이브러리가 추가된 것을 확인할 수 있다.

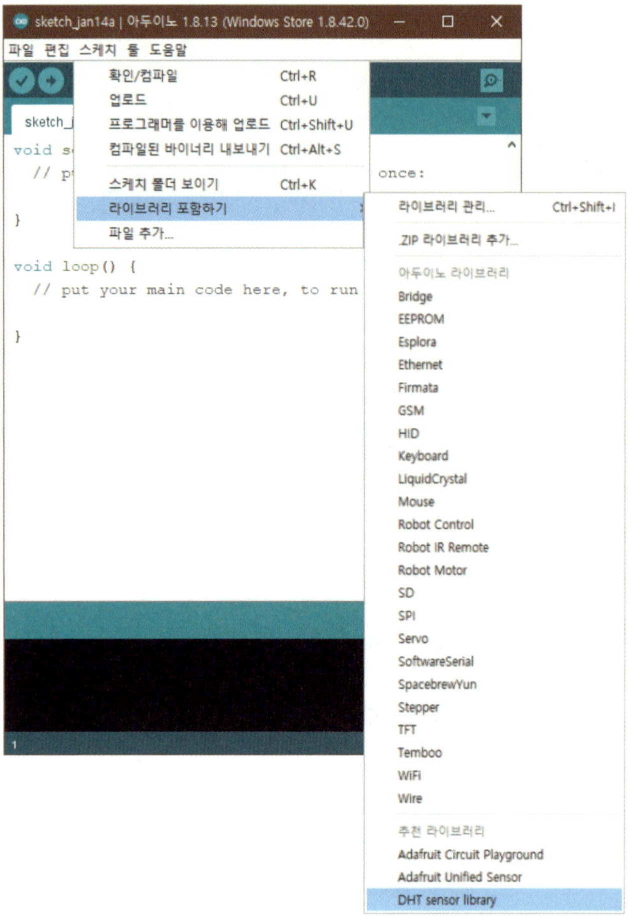

2.4 코드 입력 후 업로드

아두이노를 실행한 후 다음과 같이 코드를 입력하여 작성한 후 아두이노 우노 보드에 업로드를 한다.

라이브러리가 모두 추가되면 스케치에서 다음의 코드를 입력한 후 업로드 버튼을 클릭하여 업로드를 수행한다.

```
bluetooth_DHT | 아두이노 1.8.13 (Windows Store 1.8.42.0)
파일 편집 스케치 툴 도움말
bluetooth_DHT

1 #include <SoftwareSerial.h>
2 #include <DHT.h>
3 #define DHTPIN A1
4 #define DHTTYPE DHT11
5 DHT dht(DHTPIN, DHTTYPE);
6
7
8 SoftwareSerial bluetooth(2,3);
9
10 void setup() {
11   Serial.begin(9600);
12   bt.begin(9600);
13 }
14
15 void loop() {
16   int h = dht.readHumidity();
17   int t = dht.readTemperature();
18
19   bt.print("온도: ");
20   bt.print(h);
21   bt.println("℃");
22   bt.print("습도: ");
23   bt.print(t);
24   bt.println("%");
25   delay(2000);
26 }
27

저장 완료.
29                                    Arduino Uno on COM6
```

〈코드 라인별 설명〉

- 1: SoftwareSerial은 시리얼 통신을 소프트웨어적으로 실행할 수 있게 해주는 라이브러리로서 아두이노를 설치할 때 기본적으로 포함되어 있다. 이 라이브러리를 이용하면 블루투스 모듈을 아두이노의 일반적인 디지털 핀에 연결하여서 시리얼 통신을 할 수 있다.
- 2: #include 〈DHT.h〉 온습도센서 모듈 사용 시 포함시켜야 하는 라이브러리이다.
- 3~4: 온습도센서의 핀번호는 A1로, 핀타입은 DHT11로 정의한 기호 상수이다.
- 5: 온습도센서의 객체 설정이다.
- 8: 소프트웨어시리얼 객체를 만드는 방법이며, 이렇게 객체를 만들어야 시리얼 통신

함수를 사용할 수 있다.

- 10~13: 첫 번째 시리얼 모니터에 출력하기 위한 보드레이트(baud rate)를 9600 속도로 설정하고, 두 번째 소프트웨어시리얼 통신을 위한 보드레이트를 9600 속도로 준비한다.
- 15: loop함수는 setup함수가 실행이 되고 무한 반복되며 실행된다. 이 코드에서 아두이노로 실행하려고 하는 실제 명령코드를 입력한다.
- 16~17: 온습도센서 DHTPIN에서 읽어온 습도값을 변수 h에 저장하고, DHTPIN에서 읽어온 온도값을 변수 t에 저장한다.
- 20: 습도값변수 h를 출력한다.
- 23: 온도값변수 t를 출력한다.

2.5 휴대폰에 내장된 조도센서

휴대폰에 내장된 조도센서를 이용해서 밝기를 구하기 위해서 앱인벤터에서 [LightSensor] 컴포넌트를 추가한 후, 밝기를 나타내는 [Label] 컴포넌트와 럭스(lux)값의 결과를 표시해주는 [Label] 컴포넌트를 추가한다.

럭스는 조명도(illuminance) 혹은 조도의 단위로서 국제단위계의 유도 단위를 나타내며, 조도의 단위는 럭스(lux), 기호로는 lx을 사용한다. 1럭스는 1촉광(candle-power)의 광원(光源)으로부터 1m 떨어진 곳이며, 그 빛에도 직각인 면의 밝기를 말한다.

2.6 앱인벤터에서 코드블록 작성

(1) 필요한 컴포넌트

① 블루투스 연결을 위한 [User Interface] 팔레트의 [ListPicker] 컴포넌트

② 블루투스가 연결되면 온도와 습도의 센서값을 표시해주는 [User Interface] 팔레트의 [Label] 컴포넌트

③ 밝기 [Label] 컴포넌트와 밝기값 [Label] 컴포넌트를 정렬하기 위한 [Layout] 팔레트의 [Horizontal ScrollArrangement] 컴포넌트

④ [User Interface] 팔레트의 밝기 [Label] 컴포넌트

⑤ [User Interface] 팔레트의 밝기값 [Label] 컴포넌트

⑥ 블루투스 통신의 시간 간격을 주기 위한 [Sensors] 팔레트의 [Clock] 컴포넌트

⑦ 블루투스 통신을 할 [Connectivity] 팔레트의 [BluetoothClient] 컴포넌트

⑧ 휴대폰의 밝기센서를 이용하기 위한 [Sensors] 팔레트의 [LightSensor] 컴포넌트

(2) 디자인 화면과 컴포넌트 구성요소, 속성 화면

[Clock] 컴포넌트의 [TimerInterval] 속성값을 '2000'으로 속성 화면 그림과 같이 변경한다.

디자인 화면	구성요소 화면	속성 화면
	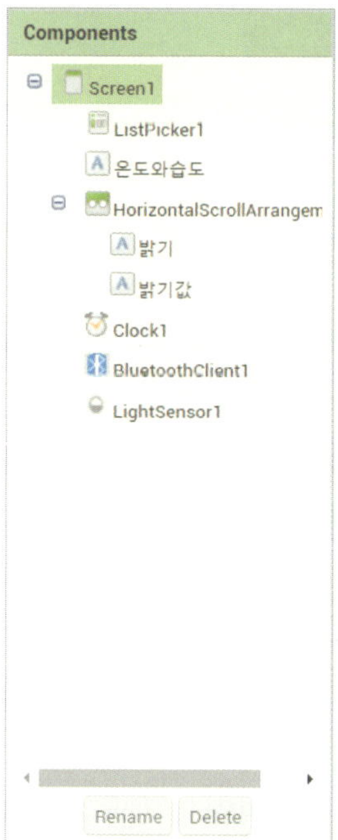	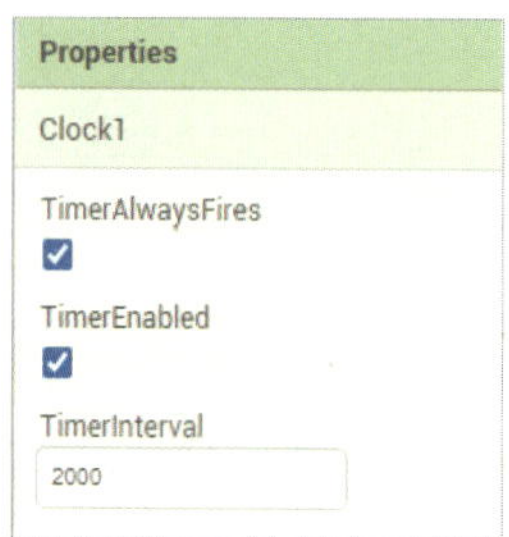

① Screen1의 [AlignHorizontal] 속성값은 'Center'로 변경하여 모든 컴포넌트들이 가운데 맞추어 표시되도록 한다.

② 블루투스 목록을 표시하기 위한 [Listpicker]의 [Text] 속성값을 '블루투스 연결'로 변경한 후 적당한 글자크기로 변경한다.

③ 'Label1'의 [Text] 속성값을 '온도와 습도'로 변경한 후 적당한 글자크기로 변경한다.

④ 'Label2'의 [Text] 속성값을 '밝기:'로 변경한 후 적당한 글자크기로 변경한다.

⑤ 'Label3'의 이름을 '밝기값'으로 변경한 후 적당한 글자크기로 변경한다. 데이터를 표시하기 위해서 [Text] 속성값을 깨끗하게 지우고 빈 공백으로 표시한다.

(3) 코드블록 작성

① [ListPicker.BeforePicking] 이벤트에서는 연결된 블루투스의 주소와 이름을 리스트 피커의 값으로 설정한다. ListPicker1은 페어링된 블루투스의 주소와 이름을 리스트로 표현한 후 블루투스와 연결하는 부분이다. 주위에서 사용할 수 있는 블루투스의 목록이 표시되도록 해준다.

② 블루투스의 목록에서 원하는 블루투스를 선택(ListPicker1.Selection)하면 선택한 블루투스의 주소로 연결한다.

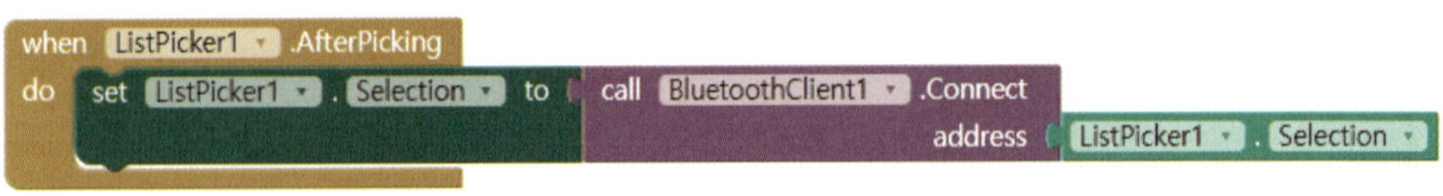

③ 타이머 작동: ListPicker로 블루투스가 선택되지 않았을 때 페어링된 블루투스 주소와 이름을 목록화해서 나타낸 후, 블루투스 모듈을 선택하면 선택된 블루투스에 연결된다. 아두이노 보드의 센서에서 온도값과 습도값을 읽어온다.
앱을 열어서 첫 화면에서는 블루투스가 연결되어 있지 않기 때문에 블루투스 연결 [TextBox]의 [Text] 속성이 "연결이 되지 않았습니다."로 설정되어 있다.

④ 휴대폰에서 내장된 조도센서를 이용하기 위한 블록을 작성한다.

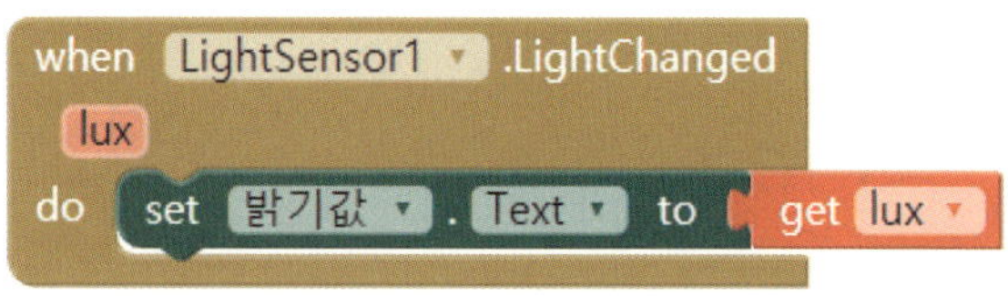

(4) 앱 실행

앱인벤터에서 작성한 앱을 스마트폰에 다운을 받아 설치를 한 후 스마트폰에서 앱을 실행하기 전에 사용자폰의 블루투스를 사용할 수 있도록 먼저 설정한다.

1) 블루투스 페어링

교재에서는 블루투스 모듈의 이름을 'UNO'로 설정했으므로 'UNO'이름의 블루투스를 선택하고, PIN은 '1234'로 설정했으므로 PIN번호는 '1234'를 입력한다. 사용자의 블루투스의 이름을 선택하면 된다.

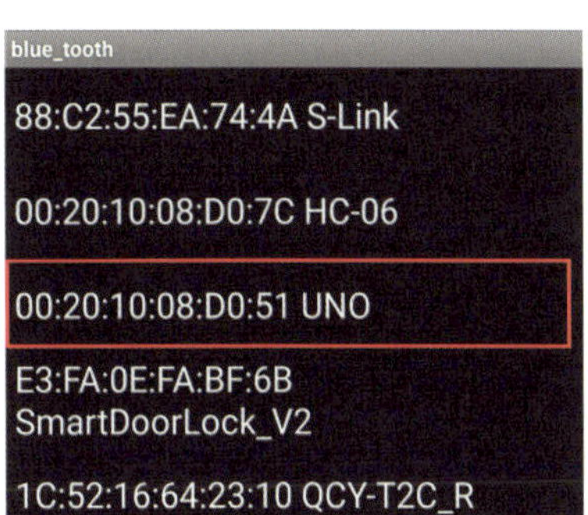

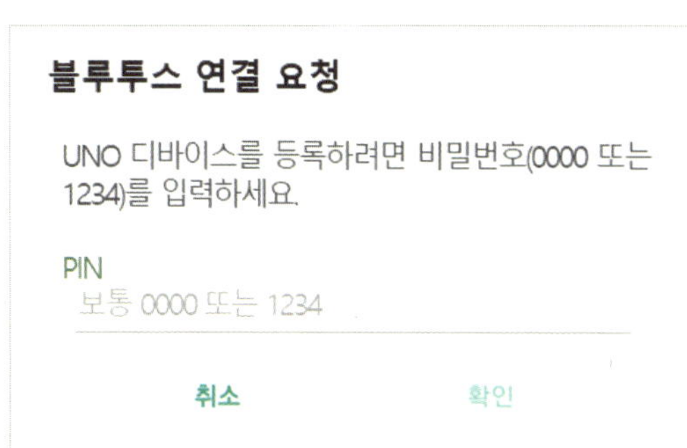

2) 실행 화면

‘블루투스연결’ 리스트피커를 클릭해서 블루스트를 연결하면 현재 대기 중의 온도와 습도가 화면에 나타나게 되며 현재 밝기를 휴대폰에 내장된 조도센서를 이용해서 화면에 나타낸다.

실행 초기 화면	블루투스 연결 후

3 온습도센서를 이용한 불쾌지수 앱 1

앱인벤터를 이용하여 블루투스 통신을 하며 온습도센서 모듈에서 온도와 습도를 측정하여 불쾌지수를 구해보는 앱을 작성한다.

3.1 코드 입력 후 업로드

아두이노를 실행한 후 아래와 같이 코드를 입력하여 작성한 후 아두이노 우노 보드에 업로드를 한다.

temp1 | 아두이노 1.8.13 (Windows Store 1.8.42.0)

```
#include <SoftwareSerial.h>
#include <DHT.h>
#define DHTPIN 5
#define DHTTYPE DHT11
DHT dht(DHTPIN, DHTTYPE);
SoftwareSerial bt(2,3);

void setup(){
  Serial.begin(9600);
  bt.begin(9600);

}

void loop(){
  int h = dht.readHumidity();
  int t = dht.readTemperature();
  float s=0;
  s=0.72*(h+t)+40.6;
   if(s>=80) {
    bt.write("vb"); }
    else if(s>=65) {
      bt.write("sb");
      }
      else { bt.write("qq");}
  delay(2000);
}
```

저장 완료.

Arduino Uno on COM6

〈코드 라인별 설명〉

- 1: 소프트웨어시리얼(SoftwareSerial)은 시리얼 통신을 소프트웨어적으로 실행할 수 있게 해주는 라이브러리로서 아두이노를 설치할 때 기본적으로 포함되어 있다. 이 라이브러리를 이용하면 블루투스 모듈을 아두이노의 일반적인 디지털 핀에 연결하여서 시리얼 통신을 할 수 있다.
- 2: #include 〈DHT.h〉 온습도센서 모듈 사용 시 포함시켜야 하는 라이브러리이다.
- 3~4: 온습도센서의 핀번호는 A1으로, 핀타입은 DHT11로 정의한 기호 상수이다.
- 5: 온습도센서의 객체 설정이다.
- 6: RX 핀은 D2로 지정하고 아두이노에서 RX 핀은 D3에 연결하고, TX 핀은 D3로 지정하고 아두이노에서 TX 핀은 D2에 연결한다.
  소프트웨어시리얼 객체를 만드는 방법이며, 이렇게 객체를 만들어야 시리얼 통신함수를 사용할 수 있다.
- 8~12: 첫 번째 시리얼 모니터에 출력하기 위한 보드레이트(baud rate)를 9600 속도로 설정하고, 두 번째 소프트웨어시리얼 통신을 위한 보드레이트를 9600 속도로 준비한다.
- 14: loop함수는 setup함수가 실행이 되고 무한 반복되며 실행된다. 이 코드에서 아두이노로 실행하려고 하는 실제 명령코드를 입력한다.
- 15~16: 온습도센서 DHTPIN에서 읽어온 습도값을 변수 h에 저장하고, DHTPIN에서 읽어온 온도값을 변수 t에 저장한다.
- 17~18: 불쾌지수의 계산된 값 불쾌지수(s)를 정의하고 불쾌지수(s)를 구한다.
- 19~24: 만약 불쾌지수(s)가 80 이상이면 블루투스 통신으로 'vb'를 출력하며, 불쾌지수(s)가 65 이상이면 'sb'를 출력하고, 그 외에 값은 'qq'를 출력한다.
- 25: 안정적인 측정과 출력을 위한 지연시간을 준다.

3.2 앱인벤터에서 블루투스 블록 작성

(1) 필요한 컴포넌트

① 블루투스 연결을 위한 [User Interface] 팔레트의 [ListPicker] 컴포넌트

② [User Interface] 팔레트의 불쾌지수 [Label] 컴포넌트와 [User Interface] 팔레트의 불

쾌지수값표시 [Label] 컴포넌트를 정렬하기 위한 [Layout] 팔레트의 [Horizontal ScrollArrangement] 컴포넌트

③ 블루투스 통신의 시간 간격을 주기 위한 [Sensors] 팔레트의 [Clock] 컴포넌트

④ 블루투스 통신을 할 [Connectivity] 팔레트의 [BluetoothClient] 컴포넌트

⑤ 불쾌지수의 상황을 음성으로 알려주는 [Media] 팔레트의 [TextToSpeech] 컴포넌트

(2) 디자인 화면과 컴포넌트 구성요소, 속성 화면

[Clock] 컴포넌트의 [TimerInterval] 속성값을 '5000'으로 속성 화면 그림과 같이 변경한다.

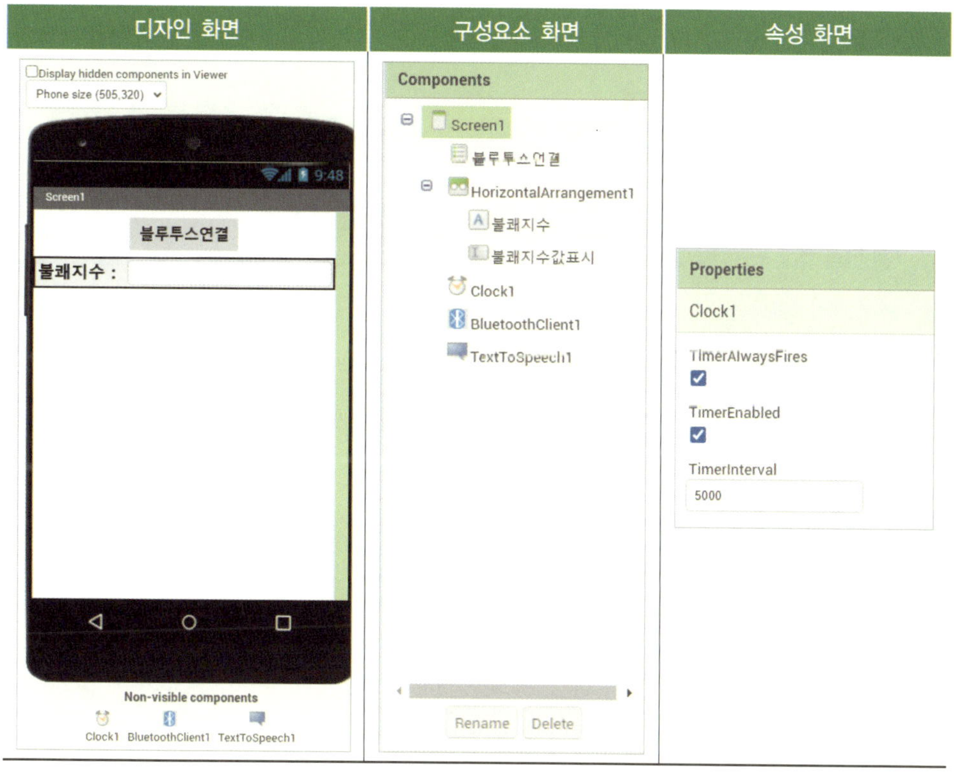

① Screen1의 [AlignHorizontal] 속성값은 'Center'로 변경하여 모든 컴포넌트들이 가운데 맞추어 표시되도록 한다.

② 블루투스 목록을 표시하기 위한 [Listpicker]의 [Text] 속성값을 '블루투스 연결'로 변경한 후 적당한 글자크기로 변경한다.

③ 'Label1'의 [Text] 속성값을 '불쾌지수'로 변경한 후 적당한 글자크기로 변경한다.

④ 데이터를 표시하기 위해서 [TextBox]의 [Text] 속성값을 깨끗하게 지우고 앱이 처음에 실행하면 아무런 내용이 나타나지 않도록 설정해야 하므로 [Hint] 속성값도 모두 지워 빈 공백으로 표시한다.

(3) 코드블록 작성

1) 블루투스 목록표시

[ListPicker.BeforePicking] 이벤트에서는 연결된 블루투스의 주소와 이름을 리스트피커의 값으로 설정한다. 주위에서 사용할 수 있는 블루투스의 목록이 표시되도록 해준다.

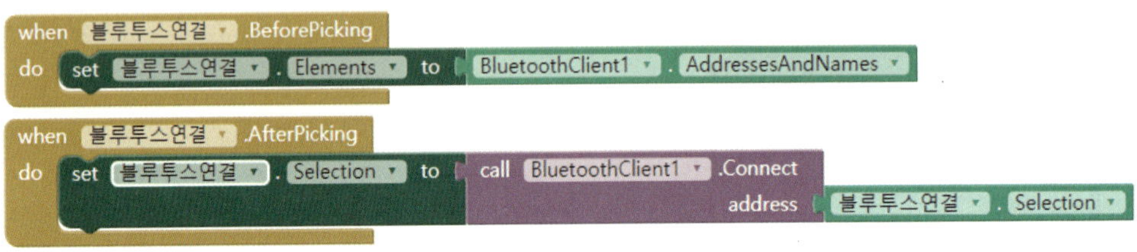

2) 전역변수 선언

블루투스 연결이 되면 연결값을 저장할 변수를 선언한다.

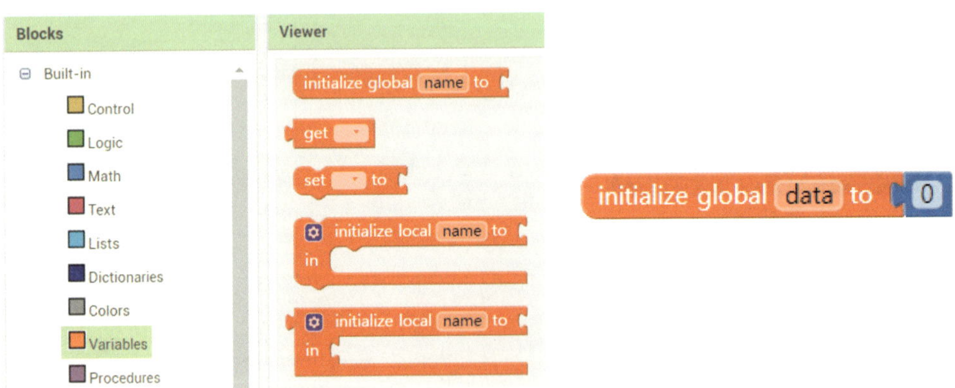

3) 타이머 작동

리스트피커로 블루투스가 선택되지 않았을 때 페어링된 블루투스 주소와 이름을 목록화해서 나타낸 후, 블루투스 모듈을 선택하면 선택된 블루투스에 연결된다. 아두이노 보드의 센서에서 온도값과 습도값을 읽어되며 불쾌지수를 계산한다.

불쾌지수를 계산한 식은 아두이노에서 "s=0.72*(h+t)+40.6;"에서 계산했으며 s의 값이 80 이상이면 "오늘 날씨는 불쾌지수가 높네요.", s의 값이 65 이상이면 "오늘 날씨는 불쾌지수가 보통입니다.", 그렇지 않으면 "오늘 날씨는 쾌적합니다."를 세 가지 조건에 따라 '불쾌지수값표시' [Text] 속성에 나타내고 음성으로 각각 불쾌지수의 상황을 알려준다.

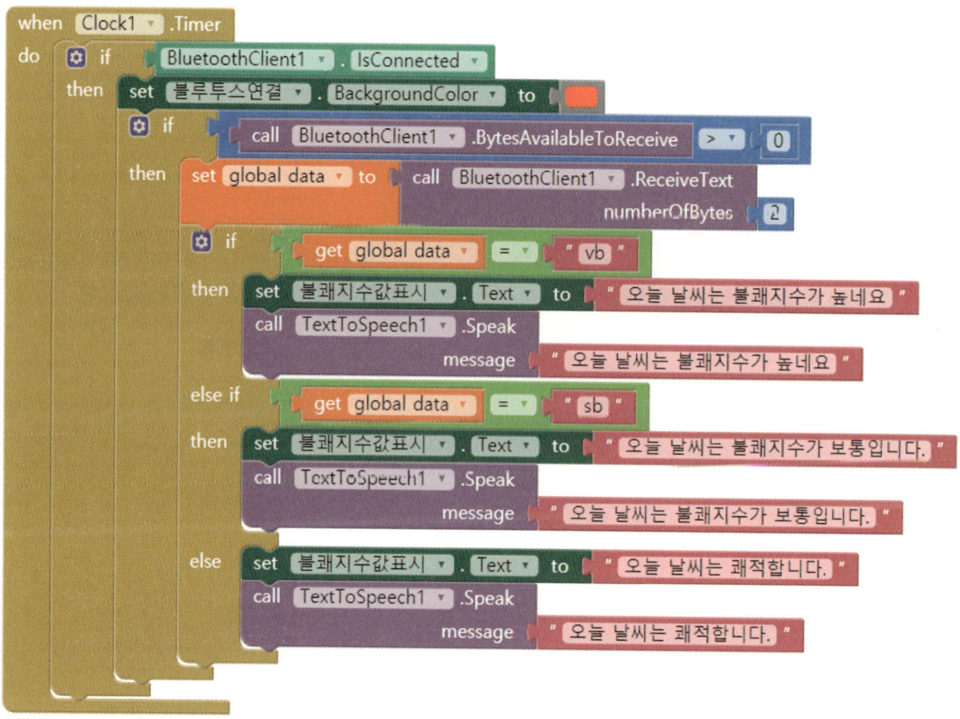

(4) 앱 실행

1) 블루투스 페어링

본 교재에서는 블루투스 모듈의 이름을 'UNO'로 설정했으므로 'UNO'이름의 블루투스를 선택하고, PIN은 '1234'로 설정했으므로 PIN번호는 '1234'를 입력한다. 사용자의 블루투스의 이름을 선택하면 된다.

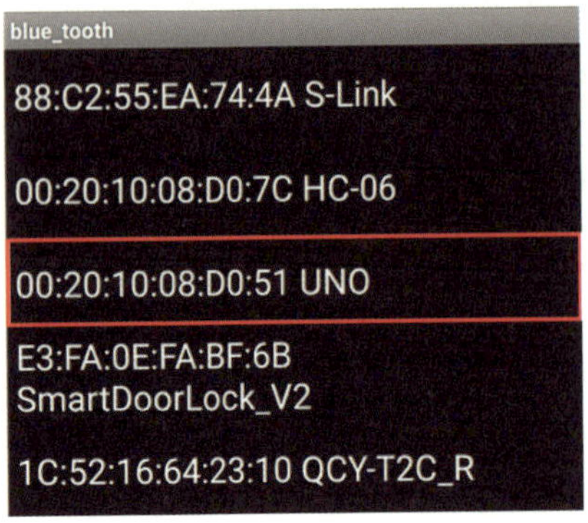

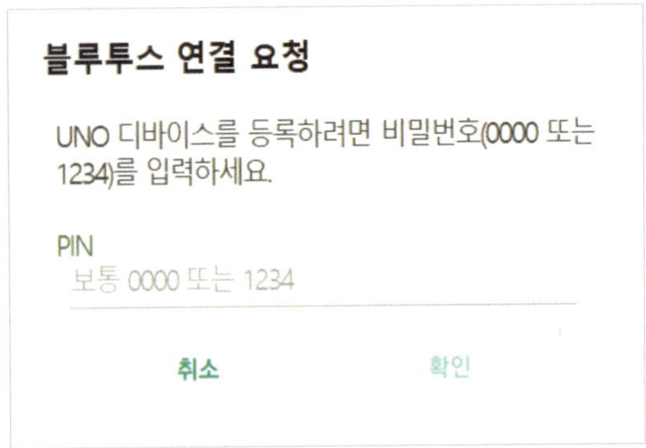

2) 실행 화면

'블루투스연결' 리스트피커를 클릭해서 블루스트를 연결하면 현재 대기 중의 온도와 습도값을 읽어와 불쾌지수를 화면에 나타낸다.

실행 초기 화면	블루투스 연결 후

4 온습도센서를 이용한 불쾌지수 앱 2

앱인벤터를 이용하여 블루투스 통신을 하며 온습도센서 모듈에서 온도와 습도를 측정하여 불쾌지수를 구해보는 앱을 작성한다.

4.1 코드 입력 후 업로드

아두이노를 실행한 후 아래와 같이 코드를 입력하여 작성한 후 아두이노 우노 보드에 업로드를 한다.

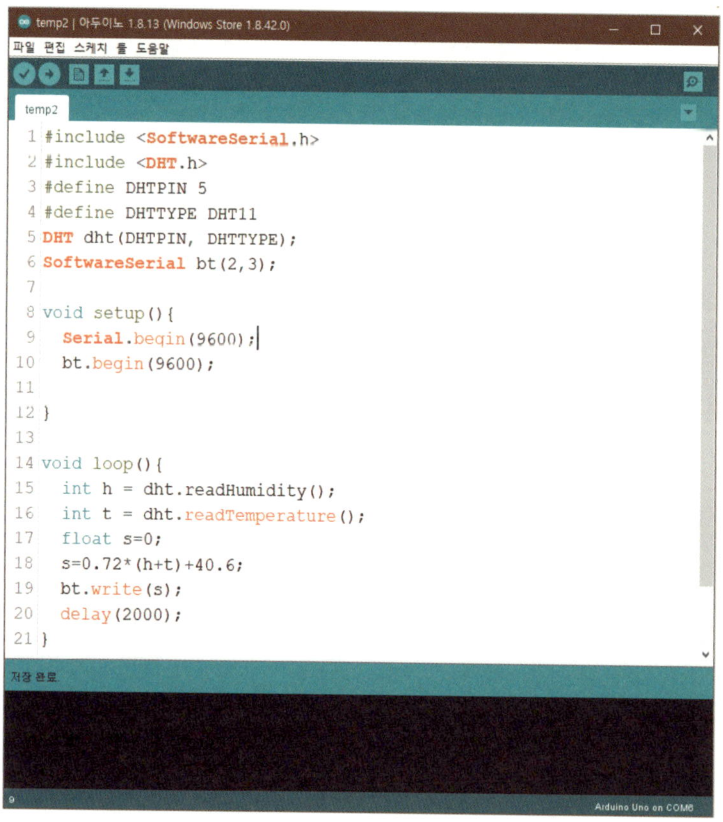

〈코드 라인별 설명〉

- 1: 소프트웨어시리얼(SoftwareSerial)은 시리얼 통신을 소프트웨어적으로 실행할 수 있게 해주는 라이브러리로서 아두이노를 설치할 때 기본적으로 포함되어 있다. 이

라이브러리를 이용하면 블루투스 모듈을 아두이노의 일반적인 디지털 핀에 연결하여서 시리얼 통신을 할 수 있다.

- 2: #include 〈DHT.h〉 온습도센서 모듈 사용 시 포함시켜야 하는 라이브러리이다.
- 3~4: 온습도센서의 핀번호는 A1으로, 핀타입은 DHT11로 정의한 기호 상수이다.
- 5: 온습도센서의 객체 설정이다.
- 6: RX 핀은 D2로 지정하고 아두이노에서 RX 핀은 D3에 연결하고, TX 핀은 D3로 지정하고 아두이노에서 TX 핀은 D2에 연결한다.
  소프트웨어시리얼 객체를 만드는 방법이며, 이렇게 객체를 만들어야 시리얼 통신함수를 사용할 수 있다.
- 8~12: 첫 번째 시리얼 모니터에 출력하기 위한 보드레이트(baud rate)를 9600 속도로 설정하고, 두 번째 소프트웨어시리얼 통신을 위한 보드레이트를 9600 속도로 준비한다.
- 14: loop함수는 setup함수가 실행이 되고 무한 반복되며 실행된다. 이 코드에서 아두이노로 실행하려고 하는 실제 명령코드를 입력한다.
- 15~16: 온습도센서 DHTPIN에서 읽어온 습도값을 변수 h에 저장하고, DHTPIN에서 읽어온 온도값을 변수 t에 저장한다.
- 17~19: 불쾌지수의 계산된 값 불쾌지수(s)를 정의하고 불쾌지수(s)를 출력한다.
- 20: 안정적인 측정과 출력을 위한 지연시간을 준다.

4.2 앱인벤터에서 블루투스 블록 작성

(1) 필요한 컴포넌트

① 블루투스 연결을 위한 [User Interface] 팔레트의 [ListPicker] 컴포넌트

② [User Interface] 팔레트의 불쾌지수 [Label] 컴포넌트와 [User Interface] 팔레트의 불쾌지수값표시 [Label] 컴포넌트를 정렬하기 위한 [Layout] 팔레트의 [Horizontal ScrollArrangement] 컴포넌트

③ 블루투스 통신의 시간 간격을 주기 위한 [Sensors] 팔레트의 [Clock] 컴포넌트

④ 블루투스 통신을 할 [Connectivity] 팔레트의 [BluetoothClient] 컴포넌트

⑤ 불쾌지수의 상황을 음성으로 알려주는 [Media] 팔레트의 [TextToSpeech] 컴포넌트

(2) 디자인 화면과 컴포넌트 구성요소, 속성 화면

[Clock] 컴포넌트의 [TimerInterval] 속성값을 '5000'으로 속성 화면 그림과 같이 변경한다.

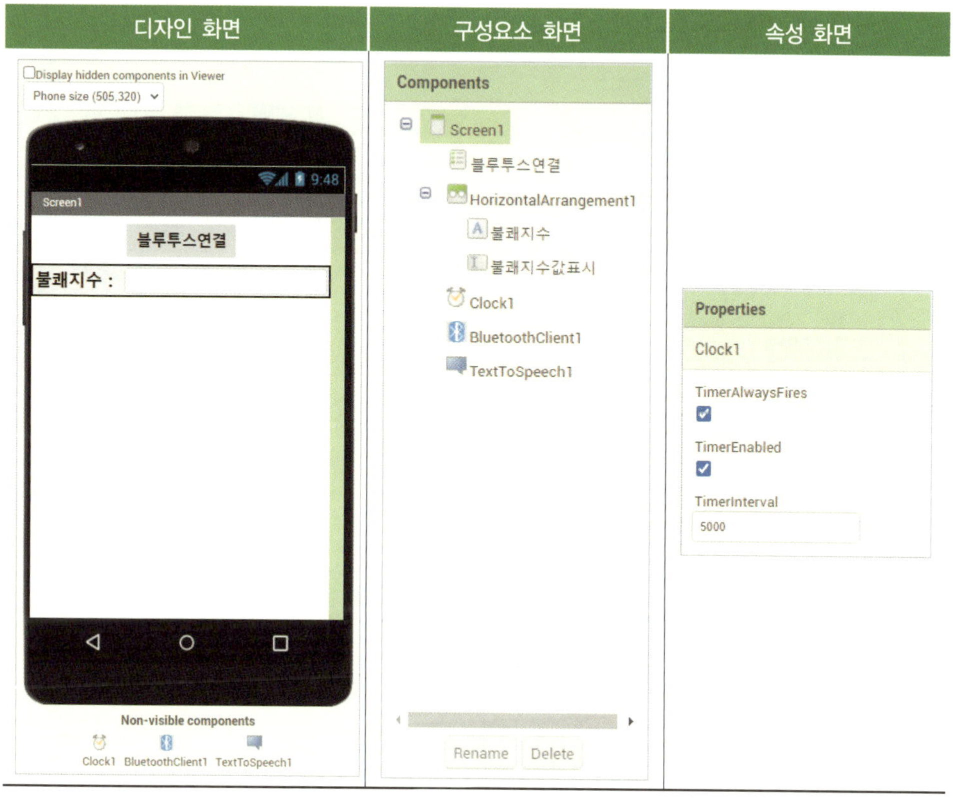

① Screen1의 [AlignHorizontal] 속성값은 'Center'로 변경하여 모든 컴포넌트들이 가운데 맞추어 표시되도록 한다.

② 블루투스 목록을 표시하기 위한 [Listpicker]의 [Text] 속성값을 '블루투스 연결'로 변경한 후 적당한 글자크기로 변경한다.

③ 'Label1'의 [Text] 속성값을 '불쾌지수'로 변경한 후 적당한 글자크기로 변경한다.

④ 데이터를 표시하기 위해서 [TextBox]의 [Text] 속성값을 깨끗하게 지우고 앱이 처음에 실행하면 아무런 내용이 나타나지 않도록 설정해야 하므로 [Hint] 속성값도 모두 지워 빈 공백으로 표시한다.

(3) 코드블록 작성

1) 블루투스 목록표시

[ListPicker.BeforePicking] 이벤트에서는 연결된 블루투스의 주소와 이름을 리스트피커의 값으로 설정한다. 주위에서 사용할 수 있는 블루투스의 목록이 표시되도록 해준다.

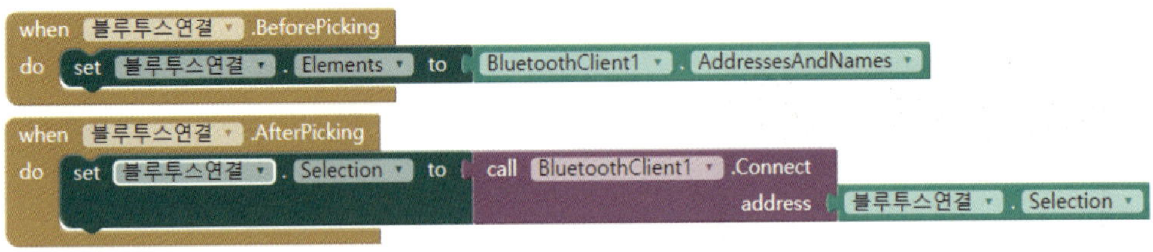

2) 전역변수 선언

블루투스 연결이 되면 연결값을 저장할 변수를 선언한다. 아두이노의 센서값을 받아서 앱 화면에 출력하기 위하여 센서값의 데이터 처리를 위한 변수가 필요하며 다음과 같이 두 개의 전역변수를 만든다.

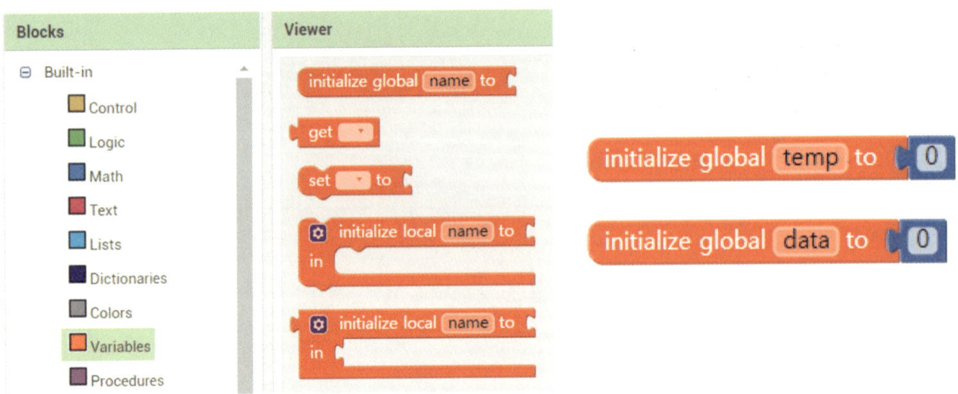

3) 타이머 작동

리스트피커로 블루투스가 선택되지 않았을 때 페어링된 블루투스 주소와 이름을 목록화해서 나타낸 후, 블루투스 모듈을 선택하면 선택된 블루투스에 연결된다. 아두이노 보드의 센서에서 온도값과 습도값을 읽어오며 불쾌지수를 계산한다.

불쾌지수를 계산한 식은 아두이노에서 “s=0.72*(h+t)+40.6;”에서 계산했으며 s의 값이 80 이상이면 "오늘 날씨는 불쾌지수가 높네요.", s의 값이 65 이상이면 "오늘 날씨는 불쾌지수가 보통입니다.", 그렇지 않으면 "오늘 날씨는 쾌적합니다."를 세 가지 조건에 따라 '불쾌지수값표시' [Text] 속성에 나타내고 음성으로 각각 불쾌지수의 상황을 알려준다.

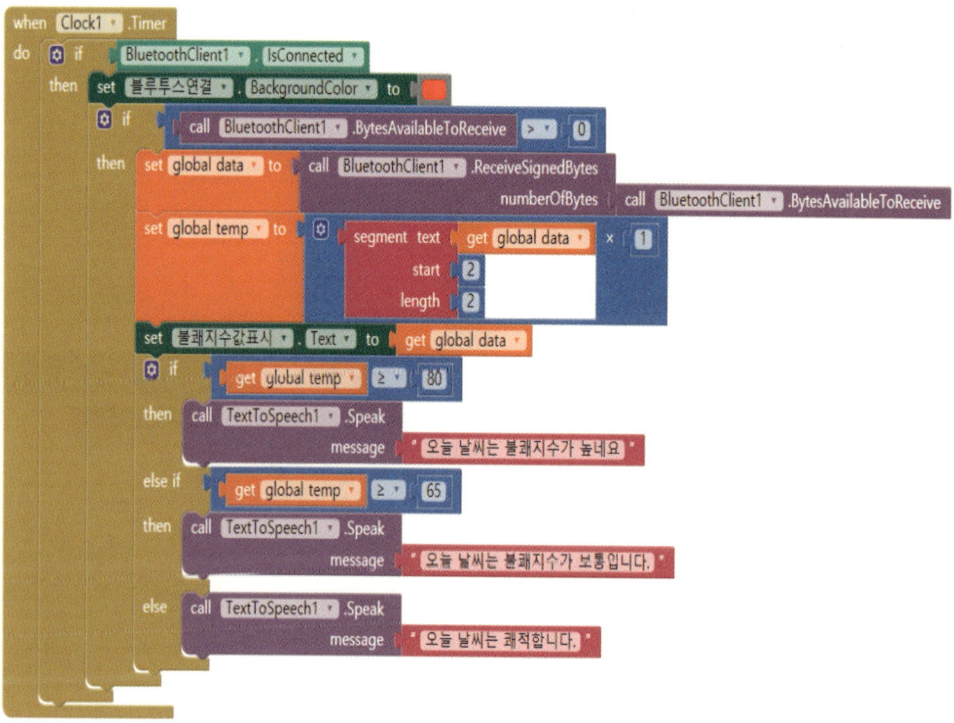

(4) 앱 실행

1) 블루투스 페어링

본 교재에서는 블루투스 모듈의 이름을 'UNO'로 설정했으므로 'UNO'이름의 블루투스를 선택하고, PIN은 '1234'로 설정했으므로 PIN번호는 '1234'를 입력한다. 사용자의 블루투스의 이름을 선택하면 된다.

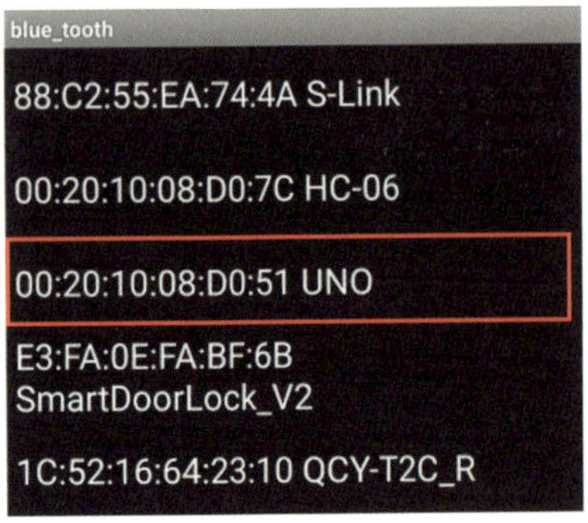

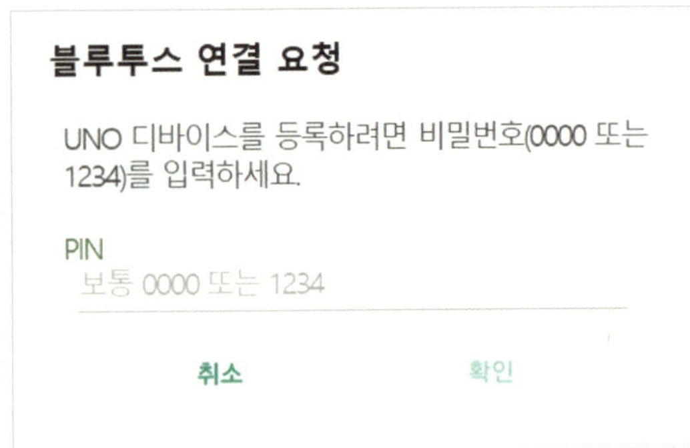

2) 실행 화면

'블루투스연결' 리스트피커를 클릭해서 블루스트를 연결하면 현재 대기 중의 온도와 습도값을 읽어와 불쾌지수를 화면에 나타낸다.

실행 초기 화면	블루투스 연결 후

CHAPTER 21

블루투스를 이용한 수분감지센서

1. 수분감지센서
2. 앱인벤터로 수분감지

CHAPTER

21 블루투스를 이용한 수분감지센서

1 수분감지센서

수분감지센서는 수분의 정도가 어느 정도인지 판단할 때 쓰는 센서이다. 두 개의 전극 부분을 물컵에 꼽으면 수분함량에 따라 달라지는 저항의 변화를 감지한다. 즉 물컵의 수분함량이 높을수록 전류가 잘 흐르므로 저항이 낮아지면서 출력되는 아날로그값이 내려가고, 반대로 수분이 적으면 전류가 잘 흐르지 못해서 저항이 높아지면서 출력되는 아날로그값이 올라가게 된다. 물컵의 수분함량에 따른 저항값의 변화를 아두이노로 보내고 저항값을 앱인벤터를 통해 확인한다. 아래 그림은 수분감지센서 모듈이다.

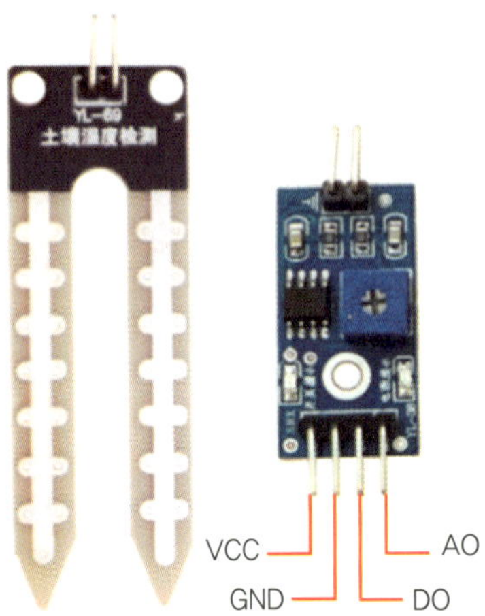

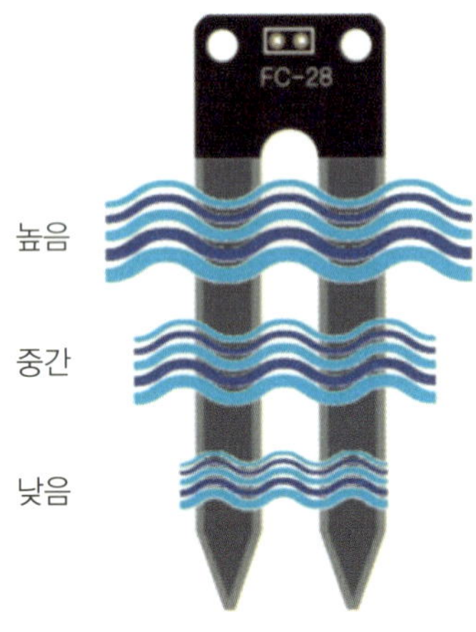

[수분함량이 높아지면 저항값이 내려가면서 출력되는 아날로그값이 내려가게 된다.]

2 앱인벤터로 수분감지

2.1 필요한 준비물

번호	부품그림		부품명
1			아두이노 우노
2			USB 케이블, 케이블
3	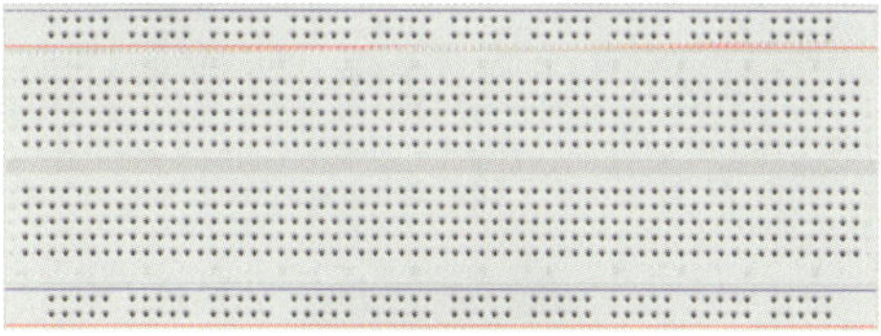		브레드보드
4			블루투스 모듈(HC-06)

5	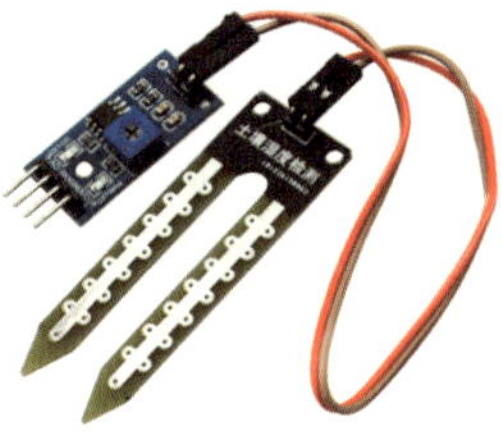	수분감지센서

2.1 아두이노 우노에 블루투스와 수분감지센서 연결

아두이노 우노에 블루투스와 수분감지센서를 아래의 그림을 참조하여 연결한다.

① 안드로이드폰은 블루투스와 와이파이 무선통신을 지원하지만, 아두이노 우노 보드는 블루투스를 지원하지 않으므로 아두이노에 HC-06이라는 블루투스 통신 모듈을 연결하여, 블루투스 기능을 사용할 수 있도록 해야 한다.

② 블루투스 모듈 HC-06은 전원(VCC, GND) 핀과 데이터 송수신(TX, RX) 핀으로 구성되어 있다. 아두이노의 5V와 GND 핀을 연결하여 전원을 입력해줄 수 있으며, 아두이노의 2번(RX)에 블루투스 TX를, 아두이노의 3번(TX)에 블루투스 RX를 연결하여 데이터를 송수신할 수 있도록 한다.

③ 수분감지센서는 크게 두 가지로 구분할 수 있고 수분에 직접 꽂는 센서부와 저항값을 측정하기 위한 센서 모듈부로 구성되어 있으며, 센서 모듈부와 아두이노의 연결되는 핀의 순서는 모듈마다 차이가 발생할 수 있으며 이 장에서는 전원(VCC), 그라운드(GND) 핀을 아두이노의 5V와 GND 핀을 연결하여 전원을 입력하고 아날로그 입력(A0) 핀을 아두이노의 A1에 연결한다.

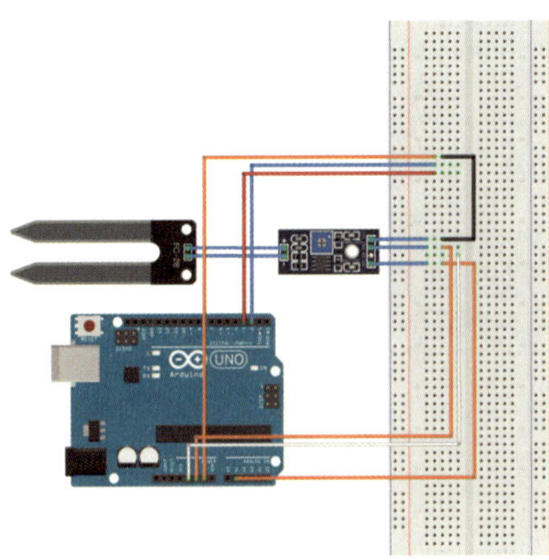

2.3 코드 입력 후 업로드

아두이노를 실행한 후 아래와 같이 코드를 입력하여 작성한 후 아두이노 우노 보드에 업로드를 한다.

water_copy | 아두이노 1.8.5

파일 편집 스케치 툴 도움말

water_copy §

```
1 #include <SoftwareSerial.h>
2 #define moi A1
3 SoftwareSerial bt(2,3);
4
5 void setup(){
6   Serial.begin(9600);
7   bt.begin(9600);
8 }
9
10 void loop(){
11   byte sendDate[3];
12   unsigned int Soil_mois=analogRead(moi);
13   Serial.println(Soil_mois);
14   sendDate[0]='y';
15   sendDate[1]=Soil_mois / 256;
16   sendDate[2]=Soil_mois % 256;
17   if(bt.available()>0)
18    {
19       byte serialDate=bt.read();
20       if(serialDate==50)
21       {
22         for(byte i=0;i<3;i++)
23         {
24            bt.write(sendDate[i]);
25         }
26       }
27    }
28   delay(2000);
29 }
```

업로드 완료

〈코드 라인별 설명〉

- 1: 소프트웨어시리얼(SoftwareSerial)은 시리얼 통신을 소프트웨어적으로 실행할 수 있게 해주는 라이브러리로서 아두이노를 설치할 때 기본적으로 포함되어 있다. 이 라이브러리를 이용하면 블루투스 모듈을 아두이노의 일반적인 디지털 핀에 연결하여서 시리얼 통신을 할 수 있다.
- 2: 아두이노에 연결된 A1을 moi로 정의한 기호상수이다.

- 3: 소프트웨어시리얼 객체를 만드는 방법이며, 이렇게 객체를 만들어야 시리얼 통신 함수를 사용할 수 있다.
- 5~8: 첫 번째 시리얼 모니터에 출력하기 위한 보드레이트(baud rate)를 9600 속도로 설정하고, 두 번째 소프트웨어시리얼 통신을 위한 보드레이트를 9600 속도로 준비한다.
- 11: 아두이노에서 모바일 앱으로 보낼 데이터를 저장할 배열이다.
- 12: 수분감지센서의 아날로그 입력 핀이 moi, 즉 A1에 연결되어 있기 때문에 해당 핀으로부터 아날로그 입력값을 받아서 변수 Soil_mois에 저장한다.
- 13: 시리얼 모니터에 출력하기 위해서 변수 Soil_mois에 저장되어 있는 값을 출력한다. 시리얼 모니터에서 출력되는 결과는 아래와 같으며 평상시에는 아날로그 입력값이 최대값인 1023이지만 물컵에 담그면 900, 800, 500, 400, 300, 200까지 수치가 낮아지는 것을 확인할 수 있다.

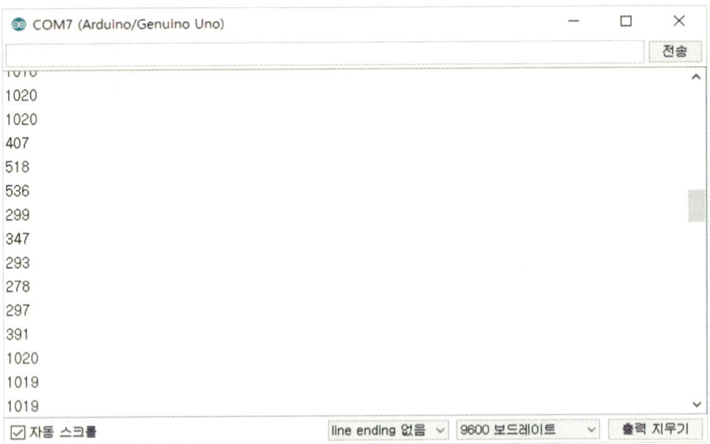

- 14: 아두이노에서 앱으로 보내는 데이터구조를 'y'+'센서상위8비트값'+'센서하위8비트값'으로 구성한다. 그리고 이 각각의 값을 배열 SendDate에 차례대로 저장한다. 따라서 SendDate[0]에 'y'를 저장한다.
- 15, 16: SendDate[1]에 '센서상위8비트값'을 저장하고 SendDate[2]에 '센서하위8비트값'을 저장한다. 나누기 256을 하는 이유는 2진법이기 때문인데, 가령 10진법을 예를 들어서 설명하자면 2자리씩만 숫자를 전송할 수 있다면 네 자리수(최대치 1023)를 전송하는 방법은 2자리씩 나누어 보내는 것이다. 그래서 1023을 2자리씩 나누어 보낸다면 1023/100=10(몫)과 1023%100=23(나머지)계산을 하여 10(몫)과 23(나머지)

을 두 번에 걸쳐서 전송하면 된다. 아두이노에서 데이터를 전송하는 것도 2진수를 다루기 때문에 100으로 나누지 않고 256으로 나눈다.

- 17: 앱에서 아두이노로 전송된 데이터가 있으면 참이 된다.
- 19: 앱에서 아두이노로 전송된 데이터를 읽어 변수에 저장한다.
- 20: 읽은 데이터가 50이면 참이 되어 실행된다. 이렇게 지정하는 이유는 아두이노가 센서값을 앱으로 보내도 된다는 허락의 의미로 앱이 50이라는 값을 보낸다고 생각하면 된다. 즉 아두이노에서 측정된 센서값을 무조건 앱으로 보내는 것이 아니라 앱에서 50이라는 데이터를 아두이노로 보내어 허락이 되었다면 아두이노가 앱으로 센서값을 보내는 것이다.
- 28: 안정적인 측정과 출력을 위한 지연시간을 준다.

2.4 앱인벤터에서 코드블록 작성

(1) 필요한 컴포넌트

① [Layout] 팔레트의 [HorizontalArrangement] 컴포넌트 안에 첫 번째 블루투스 목록을 표시하기 위한 [User Interface] 팔레트의 '블루투스 연결' [ListPicker] 컴포넌트와 블루투스 연결을 해지하기 위한 [User Interface] 팔레트의 '블루투스 해지' [Button] 컴포넌트

② [Layout] 팔레트의 [HorizontalArrangement] 컴포넌트 안에 첫 번째 '수분함량'을 표시할 [Label] 컴포넌트와 받은 데이터를 표시하기 위한 [TextBox] 컴포넌트

③ 타이머를 작동시키기 위한 [Sensors] 팔레트의 [Clock] 컴포넌트

④ 블루투스 연결에 사용할 [Connectivity] 팔레트의 [BluetoothClient] 컴포넌트

⑤ 텍스트를 음성으로 읽어주기 위한 [Media] 팔레트의 [TextToSpeech] 컴포넌트

(2) 디자인 화면과 컴포넌트 구성요소, 속성 화면

<table>
<tr><th>디자인 화면</th><th>구성요소 화면</th><th>속성 화면</th></tr>
<tr>
<td>
</td>
<td>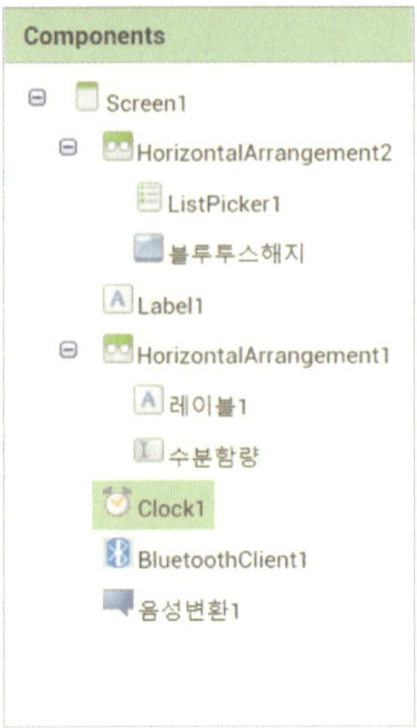
</td>
<td>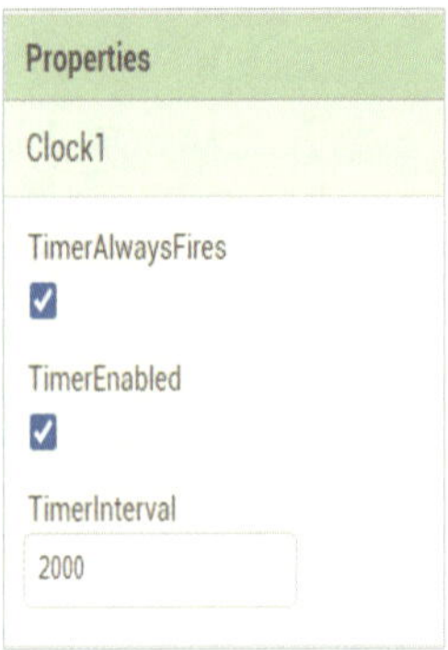
</td>
</tr>
</table>

① Screen1의 [Title]를 '수분감지센서'라고 변경한 후 [AlignHorizontal] 속성값은 'Center'로 변경하여 모든 컴포넌트들이 가운데 맞추어 표시되도록 한다.

② 블루투스 목록을 표시하기 위한 [Listpicker]의 [Text] 속성값을 '블루투스연결'로 변경한 후 적당한 글자크기로 변경한다.

③ 블루투스 연결을 해지하기 위한 [Button]의 [Text] 속성값을 '블루투스해지'로 변경한 후 적당한 글자크기로 변경한다.

④ 'Label1'의 [Text] 속성값을 '수분함량'으로 변경한 후 적당한 글자크기로 변경한다.

⑤ 데이터를 표시하기 위해서 [TextBox]의 [Text] 속성값을 깨끗하게 지우고 앱이 처음에 실행하면 아무런 내용이 나타나지 않도록 설정해야 하므로 [Hint] 속성값도 모두 지워 빈 공백으로 표시한다.

(3) 코드블록 작성

1) 블루투스 목록표시

[ListPicker.BeforePicking] 이벤트에서는 연결된 블루투스의 주소와 이름을 리스트피커의 값으로 설정한다. 주위에서 사용할 수 있는 블루투스의 목록이 표시되도록 해준다.

블루투스의 목록에서 원하는 블루투스를 선택(ListPicker1.Selection)하면 선택한 블루투스의 주소로 연결한다.

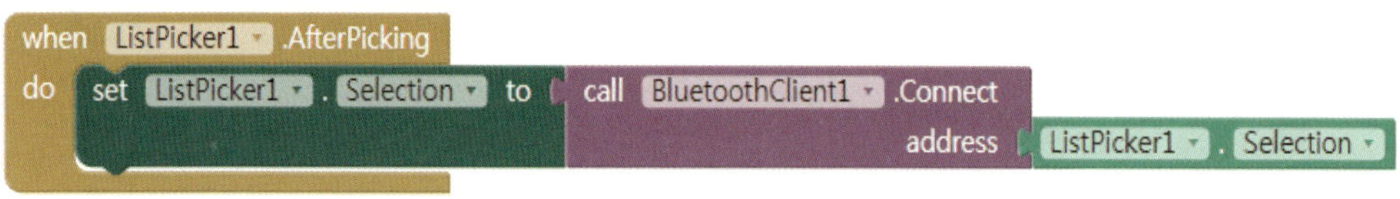

2) 블루투스 해지

'블루투스해지' 버튼은 블루투스 연결을 끊는 명령 기능으로 블루투스가 연결되어 있지 않으면 '블루투스해지' 버튼의 색을 변경하고 수분함량을 공백으로 초기화한다.

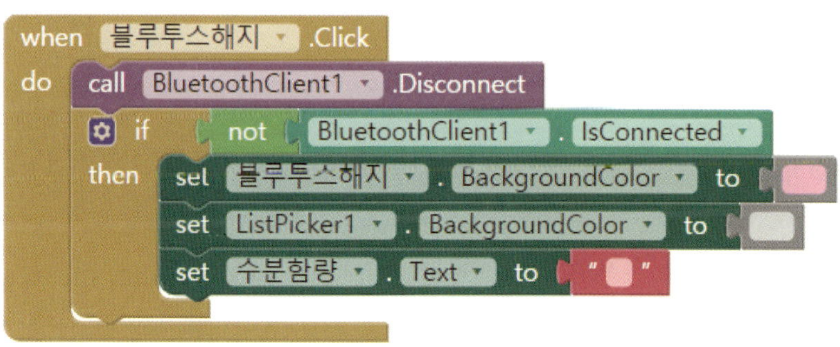

3) 전역변수 선언

아두이노의 센서값을 받아서 앱 화면에 출력하기 위하여 센서값의 데이터 처리를 위한 변수가 필요하며 다음과 같이 네 개의 전역변수를 만든다.

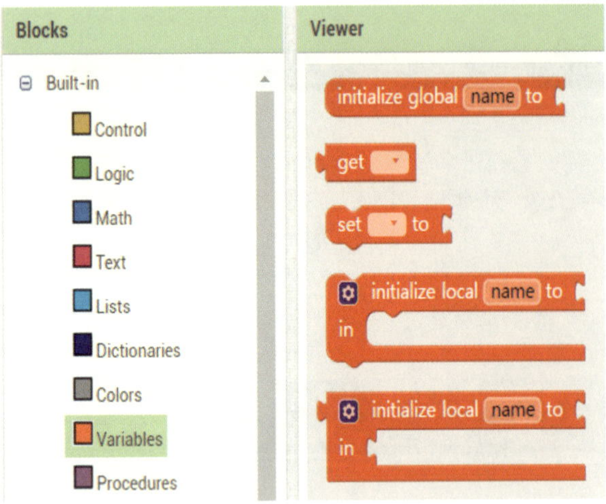

4) 타이머 작동

만약에 블루투스가 연결이 되었으면 리스트파커의 색을 변경시켜주고 0.02초마다 50이라는 숫자값을 아두이노에 보내는 역할을 한다. 이것은 앱이 아두이노에 센서값을 보내도 된다는 허락의 의미와 같다. 아두이노 코드에서 if(serialData==50)라는 구분이 있는데 아두이노가 앱으로부터 받은 숫자값이 50이면 sendDate[ ]배열에 있는 값들, 즉 sendDate[0]='y'와 sendDate[1]=센서상위8비트값, sendDate[2]=센서하위8비트값이 앱으로 전송(bt.write)되어 앱에서 받았다면 변수 data에 첫 번째 데이터값(sendDate[0]='y')을 저장하고 data에 저장된 데이터가 'y'와 일치한다면 변수 number1에 두 번째 데이터(sendDate[1])에 256을 곱한 결과를 저장한다. 변수 number2에는 마지막 세 번째 데이터(sendDate[2])를 그냥 저장하면 된다. 마지막 세 번째 데이터는 하위 8비트이기 때문에 변수 number2에 그냥 저장하면 된다. 변수 final에 number1+number2의 결과를 더해주면 센서값(0~1023)이 저장된다. 그리고 변수 final값이 700보다 크다면 "물을 주세요."라고 음성으로 말하고, 작으면 "수분이 충분합니다."라고 음성으로 말한다. 마지막으로 final을 '수분함량.Text'에 출력해주면 앱 화면에 센서값이 나타나게 된다.

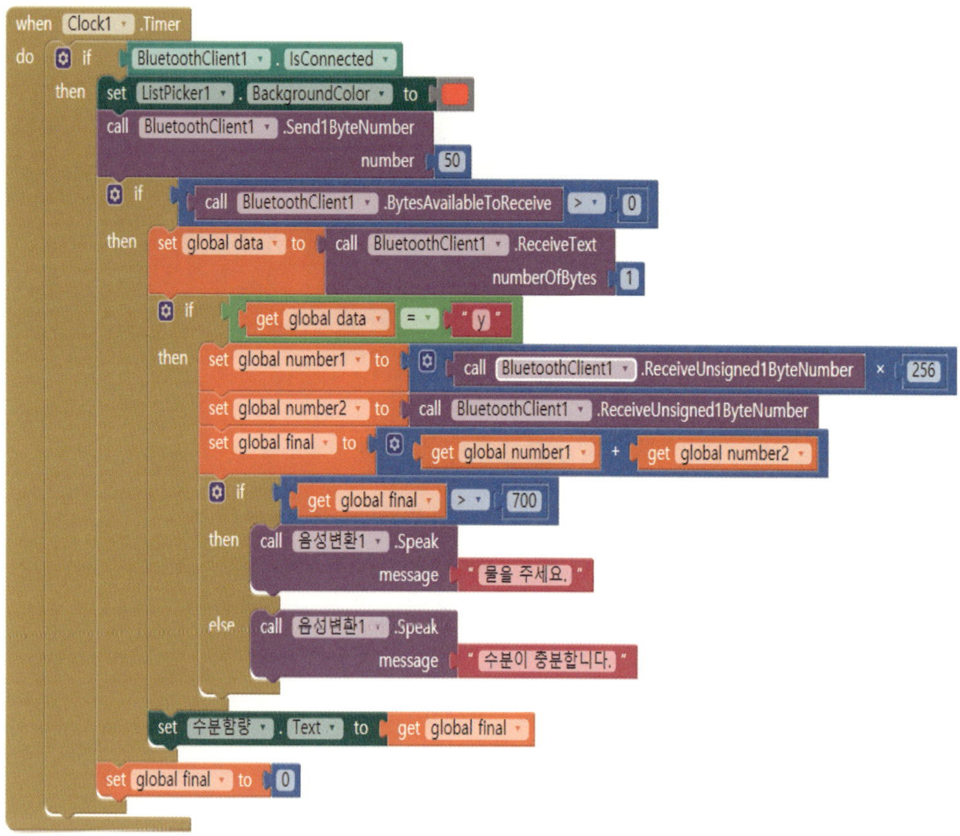

(4) 앱 실행

앱인벤터에서 작성한 앱을 스마트폰에 다운을 받아 설치를 한 후 스마트폰에서 앱을 실행하기 전에 사용자폰의 블루투스를 사용할 수 있도록 먼저 설정한다. 앱을 실행한 후 블루투스 목록표시 [Listpicker] 버튼을 눌러 가능한 블루투스를 목록에서 선택을 한다. 센서 부분을 컵의 물에 넣어보면서 폰에서 센서값을 확인한다.

CHAPTER 22

블루투스를 이용한 인체감지센서

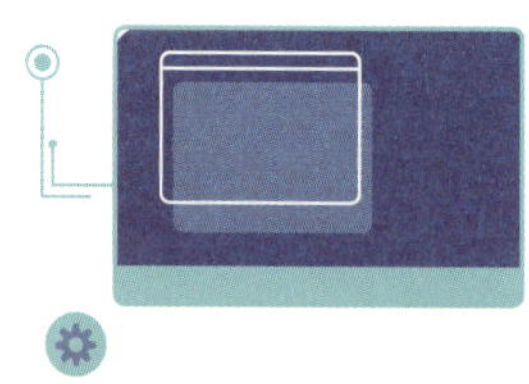

1. 인체감지센서
2. 앱인벤터로 인체감지

CHAPTER

22 블루투스를 이용한 인체감지센서

1 인체감지센서

아두이노에서 블루투스 통신을 통해서 인체감지센서를 이용 가능한 앱을 작성한다. 인체감지센서(PIR센서: Passive Infrated Sensor)는 적외선을 통해 사람의 움직임을 감지하는 센서이며, 이는 적외선 인체감지센서 또는 RIP모션센서라 부른다. 인체감지센서는 어두운 시간에 일반 건물의 복도나 현관문 천장에 있는 조명 등에 설치되어 사람의 움직임이 감지되면 자동으로 조명을 켜주는 데 이용되는 센서로 우리 주변에서 흔히 볼 수 있는 센서이기도 하다.

사람의 몸에서는 적은 양의 적외선을 방출한다. 인체에서는 약 9㎛~11㎛ 정도의 적외선이 방출되며 방출된 적외선이 집광렌즈인 Fresnel Lens를 통과하여 센서 표면부에 위치한 Window에 닿게 된다. 인체에서 나온 적외선이 적외선 인체감지센서의 집광렌즈 부분인 F-Lens(Fresnel Lens)를 통과하여 적외선센서 부분에 닿게 된다. 적외선센서에 닿은 적외선이 전압으로 출력되어 최종적으로 센서가 인체를 인식하여 사람이 지나가면 빛의 변화를 감지해서 자동으로 불을 켜주는 것이다. 일정한 양의 적외선을 방출하는 물체가 움직이면 감지하기 때문에 움직임이 없을 경우 감지하지 못한다.

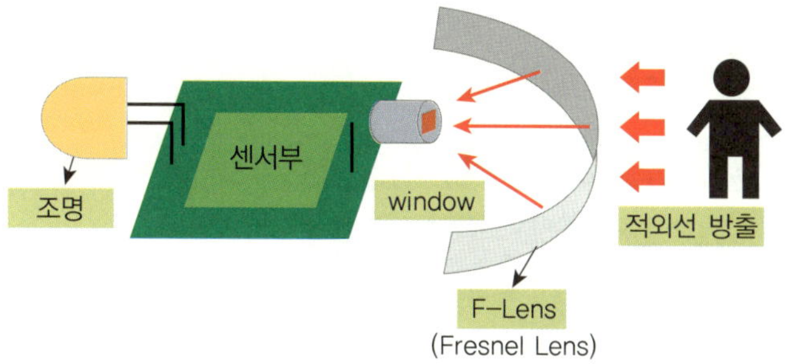

[그림 22-1] PIR센서 동작 원리

F-Lens는 집광렌즈로서 인체로부터 발생된 적외선을 통과시키고 센서 표면부에 위치한 Window에 적외선을 모아주는 역할을 한다. 또한 감지거리 확대와 감도를 극대화시키고 외부환경 요소로부터 센서를 보호하는 역할을 한다.

Window의 역할은 센서에서 캡 모양의 Fresnel Lens를 분리시키면 표면부에 직사각형 형태의 작은 Window가 있으며 일종의 편광필터이다. 이 Window는 일정한 주파수 대역의 적외선만 통과시키는 역할을 하므로 센서에서 매우 중요한 부분이다.

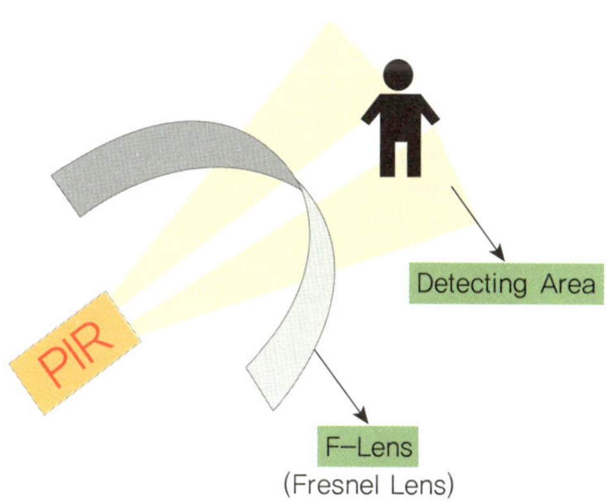

[그림 22-2] PIR센서 원리

2 앱인벤터로 인체감지

2.1 필요한 준비물

번호	부품그림		부품명
1			아두이노 우노
2			USB 케이블, 케이블
3	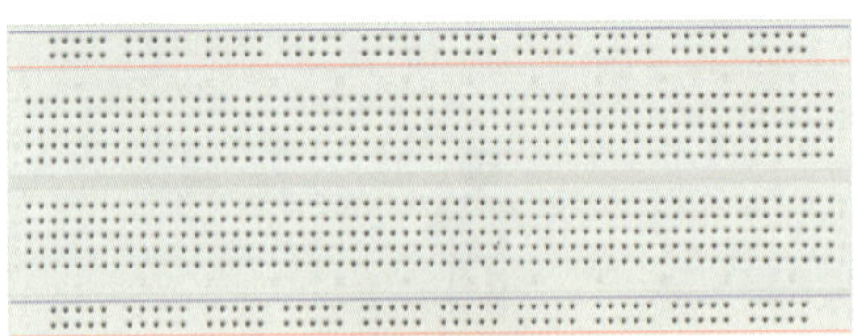		브레드보드
4			블루투스 모듈(HC-06)

5		인체감지센서

2.2 아두이노 우노에 인체감지센서 연결

아두이노 우노에 블루투스와 인체감지센서를 아래의 그림을 참조하여 연결한다. 회로도와 결선표를 참고해서 아두이노 보드와 HC-06 블루투스를 연결한다.

① 안드로이드폰은 블루투스와 와이파이 무선통신을 지원하지만, 아두이노 우노 보드는 블루투스를 지원하지 않으므로 아두이노에 HC-06이라는 블루투스 통신 모듈을 연결하여 블루투스 기능을 사용할 수 있도록 해야 한다.

② 블루투스 모듈 HC-06은 전원(VCC, GND) 핀과 데이터 송수신(TX, RX) 핀으로 구성되어 있다. 아두이노의 5V와 GND 핀을 연결하여 전원을 입력해줄 수 있으며, 아두이노의 2번(RX)에 블루투스 TX를, 아두이노의 3번(TX)에 블루투스 RX를 연결하여 데이터를 송수신할 수 있도록 한다.

아두이노 우노 보드	HC-06 블루투스 모듈
5V	VCC
GND	GND
D2	TXD
D3	RXD

③ 인체감지센서는 전원(VCC), 그라운드(GND) 핀을 아두이노의 5V와 GND 핀을 연결하여 전원을 입력하고 온습도센서의 D0 핀을 아두이노의 D7에 연결한다.

아두이노 우노 보드	인체감지센서
5V	VCC
D7	D0
GND	GND

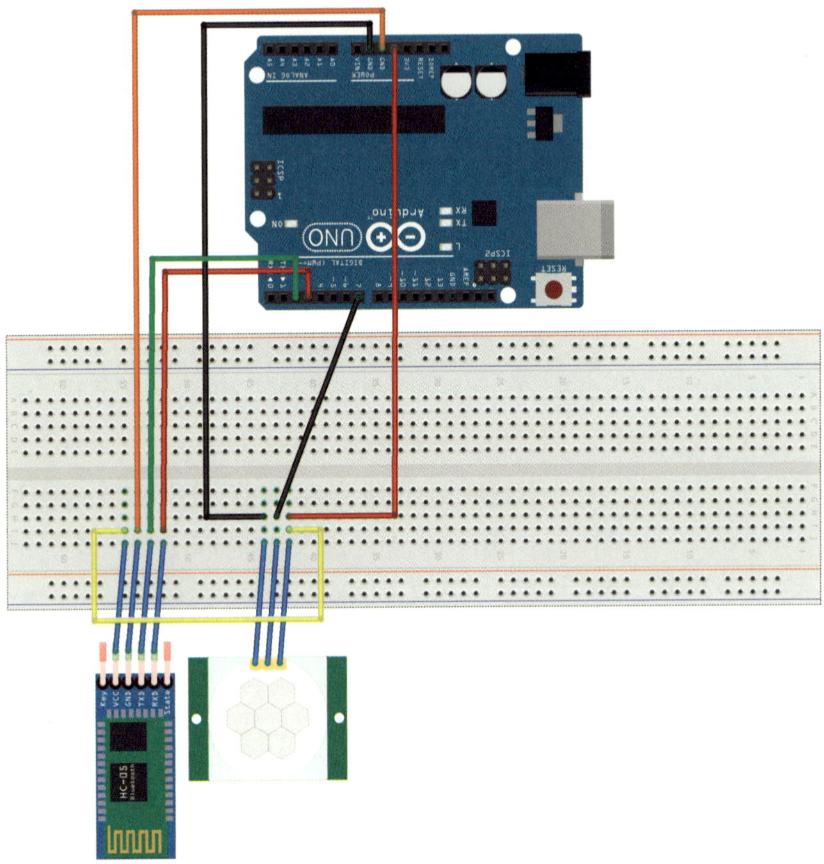

2.3 코드 입력 후 업로드

아두이노를 실행한 후 아래와 같이 코드를 입력하여 작성한 후 아두이노 우노 보드에 업로드를 한다.

```
1 #include <SoftwareSerial.h>
2 SoftwareSerial bt(2, 3);
3 int inputPin = 7;
4 int val = 0;
5
6 void setup() {
7   Serial.begin(9600);
8   pinMode(inputPin, INPUT);
9   bt.begin(9600);
10 }
11
12 void loop() {
13   val = digitalRead(inputPin);
14
15   if (val == HIGH) {
16     Serial.println(val);
17     bt.write("y");
18   }
19   else {
20     Serial.println(val);
21     bt.write("n");
22   }
23
24   delay(2000);
25 }
26
```

〈코드 라인별 설명〉

- 1: 소프트웨어시리얼(SoftwareSerial)은 시리얼 통신을 소프트웨어적으로 실행할 수 있게 해주는 라이브러리로서 아두이노를 설치할 때 기본적으로 포함되어 있다. 이 라이브러리를 이용하면 블루투스 모듈을 아두이노의 일반적인 디지털 핀에 연결하여 시리얼 통신을 할 수 있다.

- 2: 소프트웨어시리얼 객체를 만드는 방법이며, 이렇게 만들어야 시리얼 통신함수를 사용할 수 있다.
- 3: 인체감지센서에서 감지를 받은 부분으로 변수 inputpin으로 선언한다.
- 7: 시리얼 모니터에 출력하기 위한 보드레이트(baud rate)를 9600 속도로 설정한다.
- 8: inputpin이 연결된 핀을 입력으로 설정한다.
- 9: 소프트웨어시리얼 통신을 위한 보드레이트를 9600 속도로 준비한다.
- 12: loop함수는 setup함수가 실행이 되고 무한 반복되며 실행된다. 이 코드에서 아두이노로 실행하려고 하는 실제 명령코드를 입력한다.
- 16: 움직임이 감지되면 시리얼 모니터에 '1'값을 출력한다.
- 17: 아두이노가 'y' 문자를 앱으로 보내 출력한다.
- 20: 움직임이 감지되지 않으면 시리얼 모니터에 '0'값을 출력한다.
- 21: 아두이노가 'n' 문자를 앱으로 보내 출력한다.

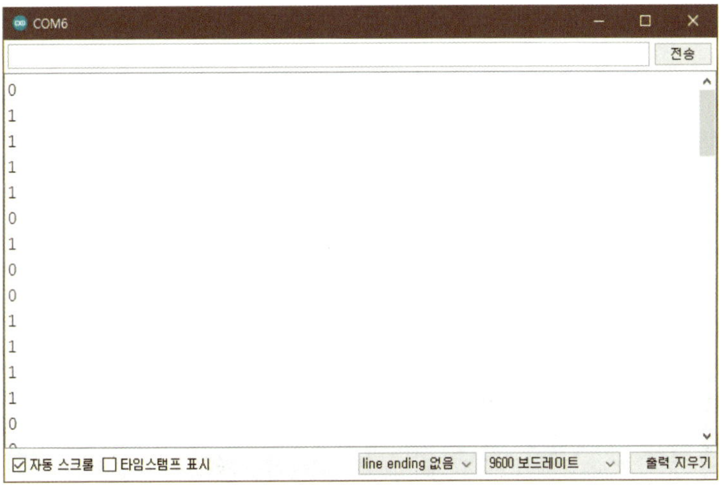

2.4 앱인벤터에서 코드블록 작성

(1) 필요한 컴포넌트

① 블루투스 연결을 위한 [User Interface] 팔레트의 [ListPicker] 컴포넌트와 블루투스 해지를 위해서 [Button] 컴포넌트를 정렬할 [Layout] 팔레트의 [HorizontalArrangment] 컴포넌트

② 블루투스 연결을 위한 [User Interface] 팔레트의 [ListPicker] 컴포넌트

③ 블루투스 해지를 위한 [User Interface] 팔레트의 [Button] 컴포넌트

④ 인체감지 [Label] 컴포넌트와 인체감지 여부를 나타내는 [TextBox] 컴포넌트를 정렬하기 위한 [Layout] 팔레트의 [HorizontalScrollArrangement] 컴포넌트

⑤ [User Interface] 팔레트의 인체감지 [Label] 컴포넌트

⑥ [User Interface] 팔레트의 인체감지 여부 [TextBox] 컴포넌트

⑦ 블루투스 통신의 시간 간격을 주기 위한 [Sensors] 팔레트의 [Clock] 컴포넌트

⑨ 블루투스 통신을 할 [Connectivity] 팔레트의 [BluetoothClient] 컴포넌트

⑩ 인체감지 여부를 음성으로 알려주는 [Media] 팔레트의 [TextToSpeech] 컴포넌트

(2) 디자인 화면과 컴포넌트 구성요소, 속성 화면

[Clock] 컴포넌트의 [TimerInterval] 속성값을 '2000'으로 속성 화면 그림과 같이 변경한다.

① Screen1의 [AlignHorizontal] 속성값은 'Center'로 변경하여 모든 컴포넌트들이 가운데 맞추어 표시되도록 한다.

② 블루투스 목록을 표시하기 위한 [Listpicker]의 [Text] 속성값을 '블루투스연결'로 변경한 후 적당한 글자크기로 변경한다.

③ 블루투스 연결을 해지하기 위한 [Button]의 [Text] 속성값을 '블루투스해지'로 변경한 후 적당한 글자크기로 변경한다.

④ 'Label1'의 [Text] 속성값을 '인체감지:'로 변경을 한 후 적당한 글자크기로 변경한다.

⑤ 데이터를 표시하기 위해서 [TextBox]의 [Text] 속성값을 깨끗하게 지우고 앱이 처음에 실행하면 아무런 내용이 나타나지 않도록 설정해야 하므로 [Hint] 속성값도 모두 지워 빈 공백으로 표시한다.

(3) 코드블록 작성

1) 블루투스 목록 표시

[ListPicker.BeforePicking] 이벤트에서는 연결된 블루투스의 주소와 이름을 리스트피커의 값으로 설정한다. 주위에서 사용할 수 있는 블루투스의 목록이 표시되도록 해준다.

2) 블루투스 주소 연결

블루투스의 목록에서 원하는 블루투스를 선택(ListPicker1.Selection)하면 선택한 블루투스의 주소로 연결한다.

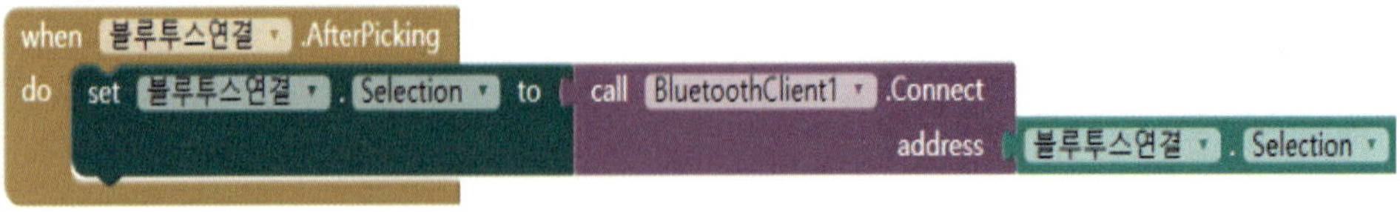

3) 블루투스 해지

'블루투스해지' 버튼은 블루투스 연결을 끊는 명령 기능으로 블루투스가 연결되어 있지 않으면 '블루투스해지' 버튼의 색을 변경하고 수분함량을 공백으로 초기화한다.

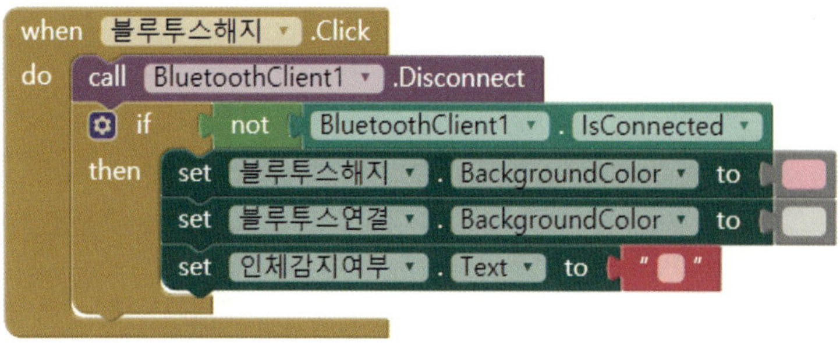

4) 전역변수 선언

아두이노의 센시값을 빋아서 앱 화년에 출력하기 위하여 센서값의 데이터 처리를 위한 변수가 필요하며 다음과 같이 네 개의 전역변수를 만든다.

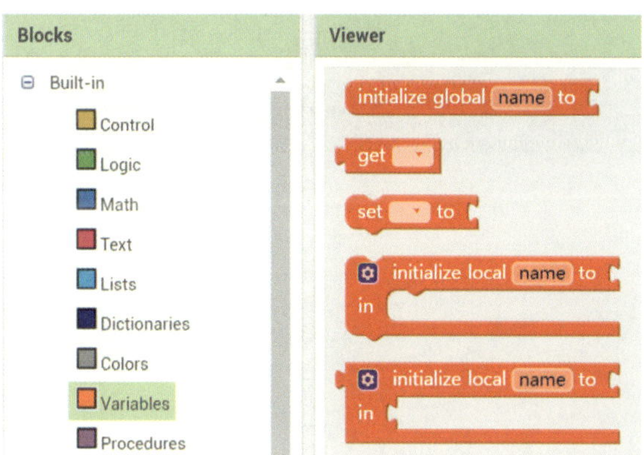

5) 타이머 작동

리스트피커로 블루투스가 선택되지 않았을 때 페어링된 블루투스 주소와 이름을 목록화해서 나타낸 후, 블루투스 모듈을 선택하면 선택된 블루투스에 연결하게 된다.

만약에 블루투스가 연결되었으면 리스트피커의 색을 변경시킨다. 이것은 앱이 아두이노에게 센서값을 보내도 된다는 허락의 의미와 같다. 아두이노가 앱으로부터 받은 숫자 값이 0보다 크면 변수 data에 1byte를 저장한다. 만약 저장된 변수 data의 값이 "y"이면

'인체감지여부'의 [Text] 속성에 "접근되었습니다."를 저장하고 "접근되었습니다."를 음성으로 알려준다. 또 다른 조건으로 저장된 변수 data의 값이 "n"이면 '인체감지여부'의 [Text] 속성에 "접근되지 않았습니다."를 저장하고 "접근되지 않았습니다."를 음성으로 알려준다.

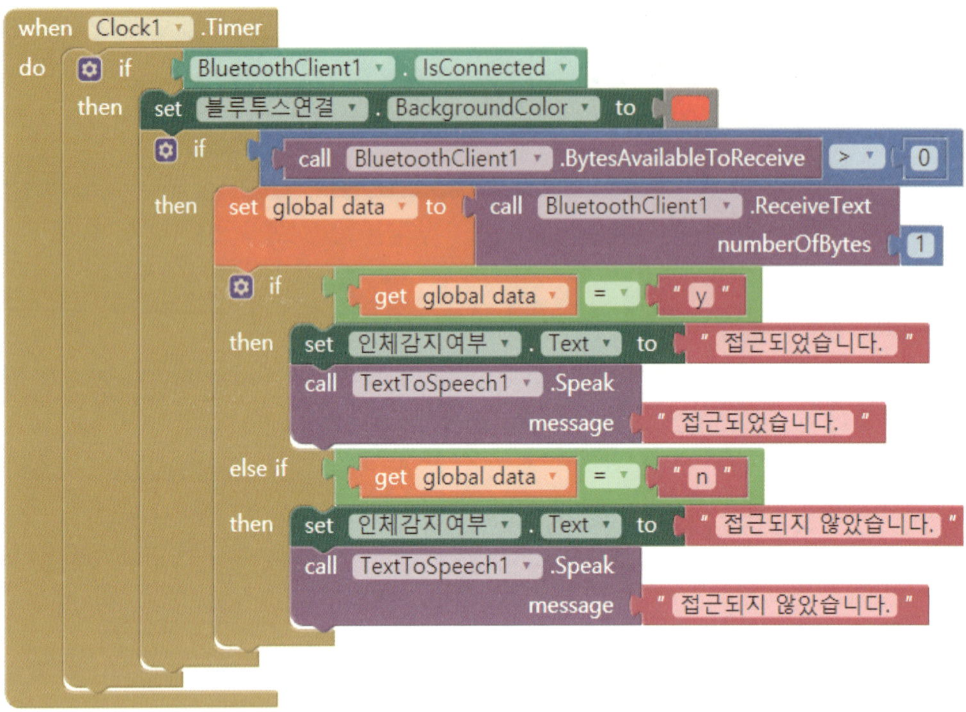

(4) 앱 실행

1) 블루투스 페어링

앱인벤터에서 작성한 앱을 스마트폰에 다운을 받아 설치를 한 후 스마트폰에서 앱을 실행하기 전에 사용자폰의 블루투스를 사용할 수 있도록 먼저 설정한다. 앱을 실행한 후 블루투스 목록표시 [Listpicker] 버튼을 눌러 가능한 블루투스를 목록에서 선택한다. 교재에서는 블루투스 모듈의 이름을 'UNO'로 설정했으므로 'UNO'이름의 블루투스를 선택하고, PIN은 '1234'로 설정했으므로 PIN번호는 '1234'를 입력한다. 사용자의 블루투스의 이름을 선택하면 된다.

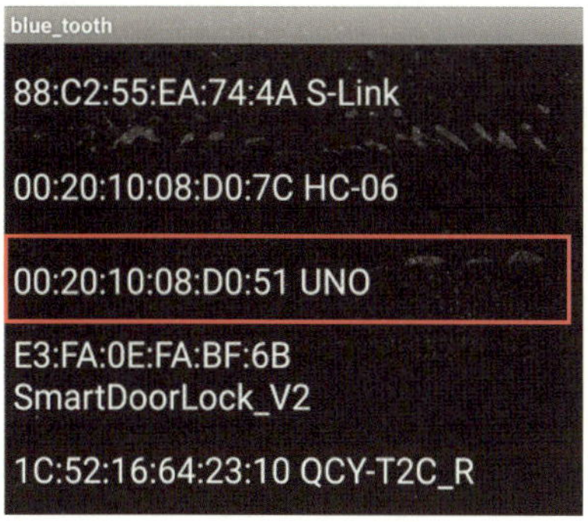

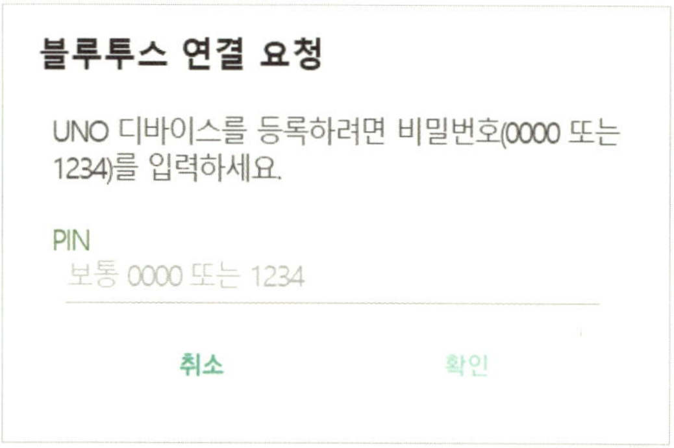

2) 실행 화면

'블루투스연결' [ListPicker] 컴포넌트를 클릭해서 블루스트를 연결하면 현재 인체감지 센서 여부를 화면에 나타낸다.

실행 초기 화면	블루투스 연결 후	블루투스 해지 후

CHAPTER 23

블루투스를 이용한 초음파센서

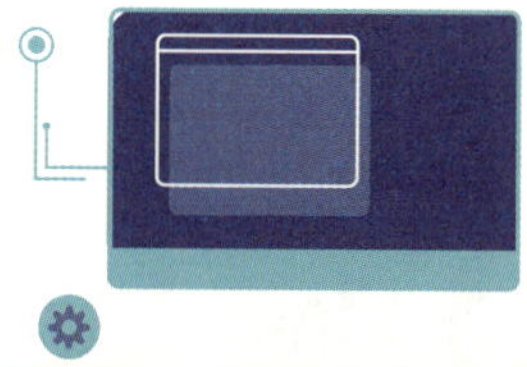

1. 초음파센서
2. 앱인벤터로 초음파감지

CHAPTER 23 블루투스를 이용한 초음파센서

1 초음파센서

초음파센서는 초음파를 이용해 물체와의 거리를 측정할 수 있다. 초음파 발생시간과 물체에 부딪혀 반사되어 돌아오는 시간차를 이용하여 거리를 측정한다. 초음파센서는 아래 그림과 같이 Vcc, Trig, Echo, Gnd의 네 개로 구성되어 있으며 Trig 핀은 Trigger의 줄임말로 사전적 의미는 '방아쇠', '폭파장치'로 이러한 뜻에 맞게 초음파를 발사하는 핀으로서 디지털출력으로 HIGH를 주면 초음파가 발사되고 디지털출력으로 LOW를 주면 초음파가 발사하는 것을 멈추게 한다. 다음으로 Echo 핀은 사전적 의미에서 짐작하듯이 반사되어 돌아오는 초음파를 받는 곳을 말하며 Echo 핀은 항상 HIGH로 있다가 반사되어 초음파가 돌아오면 LOW 상태로 변한다. 즉 이렇게 두 개의 핀으로 초음파를 발사하고 반사되어 돌아오는 초음파를 받아 그 반사되어 돌아오는 시간을 계산하여 거리를 측정하는 것이다.

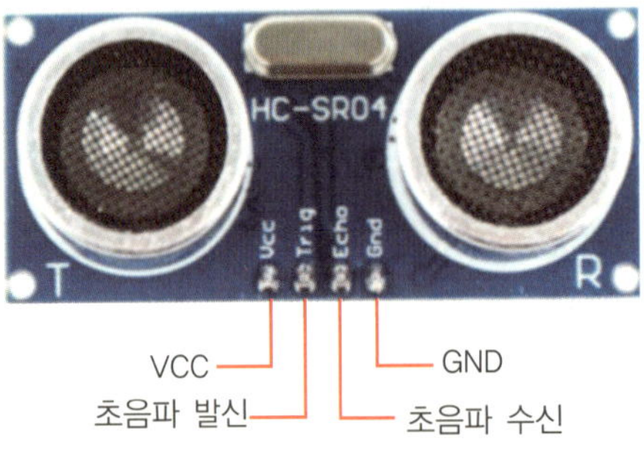

2 앱인벤터로 초음파감지

2.1 필요한 준비물

번호	부품그림	부품명
1		아두이노 우노
2	 	USB 케이블, 케이블
3	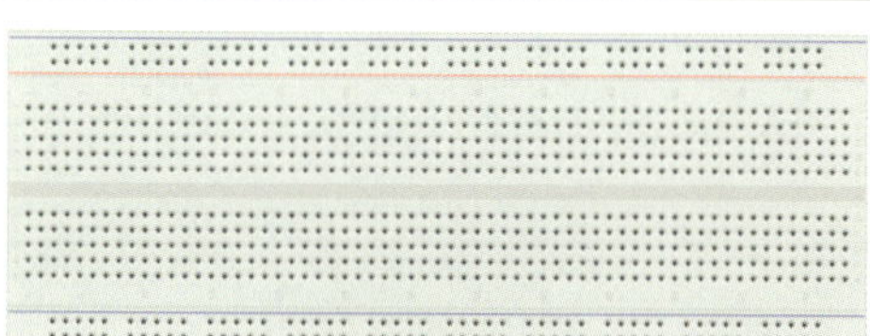	브레드보드
4		블루투스 모듈(HC-06)

5		초음파센서

2.2 아두이노 우노에 블루투스와 초음파센서 연결

아두이노 우노에 블루투스와 초음파센서를 아래의 그림을 참조하여 연결한다.

① 안드로이드폰은 블루투스와 와이파이 무선통신을 지원하지만, 아두이노 우노 보드는 블루투스를 지원하지 않으므로 아두이노에 HC-06이라는 블루투스 통신 모듈을 연결하여 블루투스 기능을 사용할 수 있도록 해야 한다.

② 블루투스 모듈 HC-06은 전원(VCC, GND) 핀과 데이터 송수신(TX, RX) 핀으로 구성되어 있다. 아두이노의 5V와 GND 핀을 연결하여 전원을 입력해줄 수 있으며, 아두이노의 2번(RX)에 블루투스 TX를, 아두이노의 3번(TX)에 블루투스 RX를 연결하여 데이터를 송수신할 수 있도록 한다.

③ 초음파센서는 아두이노의 연결되는 핀의 순서와 모듈마다 차이가 발생할 수 있으며 이 장에서는 전원(VCC), 그라운드(GND) 핀을 아두이노의 5V와 GND 핀을 연결하여 전원을 입력하고 Trig를 아두이노의 D8에 연결하고, Echo를 아두이노의 D7에 연결한다.

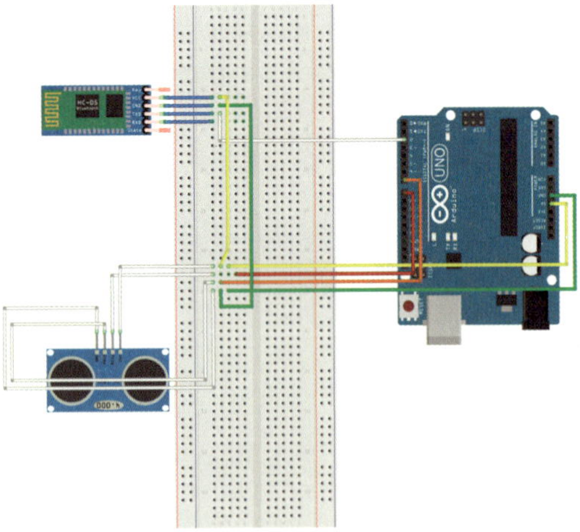

2.3 코드 입력 후 업로드

아두이노를 실행한 후 아래와 같이 코드를 입력하여 작성한 후 아두이노 우노 보드에 업로드를 한다.

ultrasonic_copy | 아두이노 1.8.5

파일 편집 스케치 툴 도움말

ultrasonic_copy

```
#include <SoftwareSerial.h>
int echoPin = 7;
int trigPin = 8;
SoftwareSerial bt(2,3);

void setup(){
  Serial.begin(9600);
  bt.begin(9600);
  pinMode(echoPin, INPUT);
  pinMode(trigPin, OUTPUT);

}

void loop(){
  byte sendDate[3];
  int distance;
  digitalWrite(trigPin, HIGH);
  delayMicroseconds(10);
  digitalWrite(trigPin, LOW);
  distance = pulseIn(echoPin, HIGH)/58;
  Serial.print("Distance : ");
  Serial.print(distance);
  Serial.println("cm\n");
  delay(2000);

  sendDate[0]='y';
  sendDate[1]=distance / 256;
  sendDate[2]=distance % 256;
  if(bt.available()>0)
   {
      byte serialDate=bt.read();
      if(serialDate==50)
      {
        for(byte i=0;i<3;i++)
        {
           bt.write(sendDate[i]);
        }
      }
   }
  delay(2000);
}
```

업로드 완료.

〈코드 라인별 설명〉

- 1: 소프트웨어시리얼(SoftwareSerial)은 시리얼 통신을 소프트웨어적으로 실행할 수 있게 해주는 라이브러리로서 아두이노를 설치할 때 기본적으로 포함되어 있다. 이 라이브러리를 이용하면 블루투스 모듈을 아두이노의 일반적인 디지털 핀에 연결하여 시리얼 통신을 할 수 있다.
- 2: 초음파센서에서 초음파를 받는 부분으로 변수 echoPin을 선언하고 7번 핀으로 설정한다.
- 3: 초음파센서에서 초음파가 나오는 부분으로 변수 trigPin을 선언하고 8번 핀으로 설정한다.
- 4: 소프트웨어시리얼 객체를 만드는 방법이며, 이렇게 객체를 만들어야 시리얼 통신 함수를 사용할 수 있다.
- 7: 시리얼 모니터에 출력하기 위한 보드레이트(baud rate)를 9600 속도로 설정한다.
- 8: 소프트웨어시리얼 통신을 위한 보드레이트를 9600 속도로 설정한다.
- 9: echoPin이 연결된 핀을 입력으로 설정한다.
- 10: trigPin이 연결된 핀을 출력으로 설정한다.
- 15: 아두이노에서 모바일 앱으로 보낼 데이터를 저장할 배열이다.
- 16: 변수 distance를 선언한다.
- 17: trigPin을 HIGH 상태로 만들며 초음파를 보낸다.
- 18: 지연시간을 준다.
- 19: 초음파를 다 보내고 난 후에 trigPin을 LOW로 설정한다. 즉 17~19를 실행하면 trigPin으로 10μs의 펄스를 발생한다.
- 20: 초음파를 다 보내고 나면 echoPin이 HIGH 상태가 되고 echoPin을 통해 반사된 초음파를 측정하면 LOW로 변경되고 거리를 cm단위로 계산한다.
- 22: 시리얼 모니터에 출력하기 위해서 변수 distance에 저장되어 있는 값을 출력한다. 시리얼 모니터에서 출력되는 결과는 아래와 같다. 그리고 초음파센서는 측정거리가 2cm~400cm이지만 400cm라고 해도 측정각도가 30도 정도이기 때문에 생각했던 것보다 정밀도가 높지 않다.

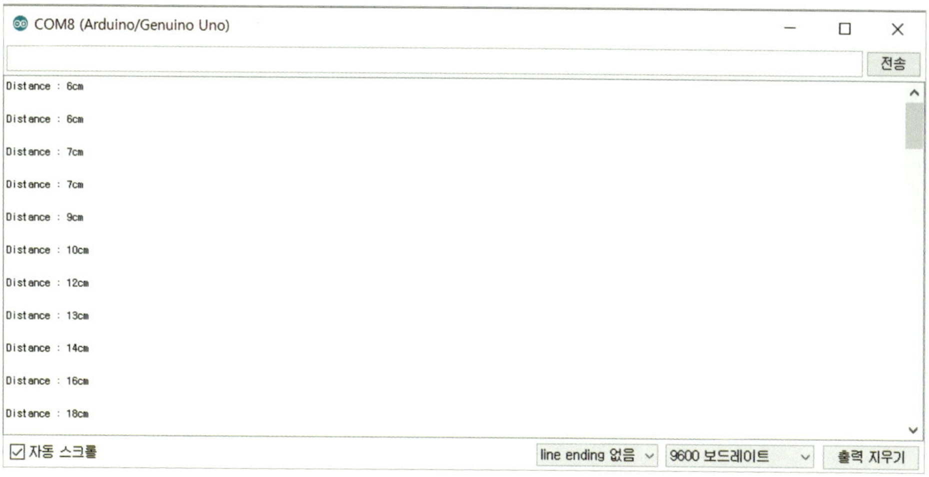

- 26: 아두이노에서 앱으로 보내는 데이터구조를 'y'+'센서상위8비트값'+'센서하위8비트값'으로 구성한다. 그리고 이 각각의 값을 배열 SendDate에 차례대로 저장한다. 따라서 SendDate[0]에 'y'를 저장한다.
- 27, 28: SendDate[1]에 센서상위8비트값을 저장하고 SendDate[2]에 센서하위8비트값을 저장한다. 나누기 256을 하는 이유는 2진법이기 때문인데, 가령 10진법을 예를 들어서 설명하자면 두 자리씩만 숫자를 전송할 수 있다면 네 자리수를 전송하는 방법은 두 자리씩 나누어 보내는 것이다. 예를 들어 1023을 2자리씩 나누어 부낸다면 1023/100=10(몫)과 1023%100=23(나머지) 계산을 하여 10(몫)과 23(나머지)을 두 번에 걸쳐서 전송하면 된다. 아두이노에서 데이터를 전송하는 것도 2진수를 다루기 때문에 100으로 나누지 않고 256으로 나눈다.
- 29: 앱에서 아두이노로 전송된 데이터가 있으면 참이 된다.
- 31: 앱에서 아두이노로 전송된 데이터를 읽어 변수에 저장한다.
- 32: 읽은 데이터가 50이면 참이 되어 실행된다. 이렇게 지정하는 이유는 아두이노가 센서값을 앱으로 보내도 된다는 허락의 의미로 앱이 50이라는 값을 보낸다고 생각하면 된다. 즉 아두이노에서 측정된 센서값을 무조건 앱으로 보내는 것이 아니라 앱에서 50이라는 데이터를 아두이노로 보내어 허락이 되었다면 아두이노가 앱으로 센서값을 보내는 것이다.
- 40: 안정적인 측정과 출력을 위한 지연시간을 준다.

2.4 앱인벤터에서 코드블록 작성

(1) 필요한 컴포넌트

① [Layout] 팔레트의 [HorizontalArrangement] 컴포넌트 안에 첫 번째 블루투스 목록을 표시하기 위한 [User Interface] 팔레트의 '블루투스연결' [ListPicker] 컴포넌트와 블루투스 연결을 해지하기 위한 [User Interface] 팔레트의 '블루투스해지' [Button] 컴포넌트

② [Layout] 팔레트의 [HorizontalArrangement] 컴포넌트 안에 첫 번째 '거리측정'을 표시할 [User Interface] 팔레트의 [Label] 컴포넌트와 받은 데이터를 표시하기 위한 [User Interface] 팔레트의 [TextBox] 컴포넌트

③ 타이머를 작동시키기 위한 [Sensors] 팔레트의 [Clock] 컴포넌트

④ 블루투스 연결에 사용할 [Connectivity] 팔레트의 [BluetoothClient] 컴포넌트

⑤ 텍스트를 음성으로 읽어주기 위한 [Media] 팔레트의 [TextToSpeech] 컴포넌트

(2) 디자인 화면과 컴포넌트 구성요소, 속성 화면

디자인 화면	구성요소 화면	속성 화면

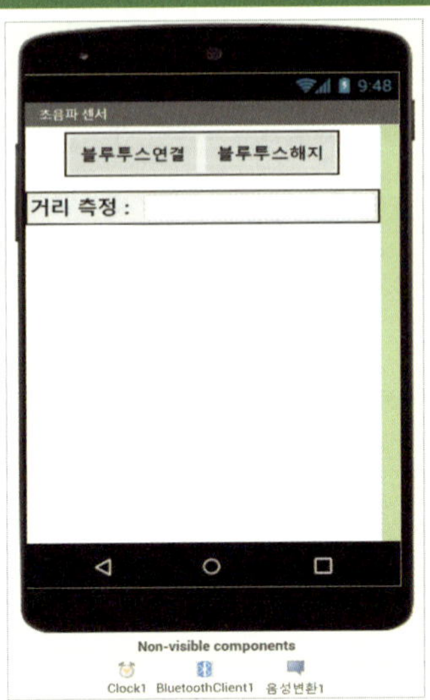

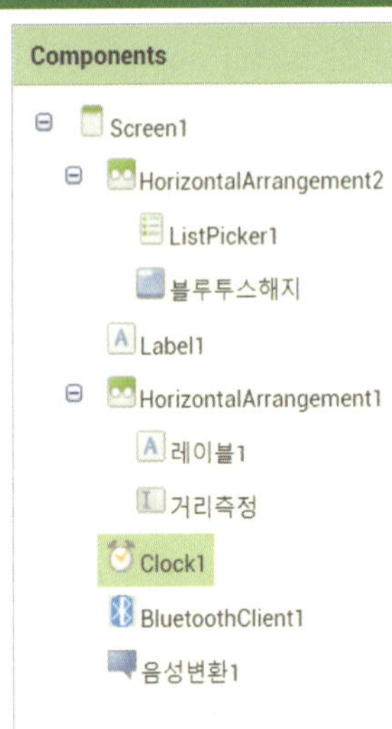

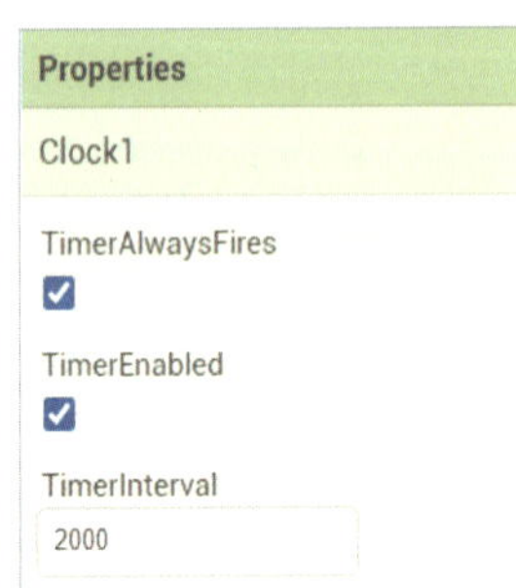

① Screen1의 [Title]을 '초음파센서'라고 변경한 후 [AlignHorizontal] 속성값은 'Center'로 변경하여 모든 컴포넌트들이 가운데 맞추어 표시되도록 한다.

② 블루투스 목록을 표시하기 위한 [Listpicker]의 [Text] 속성값을 '블루투스연결'로 변경한 후 적당한 글자크기로 변경한다.

③ 블루투스 연결을 해지하기 위한 [Button]의 [Text] 속성값을 '블루투스해지'로 변경한 후 적당한 글자크기로 변경한다.

④ 'Label1'의 [Text] 속성값을 '거리측정'으로 변경한 후 적당한 글자크기로 변경한다.

⑤ 데이터를 표시하기 위해서 [TextBox] 컴포넌트의 [Text] 속성값을 깨끗하게 지우고 앱이 처음에 실행하면 아무런 내용이 나타나지 않도록 설정해야 하므로 [Hint] 속성값도 모두 지워 빈 공백으로 표시한다.

(3) 코드블록 작성

1) 블루투스 목록표시

[ListPicker.BeforePicking] 이벤트에서는 연결된 블루투스의 주소와 이름을 리스트피커의 값으로 설정한다. 주위에서 사용할 수 있는 블루투스의 목록이 표시되도록 해준다.

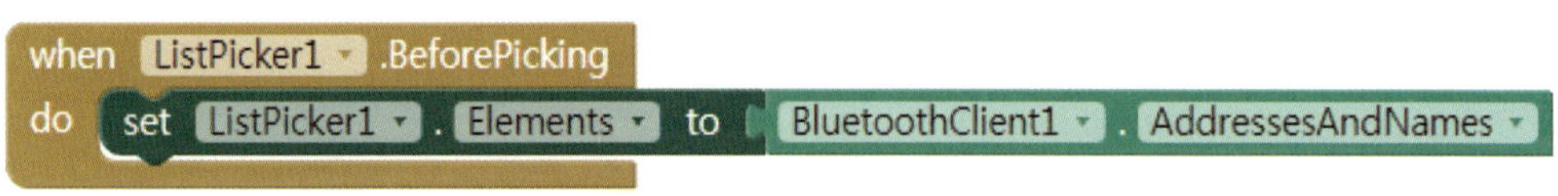

블루투스의 목록에서 원하는 블루투스를 선택(ListPicker1.Selection)하면 선택한 블루투스의 주소로 연결을 한다.

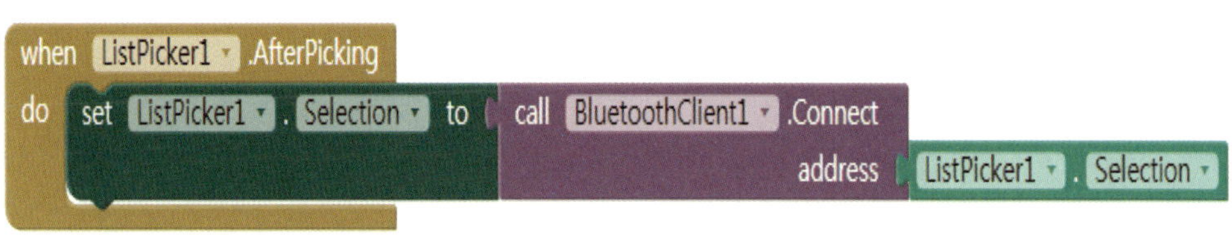

2) 블루투스 해지

'블루투스해지' 버튼은 블루투스 연결을 끊는 명령 기능으로 블루투스가 연결되어 있지 않으면 '블루투스해지' 버튼의 색을 변경하고 거리측정을 공백으로 초기화한다.

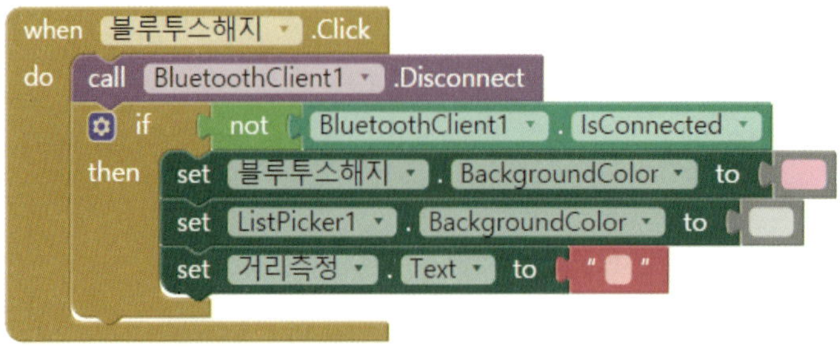

3) 전역변수 선언

아두이노의 센서값을 받아서 앱 화면에 출력하기 위하여 센서값의 데이터 처리를 위한 변수가 필요하며 다음과 같이 네 개의 전역변수를 만든다.

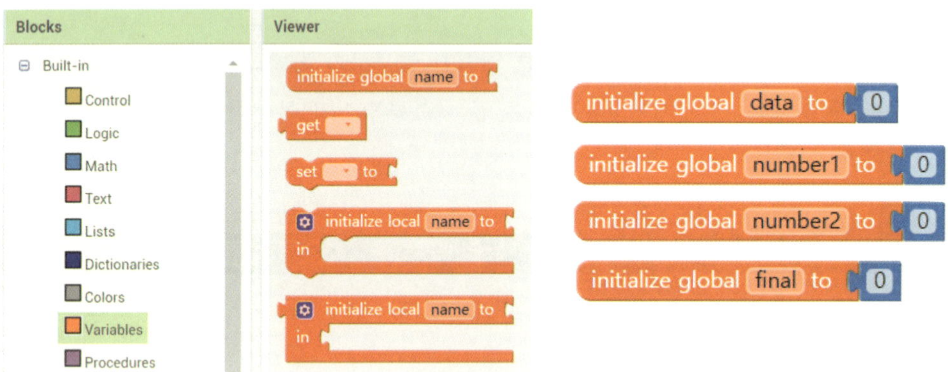

4) 타이머 작동

만약에 블루투스가 연결이 되었으면 리스트피커의 색을 변경시켜주고 0.02초마다 50이라는 숫자값을 아두이노에 보내는 역할을 한다. 이것은 앱이 아두이노에 센서값을 보내도 된다는 허락의 의미와 같다. 아두이노 코드에서 if(serialData==50)라는 구분이 있는데 아두이노가 앱으로부터 받은 숫자값이 50이면 sendDate[ ]배열에 있는 값들, 즉 sendDate[0]='y'와 sendDate[1]=센서상위8비트값, sendDate[2]=센서하위8비트값이 앱으로 전송(bt.write)되어 앱에서 받았다면 변수 data에 첫 번째 데이터값(sendDate[0]='y')을 저장하고 data에 저장된 데이터가 'y'와 일치한다면 변수 number1에 두 번째 데이터(sendDate[1])에 256을 곱한 결과를 저장한다. 변수 number2에는 마지막 세 번째 데이터(sendDate[2])를 그냥 저장하면 된다. 마지막 세 번째 데이터는 하위 8비트이기 때문에 변수 number2에 그냥 저장하면 된다. 변수 final에 number1+number2의 결과를 더해주면 센서값이 저장된다. 그리고 변수 final값이 50보다 크다면 "물체가 조금 떨어져 있어요"를 음성으로 말하고 작으면 "물체가 가까이 있어요"를 음성으로 말한다. 마지막으로 final을 '거리측정.Text'에 출력해주면 앱화면에 센서값이 나타나게 된다.

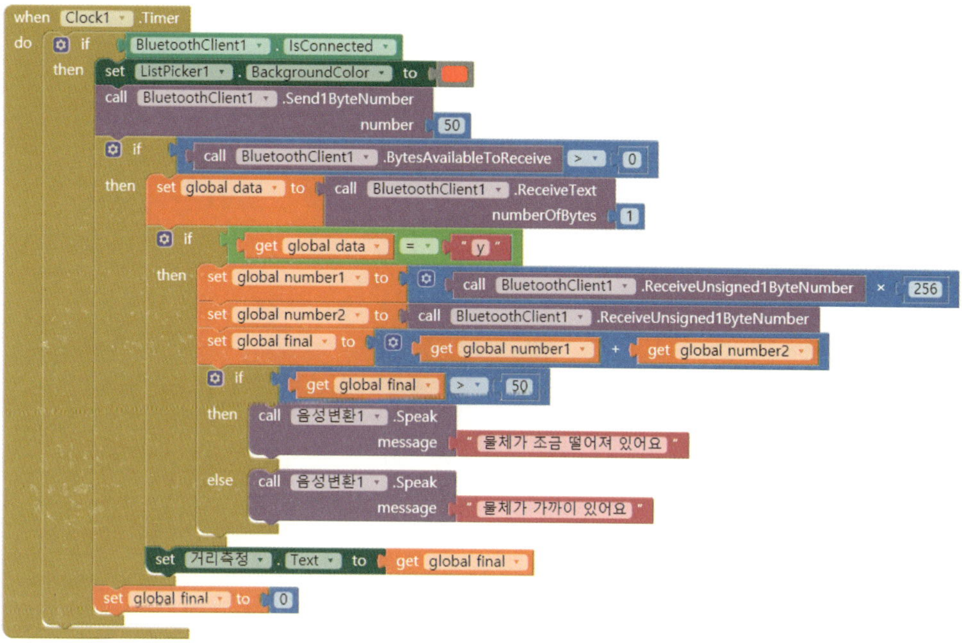

(4) 앱 실행

앱인벤터에서 작성한 앱을 스마트폰에 다운을 받아 설치를 한 후 스마트폰에서 앱을 실행하기 전에 사용자폰의 블루투스를 사용할 수 있도록 먼저 설정한다. 앱을 실행한 후 블루투스 목록표시 [Listpickter] 버튼을 눌러 가능한 블루투스를 목록에서 선택을 한다. 초음파 센서 부분에서 물체를 가까이 두거나 멀리 두거나 하면서 폰에서 센서값을 확인한다.

찾아보기

| 저자소개 |

피수영

주요 약력

- 2005년 3월~현재: ITQ 국가공인자격증 문제 출제위원
- 2016년 3월~현재: 주식회사 엠쓰리솔루션 기술자문위원
- 2020년 3월~현재: 글로벌지식융합학회 편집위원회 위원
- 2012년 3월~현재: 대구가톨릭대학교 컴퓨터소프트웨어학부 교수

주요 저서

- 컴퓨터활용 & 실습 I, 네스트출판사, 2010
- 컴퓨터활용 & 실습 II, 네스트출판사, 2011
- 정보화실무 & 활용 1, 에이스ME출판사, 공저, 2013
- 정보화실무 & 활용 2, 에이스ME출판사, 2014
- App Inventor 2 프로그래밍 기초 & 활용, 도서출판 청람, 2017
- 문제해결과 컴퓨팅 사고(공저), 인피니티북스, 2019
- 스크래치를 통한 생활속의 소프트웨어 코딩, 도서출판 청람, 2020

손현숙

주요 약력

- 2021년 3월~현재: 대구가톨릭대학교 SW중심대학사업단 교수

이정아

주요 약력

- 2021년 8월~현재: 중소기업기술개발 지원사업 평가위원
- 2021년 3월~현재: 대구가톨릭대학교 SW중심대학사업단 교수

주요 저서

- 데이터베이스기초, 공저, 이한미디어, 2017
- 프레젠테이션기법, 공저, 이한미디어, 2017

나만의 앱 만들기

앱인벤터 & 아두이노

2022년 3월 10일 1판 1쇄 인쇄
2022년 3월 15일 1판 1쇄 발행

저 자 | 피수영 · 손현숙 · 이정아
발행인 | 이수영
발행처 | 도서출판 청람
서울시 마포구 독막로 288(대흥동, 세양상가 109호)
전 화 | 02)3272-2601~2
팩 스 | 02)3272-2603
홈페이지 | www.crbooks.co.kr
이메일 | crbooks@daum.net
등 록 | 2000년 8월 26일 제6-0509호

ISBN 978-89-5972-871-8 93000 [정가 19,000원]